일본이란 무엇인가

아미노 요시히꼬 지음

박훈 옮김

창작과비평사

天皇聚口弘……

'일본'이라는 국호는 7세기 말에 정해졌다.

**'천황'이라고 기록된 최고(最古)의 목간(木簡).
7세기 후반의 것으로 추정된다.**

나라현(奈良縣) 아스까무라(明日香村) 아스까이께(飛鳥池)유적에서 출토.
나라국립문화재연구소 제공.

커다란 '내해'를 둘러싼 여러 나라들

환'일본해'제국도*
環日本海諸國圖

이 지도는 토야마현(富山縣)이
건설성 국토지리원장의 승인을
얻어 제작한 것이다.
1995년 총사 제76호.

*동해의 명칭을 두고 국제적으로 논란이
진행중이다. 여기서는 내용상 불가피하게
일본측의 자료를 인용한다. 이 책의 저자
는 '일본해'라는 명칭은 폐기되어야 한다고
주장한다(본문 33면 참조). —편집자

『유우즈우넴부쯔엥끼에마끼
(融通念佛緣起繪卷)』에서.

아와따구지 타까미쯔(粟田口隆光) 작. 중요문화재.
1417년경. 세이료오지(淸凉寺)·토오꾜오국립박물관 소장.

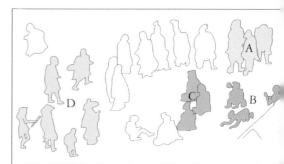

'이형(異形)의 자(者)'들

"이류이형(異類異形)이어서 보통의 세상사람이 아니다"라고 일컬어졌던 사람들의 힘이 중세의 세계에 넘쳐나고 있었다.

A. 집단으로 행패를 부리는 '아꾸또오(惡黨)'들일까. 높은 게따(下駄)에 〔어깨에서 등으로 걸치는 소매 없는 옷인〕카따기누(肩衣)
  입은 모습. 오른쪽 사람은 〔칼집에 씌우는 가죽 또는 비단으로 만든 주머니인〕미세자야(みせ鞘)를 씌운 요도(腰刀)를 차고 있다.

B. 왼쪽의 두 사람은 거지, 오른쪽 남자는 표주박(瓢箪)을 갖고 있으므로 〔표주박과 징을 치면서 춤을 추는 탁발승인〕하찌따따끼
  (鉢叩)일까. 모자를 쓴 남자는 오른발이 크다.

C. 복면을 한 남자는 히닌(非人)일 것이다. 오른쪽 남자 뒤에 놓인 통(桶)은 구걸한 물건을 담기 위한 것일까.

D. 위의 두 남자는 징을 치는 사람이거나 탁발승. 왼쪽 밑 걸인(ささらすり)의 등이 굽어 있다. 〔풀이나 대나무껍질로 엮은, 가운데
  불룩한 삿갓인〕'이찌메가사(市女笠)'를 쓴 여자는 지팡이를 짚고 있다. 어린아이를 업은 여자도 보인다.

『잇뺑히지리에(一遍聖繪)』
「후꾸오까시장(福岡市)」에서.

호오겐 엥이(法眼圓伊) 작. 국보. 1299년.
쇼오죠오꼬오지(淸淨光寺)·캉끼꼬오지(歡喜光寺) 소장.

시장에 모인 다양한 사람들과 산물

비젠노꾸니(備前國, 오까야마현岡山縣)의 후꾸오까시장. 〔날을 정해〕 장(市)이 서는 곳에는 가점포(市屋·小屋)
가 세워지고, 상인이 모여들어 갖가지 물건이 거래되었다. 상인 외에도 승려·비구니·거지의 모습도 보인다.

A. 쌀을 저울로 재어 파는 모습 뒤로 쌀섬(米俵)이 쌓여 있고, 그 옆으로 생선과 새를 팔고 있다.
B. 포(布)와 〔비젠지역에서 산출되는 적갈색의 도기인〕 비젠야끼(備前燒)라고 생각되는 항아리를 파는 가점포.
C. 포를 파는 가점포. 왼쪽으로는 종자(從者)로 보이는 사람이 여인에게 소오리(草履)를 바치고 있다.
D. 항아리만 놓아둔 지붕이 낮은 가점포. 술단지일까.
E. 가점포를 뒤에서 그렸다. 지붕 너머로 시장에 모인 사람들이 보인다. 앞쪽에는 상품을 실은 배가 강가에 있다.

물건을 판매하는 것은 여성들의 몫이었다.

예로부터 양잠과 베짜기는 여성의 일이었다. 뽕잎을 따고 누에를 기르는 일에서부터 실을 뽑고, 베틀에 걸어 직물을 만들었다. 이렇게 자신이 만든 실·면(綿)·비단을 시장에 들고 나가 시세를 살피면서 능력대로 파는 것이 일반적이었다.

『나나쥬우이찌방쇼꾸닝우따아와세(七十一番職人歌合)』에서.

16세기 초. 토오꾜오국립박물관 소장.

바다는 예로부터 활동의 무대였다.

해변에 사는 사람들은 단지 어업을 할 뿐 아니라 멀리 중국대륙까지 시야에 넣고 광대한 해역을 활동무대로 삼았다. 그러나 쇼오엥꼬오료오제(莊園公領制)의 확립과 더불어, '해인(海人)·아마우도(網人)'로 불리던 사람들의 호칭이 '햐꾸쇼오(百姓)'로 바뀌고 말았다. 햐꾸쇼오가 모두 농민은 아니었던 것이다.

『야마나까죠오방에마끼(山中常盤繪卷)』에서.

이와사 마따베에(岩佐又兵衛) 작. 중요문화재.
17세기 전반. MOA미술관 소장.

일본이란
무엇인가

차
례

일러두기

1. 외국의 인명과 지명, 책이름 등은 현지 발음에 따라 우리말로 표기하고 괄호 안에 한자와 원어를
   병기하였다.
2. 독자의 이해를 돕기 위해 원문에 없는 부분을 옮긴이가 추가한 경우 〔 〕안에 처리하였다.
3. 독자의 이해를 돕기 위해 현대에 간행된 일본 책은 우리말로 번역되지 않은 책이라도 제목을 번역
   하고 괄호 안에 원제를 병기하였다.
4. 본문의 각주는 모두 옮긴이가 보충 설명한 것이다.

제 1 장

일본론의 현재

제1장 '일본론'의 현재

1. 인류사회의 장년시대

1945년 8월 6일

인류사회의 역사를 인간의 일생에 비유한다면, 지금 인류는 두말할 나위 없이 청년시대를 넘어 장년시대에 접어들었다고 보아야 한다.

그것은 1945년 8월 6일, 일본열도의 히로시마(廣島)에서 시작됐다. 이날 미 공군의 B29가 히로시마에 떨어뜨린 한 발의 원자폭탄으로 20만명 가까운 사람이 일거에 사망했고, 그 방사능의 영향은 50여년이 지난 지금까지 피폭자들에게 남아 있다. 더욱이 8월 9일, 원자폭탄은 나가사끼(長崎)에도 투하되어 '이승의 지옥'이라고 불러야 할 처참한 상황에서 또다시 10만명에 이르는 수많은 인명이 사라졌던 것이다.

미국의 원폭 투하는 단기적으로는 '대일본제국'의 항복과 패전을 가져오는 결정적인 계기가 되었지만, 인류가 스스로를 멸망시킬 수 있을 만한 거대한 힘을 자연으로

부터 개발했다는 엄숙하고도 의심할 여지없는 사실을, 막대한 댓가를 치르고 난 후 명확히 인식하게 됐다는 점에서 인류역사에 한 획을 긋는 결정적 계기가 되었다.

실제로 그후 대국(大國)들이 벌인 격렬한 핵무기 개발 경쟁에서, 인류는 한발이 라도 잘못 디디면 빈사(瀕死) 또는 사멸할 위기에 노출되었고, 지금도 결코 그 위험 이 사라진 것은 아니다.

설령 다소의 희생을 치르더라도, 풍요를 위해 자연개발을 추진하고 전진하는 데 일말의 의심도 품지 않았던 인류의 '청년시대'는 벌써 완전히 과거지사가 되고 말았 다. 히로시마와 나가사끼에 떨어진 원자폭탄에 의해, 인류가 처음으로 체험한 핵무 기 피해의 가공할 실태를 세계에 더욱더 널리 알리고, 자신의 내부에 '죽음'의 요인을 분명히 품게 된 '장년시대'에 어울리게 주의깊고도 신중하게 대처하면서, 사멸위험의 원흉 중 하나인 핵무기를 폐절(廢絶)할 수 있는 조건을 만드는 일은 우리 인류에게 부과된 사명이라고 하지 않을 수 없다. 물론 이것은 화학병기, 세균병기 등 대량살육 을 목적으로 한 병기에 대해서도 마찬가지이다.

개발로 인한 자연파괴와 공해

인류가 직면한 사멸에 이르는 위험요인은 이같은 병기만이 아니다. 최근 고도성 장기를 중심으로 일본열도에서 물불 가리지 않고 맹렬한 기세로 진행된 개발과 생 산의 증대가 초래한 자연파괴, 이에 따라 인체에 미친 공해의 심각한 영향 등 일련의 전형적 사태는 지구 전역에 걸쳐 폭넓게 진행되고 있고, 지구온난화와 다이옥신 등 유해물질의 만연 역시 경우에 따라서는 인간의 생존 자체를 위협할 수도 있음을 극 명하게 보여주고 있다.

예컨대 일본사회를 놓고 보면, 이로까와 다이끼찌(色川大吉)가 엮은 『미나마따의 계시(水俣の啓示)』(이로까와 다이끼찌 1995)가 다양한 각도에서 다루고 있듯이, 시라누이까이(不知火海)가 길러낸 풍요로운 바다세계인 아시끼따(芦北)와 미나마따는 일본질소비료가 유기질소를 유출하는 바람에 무참한 죽음의 바다로 변했고, 무서운 미나마따병(水俣病)을 발생시켜 많은 환자에게 고통을 안겨주었다. 세계 최대의 공해문제라는 미나마따병은 부국강병을 목표로 패전 후에도 고도성장을 추구해온 근대 일본에 내재한 근본적인 모순과 왜곡을 명확히 드러냈을 뿐 아니라, 자연과 인간이 어떻게 관계맺을 것인가에 대해, 지금까지의 방식을 근본적으로 재고하지 않으면 안된다는 사실을 많은 사람들에게 절감하게 했다.

나의 아주 작은 경험에 비추어 보더라도, 패전 직후 고문서 조사를 위해 걸어서 돌아다녔던 각지의 바다와 호수가 최근 변모한 모습을 보면서 마음이 어두워지지 않을 수 없었고, 때로는 전율하기도 했다(아미노 요시히꼬 1999a). 예를 들어 1950년대의 카스미가우라(霞ヶ浦)와 키따우라(北浦)에는 호수 주변에 갈대와 줄[眞菰]이 무성한 푸른 세계를 연출하고 있었고 배가 드나드는 하안(河岸)의 풍경이 남아 있었으며, 이 호수 특유의 범인망(帆引網)이나 대덕망(大德網)¹ 등의 어로행위가 여전히 성행하던 아름답고 활력 넘치는 물의 고장이었다.

그러나 1970년대 후반, 쯔찌우라(土浦)에 숙소를 잡고 목욕탕에 들어가려던 나는, 일순 카스미가우라에 온천이 있었던가 하고 착각을 했다. 그 정도로 유화수소 냄새가 강하게 났던 것인데, 실제 그것은 수돗물에서 나는 악취였다.

---

1 범인망은 해저나 강바닥에 그물을 쳐놓고 돛[帆]의 힘을 이용해 그물을 끌어서 물고기나 조개를 잡는 그물 또는 그 어로방법이며, 대덕망은 치어(稚魚)들을 잡지 않기 위해 사용하는 그물코가 큰 그물이나 그 어로방법이다.

요시노가와(吉野川)의 하구언. 250여년 전 토꾸시마현(德島縣) 요시노가와에 설치된 석축(石築) '고정제방'(열번째 제방). 이 제방을 '가동언(可動堰)'으로 변경한다는 계획이 발표되자 현지 주민들은 "가동언이 들어설 경우, 처리되지 않은 공장의 각종 폐수와 폐액, 유기물 등이 하천의 생태계를 파괴한다"라며 반대했다. 2000년 1월 23일 실시된 주민투표 결과 주민들의 압도적인 지지로 '부결'되었지만, 사업을 속행한다는 당초의 정부 방침은 철회되지 않았고 결론도 나지 않았다.

일본열도 각지의 다른 둔치나 모래밭과 마찬가지로, 적백색 굴뚝이 빽빽하게 들어선 카시마(鹿島)공업단지가 조성되고 그곳에 물을 공급하기 위해 카스미가우라를 거대한 물저장소로 삼으면서, 호수 출입구에 수문을 설치하여 바닷물을 막고, 호수 기슭에 콘크리트를 바른 결과 이같은 사태가 초래된 것이다. 물론 이렇게 함으로써 호수로 인한 홍수 위험이 줄어들고, 공업단지 때문에 호수 주변의 생활이 더 편리해지고 풍요로워진 것은 틀림없지만, 호수 주변의 아름다운 풍경은 거의 사라지고 범인망도 자취를 감췄다. 그리고 호수는 흘러드는 생활폐수로 인해 부영양화(富營養化)되고, 여름이면 푸른 싱경이가루(青粉)가 대량으로 발생하여 부패하는 탓에 유화수소가 피어올라, '온천'이라고 착각할 만큼 호수 주위는 악취로 가득하게 되었던 것이다. 호수에는 죽음의 그림자가 다가오고 있었고 실제로 잉어가 대량 폐사하는 일까지 일어났다.

　최근 들어 이러한 호수의 실상을 우려하는 많은 사람들의 노력으로 상황이 다소나마 개선되고 있다고는 하지만, 본질적인 문제는 해결되었다고 보기 어렵다. 호수의 생명을 소생시킬 것인가 죽음으로 몰아넣을 것인가의 대립은 아직도 계속되고 있다.

　하구언(河口堰)이 설치된 나가라가와(長良川)나 하구언 설치 문제로 몸살을 앓고 있는 요시노가와(吉野川) 역시 같은 위험에 직면해 있고, 이렇듯 하천이나 호수를 인간의 관리하에 두어 개발에 이용하려는 발상은 여전히 뿌리깊이 남아 있다. 해변의 모래사장이나 개펄과 간석지를 매립해서 농지나 공업용지로 삼으려는 것도 똑같은 태도에 기초하고 있다. 이같은 대규모 농지개발은 이미 에도(江戶)시대 후기부터 시작된 것으로, 이러한 발상의 역사는 결코 짧지 않다.

　그러나 최근 이사하야(諫早)의 간석지 간척에서, 이른바 '길로틴' 제방에 의한 단절이 큰 문제로 등장한 것²이나, 또 요시노가와의 가동언(可動堰)³ 설치를 주민투표로 저지하려는 움직임처럼, 자연을 인간의 지배와 관리 아래에 두려는 지금까지의 대처방법에 대하여 거센 비판과 반성의 기운도 점점 고조되고 있다. 그리고 마구잡이식 개발로 인한 자연환경의 파괴가, 인류 자신의 생존을 위협할 수도 있다는 자각도 점차 심화되고 있다. '장년시대'다운 사려깊고 지혜로운 삶의 방식이 좋든 싫든 인류에 요구되고 있다. 그리고 그것이 역사에 대한 종래의 시각 자체를 크게 바꾸게 되었던 것이다.

---

2 이 간척사업은 나가사끼현(長崎縣) 이사하야만(諫早灣)의 안부분을 격리하는 제방 설치안을 포함하고 있는데, 많은 사람들은 이로 인한 생태계 파괴를 우려하고 있다.

3 물의 양을 자유로이 조절할 수 있도록 가동장치를 한 둑.

'진보'사관의 근본적 동요

이같은 현실 속에서 근대 이후 역사학의 근저를 지탱해온, 인간은 스스로의 노력으로 '진보'한다는 확신은 어쩔 수 없이 흔들리게 되었다. 자연법칙의 이해에 기반한 개발과 거기서 획득한 생산력의 발전이야말로 사회 '진보'의 원동력이고, 그것에 수반하여 발생하는 모순을 이 생산자가 극복하며 '진보'를 실현해가는 과정에서 인류역사의 기본적인 발전노선을 찾으려는 시각은, 이제 더이상 그대로는 통용될 수 없게 됐다. 그러한 자연개발이 자연을 파괴하여 인류사회의 존립을 위태롭게 하고, 자연개발로 획득한 거대한 힘, 또는 〔호수의 오염 등〕 극미(極微)의 세계가 인류를 사멸시킬 위험을 갖게 된 것이다. 이러한 사태 자체는 앞서 말한 '진보'사관에 내재된 근본적인 문제를 표면화하고 있다. 그것을 철저하게 재검토하고 인류사회의 역사를 재고하여, '진보'라는 이름 아래 무시해온 문제에 눈을 돌리면서 역사를 재구성하는 것은 이제 더이상 지체할 수 없는 필수과제가 되었다.

예를 들면 이제까지, 인류는 미개하고 야만적인 표박(漂泊)·편력(遍歷)생활에서 정주(定住)·정착생활을 확립하여 문명의 길을 걸어왔다고 이해해왔다. 그러나 실제로 표박과 정주, 편력과 정착은 인간생활의 두 가지 존재방식이므로, 어느 한 쪽만 가지고 인간사회가 성립하기는 어렵다. 현대에서도 그것은 여행과 일상의 형태로 살아있고, 어느 쪽을 두고 '미개'니 '진보'니 할 수 없는 것이다.

또 자연경제⁴에서 교환경제, 자급자족경제에서 상품화폐경제로 이행한다는 경제사의 '상식'도 마찬가지다. 여기에는 인간은 우선 자신의 생활을 충족시킨 후에 남은

---

4 화폐를 매개로 하지 않고, 물건과 물건을 직접 교환하여 수요를 충족시키는 경제유형.

잉여생산물을 시장에서 교역하는 존재라는 이해가 그 근저에 있으나, 이는 매우 편중된 견해이다. 실제 "상업은 인류의 역사만큼이나 오래되었다"라는 말처럼, 인간은 본질적으로 자기와 함께 타자를 의식하며 사는 동물이고, 교역과 교환을 목적으로 한 생산, 즉 상품생산은 인간사회의 시초부터 있었다고 생각된다. 뒤에서 다시 말하겠지

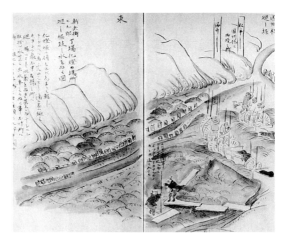

오늘날 찌바현(千葉縣) 토네가와(利根川) 하류의 임바누마(印旛沼) 간척지. 에도시대부터 농지 개발이 대규모로 이루어지고 있었다(『조꾸호오떼이끼續保定記』, 후나바시시船橋市 니시도서관西圖書館 소장).

만, 일본열도의 사회를 보더라도 '자급자족'이라는 경제활동은 실태로서는 결코 있을 수 없었으며, 이는 연구자들이 만들어낸 '환상'이라고 하지 않을 수 없다.

마찬가지로 경제사의 발전단계로 여겨왔던 수렵·어로·채집경제에서 농경·목축경제, 나아가서는 공업을 기반으로 하는 산업경제로 발전했다는 경제의 '진보' 공식도 커다란 편견을 안고 있다. 실제로 상공업이 발달한 산업경제단계로 진입한 뒤에도 그 이전의 생업은 사라지지 않고, 사회경제에서 중요한 역할을 꾸준히 수행하고 있다. 농경사회가 되면 수렵·어로·채집을 하지 않게 된다는 것은 있을 수 없다. 또 물건을 생산하지 않는 유통·운수·상업·금융 등의 활동 역시 앞서 언급한 대로 인류의 역사만큼 오래된 것으로, 이를 고려하지 않은 채 이같은 역사발전단계를 설정한다는 것은 불가능하다고 해도 좋을 것이다.

그런데도 이제까지의 역사학은 '진보'의 원동력으로서 농업·공업의 발전에만 오로지 주목하여, 다른 요소들은 거의 고려의 대상으로 삼으려 하지 않았다. 이 점도 나중에 본격적으로 살펴보겠지만, 종래의 '일본경제사'는 사실 이와 같았다고 말하지 않을 수 없다. 농업사·공업사는 일본경제사의 중심이고, 산·들·강·바다와 관련된 생업과, 그 산물을 원료로 한 가공업은 완전히 부차적인 문제로만 취급했다. 또 최근 다소 개선되었다고는 해도, 패전 후의 역사학에서 상업·유통 등에 관한 연구는 완전히 소수파였던 것이다. 그러나 오늘날 다양성을 모색하는 현실의 변화와 이에 호응한 학제적 연구방법론의 발전에 따라 전후역사학의 편협한 시각이 명확하게 드러나게 되었다. 지금부터라도 '진보사관'이 무시하고 차별하던 세계에까지 폭넓게 눈을 돌림으로써 왜곡된 인류사회의 역사상을 그 '장년사회'에 어울리게 바로잡아야 할 것이다.

더욱이 패전 후의 역사학에서 주류적 견해였던 원시사회·아시아적 사회·노예제사회·봉건사회·자본제사회, 또는 이와 깊이 관련을 맺고 있는 원시·고대·중세·근세·근대라는 시대구분에 대해서도, 그것이 어디까지 유효한지를 충분히 음미하면서 철저히 재검토할 필요가 있다. 물론 다양한 각도에서 신중히 진행해야 할 것이며, 나중에 자세히 논의하겠지만, 여기서는 한 가지만 언급해두겠다. 일본열도의 사회에서 산·들·강·바다의 세계와 그곳에서 주로 살던 사람들을 본격적으로 조사·연구하려고도 하지 않았다는 사실이다. 한마디로 '소수파'였으며 '기본적인 생산에 관여하지 않았다'는 이유로 배제된 상태에서 구성된 사회의 파악방식이, 전혀 사실에 기초하지 않았다는 점만큼은 꼭 강조해두고 싶다.

이러한 여러가지 약점을 극복하고, 넓은 시야에 선 새로운 역사상은 그 풍요로운 모습을 얼마나 보여줄 수 있을 것인가. 바로 우리 앞에 이 흥미진진한 과제가 무한히 펼쳐져 있다고 할 수 있겠다.

여성·노인·어린이·피차별민

차별과 무시를 받아온 것은 인류의 생활을 지탱하는 농공업 이외의 여러 생업만
이 아니다. 지금까지의 '진보사관'에 따르면, 주로 농업·공업에 종사하며, 경제발전
을 추진했던 존재는 기본적으로 성인 남성이었다. 또 조세를 부담하고 군대를 지탱
하며 정치를 움직이는 주도적인 역할과 사회의 '진보'를 담당했던 주체는 남성이었
고, 여성·노인·어린이는 보조적인 역할만을 맡았다. 때때로 표면에 나타나는 경우
가 있다고 하더라도, 그것은 예외로 간주되었다. 그 때문에 종래의 역사는 사실상
남성이 주도하는 역사로 묘사되었던 것이다.

그러나 사실을 잘 살펴보면, 이 관점에는 역시 농업과 공업에 주로 눈을 돌려왔던
데서 연유한 편견과 착각이 있었음을 분명히 알 수 있다. 일본열도의 사회에 대해서
는 제4장에서 상술하겠지만, 세계 여러 민족의 실태를 보더라도 뽕잎 재배에 따른
양잠과, 모시풀[苧麻] 재배가 동반하는 제사(製絲)·방적(紡績), 나아가 이를 재료로
직물을 짜는 것은 주로 여성의 일이었고, 여성은 인류생활에 불가결한 의료생산에
압도적으로 큰 역할을 수행했다. 실제로 물레[絲車]와 직기(織機)는 세계적으로 여
성을 상징하는 도구였다.

일본의 경우 또 이렇게 스스로 생산한 직물을 비롯해 남성이 채취해온 생산물인
어패류(魚貝類)나 땔감[薪炭] 등을 시장에 내다 파는 상인 중에는 여성도 많았다.
1980년 페루를 여행할 당시 나는 여기저기 시장에 가본 적이 있었는데, 그곳에서 직
물을 파는 사람 대부분이 여성이었다. 나와 동행했던 아르헨띠나인 로베르또 오에
스또(Roberto Oesto)는 여성 옷감장수와 옥신각신하며——물론 나는 그 내용을 전

혀 알 수 없었지만──값을 흥정하고서는 판초 한 벌을 샀는데, 이런 광경은 틀림없이 세계의 시장에서 흔히 볼 수 있을 것이다.

그러나 이같은 다방면에 걸친 여성의 활동을, 지금까지의 역사학은 거의 정면에서 다룬 적이 없었다. 노인이나 어린이에 대해서도 마찬가지다. 특히 급속하게 고령화사회·소자사회(少子社會)⁵로 진입중인 일본에서는, 노인과 어린이가 역사에서 수행해온 역할에 대해 새롭게 주목하려는 움직임이 일어나고 있다. 국립역사민속박물관이 1998년에 개최한 국제포럼이 '생·로·사(生老死)'를 테마로 다루었고 (미야따 노보루·아라따니 쇼오끼 2000), 1999년에는 일본민속학회도 50주년 기념으로 노인문제를 테마로 한 씸포지엄을 개최하는 등 다양한 각도에서 노인을 주목하기 시작했다.

예를 들면 일본의 경우, 특히 서일본의 사회에 보이는 은거(隱居)⁶의 관습은 매우 뿌리깊은 것으로, 공적인 무대에서 은퇴한 후 훨씬 자유로운 입장인 사적인 세계에서 실생활에 강한 영향력을 발휘하는 노인의 역할을 요즘도 볼 수 있다. 그것은 인(院)과 천황, 오오또노(大殿)와 셋쇼오(攝政), 타이꼬오(太閤)와 캄빠꾸(關白), 오오고쇼(大御所)와 쇼오군(將軍)⁷처럼 정치의 중추에서도 확인할 수 있다. 일본열도 내

---

5 출산율이 낮아지고 평균수명이 늘어나면서, 어린이의 수가 줄어들고 노인의 수가 늘어나는 인구구조로 변하는데 이를 소자고령화사회라고 한다. 이런 사회에서는 노동인구가 감소해 경제성장이 둔화되고, 젊은이의 수가 줄어들어 사회의 활력 또한 감소된다. 또 어린이의 사회성과 자발성 등이 두드러지게 저하되고 사회보장비용의 부담이 증대하는 등 많은 문제가 우려된다.

6 호주(戶主)가 스스로의 자유의지에 따라 이에(家)를 총괄하는 권리인 가독(家督)을 자신의 가독상속인에게 승계하고 호주권을 포기하는 것으로 중세의 무가법(武家法) 이래의 전통적인 법제였으나 1947년에 폐지되었다.

의 다른 지역과 세계의 여러 민족 가운데서 이러한 노인의 역할을 어떻게 해석할 수 있는가를 포함하여, 인류사회의 역사에서 노인과 '노(老)'의 의미까지 천착하는 연구 자세는, 진정 인류사를 종합적으로 파악하는 데 필수과제라고 할 수 있을 것이다.

어린이에 대해서는 아직 미개척 분야가 많다. 일본의 경우 최근 '요오도오(幼童) 천황'에서부터 사원 내의 동자(童子), 나아가 쿄오와라와(京童)와 우시까이와라와 (牛飼童) 등 도오교오(童形)의 문제까지 시야에 넣으며, 사회 속에서 어린이가 수행하는 역할을 탐구하고 있다. 이것을 인류사 전체 속에서 파악하는 작업 역시 앞으로 매우 흥미로운 문제라고 할 수 있을 것이다.

더욱이 사회에서 차별대우를 강요당해왔던 피차별민에 대해서도, 최근 다양한 각도에서 조명하고 있다. 일본열도의 사회에 대해서는 뒤에 서술하겠지만, 이 역시 역사학의 성숙을 잘 대변하는 것으로 인류사적인 시야에서 차별의 요인, 피차별민의 다양한 실태와 역할이 탐구되어야 한다. 그리고 그러한 피차별민들이 사회 속에서 수행한 적극적 역할, 예를 들면 예능의 세계에서 피차별민이 크게 기여한 점 등도 본격적으로 연구할 필요가 있을 것이다.

이렇게 인류가 장년시대에 들어선 엄숙한 현실을 배경으로, 역사학을 비롯한 학문 전체가 이제까지와는 크게 다른 시점(視點)에서 문제를 재검토하기 시작하는 것은 분명하다. 역사학을 보면, 근대 이후의 '진보사관'의 시야에서 가려져 있던 다양한 세계를 빠짐없이 다루고 이를 인류사에 대입하여 새로운 인류사상을 그려내는 동시

---

7 인·오오또노·타이꼬오·오오고쇼는 각각 천황·셋쇼오·캄빠꾸·쇼오군의 자리에서 물러나 은거한 자를 가리킨다.

소동(小童)이 머리칼을 풀어헤친 채 무사집단의 선두에 서서 달리고 있다(『잇뻥히지리에—遍聖繪』 권1, 쇼오죠오꼬오지 淸淨光寺·캉끼꼬오지觀喜光寺 소장).

에, 진정한 의미에서 인류의 '진보'가 무엇인지를 탐구·모색하기 시작한 것이다.

그것은 인류가 스스로 처해 있는 상황을 정확히 파악하고, 미래를 신중하게 살아나가기 위한 작업이자 노력이다. 물론 일본인도 똑같은 과제를 안고 있음은 두말할 나위도 없다.

2. 일본인의 자기인식: 그 현상

1999년 8월 9일

나가사끼(長崎)에 원폭이 투하된 날부터 54년이 지난 1999년 8월 9일, 일본국회는 히노마루(日の丸)와 키미가요(君が代)를 국기와 국가(國歌)로 규정한다는, 정부가 제출한 국기·국가법안을 자민당·자유당·공명당과 민주당 일부의 찬성으로, 바꿔 말해 압도적 다수로 가결통과시켰다.

이것은 이 법안의 제안자·찬성자에게는 1945년 8월 15일 패전 이후 장기간의 '현안'이 해결된 것이었는데, 일본인이 '나라'를 사랑하는 마음을 갖도록 하겠다는 의도에서 법안 성립이 강행되었던 것이다.

전쟁중 나는 친구를 거리낌없이 폭행하는 군인과 군국주의적 교관의 횡포를 체험한 바 있어, 그 배후에 항상 존재했던 히노마루와 키미가요를 국기와 국가로서 결단코 인정할 수 없다.

개인의 감정이라고 말할지 모르겠지만, 이 법률은 2월 11일이라는 패전 전의 키겐세쯔(紀元節), 곧 짐무(神武)천황[8]의 즉위일이라는 가공(架空)의 날을 '건국기념일'로 정한 나라의 국기와 국가를 법제화한 것이어서, 아무리 해석을 달리 하더라도 패전 전의 히노마루나 키미가요와 기본적으로 다르지 않음은 명백한 사실이다. 이와같이 허위에 입각하여 국가를 상징하고 찬양하는 행위를 법이라는 이름으로 규정한 것이 이 국기·국가법인데, 허구의 나라를 '사랑하는' 것 따위가 나에게는 불가능하다. 때문에 나는 이 법에 따를 것을 단호히 거부한다.

뒤에서도 말하겠지만, '일본'이라는 국호, 즉 나라의 이름이 언제 정해졌으며, '천황'이라는 왕의 칭호가 언제 공식적으로 정해졌는지에 대해 이견이 없는 것은 아니지만, 연구자들의 견해는 대체로 일치하고 있다. 대체적인 견해로는 7세기 말인 689

---

8 『코지끼(古事記)』『니혼쇼끼(日本書紀)』에 기록된 전승인 기기전승(記紀傳承)에서 말하는 일본의 제1대 천황. 이에 따르면 휴우가노꾸니(日向國)에서 동진하여 기원전 660년에 야마또노꾸니(大和國)에서 즉위했다고 한다. 메이지(明治) 이후 이 해를 기원원년(紀元元年)으로 삼았다. 키겐세쯔는 짐무천황의 즉위일로 여겨지던 2월 11일을 국경일로 정한 것으로, 패전후 폐지되었다가 1966년 '건국기념일'이라는 이름으로 부활했다.

년에 시행된 아스까끼요미하라령(飛鳥淨御原令)"에서라고 하는데, 그와 다른 견해라 해도 7세기 중엽과 8세기 초엽 사이로 보는 데에는 이론이 없다. '일본'은 이때 비로소 지구상에 출현했으며 그 이전에는 일본도 일본인도 존재하지 않았다(여기서 '일본인'이라는 것은 '일본국'의 국제國制 아래에 있는 사람들로, 그 이상도 이하도 아니다. 일본인이라는 말은 그런 의미로 써야만 하며, 여기에 이런저런 의미를 덧붙이는 것은 문제를 모호하게 만든다고 나는 생각한다. 이 점도 후술한다).

따라서 만약 '일본국'의 '건국'을 문제로 삼는다면, 이 국호가 제정된 싯점에서 시작하는 것이 사실에 기반할 때 당연한 것이다. 실제로 702년 중국대륙으로 건너간 야마또(ヤマト)의 사신은 주(周)의 측천무후(則天武后, 국명을 당唐에서 주周로 바꾼다)에게, 그때까지의 '왜국(倭國)'을 대신해 처음으로 '일본국(日本國)'의 사신이라며, 국명 변경을 밝혔던 것이다. 거기에는 대륙의 대제국에 대하여, 작지만 자립한 제국이 되려는 야마또 지배자들의 강한 의지가 담겨 있었다.

이렇게 생각할 때 이 국호가 확정된 7세기 말은 일본국의 역사는 물론이고, 일본열도 사회의 역사에서도 극히 중요한 시기이며, 응당 일본인이 자기인식의 출발점으로 삼아야 할 가장 중요한 사건임은 말할 필요도 없다.

그럼에도 불구하고 국기 게양과 국가 제창을 요구하고, 교육현장에서 학생들에게 히노마루·키미가요를 가르칠 것을 강요하는 문부성(文部省)의 학습지도요령에는 '일본'이라는 국호가 언제 정해졌는가에 대해서 한마디도 언급하고 있지 않다. 최근

---

9 템무(天武)천황이 681년에 편찬을 시작하여 지또오(持統)천황이 689년에 시행한 법전. 율(律)은 완성되지 못하고, 영(令) 22권으로 되어 있다. 701년 완성된 타이호오(大寶)율령의 기초가 되었다.

본문이나 주석에서 이 문제를 언급한 고교교과서가 나온 것은 드문 예이고, 초·중·고등학교의 교과서에서 국명(國名)에 관한 기술은 전혀 찾아볼 수 없다. 거꾸로 '죠오몬(繩文)시대의 일본' '야요이(彌生)시대의 일본인' 등 마치 죠오몬·야요이시대[10]부터 일본과 일본인이 존재했던 것 같은 서술이 많이 발견된다. 어떤 때는 '구석기시대에 일본인이 있었다'라는 신문기사까지 등장하고 있는데, 이는 '신대(神代)'부터 일본이라는 나라가 시작되었다는 패전 전 교육과 대동소이하다고 말할 수 있다.

문부성은 왜 일본국에 결정적인 의미가 있는 국호 확정의 사실과 그 시기를 국민에게 가르치려고 하지 않는가. 그것은 그 점을 명백히 밝힐 경우 '건국기념일'의 허위성이 드러나는 결과로 이어질 것을 우려하여, 의식적으로 은폐하고 있다고 볼 수도 있다. 또 이 국호를 지배자가 임의로 정했다는 사실이 드러나면 장래 사람의 힘, 국민의 의지로 이를 바꿀 수도 있다는 점이 명백해질 것을 우려했기 때문이라고 생각할 수도 있을 것이다. 그렇다면 이것은 매우 악의적이라고 비난할 수 있겠지만, 실제로는 문부성 당국자들마저 '일본'이라는 국호가 마치 하늘에서 뚝 떨어진 것처럼 옛날부터 정해져 있었다는 식의 애매모호한 인식에 여전히 머물러 있기 때문이라고 생각된다.

그 결과, 현대 일본인의 대부분이 자기 나라의 이름이 언제, 어떤 의미로 정해졌는지를 모르는, 세계 여러 국민 중에서도 보기 드문 진기한 사태가 현재까지 면면히

---

10 죠오몬토기를 사용한 시대. 죠오몬토기의 변화에 따라 초창·조·전·중·후·만의 6기로 나눈다. 기원전 4~5세기경 야요이시대로 넘어간다. 주로 움집[竪穴住居]으로 이루어진 집락이 있었고, 채집·어로·수렵의 채취경제 단계였다. 야요이시대는 기원전 4~5세기경부터 기원후 3세기경까지로 중국대륙과 한반도의 영향 아래 벼농사와 금속기의 사용이 시작되었다.

이어지고 있는 것이다. 실제로 내가 15년간 근무했던 카나가와대학(神奈川大學) 단기(短期)대학부와, 그곳을 퇴직한 후 3년간 강의했던 같은 학교 경제학부 학생들에게 1980년대 후반부터 매년 강의 첫 시간에 국호 제정이 몇세기인지 숫자를 종이에 적어내게 하거나 거수 방식으로 조사해봤더니, 기원전 1세기에서 20세기까지 답변은 각 세기마다 고루 분산되어 있었고, 다수를 차지하는 의견은 없었다. 요컨대 모르고 있었다. 쿄오또대학(京都大學) 경제학부 학생 약 1백명도 마찬가지였고, 고시 출신 국가공무원 50명 가운데 두세명을 지명했더니 19세기, 15세기, 9세기라고 답하는 등 정답은 나오지 않았다.

유감스럽게도 조사해볼 수는 없었지만, 국기·국가법안을 제출한 정부각료와 이를 심의·가결한 중의원과 참의원, 양원의원 중에서 찬성·반대를 불문하고 '일본'이라는 국호가 언제 어떤 의미로 정해졌는지 정확하게 알고 있는 사람은 과연 몇이나 될까. 정말 의문이지만 아마도 극소수에 지나지 않았을 것이다.

'일본국'의 국기·국가는 실로 이와같은 상황에서 허위의 날짜를 '건국'일로 삼아 제정됐던 것이다. 우리는 이 사실을 명심하지 않으면 안된다.

그러나 그것은 결코 정부·여당만의 책임은 아니다. 패전 후 '황국사관'을 비판하고, 학문적으로 역사학·역사교육을 탐구해왔던 연구자·교육자 역시 이 문제에 대해서는 완전히 맹점투성이였다. 특히 미군 점령하에서 '일본인의 프라이드'를 강조하고, 일본의 독자적인 발전을 전면에 내세우면 내세울수록 '국명 제정시기 문제' 따위는 하찮은 의문으로 간주하여 거의 문제 삼지도 않았다. 이렇게 말하는 나 자신도 이 문제에 착목한 지가 기껏해야 20년 정도 전에 불과하므로, 결코 나 혼자 대단한 발견을 해낸 사람인 양 말할 처지가 아니다.

그리고 또 현재 국기·국가법에 맹렬히 반대하고 있는 여러 세력, 일본교원노조 등의 많은 교원, 과거의 일본사회당, 현재의 일본공산당이 자기들의 단체명이나 당명의 앞에 달고 있는 '일본'에 대하여 얼마나 자각하고 있었던가, 실로 의문이라 하지 않을 수 없다.

그러나 그러한 문제까지 포함하여 이제 겨우 토론을 시작하려는 싯점에서 법안은 너무나 간단히 가결되고 말았다. 사실을 제대로 살펴보려고도 하지 않고, 허구를 그대로 밀어붙인 정부·여당의 책임은 매우 중차대하고, 언젠가 사실이 백일하에 드러날 때 그들에게 엄혹한 역사의 심판이 내려질 것은 틀림없다. 그날이 하루라도 빨리 올 수 있도록, 우리들은 지금까지의 '맹점'을 메우는 데 전력을 다하고 정확한 자기인식의 확립을 위해, 종래의 편견을 버리고 '일본이란 무엇인가'를 다시금 철저하게 질문해야만 한다.

'일본국' 1300년의 총괄

압도적 다수의 국민이, 또는 아마도 국회의원·각료의 대부분은 자국의 국명이 정해진 때를 알지 못한 채, 게다가 그 나라가 허구·신화로 '건국'되었다는 사실을 무시하면서까지 국기·국가법을 성립시켰다는 점에서 역사를 연구하는 자로서 허탈한 심정이 아닐 수 없지만, 이러한 현실은 현재 일본인의 자기인식의 실상을 명확히 반영한다고 볼 수 있다.

국명 문제만이 아니라, 특히 메이지(明治) 이후의 국가적 교육을 극복하고 학문적으로 하려고 했지만 끝내 그 틀을 완전히 벗어나지 못했던 패전 후의 교육 속에서 현대 일본인에게 각인되어 있는 그릇된 생각, 실태와 동떨어진 허상은 매우 뿌리깊은 것이며, 그 연원은 1300년을 거슬러올라 일본국 성립의 시기까지 미치는 것도 적지 않다.

　예를 들면 일본은 주위가 바다로 격리·고립된 '섬나라'이고, 그렇게 닫힌 세계에서 일본국 아래 장기간에 걸쳐 생활해왔기 때문에 일본인은 균질의 단일민족이라거나, 그래서 다른 민족이 쉽사리 이해하기 힘든 독자적인 문화를 키워온 반면, '섬나라근성'이라는 폐쇄성을 몸에 지니게 되었다는 '상식'이 언제부터인가 일본인들 사이에 깊숙이 침투해 있다. 어쩌면 이 '상식'은 패전 후에 직접적인 연원이 있다고도 생각되지만, '섬나라'이기 때문에 해군으로 바다를 지키고 또 바다를 통하여 외적을 공격한다는 의식은 패전 전부터 일본인에게 침투되어 있었음이 분명하다.

　그리고 바다를 사람과 사람을 격리시키는 장벽이라고 보는 시각은 일본국이 성립했을 당시 귀족들의 의식으로까지 거슬러 올라갈 수 있다.

　적어도 절반은 '신화'라고 해도 좋을 만큼 열도의 현실과 유리된 이 시각이 허상임을 깨닫는 동시에, 왜 이러한 '상식'이 일본인에게 이렇게도 깊이 침투했는가를 생각하는 것도 당연한 큰 과제의 하나일 것이다. 그것은 바다에 시점(視點)을 두고 인류역사를 재고한다는, 현재 크게 주목받기 시작한 문제에 호응하는 길이기도 할 것이다.

　더욱이 바다를 매개로 동서남북의 여러 지역들이, 오랜 세월에 걸쳐 활발한 인적·물적 교류를 거치면서 열도의 여러 지역은 각각 독자적인 개성을 형성해왔다. 이에 대해 본격적으로 고찰해보는 것도 중요한 테마이고, 특히 열도의 동부와 서부, 즉 포싸 마그나(Fossa Magna)[11]의 동과 서는 사회의 질이 다르다고 생각될 정도로 차이가 난다. '일본사회가 균질적이다'라는 말도 전혀 근거가 없는 잘못된 생각인 것이다.

---

11 원래는 '커다란 균열'이라는 뜻이다. 지질구조상 일본을 동북일본과 서남일본으로 나누는 중요한 지대. 쮸우부(中部)지방에서 혼슈우(本州)를 횡단하는 지대이다. 독일의 지질학 에드문트 나우만(Edmund Naumann)이 명명했다.

이렇게 다양한 열도의 여러 지역 중에서 최초의 본격적인 국가인 '일본국'이 7세기 말에 확립하지만, 그것이 열도 전체를 점유한 국가가 아니었다는 점도 의외로 알려지지 않았다. 조금만 생각해봐도 금방 알 수 있듯이, 이 국가는 열도 서부, 즉 큐우슈우(九州) 북부, 시꼬꾸(四國), 혼슈우(本州) 서부지역을 기반으로 야마또(大和)에 중심을 두면서, 이질적인 지역이라고 생각되던 중부 동쪽, 즉 칸또오(關東)와 토오호꾸(東北) 남부를 그 국제(國制)하에 편입했을 뿐이고, 남큐우슈우(南九州) 이남과 토오호꾸 북부 이북은 그 안에 속하지 않았다. 일본국은 군사력으로 그 지역을 침략·정복하려고 시도했지만, 1백년 이상에 걸친 단속적(斷續的)인 침략에 토오호꾸인은 완강히 저항했고, 토오호꾸 최북부에는 11세기 후반에서 12세기까지도 일본국의 국제가 미치지 못했던 것이다. 물론 홋까이도오(北海道)와 오끼나와(沖繩)는 19세기 중엽까지 일본국의 테두리 밖에 있었고, 오끼나와에는 15세기 이후 일본국과는 별개의 국가인 류우뀨우왕국(琉球王國)[12]이 성립했다. 메이지 이후의 근대 일본국은 역시 군사력을 배경으로 류우뀨우를 병합하고, 아이누[13]를 강제로 일본인화했던 것이다. 또 일본국 내부에도 동국과 서국사회의 이질성을 배경으로 별개의 왕권

---

12 명(明)과의 조공무역으로 번성하던 류우뀨우왕국은 15세기 이후 중국과 일본 양쪽에 조공을 바쳤고, 17세기 초에 큐우슈우의 시마즈씨(島津氏)에게 정복되었으나 국가형태는 유지되었다. 그러나 메이지유신 후 일본정부는 이곳에 류우뀨우번(琉球藩)을 설치하고, 이어 오끼나와현으로 삼아 완전히 일본에 편입했다. 또 제2차 세계대전 당시 미·일 간의 격전지로서, 전쟁 후에는 미국령으로 되었으나 1972년 일본에 반환되었다. 지금도 미군기지가 있다.

13 과거에는 홋까이도오·사할린·꾸릴열도에 거주했으나, 지금은 주로 홋까이도오에 거주하는 원주민. 어로·채집을 주요 생계수단으로 삼아왔다. 근세 이후에는 마쯔마에번(松前藩)이 가혹한 지배정책을, 근대 이후에는 메이지정부가 강력한 개척·동화정책을 펼쳐, 고유한 관습이나 문화가 많이 상실되었다.

이 병립했던 적도 있었고, 일본국이 분열할 가능성까지 있었다.

그러므로 '일본은 단일민족·단일국가'라는 주장은 전혀 사실에 기초하지 않은 '신화'라 해도 과언이 아니다. 이 점을 사실에 기반하여 생각해보는 것은 이 책의 중요한 과제 중 하나이다.

또 하나의 중요한 문제는 "일본인은 야요이시대 이래 주로 벼농사〔稻作〕에 종사해왔고, 그 주식은 쌀이며 일본문화의 근본은 벼·쌀이다"라는 '상식'이다. 이것도 일본국 성립기까지 거슬러 올라가는 뿌리깊은 잘못된 생각으로 '미즈호노꾸니 일본(瑞穗の國日本)'[14]이라는 관점은 지금도 여전히 횡행하고 있다.

게다가 앞에서도 언급한 것처럼 전근대 사회발전의 원동력은 기본적으로 농업이라는 근대 역사학의 '진보사관'의 강한 영향 아래 축적된 연구의 무게, 또 이에 기반하여 오랫동안 진척되어온 역사교육을 통한 침투를 고려한다면, 실생활을 돌아보면 쉽게 알아챌 수 있는 것임에도 불구하고, 이 편견을 바로잡고 일본열도에서 살아온 사람들의 생활실태에 입각하여 그 전모를 밝힌 후, 벼농사와 쌀의 새로운 위치를 설정하기 위해서는 적지 않은 노력이 필요하다.

물론 이 책에서 그같은 거대한 과제를 해결할 수는 없으나, 가능한 한 전력을 다해 다양한 각도에서 일본열도 사회생활의 실태를 조명해보고 싶다. 그리고 왜 이같은 쌀·벼농사 중심의 시각이 이렇게도 깊이 일본인에게 침투했던가에 대해서도, 그 연원을 탐구해보고자 한다.

이는 '일본이란 무엇인가'를 주제로 내세운 이상 도저히 피해갈 수 없는 과제일 뿐

---

14 '벼이삭이 잘 익는 나라 일본'이라는 뜻으로 일본의 미칭(美稱).

아니라, 미증유의 대전환기로 다가가고 있는 21세기 인류사회의 행보 과정에서 우리 일본인은 무엇을 해야 할 것이며, 또 할 수 있는가를 정확히 파악하기 위해서도 정면으로 대결하지 않으면 안될 문제들이다.

말하자면 이것은 일본열도에서 아주 먼 옛날, 수십만년 전부터 영위해온 인류사회의 역사 가운데 '일본국'의 위치를 설정하고, 약 1300년에 걸친 '일본국'의 역사를 철저하게 총괄하여 그 실태를 백일하에 드러내기 위한 작업의 일환이다. 이 '일본의 역사' 씨리즈는 전체적으로 이 과제와 씨름하고 있다고 할 수 있다.[15]

사실 이것은 50여년 전 패전 때에 곧바로 철저하게 수행했어야 할 작업인데도, 그것이 지금까지 진정한 의미에서 철저하게 고구(考究)되지 않은 채, 근대일본 나아가 '일본국' 전체에 중대한 문제로 남았다는 사실은 이미 여러 형태로 지적되고 있는 대로이다.

그 때문에 1999년 여름에 국기·국가법으로 상징되는 중대한 법률이, 너무도 쉽게 국회를 통과하여 성립되었음을 통감하지 않을 수 없다. 그러나 무력했던 점을 깨닫고 실패를 자각하는 것이야말로 새로운 전진을 약속하는 진정한 힘이며, 패전 전의 '망령'들이 그 모습을 바꾸어 우리들 앞에 분명히 드러난 바로 지금이야말로 이 총괄 작업을 개시할 최적의 싯점이라고 나는 생각한다.

---

15 이 책은 일본의 코오단샤(講談社)에서 기획한 '일본의 역사' 씨리즈의 첫째권으로 씌어졌다.

제 2 장

일본열도의 실상,
아시아대륙 동쪽의 가교

제2장 일본열도의 실상, 아시아대륙 동쪽의 가교

1. 아시아 동쪽의 내해

남북으로 연결된 다섯개의 내해

아시아대륙의 동쪽에는 북에서 남으로 다섯개의 거대한 내해(內海)가 연이어 있다. 북미대륙의 알래스카, 시베리아의 최북동부, 깜차뜨까(Kamchatka)반도 동안(東岸), 그리고 알류샨(Aleutian)열도에 둘러싸인 베링(Bering)해가 최북단에 펼쳐진다. 아메리카대륙과 아시아대륙은 베링해협으로 연결되어 있다.

베링해협 남쪽에는 깜차뜨까반도 서부, 시베리아 동부, 사할린 동안, 홋까이도오(北海道) 동부, 그리고 꾸릴(Kuril)열도로 둘러싸인 오호쯔끄(Okhotsk)해가 있다. 그에 이어서 사할린 서안(西岸), 일본열도의 서안, 한반도 동부, 이른바 '연해주'[1]에

---

1 저자가 연해주에 따옴표를 붙인 이유는 연해주가 러시아의 영토이며, 쁘리모르스끼(primorsky)라는

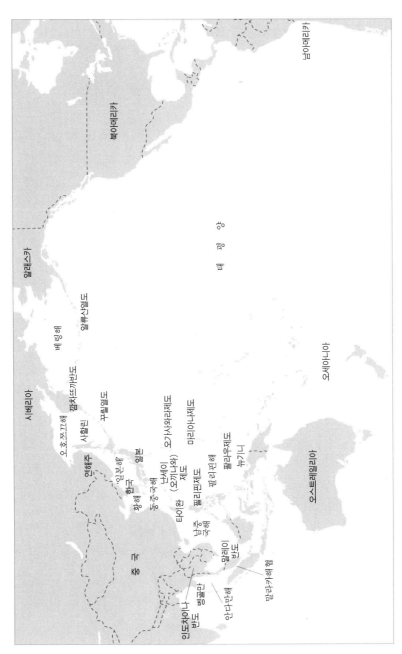

'일본해'를 둘러싸고 있는 다섯개의 나해 세계

둘러싸인 '일본해'²는 흡사 호수와 같은 모습을 보이고 있다.

더욱이 그 남쪽에는 한반도 서안, 큐우슈우(九州) 서부, 난세이제도(南西諸島, 오끼나와沖繩), 타이완, 중국대륙의 동안에 둘러싸여, 황해를 품에 안은 동중국해라는 넓은 공간이 있다. 그리고 가장 남쪽에 타이완, 필리핀군도, 중국대륙 남부, 인도차이나반도, 말레이반도, 보르네오섬이 안고 있는 바다가 남중국해이다. 이 바다에서 서쪽으로 말라카(Malacca)해협을 넘어가면 안다만(Andaman)해와 벵골만이 펼쳐져 인도로 가는 길이 열리고, 동쪽으로 향하면 이른바 동남아시아-인도네시아에서 오세아니아-뉴기니-오스트레일리아로 가는 바닷길이 통해 있다. 그리고 더 멀리 동쪽에는 남태평양의 섬들이 늘어서 있어, 남아메리카대륙까지 미치는 것이다.

또 일본열도의 동남안·난세이제도·타이완·필리핀군도를 연결하는 섬들과 이즈제도(伊豆諸島)·오가사와라제도(小笠原諸島)·마리아나(Mariana)제도·팔라우(Palau)제도에 둘러싸인 광대한 필리핀해가 펼쳐져 있다.

일본열도의 사회를 이해하기 위해서는 다섯개의 내해를 비롯해, 적어도 이 정도의 넓은 시야를 확보해야만 한다. 육지 지배의 논리가 아니라, 바다 자체의 특질을 시야에 넣은 넉넉한 관점을 세울 필요가 있다.

러시아어 지명이 있으므로 러시아어로 불러주어야 하지만, 이미 상당히 익숙해진 지명이므로 편의상 사용한다는 뜻이다.

2 일본사람들은 동해(東海)를 '일본해'로 표기하고 있으며, 그 명칭을 둘러싼 양국간의 분쟁이 국제적으로 전개되고 있음은 잘 알려진 사실이다. 그러나 본문에서 곧 나오는 것처럼, 저자는 '일본해'라는 명칭은 '참칭(僭稱)'이며 변경해야 마땅하지만, 우선 그때까지는 '일본해'라는 명칭을 사용한다는 입장을 밝히고 있다. 옮긴이는 '일본해'라는 명칭을 둘러싼 일본지식인의 생각과 감각을 잘 전달할 수 있겠다는 판단에서 이를 동해로 번역하지 않고 따옴표를 붙여 '일본해'로 표기했다.

태평양전쟁 당시의 아시아·오세아니아

아시아·태평양전쟁 당시 '대일본제국'은 이 광대한 세계에 대하여, 확실한 육지 지배를 목적으로 대군을 파견하여, 멀리 북에서 남에 이르는 섬들을 점령했다. 요즘 젊은이들은 이 섬들의 지명, 특히 동남아시아·오세아니아의 지명은 관광지가 아니면 모른다. 카나가와대학(神奈川大學)에서 가르쳤을 때, 태평양의 지도를 보여주고 일본군이 점령했던 범위를 표시하자, 학생들은 눈을 둥그렇게 뜨고 충격을 받은 모습이었다. 그러나 나처럼 전쟁을 경험한 사람에게 이들 섬과 도시의 지명은 의외다 싶을 정도로 기억에 남아 있고, 뉴브리튼(New Britain)·부건빌(Bougainville)·과달카날(Guadalcanal) 등 섬들이 표시된 지도는 지금도 눈앞에 떠오를 정도이다. 이런 체험과 지식에서 현재의 노인과 젊은이 간에 결정적인 차이가 난다고 할 수 있다.

그런만큼 새삼 강조해두고 싶지만, 일본군이 섬들을 점령함으로써 이들 섬에 살던 사람들은 막대한 희생을 강요당했음은 물론, 치열한 전투과정에서 수많은 양국 병사들이 목숨을 잃는 등 막대한 희생을 낳았다. 이것은 바다세계에 육지의 지배논리를 끌어들여 거대제국을 건설하려 했던 '대일본제국'의 기도가 얼마나 비현실적이고 무모한 시도였던가를 백일하에 드러낸 것으로, 두번 다시 이런 어리석은 행동이 재발되어서는 안될 것이다.

바다세계의 특질

일본의 이 어리석은 행동이 분명하게 말해주는 것처럼, 함선 등 해상수송 수단이 크게 발달한 근대에 들어서도 대군이 특정 기간 동안 바다를 건너거나, 또 도해(渡海)·상륙한 군대에 무기와 식량을 공급하는 데 바다는 분명 커다란 장애였다. 물론 이에 대항하여 도해를 저지하려는 측은 이러한 바다의 특성을 최대한으로 이용했다. 그로 인해 아시아·태평양전쟁 당시 병력과 물자를 남방으로 수송하는 데에 큰 곤란을 겪어 보급이 차단된 남태평양 섬들에서는 굶어죽는 병사들도 적지 않았다.

전근대로 거슬러 올라가면 군사적 목적으로 대군이 바다를 건너고, 이들을 유지하는 일은 더욱더 어려웠다. 토요또미 히데요시(豊臣秀吉)의 조선 침략 실패가 그것을 잘 말해주고 있고, 상륙에 성공하여 일시적으로 승리를 거둔 것처럼 보였지만, 결국 군량미와 무기의 수송이 곤란해지자 조선과 명의 연합군 앞에 무릎을 꿇었던 것이다.

거꾸로 13세기 후반 두 차례에 걸쳐 바다를 건너 일본을 공격했던 대제국 원(元)이 파견한 고려·몽골연합군과 강남군(江南軍)·동로군(東路軍)은 폭풍을 만나, 특히 1281년(코오안弘安 4)의 제2차 공격은 대폭풍우로 말미암아 선단이 궤멸당하는 등 결정적 타격을 입었다.

기후변동의 영향을 강하게 받는 바다세계의 이러한 특질 때문에, 바다에 둘러싸인 전근대 일본국이 외적의 공격, 즉 이민족의 진공(進攻)을 극히 적게 받았던 것은 사실이다. 그러나 그것이 일본국·일본열도가 바다로 인해 다른 지역에서 고립되었음을 의미하는 것은 결코 아니다.

서두르거나 당황하지 않고 일기의 변화를 충분히 관찰하여 항해하면, 평온한 바다만큼 안전하고 쾌적한 교통로는 없다. 그 때문에 오랜 시간을 들이면 많은 인력은 물론 방대한 물자까지 바다를 통하여 운반할 수가 있다. 폭풍우 치는 바다는 확실히 사람과 사람을 갈라놓는 장벽이지만, 고요한 바다는 사람과 사람을 긴밀히 연결해 주는 넓고 안정적인 교통로였다.

아오모리현(青森縣)의 산나이마루야마(三內丸山)유적에서 니이가따현(新潟縣)의 비취와 홋까이도오의 흑요석(黑曜石)이 출토된 사실, 후꾸이현(福井縣)의 토리하마(鳥濱)유적에서 발굴된 선체 등이 이미 증명하는 것처럼, 배를 통한 광범위한 활동은 죠오몬(繩文)시대 이전까지 거슬러 올라간다. 그렇다면 일본열도가 사실상 열도로 변모한 죠오몬시대 이후에도 앞서 언급한 주변의 바다를 통하여 많은 인력과 물자가 끊임없이 이 열도를 출입하고 있었음은 확실하다.

요컨대 일본열도는 아시아대륙의 북방과 남방을 연결하는 거대한 가교의 일부였던 것이다.

환 '일본해'제국도. 이 지도를 보면 사할린과 대륙, 쯔시마와 한반도가 얼마나 가까운지를 알 수 있다. 이 책의 화보에 컬러로 실린 이 지도는 토야마현이 건설성 국토관리원장의 승인을 받아 작성한 것이다(1995년 총사 제76호).

'고립된 섬나라 일본'이라는 허상

토야마시(富山市)[3]는 일찍부터 '환일본해문화(環日本海文化)'에 착목해서 대규모 씸포지엄을 자주 개최하는 등 '일본해'를 통한 여러 나라들간의 교류를 활발히 연구하고 있다. 그와같은 발상을 배경으로 토야마현의 기획과 일본지도쎈터의 편집으로 작성된 것이 「환'일본해'제국도/토야마중심정거방위도(環日本海諸國圖/富山中心正距方位圖)」(1/350만)이다(토야마현 토목부 기획용지과企劃用地課 담당).

일본열도를 아시아대륙에서 바라보는 형태로 대륙 위에 가로로 놓고, 토야마를

---

3 쮸우부(中部)지방의 토야마현(富山縣) 중북부에 위치한 도시.

중심으로 250km, 500km에서 1500km까지의 동심원을 그린 지도인데, 실태는 일반적인 지도와 같지만, 이 지도에서 받는 인상은 보통 세계지도 속의 일본열도와는 전혀 다른 신선한 이미지를 얻을 수 있다.

무엇보다 사할린과 대륙의 사이가 결빙되면 걸어서 건널 수 있을 정도로 좁다는 것, 쓰시마(對馬)와 한반도 사이가 좁아 맑은 날이면 쓰시마 북부에서 한반도가 명확히 보일 만큼 가깝다는 사실을 시각적으로 확인할 수 있다. 그리고 일본열도와, 난세이제도(南西諸島)의 가교 역할을 하는 이미지가 매우 선명하게 떠오르고, '일본해'나 동중국해는 열도와 대륙에 둘러싸인 내해, 특히 '일본해'는 과거 육지와 연결되어 있던 열도와 대륙의 품에 안긴 호수 시절의 잔영을 지도 위에 선명히 남기고 있다.

그리고 이 지도를 보면, 홋까이도오·혼슈우(本州)·시꼬꾸(四國)·큐우슈우 등의 섬을 영토로 삼고 있는 '일본국'이 바다를 국경으로 다른 지역과 격절된 '고립된 섬나라'라는, 오늘날 일본인에게 널리 침투된 일본상은 오해가 빚어낸 완전한 허상임이 누가 보더라도 분명해진다.

이 허상을 마치 진실인 양 일본인에게 각인시킨 것은 특히 메이지(明治) 이후의 근대국가였고, 앞서 말한 섬들을 영토로 한 국민국가의 창출을 자신의 과제로 삼았던 정부 주류파의 선택이었다. 정부는 바다가 사람과 사람을 연결시켜주는 길이라는 사실에는 눈을 감고, 바다가 사람과 사람을 격리시키는 장벽이라는 점만을 국민에게 철저히 주입하여, 해군력 강화를 지상명령처럼 추진했던 것이다. 그 결과 무모하게 도발한 아시아·태평양전쟁이 비참하고 거대한 파탄으로 종결되었음은 앞서 말한 대로이지만, 그것이 바다라는 자연 본연의 모습을 무시한 국가의지의 파탄이었음을 우리는 분명히 인식해둘 필요가 있다.

실제로 바다가 본래 국경과 별 관계가 없음은 이 지도를 보면 금방 알 수 있다. 섬과 섬 사이의 어떤 해협이든 사람과 사람을 격리하는 동시에 사람과 사람을 연결해주는 역할을 하고 있다. 그래서 섬들은 모두 바다와 연결되어 있다고 보는 시각도 충분히 가능한 것이다. 그리고 앞서 든 다섯개의 내해를 비롯해, 남태평양의 바다는 각각 독자적인 세계를 형성하고 있었으며, 그 개성을 명확히 밝히는 일은 향후 아시아·태평양 지역을 정확히 이해하는 데 긴요한 과제라고 할 수 있겠다. 유럽·아프리카의 경우, 브로델(F. Braudel)이 '지중해'를 멋지게 묘사한 것과 같은 작업이 이들 내해를 대상으로도 추진되어야만 한다.

이렇게 생각할 때 일본열도·'연해주'·한반도에 둘러싸인 내해를 '일본해'로 부르는 것은 참칭(僭稱)이라고 생각한다. 진(秦)이 지나(支那)로 변해 지명화한 지나와는 달리,[4] '일본'은 지명이 아니며 여전히 특정 국가의 이름이기 때문이다. 물론 이것은 '일본제국주의'와는 무관하게 17세기부터 서유럽의 지도에 사용돼온 명칭이라고는 해도, 여러 국가가 둘러싼 이 바다에 특정한 국가의 국명을 붙이는 것은 바다의 성격에 어울리지 않는다.

언젠가 이 내해를 둘러싼 지역의 모든 사람들의 합의 아래, 이 바다에 어울리는 멋진 호칭이 정해질 날이 어서 도래하기를 진심으로 기대한다. 이미 한국의 지식인이 '청해(靑海)'로 부르자고 제안한 적이 있었는데, 에메랄드빛이 아름다운 이 바다의 특질을 잘 표현한 명칭이라고 생각한다. 그리고 이 문제를 포함하여 다양한 제안

---

4 그래서 일본에서는 동지나해(東支那海) 등의 명칭을 사용하고 있으나, 이 책에서는 동중국해 등으로 표기하였다.

이 각 방면에서 활발하게 이루어졌으면 하는 바람이다. 단 이 책에서는 우선 이러한 점들을 전제하면서 편의상 현행의 '일본해'를 사용하기로 한다.

대륙·반도·열도에 근대국가가 확립하여 국경이 정해지기 전의 '일본해', 동중국해를 비롯한 내해와 태평양에는 아주 오래 전부터 사람과 물자가 이동하며 일본열도의 사회를 움직이고 있었던 것이다.

2. 열도와 서쪽지역의 교류

열도를 넘어선 죠오몬문화

내가 도립(都立)고등학교에서 가르치던 1960년대경, 죠오몬(繩文)문화는 일본열도가 섬으로 된 후의 '섬나라문화'이고, 그 문화권은 홋까이도오(北海道)에서 사기시마제도(先島諸島)를 제외한 오끼나와(沖繩)까지라고 여겼다. 죠오몬문화의 범위를 나타내는 그 당시의 일본 지도에는 소오야(宗谷)해협[5]과 대한해협에 분명 선이 그려져 있었고, 대체로 일본국의 영토가 포함되어 있었다. 그리고 죠오몬문화야말로 일본문화의 기저를 이루는 문화라는 주장도 있었다. 나 또한 이 견해에 따라 학생들을 가르쳤음은 물론이다.

그러나 1973년에 처음으로 쓰시마(對馬)로 건너가서, 그 북단의 히다까쯔(比田勝)에 갔을 때, 화창한 날에는 그곳에서 한반도가 잘 보인다는 사실을 알았다. 또 자

---

5 홋까이도오 본도(本島)의 북단과 사할린 사이의 해협.

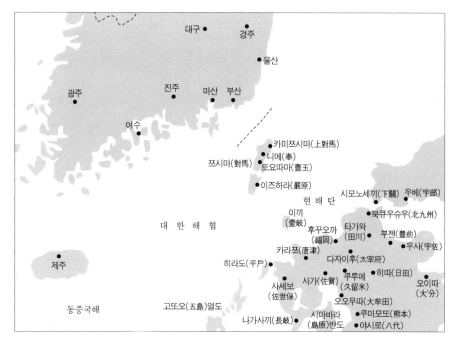

헤엄쳐 건너갈 정도로 한반도와 쓰시마 간의 거리는 큐우슈우와 쓰시마의 거리보다 가깝고, 화창한 날이면 쓰시마에서 한반도가 잘 보인다.

위대의 레이더기지에 있는 고성능 망원경으로 보면, 한반도의 기차연기와 빨래를 널어놓은 모습까지 보인다는 지역사람들의 이야기를 들었다. 물론 이는 과장된 이야기겠지만, 앞서 지도에서도 본 대로 쓰시마와 한반도 사이의 대한해협이 매우 좁고 가깝다는 사실을 그때 나는 확실히 인식할 수 있었다. 나중에 들은 얘기로는, 이 해협은 헤엄을 잘 치는 사람이라면 간단히 건널 수 있다고도 했다.

이에 비하여, 하까따(博多)에서 이끼(壹岐)를 거쳐 쓰시마로 갈 때 탄 배는 날씨도 좋고 파도도 그리 심하지 않았는데도, 특히 이끼를 출항하고부터는 누워서 손잡이를 꼭 붙들지 않으면 굴러버릴 정도로 심하게 흔들려, 멀미약을 먹고서야 겨우 무사히 쓰시마에 도착할 수 있었다. 현해탄의 파도가 사납다는 사실을 통감했던 것인데, 이 경험을 하고 나서 어느날 문득 떠오른 생각이 있었다. 이 정도의 거친 바다를 과연 죠오몬시대의 배로 건널 수 있었다면, 왜 눈앞에 있는 한반도에 쯔시마의 배가 건너가지 않았을까. 죠오몬문화의 경계가 쯔시마와 한반도 사이라고 말할 수 있을까. 죠오몬문화가 대한해협을 건너가지 않았다는 것을 증명하는 쪽이 오히려 더 어렵지 않을까.

이런 의문이 구름처럼 솟아오르던 1970년대 후반, 그때 나고야대학(名古屋大學)에 부임한 와따나베 마꼬또(渡邊誠)가 일거에 이 의문을 해결해주었다. 와따나베에 따르면, 결합낚시바늘[結合釣針], 이시노꼬(石鋸)라고 불리는 흑요석(黑曜石)을 사용한 작살, 소바따식(曾畑式) 토기[6] 등의 공통된 문화를 갖는 해민(海民)이 죠오몬시대 전기부터 한반도 동남안(東南岸)·쯔시마·이끼·북큐우슈우에 걸친 바다에서 활동하고 있었다고 한다. 시대를 조금 내려오면, 이들 해민의 움직임은 동중국해까지 미쳐, 오끼나와나 상인(山陰)·세또나이까이(瀨戶內海)에도 그런 움직임이 보인다고 와따나베는 지적했다. 죠오몬문화가 결코 일본열도만으로 완결되지 않았다는 사실이 이로써 밝혀진 것이다.

게다가 열도서부의 문화가 열도동부를 중심으로 번영했던 죠오몬문화와는 이질적이었다는 점 역시 중요하며, 이러한 열도동부의 문화가 아시아대륙의 북동부와 관계있다는 사실이 최근 증명되고 있는 것으로 알고 있다.

어쨌든 앞의 지도에서 분명히 알 수 있는 자연의 지형을 무시하면서, 죠오몬문화

---

6 소바따식 토기는 쿠마모또현(熊本縣) 우도시(宇土市)의 소바따 조개무지에서 출토된 죠오몬 전기의 토기이다. 큐우슈우 서부 일대에서 타네가시마(種子島)와 오끼나와 본토에 널리 분포되어 있다. 토기 모양과 문양이 유사한 한반도의 빗살무늬토기가 소바따식 토기의 원형이라는 설이 있다.

를 '섬나라문화'라고 주장해온 종래의 '상식'이, 앞서도 언급한 근대 이후에 국가가 각인시킨 '고립된 섬나라'라는 허상에 강한 영향을 받은 견해였음이 분명하다.

한반도와 열도서부

그리고 이 열도서부와 한반도, 중국대륙 남부 사이에서 죠오몬시대 이래 바다를 통해 이루어진 교류를 배경으로, 기원전 3, 4세기경부터 새로이 그때까지와는 이질적인 형질을 지닌 사람들이 등장한다. 흔히 야요이(彌生)문화라고 불리며, 죠오몬문화와는 다른 문화를 가진 상당수의 사람들이 주로 한반도에서 열도서부, 북큐우슈우, 세또나이까이 부근, 킹끼(近畿) 등으로 이주해온다. 배를 능숙하게 다루고, 벼농사(稻作)·밭농사(田作)·양잠을 비롯해, 금속기 사용, 우마(牛馬)의 사육, 가마우지 낚시, 매사냥 등의 다양한 문화요소가 이때 열도에 유입되어 서부에서 점차 열도 동부로 파급되고 있었다.

하니와라 카즈로오(埴原和郞)는 인류학의 입장에서 동남아시아계의 죠오몬인이 장기간에 걸쳐 생활을 영위하던 일본열도 서부에, 북동아시아계 퉁구스의 후예로 보이는 많은 사람들이 주로 한반도에서 이주해온 결과라고 한다. 그것은 이제까지 생각해온 것처럼 새로운 기술을 소유한 소수의 사람들의 도래(渡來) 정도가 아니라, 여성까지 포함한 이른바 '전면'적인 인간집단의 이주였고, 7세기까지 약 1천년 동안 최대 120만명 이상, 적게 잡아도 수십만명의 사람들이 열도에 들어왔다고 하니와라는 지적한다.

이들의 이주는 열도에 사는 사람들의 형질에도 뚜렷한 영향을 미쳤는데, 특히 앞서 말한 지역을 중심으로 하는 열도서부 사람들은 이러한 야요이인의 형질을 많이 갖고 있지만 포싸 마그나(Fossa Magna) 동쪽의 혼슈우 동부인은 그 영향을 다소 받으면서도 죠오몬인의 형질을 더 강하게 가지고 있다. 특히 토오호꾸(東北) 북부에서 홋까이도오, 남큐우슈우에서 오끼나와까지는 야요이인의 형질은 없고, 현대 아이누인·오끼나와인은 죠오몬인의 형질을 가장 잘 전해주고 있다고 한다(하니와라 카즈로오 1993).

하니와라의 주장에 대해 이론이 없지는 않지만, 전체적으로 '일본인 단일민족설'을 철저하게 부순 획기적인 설로서 나는 기본적으로 하나와라의 의견을 지지한다. 이 견해에 동조한다면 '일본인은 단일'하기는커녕, 킹끼(近畿)인·북큐우슈우인과 한반도인은 강한 친근성을 공유하게 되고, 그 차이는 칸또오(關東)인과 킹끼인의 차이보다도 작아진다.

이러한 열도사회의 모습은 고고학 연구를 통해서도 지지를 받고 있다. 현재의 고교교과서를 보면 야요이문화가 열도에 들어오자마자 열도 전역이 이 문화로 뒤덮이는 것처럼 묘사되어 있으나, 전혀 사실과 다르다. 홋까이도오·토오호꾸 최북부는 속(續)죠오몬·사쯔몬(擦文)문화,[7] 난또오(南島)는 벼농사와는 무관하게 조개무지〔貝塚〕문화[8]가 계속되었고, 혼슈우 동부 역시 벼농사는 희박했고 죠오몬문화의 전통이 강했다. 벼농사가 뿌리를 내렸던 곳은 앞서 말한 지역을 중심으로 한 열도서부뿐이며, 이는 그밖의 지역에 존속하는 다양한 문화와 더불어 이후 열도사회의 양태를 규

---

7 속죠오몬문화는 일본본토에서 야요이(彌生)문화와 고분(古墳)문화가 전개되던 시기에 홋까이도오에 존재했던 문화. 북일본 죠오몬문화의 전통을 이어받아, 독자적인 채집경제를 형성했다. 나라(奈良)시대에 사쯔몬문화로 변용돼간다.

8 오끼나와제도(沖繩諸島)의 시대구분의 하나로, 수렵·채집의 생활단계이다. 일본본토의 죠오몬시대부터 12세기까지가 이에 해당한다.

정하게 된다.

피차별부락의 동서 지역차

이와같이 일본열도사회는 '일본국'의 성립 이전부터 열도 밖의 지역과 교류함으로써 각 지역마다 다양한 개성을 형성하고 있었는데, 이것을 알려주는 한 가지 사례로 피차별부락의 존재형태와 그 지역차를 들 수 있다.

피차별부락이라고 해도 지역에 따라 그 모습은 각양각색이고, 호칭도 결코 한결같지 않다. '에따(穢多)·히닌(非人)'으로 전국이 통일되어 있던 것도 아니었고, '카와따(皮多)' '토오나이(藤內)' '라꾸(らく)' '하찌야(鉢屋)' 등 뒤에서도 언급하겠지만, 지역에 따라 명칭과 차별의 요인도 달랐다.

그러나 크게 이야기해서, 현재의 열도사회 중에서 오끼나와와 홋까이도오, 즉 류우뀨우(琉球)와 아이누에는 피차별부락은 존재하지 않는다. 오끼나와에는 '안냐(アンニャ)'로 불리는 예능민에 대한 차별이 있었다고 하는데, 그것은 혼슈우(本州)·시꼬꾸(四國)·큐우슈우(九州)에서도 보이지만, '케가레(穢)'[9]에 대한 차별은 존재하지 않았다.

에도(江戶)시대까지 '일본국'의 국제(國制) 아래 편입된 지역에서는 정도의 차이는 있지만 모든 지역에 피차별부락이 존재했는데, 토오호꾸·칸또오·쮸우부(中部)에서는 전체적으로 봐서 희박하다고 할 정도로 피차별부락의 수가 적다. 실제로 야마나시(山梨)[10]에서 태어나 토오꾜오(東京)에서 자란 나는 스무살이 될 때까지 막연

---

9 더러움·불결·부정(不淨)을 뜻하는 일본어.

한 지식은 있었지만, 차별에 관한 체험은 전혀 없었다. 최근까지 근무했던 카나가와 대학(神奈川大學)의 단기대학부 학생들에게, "동화(同和)문제[11]를 알고 있느냐"라고 물어보았더니, 서일본 출신의 서너명을 제외하고는 거의 알지 못했다. 실제로 '동화(童話)'[12]로 잘못 알아들은 학생도 있었다. 물론 카나가와현은 인권문제로서 일부에서 동화(同和)교육도 실시하고 있지만, 그 학생은 나와 마찬가지로 실생활에서 체험한 적이 없기 때문에 이같이 반응했다고 생각한다.

이것은 킹끼·시꼬꾸·쮸우고꾸(中國)·큐우슈우 등 서일본과 비교하면 놀랄 만한 차이이다. 그런 질문을 학생에게 하는 것 자체가 서일본에서는 우문(愚問)을 넘어서 '범죄'라고 규탄받을 수도 있을 것이다. 물론 칸또오·쮸우부에도 이런 문제는 있고 서일본 내에서도 차이는 있겠지만, 서일본의 피차별부락의 수나 문제의 심각성은 토오호꾸·칸또오와는 비교가 되지 않는다. 그리고 이 차이는 혹 '케가레'에 대한 사회의 대처방식의 차이에서 기인하는 문제는 아닐까 하고 생각한다.

'케가레'에 대해서는 다양한 논의가 있지만 야마모또 코오지(山本幸司)가 말했듯이, "인간이 속한 질서를 교란할 것 같은 현상[事象]에 대해, 사회성원은 불안·공포를 느끼고 그러한 현상을 기피한 결과, [케가레' 같은] 사회적인 관념으로 정착하고 있었던 것"(야마모또 코오지 1992)으로 볼 수 있다. 예를 들면 사람의 죽음은 그가 속한 집단과 가족 등의 질서와 균형을 무너뜨리고 불안정한 상황을 초래한다. 이 불안정이 평상시대로 회복될 때까지의 기간이 '케가레'의 기간이고, 이 기간 동안 가족이

10 일본 야마나시현(山梨縣) 중부에 위치한 도시. 쮸우부지방 남동부.
11 부락민에 대한 차별을 없애는 문제.
12 '同和'와 '童話'의 일본어발음은 모두 '도오와(どうわ)'이다.

바깥 출입을 삼가는 관습은 일본의 경우 현재에도 '키비끼(忌引)'[13]의 형태로 남아 있는데, 그외에 출산이 가져오는 신생아의 탄생이나 화재로 인한 죽음(燒死), 가축의 죽음까지 '케가레'로 여긴다. 이러한 '케가레'는 인류사회에 공통적으로 나타나지만, 이에 대한 대처방식은 지역과 민족마다 다르다.

열도사회의 경우, 죠오몬문화의 전통을 이어받은 사회는 케가레에 대해 그다지 과민반응을 보이지 않은 데 비하여, 야요이문화를 전수받은 사회는 케가레를 강하게 기피하는 경향이 있다고 키노시따 쮸우(木下忠)는 지적한다(키노시따 쮸우 1981). 키노시따는 각지의 출산에 관한 민속을 널리 조사한 결과, 출산 때의 후산(後産), 즉 '포의(胞衣, 태반)' 처리방식에서 집안의 출입구나 대문, 사거리 등 사람의 발에 밟히기 쉬운 곳에 묻고 밟히면 밟힐수록 신생아가 건강하게 자란다고 생각하는 습속과, 주옥(主屋)과 따로 세운 산옥(産屋)의 '방바닥 밑(床下)'이나 마루 밑에 깊은 구멍을 파서 개들이 파헤치지 않도록 묻고 햇빛에 직접 노출되지 않도록 하는 습속 등 두 가지의 방식이 있다는 사실을 밝혔다. 그리고 키노시따는 죠오몬시대의 움집유적에서, 사람의 출입이 빈번했을 집 입구에 '우메가메(埋甕)'가 자주 발견되고, 그것이 '포의'를 넣은 단지(甕)로 추정되기 때문에 전자는 죠오몬인의 습속이며, 후자는 야요이문화가 분포하는 지역과 중첩되므로 야요이인의 습속이라고 주장한다. 물론 그렇지 않은 지역도 있기 때문에 모두 그렇다고는 말할 수 없으나 대략 전자가 열도동부에, 후자가 열도서부에 지배적으로 분포했다고는 말할 수 있다.

이것은 앞서 하니와라의 설이나 피차별부락의 지역차와 놀라울 만큼 조응한다.

---

[13] 근친상을 당하여 일상의 업무를 중단하고 상복을 입는 행위.

죠오몬인의 후예라 할 수 있는 아이누와 오끼나와에 피차별부락은 존재하지 않으며, 죠오몬문화의 전통이 강한 열도동부에는 피차별부락이 희박하고, 야요이문화가 뿌리를 내린 열도서부를 중심으로 케가레를 강하게 기피하는 지역에 피차별부락이 많다. 실로 이것은 키노시따의 설로 명쾌하게 증명됐다고 할 수 있다. 그리고 열도서부의 피차별부락의 존재형태는 오히려 한반도의 피차별민과 비교해볼 필요가 있다. 최근 어떤 강연회에서 이와 관련된 이야기를 내가 꺼냈을 때, 한국의 젊은 여성연구자가 한국의 피차별민의 문제와 너무나 유사하다는 발언을 한 적이 있는데 너무도 인상적이었다. 한국과 일본 양국의 내셔널리즘을 넘어, 이 방향에서 비교연구를 추진하고 심화해나간다면 반드시 커다란 성과를 얻을 수 있을 것이다.

키노시따도 '세계 여러 민족의 태반 처리방법'에 대해 한 장(章)을 할애하고 있다. 이 글을 읽으면 인도의 습속과 야요이인이, 동남아시아의 습속과 죠오몬인이 닮은 것처럼 보이는데, 이 점을 더욱 넓게 인류사회 전체를 대상으로 연구해보면 흥미로운 결과를 얻을 수 있지 않을까 생각한다.

카이후의 길

키노시따는 이 두 가지의 습속과 다른 또 하나의 습속으로 태반을 해변가의 모래에 묻고 바다로 흘려보내는 해민(海民)들의 습속을 예로 들면서, 그것이 히젠(肥前)·아끼(安藝) 등의 에부네(家船)집락[14]·게이요제도(藝豫諸島)·이즈모(出雲)·쿠마노(熊野)·시마(志摩)·이즈(伊豆), 나아가 노또(能登)·에찌고(越後)·쯔가루(津

---

[14] 오로지 배를 주거지로 삼아 어업이나 행상을 하는 집단. 세또나이까이(瀬戸內海)에 많다.

輕) 등 오래된 해촌(海村)에 분포하는 사실에 주목했다. 실로 이것은 제주도에서 열도의 태평양 연안, '일본해'안(岸)에 이르는 해민(海民)의 길과 겹친다.

애기를 좀 건너뛰자면, 1950년대 전반에 카스미가우라(霞ヶ浦)와 키따우라(北浦) 등지에서 호수 주변의 문서를 조사하던 나는, 에도시대 초기 이 호수를 자치적으로 관리하던 카스미가우라 48진(津), 키따우라 44진이라는 조직의 활동을 알게 되었다. 매년 10월 20일, 이 조직에 속한 호숫가 포구의 대표들은 번갈아가며 회의를 열기로 한 촌에 모여 '소오쯔(惣津)'의 회합을 열고, 호수의 어로·교통 등에 대한 법을 심의·결정했다. 무엇보다 카스미가우라·키따우라는 48진·44진에 속한 포구들, 즉 '소오쯔'의 '공동재산〔入會, 이리아이〕'이므로 전체 질서를 어지럽히는 자는 우선 그와 가까이 있는 자가 단속하고, 감당할 수 없을 경우 '소오쯔'에 알릴 것, 잉어잡이는 11월 20일부터 이듬해 3월까지, 망조(網繰)·육인망(六引網)¹⁵과 같은 대형어구의 사용을 금지하며, 수상한 어선들은 발견하는 즉시 그물을 치고 있는 배를 끌어올릴 것, 호수에서 폭풍을 만나 조난당한 배는 구조선을 내어 도와줄 것 등이 이 회합에서 결정되었다.

48진·44진은 호수가 공동재산이라는 원칙을 철저하게 지켜, 어장(漁場)을 독점하려는 자에 대해서는 그가 최강의 권력자인 미또성주(水戶城主)¹⁶일지라도 단호히 저항했다. 예컨대 카스미가우라의 타마사또(玉里)에 설정되어 있던 미또의 오또메

---

15 망조와 육인망은 모두 그물을 넓게 쳐서 물고기떼를 포위하여, 대량으로 잡아들이는 대형그물들로 남획이 우려되는 어구(漁具)들이다.
16 이 지역의 영주권력인 미또번(水戶藩). 현재의 이바라끼현(茨城縣)의 일부 지역이다. 토꾸가와 쇼오군(德川將軍)의 가장 가까운 친족인 고상께(御三家) 중 하나였다.

가와(御留川, 독점어장)에 대해서 48진은 7, 80년간 보이콧을 지속하기도 했다.

이 놀랄 정도의 강인하고 거대한 호수민 조직은 14세기에 호숫가의 포구마다 근거를 두고 활동하고 있던 '카이후(海夫, かいふ)'로까지 거슬러 올라간다는 사실을, 나는 10년이 흐른 후 확인할 수 있었다. 이 카이후는 헤이안(平安)시대 말기 사료에도 모습을 보이고, 카또리샤(香取社)[17]에 공제료(供祭料)를 바쳐 어로·교통상의 특권을 부여받던 집단이었다.

그러나 에도 후기에 농업을 위해 촌들이 채조장(採藻場), 즉 바닷말을 채취하는 어장을 점유하는 바람에, 호수의 공동재산 원칙이 점차 무너져, 통제력이 느슨해진 48진·44진은 불가피하게 쇠퇴하고 호숫가 사람들의 기억에서마저 점차 사라져, 패전 후에 카스미가우라에서 근근이 생활하던 수상생활자에게 마지막 남은 그 최후의 잔영을 보았던 것이다.

한편 거의 같은 시기에 나는 중세의 북서큐우슈우 바다에서도 '카이후(海夫)'라고 불린 해민(海民)의 활동을 발견했다. 두 척의 배를 단위로 일족이 '한패[一類]'를 이루고, 몇개의 패가 모여 '당(黨)'을 형성하던 이 '카이후'집단은, 그물잡이와 동시에 잠수하여 전복을 캐기도 했던 사람들로 오로지 바다에서만 생활하고 있었다. 그리고 이마리(伊萬里)씨·아리우라(有浦)씨·마다라지마(斑島)씨처럼 마쯔우라(松浦)지방의 해변에 근거를 둔 마쯔우라 일족과, 고또오(五島)열도의 아오까따(青方)씨·아리까와(有河)씨·우꾸(宇久)씨 등의 '게닌(下人, 예속민)'으로서, 양여(讓與)의 대상

---

17 현 찌바현(千葉縣)에 있는 신사(神社)로 후쯔누시노까미(經津主神)라는 신을 모시고 있다. 예로부터 카시마신궁(鹿島神宮)과 함께 군신(軍神)으로 존숭(尊崇)되었다.

이기도 했다. 그러나 이마리씨에 속한 카이후들이 고또오·히라도와 코우라(小浦, 나가노 모리또永野守人는 이곳을 아마꾸사天草의 이쯔와쬬오五和町 코우라로 비정比定한다)와 같이, 이마리노우라(伊萬里浦)에서 멀리 떨어진 바다를 근거지로 생활하면서, 마쯔우라당(松浦黨)이라고 불리기도 하고, 또 '왜구'가 되기도 했던 바다의 영주들을 뒷받침하고 있던 것을 볼 때, 그들이 해상생활자였음은 틀림없다. 그리고 이 지역에는 최근까지도 '에부네(家船)'라고 불리는 선상 생활자들의 활동을 볼 수 있었다.

히따찌(常陸)·시모우사(下總)의 카이후와 북서큐우슈우의 카이후는 이처럼 분명히 닮은 점이 있다. 그러나 나는 이 둘을 연결시킬 만한 용기는 없었는데, 타까하시 키미아끼(高橋公明)는 제주도의 "배로 일가(一家)를 이룬다"는 말과 또 전복을 캐는 해민의 활동을 밝혀내어, 북서큐우슈우와 카이후의 유사성을 지적했다.

또 다른 한편, 이미 시부사와 케이조오(澁澤敬三)·미야모또 쯔네이찌(宮本常一) 두 사람이 주목하던 바와 같이 『엥기시끼(延喜式)』[18]에 나오는 히고(肥後)·붕고(豊後)의 '조(調, 율령제 아래의 세稅)' 가운데 '탐라전복(耽羅鰒)'이 있다는 사실을 타까하시의 지적과 관련해 주목하고 있었는데, 헤이조오궁(平城宮) 출토 목간(木簡, 목간번호 344호)에 745년(템뾰오天平 17) 9월에, '탐라전복 6근(耽羅鰒六斤)'을 조(調)로 바친 시마노꾸니(志摩國) 아고군(英虞郡) 나끼리고오(名錐鄕)의 오오또모베노 에시마(大伴部得嶋)라는 사람이 있다는 사실을 발견하게 되었다. 히고와 붕고, 더 나아가 시마(志摩)까지 '탐라'라고 부른 제주도와 전복 채취를 통하여 오랜 옛날부터 깊은

---

18 율령의 시행세칙, 전 50권. 헤이안 초기 궁궐의 연중의식과 제도 등을 한문으로 기록했다. 905년에 편찬을 시작하여 967년에 시행되었다.

관계를 맺고 있었음이 분명해졌다. 그렇다면 북서큐우슈우와 히따찌·시모우사의 카이후를 연결시키는 것도 가능하지 않을까 생각하고 있던 차에, 때마침 '카이후 토시끼(海部俊樹) 수상'[19]이 등장했다. 그때까지 나는 '海部'를 '아마'나 '아마베'로 읽었는데, '카이후'로도 읽는구나 하고 불현듯 깨닫게 되자, 카스미가우라·키따우라와 북서큐우슈우의 마쯔우라·고또오의 바다가 일거에 연결되었다. '海部郡'이라는 지명은 오와리(尾張)·키이(紀伊)·아와(阿波)·붕고에 있고, 사실 아와에서는 이를 '카이후'로 부르고 있었던 것이다.

이리하여 제주도에서 북서큐우슈우를 거치고 세또나이까이(瀬戸内海)에 들어와, 키이반도를 돌아서, 이세만(伊勢灣)을 통과해 태평양으로 나아가는 길, 이즈(伊豆)반도·보오소오(房総)반도를 넘어 히따찌·시모우사에 이르는 카이후(海部·海夫)의 길이 이제 그 선명한 모습을 드러냈다. 아마도 이 길은 더 북상하여 현재의 태평양 쪽의 잠수어로(潛水漁勞)의 북방한계로 일컫는 토오호꾸(東北)의 산리꾸(三陸) 부근까지 도달하리라고 생각된다.

태평양·'일본해'를 이동하는 해민

이 카이후의 길은 야요이시대까지는 확실히 소급될 수 있고, 2천년 이상의 세월이 지난 지금까지 살아있다.

제주도에서 "배로 일가를 이룬다"고 하는, 전복 캐는 해민의 후예인 해녀들은 메이지 이후, 미야께지마(三宅島)·이즈반도·보오소오반도 등 열도 각지로 들어왔고,

---

19 전 일본수상. 1989년 8월부터 1991년 3월까지 재임했다.

이즈의 이또오(伊東), 특히 보오소오 남부의 카쯔우라(勝浦)·아마쯔(天津)·와다우라(和田浦)·찌꾸라(千倉)·카네따니(金谷)·타께오까(竹岡)·호따(保田) 등지에는 지금도 '쨔무스(チャムス)'[20]로 불리는 제주도에서 이주해온 해녀들이 생활하고 있다. 그들의 건강하고 활력넘친 생활의 실태는 김영(金榮)·양증자(梁澄子)가 채록한 『바다를 건너온 조선인 해녀(海を渡った朝鮮人海女)』(김영·양증자 1988)에 자세히 묘사되어 있는데, 이 해녀들이 건너온 길이야말로 2천년 전부터 존재해온 '카이후'의 길이었다. 시라마즈(白間津)의 해녀 타나까 노요(田仲のよ)의 『해녀들의 사계(海女たちの四季)』(카또오 마사끼 1983)도 이들 '조선 해녀'와의 교류를 언급하면서 해녀인 자신의 생활을 기록한 매우 흥미진진한 저술이다.

한편 북서큐우슈우에도 우꾸지마(宇久島)의 타이라노 카이시(平の海士)를 비롯해, 광범위하게 잠수어로에 종사하는 남녀들이 현재도 활동하고 있고, 타이라노 카이시는 메이지(明治) 중기경부터 제주도와 한반도로 출어(出漁)하고 있다(카쯔끼 요오이찌로오 1992). 또 니시소노기(西彼杵)의 오오세또(大瀬戸)와 히라또지마(平戸島)에는 최근까지 '에부네(家船)'로 생활하는 사람들이 있었는데, 이들이 중세의 카이후(海夫), 『히젱후도끼(肥前風土記)』의 아마(白水郎)와 「위지 왜인전(魏志倭人傳)」의 말로국(末盧國)에서 말하는, 잠수하여 "전복을 캐는(魚鰒)" 왜인의 자손임은 두말할 나위 없다.

더욱이 에도시대 히고(肥後)에도 해사강촌(海士江村)이 있고 해사(海士)[21]의 활동이 보이는데, 이 사람들은 틀림없이 '탐라전복(耽羅鰒)'을 조(調)로 공납했던 고대

---

20 잠수(潛水)의 일본식 발음.

21 해사(海士, 카이시)는 해민(海民)이나 카이후(海部·海夫)와 마찬가지로 바다를 무대로 생업을 영위하는 사람들을 말한다.

해민의 후예들이다. 붕고노꾸니(豊後國)[22]도 카이후군(海部郡)의 카이후가 '탐라전복'을 바쳤으리라고 생각되는데 그곳의 사가노세끼(佐賀關)에서는 현재까지 해사·해녀의 활동을 볼 수 있다. 그리고 늦어도 1877년(메이지明治 10)까지 사가노세끼의 어민 역시 제주도·한반도로 출어하고 있었고, 카또오 마사끼(加藤雅毅)에 따르면 그곳의 고로(古老)는 석 장의 돛을 단 배로 가볍게 한반도를 오갔다고 한다. 이와같이 '카이후(海部)'의 길은 근대 이후까지 살아있었다.

세또나이까이에도 아끼의 노오지(能地)·후따마도(二窓), 빙고(備後)의 요시와(吉和) 등지에서 '에부네'가 최근까지 활동하고 있었는데, 이요(伊豫)의 코오노(河野)씨의 가보(家譜)『요쇼오끼(豫章記)』에는 그 원류로 여겨지는 '해사의 낚싯배(海士の釣船)'와 '이마바루(今治)의 해인(海人)' 등의 모습이 보일 뿐 아니라, 코오노씨가 이들 해민을 지배한 연유가 전쟁을 포함한 한반도와의 교류 설화 속에 전해지고 있다. 세또나이까이의 세계 역시 한반도와 매우 가까웠던 것이다.

아와의 카이후군에는 지금도 해녀가 생활하고 있는데, 미야모또 쯔네이찌(宮本常一)는 아와의 해녀가 타이쇼오(大正)시대에 제주도로 일을 나가면서부터 그곳의 해녀들처럼 잠방이를 입게 되었다고 하고(미야모또 쯔네이찌 1978), 김영·양증자의 저서에 의하면, 짜무스(해녀)들이 입는 소중기라는 팬티를 일본 해녀도 입었다고 한다. '카이후'의 길은 이곳까지 살아있었고, 생활과 연결된 습속까지도 교류하고 있었던 것이다.

그러나 '카이후'의 길은 세또나이까이와 태평양만이 아니었다. 오끼(隱岐)에 카이

---

22 옛 쿠니이름(國名)으로 지금의 큐우슈우 오오이따현(大分縣). 한반도 남단, 제주도와 가깝다.

시군(海士郡)이 있고, 사도(佐渡)에도 카이후(海府)라는 지명이 남아 있는데, 이것은 '일본해'를 동진하여 북상한 카이후의 움직임을 보여준다. 사실 에도 초기의 일이라고 전해지는 찌꾸젠(筑前) 카네사끼(鐘崎)의 해녀가 노또(能登)의 헤구라시마(舳倉島)로 이주하는 것처럼, 해녀를 포함한 해민의 이동은 '일본해'에서도 활발했고, 잠수어로도 각지에 분포하여 그 북방한계선은 오가(男鹿)반도까지 이르렀다고 한다.

키노시따가 지적한 내륙부와 구별되는 해촌의 습속은 이같은 해민의 움직임 속에서 태평양 연안과 '일본해' 연안으로 그 분포를 넓혀갔던 것이겠지만, 이 카이후의 길은 그 자체가 매우 오랜 옛날까지 소급되는 해상의 교통로이다. 물론 사람뿐 아니라 다양하고 방대한 문물이 이 길을 통해 열도 밖의 대륙·반도에서 열도의 태평양 연안과 '일본해' 연안으로 동진·북상했던 것이다.

3. 열도와 북방·남방의 교류

내해를 횡단하는 사람들

일본열도 사회에 끼친 외부의 영향에 대해, 앞에서 말한 것처럼 과거에는 서쪽과의 교류만 주목해왔다. 그러나 지도를 선입견 없이 보면, 앞서 거론한 몇개의 '내해(內海)', 즉 일본열도에 연결된 오호쯔끄해·'일본해'·동중국해 등 바닷길을 통한 북방, 또는 남방과의 교류를 당연히 문제삼아야 한다.

우선 북방과의 관계에 대해서는 오호쯔끄해를 통하여, 죠오몬시대 전기 이전부터 아무르강(헤이룽쟝黑龍江)지역과 관계가 있는 문화가 홋까이도오로 유입된 것을 볼 수 있고, 죠오몬 후기에는 대륙과의 관계를 말해주는 유물이 출현하는데, 이것은 서쪽에서 들어온 문화유입과 마찬가지로 대륙사회의 격심한 변화가 파급된 것으로 보인다. 또 〔지금의 홋까이도오지역인〕 라우스(羅臼) 근처에 있는 속(續)죠오몬기의 우에베쯔가와(植別川)유적에서 발견된 은제품은 대륙에서 온 도래인의 무덤에 부장(副葬)한 것이라고 한다. 뒷시대인 8세기에서 13세기에 걸쳐 바다를 무대로 전개됐다고 보이는 오호쯔끄문화의 물결이 몇차례에 걸쳐 홋까이도오 동부에 유입하여, 속죠오몬문화를 계승한 사쯔몬(擦文)문화와 병존한다. 이 시기 문화의 담당자는 사할린, 아무르강 유역, 남꾸릴과 관계가 깊다고 하며, 이처럼 북방에서 오호쯔끄해를 경유한 문화의 흐름에 대해서는 앞으로 연구를 더 심화할 필요가 있다(후지모또 쯔요시 1990).

또 '일본해'를 횡단하는, 대륙과 혼슈우(本州) '일본해' 연안과의 교류도 옛날부터 활발했다. 이미 진행된 상세한 연구로 알 수 있듯이 6세기에서 7세기에 걸쳐 고구려와의 교류를 전하는 문헌상의 기사가 적잖이 보이는데, 그 유입지라고 여겨지는 카가(加賀)와 노또의 고분에는 고구려에서 유입된 기술의 영향을 엿볼 수 있다고 한다.

더욱이 8세기에서 10세기에 걸쳐 발해사신이 '일본해'를 건너 북으로는 데와(出羽), 서로는 이즈모(出雲)에 이르는 혼슈우의 '일본해' 연안 각지에서 광범위하고도 활발한 교역을 벌였고, 일본측에서도 그들의 귀국을 송별하는 사자(使者)가 자주 '일본해'를 건너 대륙으로 들어갔던 것도 잘 알려진 사실이다. 발해의 사자가 가장 많이 도착했던 노또와 카가 등의 지역에는 발해와의 교류를 엿보게 하는 지께(寺家)유적, 미쯔꼬우지야마(三小牛山)유적 등이 발굴되고 있다(코지마 요시따까 1990).

이렇게 '일본해'를 통한 문화교류를 연구하는 코지마 요시따까(小嶋芳孝)는 이시까와현(石川縣) 코마쯔시(小松市)의 누까미마찌(額見町)유적에서 발굴된 7세기 전반의 온돌을 갖춘 주거에 주목하여, 이를 포함한 북큐우슈우 등 열도서부에서 발견되는 온돌 유구(遺構)와, 발해의 고지(故地)에서 발굴된 온돌 유구를 비롯한 한반도의 온돌을 비교하여 환'일본해' 지역의 생활문화의 교류를 연구하고 있다. 한편 코지마는 10세기 이후의 홋까이도오 남서부에 여진(女眞)계의 유물이 출토되는 점을 들어 '연해주'와 교류가 있었던 사실을 지적하고 있는데, '일본해'를 넘나든 바닷길 역시 이처럼 사람과 물자교류의 유서 깊은 무대였던 것이다.

열도를 횡단하는 루트

그러나 이런 대륙과의 교류는 단지 '일본해'의 연안지역에만 그치지 않았을 가능성이 있다. 일본해를 건너온 문화나 사람들이 열도를 횡단하여 내륙을 거쳐 태평양 연안에 도달할 수 있지 않았을까.

훨씬 뒤의 일이지만, 중세의 노또노꾸니(能登國) 오오야노쇼오(大屋莊)의 영역, 즉 현재의 와지마시(輪島市) 쮸우단쬬오(中段町)에 '쇼오오오(正應) 5년(1292)'의 연도가 새겨진 무사시형(武藏型) 녹니편암(綠泥片岩)의 아미타삼존종자판비(阿彌陀三尊種子板碑)가 현존한다. 이 판비를 지또오(地頭)²³ 하세베(長谷部)씨가 칸또오(關東)에서 옮겨온 것은 의심할 바 없지만, 문제는 그 운반경로이다. 현재로서는 아라까와(荒川) 상류에서 찌꾸마가와(千曲川) 상류에 이르는 쥬우몬지(十文字)고개

---

23 헤이안(平安)시대: 쇼오엔(莊園)영주가 토지 관리를 위해 현지에 두었던 쇼오깐(莊官).
카마꾸라·무로마찌(室町)시대: 직명(職名)의 하나. 1185년 미나모또노 요리또모(源賴朝)가 요시쯔네(義經)를 토벌한다는 명목으로 칙허를 받아내 각지의 쇼오엔(莊園)·코오료오(公領)에 두었던 직. 쇼오엔 내의 검단권(檢斷權)을 갖고, 점차 재지영주로 성장해갔다.
에도(江戶)시대: 영지를 갖는 하따모또(旗本) 혹은 각 번에서 영지를 받아 조세징수권을 보유한 가신을 가리킨다.

를 넘어 운반한 후 찌꾸마가와의 수운을 이용하여 나가노(長野)분지로 들어가, 시나노가와(信濃川)를 따라 내려가 카시와자끼(柏崎)나 테라도마리(寺泊)에 도달하든가, 아니면 세끼가와(關川)를 거쳐 나오에쯔(直江津)에 이르는 길을 택했을 것으로 추정된다(미우라 스미오 1993).

　세세한 경로야 어쨌든간에 하천 등을 이용하여 상당한 중량의 물건을 운반할 수 있는, 혼슈우의 중부지역을 횡단하는 경로가 있었음은 분명하다. 카마꾸라(鎌倉)시대 초기의 호꾸리꾸도오제국(北陸道諸國)의 슈고(守護)[24]였던 무사시노꾸니(武藏國)의 호족 히끼(比企)씨는 시나노·코오즈께(上野)의 슈고를 겸직하고 있는데, 히끼 토모무네(比企朝宗)는 이 판비의 운반경로를 통하여 에찌고(越後)로 나아가 호꾸리꾸제국(北陸諸國)을 서진(西進)하여, 에찌젠(越前)·와까사(若狹)에 이르렀던 것이다.

　당연히 이 루트를 거꾸로 거슬러 '일본해' 연안에서 하천을 타고 내륙부에 들어와 태평양 쪽에 이르는 길도 옛날부터 이용되었을 것이다. 물론 완전한 내 억측에 불과하지만, 카이(甲斐)·무사시 등에서 볼 수 있는 고구려문화의 영향이나 시나노(信濃)와 아즈미(安曇)씨 간의 관계 등을 고려할 때, 이러한 열도횡단 루트를 상정하는 것도 황당무계하다고 할 수만은 없을 것이다. 실제로 꽤 이른 시기부터 '일본해' 쪽의 산물이 내륙부와 태평양 쪽에서 발견되는 사례가 지적되고 있다.

---

24 카마꾸라·무로마찌시대의 직명. 1185년 미나모또노 요리또모가 칙허를 받아내 각 쿠니에 설치했던 직책으로 모반범·살인범들을 단속했다. 원래는 코꾸시(國司)나 지또오의 업무에 간여하는 것은 금지되었으나, 점차 영주화하여 무로마찌 후기에는 슈고다이묘오(守護大名)로 불리게 되었다.

교역민 아이누

아시아대륙의 북동부와 혼슈우또오(本州島) 이남의 열도 사이의 교류가, 서쪽과의 교류에 비해 종래 거의 주목받지 못한 가장 큰 이유는 사할린·홋까이도오의 주요 주민이었던 아이누의 역할을 극단적으로 과소평가한 것이고, 그것은 속죠오몬(續繩文)인·사쯔몬(擦文)인에 대해서도 마찬가지이다. 그러나 최근에는 그 문화의 영향은 토오호꾸(東北) 최북부까지 분명히 미쳤고, 10, 11세기경까지 여전히 일본국의 외곽에 머물렀던 토오호꾸 최북부와 홋까이도오 남부의 사이에 깊은 관계가 있었던 것으로 논의되고 있다. 12, 13세기에 사쯔몬문화와 오호쯔끄문화의 교섭과정에서 아이누문화가 형성된 이후, 아이누의 활동은 홋까이도오에서 사할린까지 매우 활발했다는 사실이 밝혀졌다. 이 문제에 대해서는 '일본의 역사' 씨리즈의 다른 책에서 자세히 언급되리라 생각하지만, 농업을 거의 행하지 않았고 문자도 몰랐기 때문에 시대에 뒤쳐진 미개한 사람들이라는 아이누에 대한 종래의 평가가, 앞서 언급한 농공업 발전만으로 사회의 '진보'와 문명화를 설명하려 했던, 이른바 진보사관의 중대한 편견이었던 것만은 분명하다.

활기찬 교역민이었던 아이누는 북으로는 사할린에서 아무르강 상류, 남으로는 토오호꾸 북부에 걸쳐 배로 교역활동을 전개했다. 이를 통해 생활에 필요한 물자를 입수했을 뿐만 아니라 북의 물품을 남으로, 남의 물자를 북으로 가져왔다. 그것은 앞서 말한 '일본해'·태평양의 해민의 길을 통하여 전개된 열도측 해상운송업자[25]의

---

25 연안에서 여객 또는 화물을 수송하는 해상운송업은 중세 이래 발달했고 근세에는 각 지역의 항구와 오오사까·에도·쯔루가(敦賀) 등의 대항구가 서로 연결되어 번성하였다.

해상활동과 연결되어, 헤이안 말기에서 중세에 걸쳐 북방물산을 열도로 유입하는 데 큰 역할을 담당했던 것이다. 이에 대해서도 따로 언급하게 될 것이므로 여기서는 더이상 언급하지 않겠지만, 한 가지만 예를 들어보겠다. 다시마는 이미 옛날부터 '조(調)'로서 쿄오또(京都)에 진상되었는데, 이 시기가 되면 교역을 거쳐 대량으로 열도 각지에 유입되고 있었다. 14세기에는 와까사는 물론 빗쮸우(備中) 산속의 니이미노쇼오(新見莊)의 시장[市庭]에서까지 술안주로 다시마를 구입할 수 있을 정도였다.

물론 그것은 다시마만의 얘기가 아니다. 이러한 북방의 움직임은 혼슈우측의 여러 반응을 불러일으켰다. 13세기 후반, 때마침 서방에서 두 차례에 걸쳐 원(元)의 군대가 북큐우슈우를 침략했을 때, 아무르강까지 진출한 아이누와의 마찰 때문에 원군이 사할린에 네 차례 침입했음은 이미 널리 알려진 사실이다.

이 움직임에 대해 홋까이도오의 아이누가 반응했다고 추측하는 견해도 있지만, 1276년(켄지建治 2) 카마꾸라바꾸후(鎌倉幕府)가 와까사노꾸니(若狹國) 고께닌(御家人)[26]에게, '몽골국사(蒙古國事)'에 대한 준비를 명한 것은 아마도 이 움직임과 무관하지는 않을 것이다(「토오지햐꾸고오몬죠東寺百合文書」 메함ㅅ函19號). 『타이헤이끼(太平記)』 제39권 '대원(大元)의 일본 공격'이란 항목에 "토오산도오(東山道)·호꾸리꾸도오(北陸道)의 병사는 에찌젠쯔루가(越前敦賀)의 포구를 굳건히 했다"라고 기록된

---

26 중세의 고께닌은 쇼오군가를 추종하는 유력무사단을 말한다. 이들과 쇼오군은 봉공(奉公)과 어은(御恩)의 관계로 결합되었다. 근세 에도시대의 고께닌은 하따모또(旗本)와 더불어 쇼오군의 직신(直臣)이었다. 그러나 하따모또가 메미에이죠오(目見以上)라고 하여 쇼오군과의 대면이 가능한 신분이었던 데 반해, 고께닌은 대면이 허용되지 않는 계층(目見以下, 메미에이까)이었다.

점으로 볼 때, 이것은 쯔루가쯔(敦賀津)의 경비에 동원한 것이라고 봐도 그리 틀리지는 않을 것이다. 그렇다면 카마꾸라바꾸후는 '일본해'를 건너 호꾸리꾸에 원군의 공격 가능성을 이미 상정했다는 얘기가 되는데, 그것은 원군의 사할린 침입을 포함한 북동아시아에 관한 몽고의 정보를, 홋까이도오 남부와 토오호꾸(東北) 북부해변에 세력을 떨치던 북쪽바다의 영주 안도오(安藤)씨(쯔가루津輕 토사미나또十三湊가 근거지였고, 호오조오北條씨 직속으로 '에조간레이蝦夷管領'로 불렸다)한테 얻고 있었기 때문에 가능하지 않았을까(오오이시 나오마사 1990).

북쪽에서 대륙으로 건너간 승려

게다가 이 무렵 안도오씨의 중심인물 중 '당탑(堂塔)'을 많이 세운 선인(善人)'으로 일컬어진 안도오 고로오(安藤五郞)가 '에비스'라 불린 아이누에게 1268년(붕에이文永 5)에 살해되었다는 사실을, 니찌렌(日蓮, 222~82)[27]은 1275년(켄지建治 1) 6월의 서장(書狀)에서 말하고 있다(카이호 타께오 1983). 이 기록을 앞의 몽골 침입과 관련해 이해하는 견해도 있지만, 주목할 것은 니찌렌이 이러한 북방의 정보를 입수했다는 점이다. 니찌렌의 '예언'은 이같은 광범위한 정보수집을 배경으로 했다고 생각되는데, 북방에 대한 니찌렌의 관심은 그 제자에게 계승되었다.

'육로승(六老僧)'의 한 사람으로 스루가노꾸니(駿河國) 이하라군(庵原郡) 마쯔노

---

27 카마꾸라시대의 승려. 일련종(日蓮宗)의 창시자. 법화경에 귀의하면 당시 빈발하던 재해로부터 안전할 수 있고, 다른 종파를 믿으면 내우외환으로(몽고 침입의 예언으로 받아들여졌다) 나라가 망할 것이라고 하는 등 파격적인 내용의 『릿쇼오앙꼬꾸(立正安國)』를 써서 필화를 당했고, 다른 종파를 격렬하게 공격하여 유배를 당하기도 했다.

(松野)의 렝에이지(蓮永寺)에 있던 니찌지(日持)는, 1295년(에이닌永仁 3) 정월 1일, 홀로 법화종(法華宗)을 북방세계에 전파하려고 여행에 나섰다. 지금까지의 전승에 따르면 니찌지는 쯔가루에서 오시마(渡島)를 거쳐 대륙으로 갔다고 하는데, 그를 말해주는 유물이 뻬이징(北京) 북서쪽 쟝쟈커우(張家口) 인근의 쉬안화시(宣化市) 리화쓰(立化寺)의 탑 아래 구멍에서 발견되어, 그것을 1936년 뻬이징에 살던 이와따 히데노리(岩田秀則)가 모아들였다. 이와따는 그 일부를 일본에 가지고 돌아왔고, 케이오오대학(慶應大學)의 마에지마 노부쯔구(前嶋信次)와 릿쇼오대학(立正大學)의 하마다 홍유우(濱田本悠)는 그것이 틀림없는 니찌지의 유물이라는 사실을 증명하여, 1962년 야마나시현(山梨縣)의 미노부산(身延山) 쿠온지(久遠寺)에서 소장하게 되었다(마에지마 노부쯔구 1983).

나는 이 유물을 야마나시현사 중세부회(山梨縣史中世部會)가 조사했을 때, 쿠온지에서 직접 볼 수 있었는데, 그때 제작된 『니찌지성인 쉬안화출토 유물도록(日持聖人宣化出土御遺物圖錄)』(1987)을 보면 그 전모를 알 수 있다. 우선 니찌렌 친필[眞筆]의 제목 '어법만다라(御法蔓荼羅)'에는 선덕부(宣德府, 宣化)에서 사향노루[麝香鹿]가죽으로 표지를 만들었다는 니찌지의 염기(念記)가 있고, 마찬가지로 사향노루가죽으로 장정된 니찌렌상(日蓮像)의 표면에는 1295년(에이닌永仁 3) 북방으로 여행을 떠났을 때 니찌지가 이것을 휴대했다는 기록이 나온다. 그리고 뒷면에는 "永仁辛丑大德五年穐九月十七日", 병든 니찌지가 비몽사몽중에 고향과 스승 니찌렌을 그리는 시가 적혀 있다. 연호 에이닌(永仁)은 이미 일본에서 쇼오안(正安)으로 개원하고 있었으므로 쇼오안 3년(1301)에 해당하지만, 이국땅에서 개원을 알 까닭이 없는 니찌지는 에이닌이라는 일본연호와 원(元)의 대덕 5년(大德五年)의 연호를 써넣었던 것이다. 또 같은 뒷면에 선덕성(宣德城)에서 법화종에 귀의할 것을 약속한 정일창(鄭日昌)이라는 여든다섯살의 노인이 이 니찌렌상을 배알하고 요(遼)의 문자를 기록했다고 적혀 있고, 실제로 요의 문자가 기록되어 있다.

또 한장의 사향노루가죽으로 포장된 니찌지가 쓴 제목에도 1295년(에이닌 3) 일본을 떠나오던 때의 포부가 적혀 있고, 뒷면에는 1301년(대덕 5)에 망향의 그리움을 절절하게 읊은 시가 니찌지의 필적으로 기록되어 있다.

그 외에 1304년(대덕 갑진년甲辰年), 여든여덟의 미수(米壽)를 맞은 정일창이 준비하여, 귀의하는 니찌지에게 보낸 은(銀)을 입힌 합(盒)과 1298년(대덕 2)에 반포한 취지를 기록한 서하(西夏)문자의『화엄경』, 니찌지가 소지했던 훈향(薰香)그릇과 약상자[印籠], 향합(香盒), 니찌지에 귀의한 여성 이씨(李氏)가 1302년(대덕 6) 그에게 보낸 복사(袱紗, 비단으로 만든 작은 보자기) 등이 남아 있다.

이 유물들을 통해 1295년(에이닌 3) 북방세계에 니찌렌의 가르침을 전하려는 큰 뜻을 품고 스루가를 출발하여 북으로 향했던 니찌지가 쓰가루·오시마를 거쳐 대륙에 건너가 1298년(에이닌 3, 대덕 2)에는 쉬안화(宣化)의 법화사(法華寺) 안국당(安國堂)에 있었고, 1304년(카겐嘉元 2, 대덕 8)에는 법화종에 귀의한 남녀의 도움을 받아 쉬안화에서 포교하고 있었던 사실을 명확히 알 수 있다.

물론 이것은『법화경(法華經)』, 니찌렌의 가르침에 대한 깊은 신앙과 포교에 대한 강렬한 정열이 낳은 특수한 행동이라고도 할 수 있을 것이다. 그러나 니찌렌 자신이 북방에 대해 강한 관심을 가지고 정보 수집을 하고 있었던 점을 생각하면, 이미 북방세계와 동국(東國) 사이에는 옛날부터 다양한 연결망이 있었고, 니찌지는 그 도움을 받아 도항했다고 생각된다.

이러한 몇개의 길을 통하여 북방으로 향한 사람들, 또 역으로 동북아시아에서 혼슈우에 들어온 사람들도 결코 적지 않았을 것이다. 예를 들면 카마꾸라 후기에 성립

금발을 한 이형(異形)의 무사. 쿄오또로 올라가는 요시미 지로오가 산적들의 습격을 받고 있는 장면(『오부스마사부로오에꼬또바』, 토오꾜오국립박물관 소장).

했다는 『오부스마사부로오에꼬또바(男衾三郎繪詞)』에는 오오방야꾸(大番役)[28]를 수행하기 위해 쿄오또로 향하는 요시미 지로오(吉見二郎)가 토오또우미(遠江)에서 산적에게 습격당하는 장면이 그려져 있는데, 그 산적 가운데 무사와 똑같은 장비를 하고, 큰 칼을 차고 모피로 만든 듯한 삼각모를 쓴 금발의 코가 높은 '이형(異形)'의 무사가 보인다. 이 무사는 북방계의 인물이 아닐까 여겨지는데, 화가가 '산적'의 한 사람으로 이러한 인물을 그릴 정도로 북방에 대한 인식이 있었다는 것은 곧 북방세계와의 교류가 얼마나 밀접하게 이루어지고 있었는지를 말해주는 것은 아닐까.

---

28 헤이안·카마꾸라시대에 궁정 경호를 담당하는 역(役). 슈고의 지휘로 각 쿠니의 고께닌에게 부과했다.

남방세계와의 교류

한편 남큐우슈우·난세이제도(南西諸島)·타이완·동남아시아로 연결되는 남방길로 눈을 돌려보면, 이 길을 통한 사람과 물자의 교류에 대하여 본격적으로 연구하기 시작한 것도 역시 최근의 일이다.

그것은 북방 아이누의 경우와 마찬가지로 오끼나와(沖繩), 즉 류우뀨우(琉球)왕국의 위치 부여와 그 역할을 과소평가한 데에 기인한 것이지만, 아라끼 모리아끼(安良城盛昭)의『신·오끼나와사론(新·沖繩史論)』(아라끼 모리아끼 1980)을 비롯하여, 타까라 쿠라요시(高良倉吉)의 많은 연구(예를 들면 타까라 쿠라요시 1998) 등으로 말미암아 최근 상황은 급속히 바뀌고 있다.

류우뀨우왕국의 독자적인 국제(國制)의 실태, 특히 14~15세기 이후에 류우뀨우의 선박이 말라카에서 자바섬, 쑤마트라까지 남하하여 중국대륙·한반도·일본열도 사이에서 활발한 교역활동을 전개했던 사실이 밝혀졌다. 또 고고학의 발굴성과를 통하여, 12~13세기부터 중국대륙의 청자·백자가 유입된 사실도 지적되어, 류우뀨우가 아시아대륙 동남부 난세이제도의 가교역할을 했던 사실이 밝혀졌다.

이러한 점들에 대해서도 본 씨리즈의 각권에서 자세히 언급될 것이므로 여기서는 더 다루지 않지만, 한두 가지만 지적하면 북방의 안도오(安藤)씨, 서북큐우슈우의 마쯔우라당(松浦黨) 같은 역할을 수행했던, 이 해역의 영주에 대해서도 연구할 필요가 있을 것이다. 예를 들면, 오다 유우조오(小田雄三)가 주목한(오다 유우조오 1993) 찌까마(千竈)씨는 사쯔마노꾸니(薩摩國) 카와베군(川邊郡)을 비롯한 주요 나루, 또 구찌고또오(口五島)·오꾸시찌시마(奧七島)로 일컬어졌던 키까이쥬우니시마(貴海十二島), 그리고 토꾸노시마(德之島)·야꾸시마(屋久島)·에라부시마(永良部島)·아마미오오시마(奄美大島)·키까이시마(喜界島) 등 난또오(南島)의 섬들을 토꾸소오히깐(得宗被官)²⁹으로서 지배했는데, 그 본거지를 이세만(伊勢灣)에서 가장 깊숙한 곳인 쇼오나이가와(庄內川) 동안(東岸)의 오와리노꾸니(尾張國) 찌까마고오(千竈鄕)에 두고, 키이노꾸니(紀伊國) 미까미노쇼오(三上莊), 스루가노꾸니(駿河國) 아사하따노쇼오(麻機莊), 히따찌노꾸니(常陸國) 와까모리고오(若杜鄕) 등, 태평양 연안에 소령(所領)을 소유한 바다의 영주였다.

카마꾸라 후기 호오죠오(北條)씨가 이렇게 북방은 안도오씨, 남방은 찌까마씨를 히깐(被官)으로 삼아 경계영역을 다스리고 있던 점에 주목해야 하고, 호오죠오씨는 이들을 통해, 북방·남방과의 교역을 장악하려 했던 것으로 생각된다. 그것은 카와베군 북쪽에 위치한 역시 호오죠오씨 소령의 카세다볏뿌(加世田別符)지역에서 최근 발굴된 모쯔따이마쯔(持躰松)유적에서 출토된 방대한 중국대륙제 도자기에서도 엿볼 수가 있다.

이러한 남방과의 교류가 류우뀨우를 매개로 동남아시아에까지 미치고 있었음은 주지하는 대로이다. 그것은 15세기 초 쑤마트라섬의 팔렘방(Palembang) 선박이 '남만선(南蠻船)'이라고 불리면서, 와까사(若狹)의 코하마(小濱)나 남사쯔마(南薩摩)의 해안에 코끼리·앵무새 등을 싣고 자주 내항하여 '일본국왕(日本國王)' 무로마찌쇼오군(室町將軍)과 공식적으로 교역했던 사실을 통해서도 알 수 있다. 이와같은 교류가 꽤 일상적이었던 것은 타이의 도자기가 노또(能登) 앞바다에서 인양되고, 안

---

29 카마꾸라바꾸후의 실권자인 호오죠오(北條)씨의 적통을 토꾸소오(得宗)라 하고, 이 토꾸소오가(得宗家)를 받드는 자들을 히깐(被官), 또는 미우찌비또(御內人)라고 한다. 이들은 실권가인 토꾸소오가와 가까운 관계로 권력이 강했고, 쇼오군가 직속의 고께닌(御家人)과 대립했는데, 이 두 세력의 대립은 카마꾸라바꾸후의 정치에 커다란 영향을 끼쳤다.

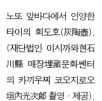

노또 앞바다에서 인양한
타이의 회도호(灰陶壺).
(재단법인 이시까와현石
川縣 매장埋藏문화쎈터
의 카끼우찌 코오지로오
垣內光次郎 촬영 · 제공).

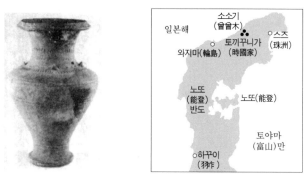

소소기
(曾曾木)

일본해

토끼꾸니가
와지마(輪島) (時國家)

○스즈
(珠洲)

노또
(能登)
반도

노또(能登)

토야마
(富山)만

○하꾸이
(羽咋)

항아리〔壺〕는 타이에서 노또로

'전(錢)'은 베트남에서 후따가미또오(二神島)로

노또(能登)

후따가미지마
(二神島)

푸져우(福州)

류우뀨우
(琉州)

타이

베트남

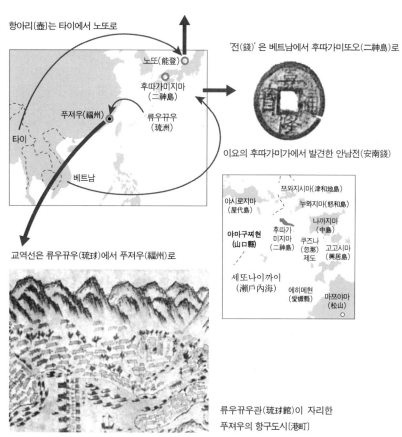

이요의 후따가미가에서 발견한 안남전(安南錢)

쯔와지시마(津和地島)

야시로지마
(屋代島)

누와지마(怒和島)

나까지마
(中島)

아마구찌현
(山口縣)

후따가
미지마
(二神島)

쿠즈나
(忽那)
제도

고고시마
(興居島)

세또나이까이
(瀨戶內海)

에히메현
(愛媛縣)

마쯔야마
(松山)

교역선은 류우뀨우(琉球)에서 푸져우(福州)로

류우뀨우관(琉球館)이 자리한
푸져우의 항구도시〔港町〕

남전(安南錢)[30]이 이요(伊豫)의 후따가미지마(二神島)의 후따가미가(二神家)에서 발견되는 점으로도 추측할 수 있다. 난세이제도(南西諸島)를 매개로 한 남방과의 교류실태는 아직 규명되어야 할 여지가 많이 남아 있다고 할 수 있다(앞의 사진을 비롯한 니찌지 관계의 유물에 대하여, 나까오 타까시中尾堯가 편집부에 연락을 했고, 이어 카와조에 쇼오지川添昭二의 조언으로 이 유물들은 후세에 만들어진 것일지도 모른다는 사이죠오 요시아끼西條義昌의 지적이 있었다는 사실을 알았다. 이 지적은 설득력이 있고, 따라서 마에지마 신지前嶋信次의 설에 따른 니찌지에 관한 서술의 근거에 의문이 있으므로 검토의 여지가 있다는 점을 명기해두고 싶다. 나까오와 카와조에에게 감사드린다. 한편 이께다 레이도오池田令道의 지적과 타까하시 찌헨高橋智遍의 저작『니찌지죠오닌연구日持上人研究』(타까하시 찌헨 1975)에 대해 호소까와 료오이찌細川凉一의 가르침을 받았다는 것도 덧붙인다).

---

30 안남전(安南錢)은 베트남에서 발행된 동전. 베트남에서는 정부령(丁部令) 통치기인 970~80년에 독자적 화폐인 대평흥보(大平興寶)의 주조를 시작으로, 완조(阮朝, 1802~1945)의 보대통보(保大通寶)에 이르기까지 수백종이 주조된다. 일본에서는 헤이안시대부터 중국전·조선전과 함께 이 안남전이 대량으로 유입된다. 특히 무로마찌 말기에서 에도 초기에 큐우슈우에서 주조된 사주전(私鑄錢) 가운데 제작수법이 안남전과 유사한 동전이 많이 발견 되어, 화폐주조 기술면에서도 상호교류가 있었던 것으로 추측된다.

4. 동방의 태평양으로

태평양을 건너간 사람들

열도의 동방에 펼쳐진 광대한 태평양도 사람과 사람의 연결을 완전히 불가능하게 했던 것은 아니다. 바다를 건너 아메리카대륙으로 간 사람들도 적지 않았다.

메이지시대로 들어선 이후의 일이지만, 이요 야와따하마(八幡濱)의 어민은 우따세부네(打瀬船)를 조종하여 산리꾸(三陸) 앞바다까지 북상해서, 거기서부터 태평양을 건너 매년 밴쿠버까지 왕래했다는 신문기사가 『에히메신문(愛媛新聞)』에 게재되었다고 한다. 이것은 1996년 12월 7일 오오미야시(大宮市)의 중부공민관(中部公民館)에서 시꼬꾸(四國) 출신 두 예술가의 '조류(潮流)를 조각한다'라는 전람회가 열렸을 때, 사진가 요시오까 코오지(吉岡功治)의 사회로 이 전람회에 작품을 출품한 전각가(篆刻家) 나까따 카즈꾸니(中田和邦), 작가 무라까미 마모루(村上護), 그리고 나 이렇게 세명이 '육지의 시점과 바다의 시점'이라는 테마로 씸포지엄을 열었을 때 무라까미가 했던 얘기이다. 이런 이야기가 오갈 즈음 회의장에 참석한 한 노인이 손을 들고, "밴쿠버에 갔던 사람은 제 아버지입니다" 하며 일어섰다. 회의장은 술렁거렸는데, 그 노인은 회의 뒤의 대화에서 "아버지는 사고 같은 건 한번도 일어나지 않았다고 말씀하셨습니다"라고 했다. 아마도 일례에 불과하겠지만, 이같은 예가 틀림없이 많을 것이다.

하바라 유우끼찌(羽原又吉)는 패전 전부터 학계가 전혀 주목한 적이 없었던 어업사(漁業史) 분야를 거의 혼자 힘으로 개척해왔고, 직접 조사를 통하여 수집한 문서와 기록에 기반한, 다방면에 걸친 방대한 연구를 발표했다. 말 그대로 보기 드문 연구자이다. 그 연구의 대부분은 패전 후 이와나미쇼뗑(岩波書店)에서 간행되었다. 만년에 정리하여 쓴 『표해민(漂海民)』(하바라 유우끼찌 1963)은 바다를 이동하는 사람들에 대하여, 일본열도의 아마·에부네(家船)에서부터 남해의 표해민인 쥬강(珠江)[31]의 딴민(蛋民)[32]까지 시야를 넓혀, 해민의 활동을 알려주는 풍부한 사례에 기초하여 서술한 흥미로운 책이다. 앞서 말한 카이후(海部·海夫)의 길과도 깊이 관련된 많은 사실들이 거론되고 있는데, 거기서 하바라는 키슈우(紀州)의 쿠시모또(串本), 시오노미사끼(潮岬)·오오시마(大島) 등지의 어민이 패전 전까지 매년 오스트레일리아 연해에서 조개류를 채취하던 사실을 언급하면서, 이 어로행위를 "조사해보면 메이지 이전까지 거슬러 올라간다. 쇄국을 지속하고 있던 에도시대의 일본에서는 놀랄 만한 일이다. 생쌀을 씹고 빗물을 마셔가며, 사나운 바람이 일지 않는 시기에 며칠씩이나 걸려 오스트레일리아 연해까지 항해를 계속했다"라고 적고 있다(『표해민』52~53면).

그리고 그 배는 토야마만(富山灣)의 어민이 '에조(蝦夷) 다니기'[33]에 사용하고 있던 배와 동형인 '야마또부네(大和船)'로 남자만 승선하고, 진주를 갖고 귀국하면 그것을 몰래 히로시마(廣島) 쪽의 중개자에 넘겨주어, 진주는 "하까따(博多)에서 중국인에게 매각되었다"라고 하바라는 말하고 있다.

이것이 사실이라면, 실로 놀라운 일이 아닐 수 없다. 하바라는 이와 관련하여, 에도시대 초기부터 그 활동을 확인할 수 있는 시오노미사끼(潮岬)를 중심으로 한 해민

---

31 중국의 남동부의 화난(華南)지방의 큰 강.
32 중국 남부의 대하천과 연해지방에 사는 수상생활민의 총칭. 어업·수운 등에 종사한다.
33 에조는 지금의 홋까이도오 일대를 가리키는데, 그곳까지 가서 생업활동을 한 것을 말한다.

의 연합체, 즉 시모따하라(下田原)에서 스사미(周參見)까지 18개 포구로 조직된 시오노미사끼 회합을 언급하면서, 오오시마·쿠시모또 근처의 해민이 미사끼묘오진(御崎明神)의 신앙을 중심으로 얼마나 광범하고 활기찬 활동을 전개하고 있었던가에 대하여 고찰한 논문을 참조할 것을 권하고 있다(하바라 유우끼찌 1954).

그러나 거기에는 앞서 언급한 카스미가우라(霞ケ浦) 48진(津)과 마찬가지로 바다와 어로를 자치적으로 관리하는 시오노미사끼 회합의 실태와 함께, 오스트레일리아로 출발할 때에 이 근처의 어민이 미사끼묘오진 경내의 옥석을 주워 귀국할 때까지 몸에 지녔던 사실은 씌어 있지만, 에도시대에 오스트레일리아로 간 사실을 증명하는 자료에 관해서는 언급하지 않고 있다.

하바라의 뒤를 이어 '남해의 표해민'을 독자적인 관점에서 널리 조사하고, 그 여행을 통하여 주목할 만한 많은 저작을 세상에 내었으며, 더욱 뛰어난 업적을 낼 것으로 기대되었으나, 최근 세상을 떠난 쯔루미 요시유끼(鶴見良行)도 일찍부터 하바라의 이 지적에 주목했다. 스스로 시오노미사끼에 가서 자료를 탐색했지만 유감스럽게도 발견하지 못했다고 생전에 나에게 얘기한 적이 있다.

이 시오노미사끼 회합에 관한 문서는 1946년 낭까이대지진(南海大地震)에 뒤따른 대해일로 전부 유실되었다고 전해지고 있기 때문에, 이미 문제 해결의 실마리는 찾을 수 없을지도 모르지만, 나는 야와따하마(八幡濱) 어민의 움직임을 생각하면 키슈우의 해민이 에도시대부터 오스트레일리아에 도항했을 가능성은 충분히 있을 수 있다고 보며, 지금도 자료를 추적하고 있다.

페루의 리마에 사는 일본인

실제로 열도에서 태평양을 건너 남아메리카대륙으로 건너간 사람들은 17세기 초까지 상당한 수에 달했다. 1613년과 그 이듬해 걸쳐 페루의 리마시에서는 당시 부왕(副王)인 몬떼스 끌라로스(Montes Claros)의 명으로 대규모의 인구조사가 이루어졌다. 그 결과 약 2만 4천명의 총인구가 면밀히 조사되었는데, 스페인인이 1만명에 조금 못 미쳤고, 흑인이 1만명 남짓, 인디오 약 2천명, 메스띠소(mestizo) 약 2백명, 흑인과 백인의 혼혈인 물라또(mulato)가 7백명 정도, 거기에 남녀 성직자가 1천5백명 정도 살고 있었던 것이 밝혀졌다. 특히 주목할 만한 것은 인디오의 분류 끝부분에 특별구분이 있어 '아시아계' 사람들이 기재되어 있다는 점인데, 거기에는 포르투갈계 인디오(말라까Malacca, 고아Goa 등) 출신의 인디오 56명, '치나(중국)의 인디오' 38명, 그리고 놀랍게도 '하뽄(일본) 인디오' 20명이 기록되어 있었다. 이들 일본인은 이미 일본인으로서의 이름을 잃어버렸고, 그중에는 스페인인의 집안에서 일하는 노예도 있었지만, 옷수선, 옷깃 다는 일, 헌옷가게에서 일하는 등, 하층이기는 해도 리마사회에서 직업을 갖고 자립적인 생활을 영위하는 사람도 있었다.

그뿐이 아니다. 멕시코의 과달라하라(Guadalajara)에서 조사한 16세기의 공증인 문서에서도 일본인이 살고 있었음이 판명되었다고 한다(아미노 테쯔야 1992). 직선거리로 따진다면 16세기에 1만5천km 이상의 태평양을 건너, 상당수의 일본인이 남아메리카대륙으로 건너갔던 사실이 이렇듯 확실한 문서를 통해 명백한 사실로 증명되고 있는 것이다.

이들 일본인이 태평양을 건너간 루트 중 하나는 이미 16세기 동남아시아에 진출했던 사람들이 스페인인과 접촉하여, 남태평양을 건너갔던 그 길일 것이다. 17세기 동남아시아 각지에 형성되었던 니혼마찌(日本町)[34]는 1571년에 스페인이 필리핀에 건설한 마닐라에도 있었다. 마닐라와 멕시코의 아까뿔꼬(Acapulco)[35] 사이에서는 갈레온(galleon)선[36]을 통한 무역이 행해져, 중국산 비단과 도자기가 아메리카대륙으로 유입되는 한편, '신대륙'은 은을 수출하고 있었다. 이 무역루트를 따라 중국대륙과 일본열도의 사람들이 멕시코와 페루로 건너갔다고 충분히 생각할 수 있다.

그리고 또다른 길로서 메이지(明治)의 야와따하마 어민이 건너간, 북태평양을 경유하는 길이 있다. 산리꾸 앞바다에서 북태평양의 해류에 실려 북미대륙에 도착한 후 남하하여 아까뿔꼬에 이르는 루트도 많이 이용되었을 것이다.

잘 알려진 대로 1610년(케이쬬오慶長 15) 쿄오또(京都)의 상인 타나까 쇼오스께(田中勝介)는 전 필리핀 총독 돈 로드리고(Don Rodrigo)[37]가 귀국할 때에 동행하여 멕시코에 건너가, 이듬해 일본인 22명과 함께 멕시코 부왕(副王)의 답례사절인 돈 쎄바스띠안 비스까이노(Don Sebastian Vizcaino)[38]의 배에 편승하여 귀국했는데, 아마도 왕복 모두 남태평양을 경유했을 것이다.

그러나 1613년(케이쬬오 18) 다떼 마사무네(伊達政宗)의 명으로 스페인에 파견된 하세꾸라 쯔네나가(支倉常長, 1571~1622)[39]는 선교사 루이스 쏘뗄로(Luis Sotelo)와

---

34 17세기 초 동남아시아 일대에 건설된 일본인도시와 마을. 일본관허(官許)의 무역선(朱印船)이 많이 도항했던 베트남 중부, 아유타야, 마닐라 등이 대표적이다.

35 멕시코 중앙부 태평양 연안의 도시. 스페인의 지배를 받던 시대 태평양무역의 거점으로 발달했다. 현재는 국제적인 휴양도시이다.

36 16세기부터 스페인 등이 외국무역에 사용했던 전형적인 범선.

37 1609년 마닐라에서 멕시코로 가던 도중 표류하여, 일본의 찌바(千葉)에 표착하였다. 당시 일본의 통치자였던 토꾸가와 이에야스(德川家康)에게 『돈 로드리고 일본견문록』을 봉정하고, 일본과 멕시코 간의 무역을 제안하였다.

38 스페인의 탐험가. 돈 로드리고의 일에 대한 신에스빠냐(현 멕시코)의 답례사절로 1611년 3월 멕시코의 아까뿔꼬를 출고하여 6월에 일본에 도착, 1612년 9월까지 체류하였다.

39 유명한 셍고꾸다이묘요(戰國大名) 다떼 마사무네(伊達政宗)의 가신. 1613년 마사무네의 정사(正使)로서 스페인과 로마에 가서 통상무역을 열 것을 요청했으나, 목적을 달성하지 못한 채 1620년 귀국했다.

페루

리마

북아메리카

남아메리카

멕시코

아카풀코

은

태평양

비단·도자기

신리쿠오키(三陸沖)

'일본해'

조선

히라도

후(府)

나가사키(長崎)

류우꾸우(琉球)

일본

둥충구해(東中舊海)

항저우(杭州)

닝뽀(寧波)

푸저우(福州)

취안저우(泉州)

명

마닐라

루손

남중국해

보르네오

자바

수마트라

인도양

시암현 타이

아윳타야

방콕

미얀마

■ 일본 마을[町] 소재지
● 일본인 거주지

17세기 동남아시아 각지에 건설된 '일본마을(니혼마치)'과 신대륙과의 교류

함께 무쯔노꾸니(陸奧國) 오지까군(牡鹿郡) 쯔끼노우라(月浦)를 출범하여 멕시코를 거쳐 스페인으로 갔다. 이것은 북태평양 경유로 볼 수 있을 것이다.

어찌됐든간에 앞서의 페루와 멕시코의 사실을 보면, 알려져 있는 이들 도항자는 사실상 빙산의 일각에 불과하며, 그 기저에는 훨씬 큰 도항자들의 흐름이 있었다고 보아도 틀리지 않을 것이다. 그 실태를 추구하는 길은 스페인어 계통의 사료 발굴을 통해 더욱 확장될 가능성이 있다고 생각한다.

아마노박물관의 '하뽀네스' 토기

앞에서도 말한 것처럼, 나는 1980년 마스다 요시로오(增田義郎)의 권유를 받아 로베르또 오에스뜨와 함께 페루에 갔는데, 그때 리마에서 아마노(天野)박물관을 맘껏 견학할 수 있었다. 일본에서 이주하여 혼자 힘으로 이 박물관을 만든 아마노 요시따로오(天野芳太郎)는 여전히 건강했고, 자신이 수집한 안데스의 잉까 이전의 여러 가지 토기와 유물에 대하여 직접 나에게 자세히 설명해주었다.

그때 2, 3세기부터 8세기경까지의 문화로, 인간의 얼굴을 극히 사실적으로 조각한 토기가 특징적인 모체(Moche)문화[40]에 대한 설명을 들으며, 길게 나열되어 있는 인디오수장의 얼굴을 조각한 적갈색 토기를 바라보던 나는 문득 제일 왼쪽에 조금 흰색 기운이 감도는, 명백한 동아시아계통의 얼굴과 흑색의 아프리카흑인의 얼굴을 발견했다. 아마노는 전자를 '하뽀네스(Japonés, 일본인)?', 후자를 '흑인'으로 써놓고 있었다. 그리고 나의 질문에 "태평양이나 대서양 모두 일찍부터 사람들이 건너다니

---

40 남아메리카대륙에 2, 3세기부터 8세기경까지 존재했던 고대문화.

'하쁘네스' (?) 토기. 리마에 남아 있는 동아시아인 계통의 얼굴 생김새를 한 토기로, 얼굴의 주인공인 하쁘네스는 현재 일본인일 것으로 추정된다(아마노 박물관 소장. 토꾸미쯔 유까리德光ゆかり 촬영).

고 있었던 것이겠죠"라고 설명해주었다.

그때 나는 너무 놀랐다. 교통로로서의 바다의 역할과 그 바다를 건너간 인간의 강인한 의지에 새삼 감복했던 것이다. 물론 이 토기얼굴이 '하쁘네스'인지 아닌지는 알 수 없다. 만약 일본열도의 사람이라고 해도 아직 '일본국'이 생기기 전의 야요이인일지도 모르고, 어쩌면 중국대륙 사람의 얼굴일지도 모른다. 그러나 꽤 일찍부터 태평양을 건너 남아메리카대륙에 사람이 도항하고 있었다는 사실, 대서양도 사람이 건너갈 수 있는 바다였던 것이다.

최근 죠오몬인이 남태평양의 섬들을 따라 남아메리카대륙으로 갔다는 얘기도 가끔 들린다. 그것도 저명한 인류학자나 전문적인 고고학자들의 얘기이다. 그것을 처음부터 황당무계하다며 코웃음으로 넘길 시대는 이미 과거 속으로 사라져버렸다. '일본은 고립된 섬나라'라는 조작된 허상이 사라진 지금, 우리는 일본열도와 주변지역 간의 교류에 대한 작은 가능성까지도 연구하여 분명히 밝혀야 한다.

5. 열도사회의 지역적 차이

열도의 동부와 서부

이처럼 바닷길을 따라 다방면의 여러 지역과 밀접한 교류를 펼치면서 아시아대륙의 남과 북을 연결하며 동북에서 서남으로 길게 뻗어 있는 일본열도는, 자연히 각각 개성있는 지역사회를 형성하고 있었다. 일본열도사회는 처음부터 결코 획일적이거나 단일하지 않았던 것이다. 물론 뒤에 나올 '일본국' 역시 열도사회에 그 국제(國制)의 강한 영향을 끼쳤던 반면에 지역차를 한층 다양화했던 것은 틀림없지만, 그러한 국가가 성립되기 훨씬 이전시대부터 주변지역과의 교류를 통하여 사회의 지역적 특질과 개성은 이미 형성되고 있었다. 그리고 오히려 그것이 그 위에 형성된 국가의 존재 자체를 규제하고 있었다고 생각하지 않으면 안된다.

그러한 열도의 지역차이는 아한대(亞寒帶)침엽수림과 낙엽광엽수림이라는 식물상(植物相)·동물상(動物相)의 차이를 배경으로, 동쪽의 스기꾸보형(杉久保型) 칼과 서쪽의 코오후형(國府型) 칼[41]이 대응하는 것처럼, 2만년 이상 전인 구석기시대까지 거슬러 올라간다(야스다 요시노리 1993). 포싸 마그나를 대체적인 경계로 하여 낙엽광엽수림이 펼쳐지게 된 열도의 동부와 조엽(照葉)수림이 펼쳐진 서부 사이에는 죠오몬시대를 거치며 생업 자체에 차이가 있었고, 죠오몬 후기에는 동부의 홋까이

---

41 스기꾸보형 칼과 코오후형 칼은 각각 일본열도의 서부와 동부에서 주로 발견되는 칼의 유형으로, 각각의 분포지역의 범위와 동서지역차가 나타나는 범위가 일치한다.

도오, 서부의 난세이제도(南西諸島) 간에도 차이가 나타난다는 사실이 다양한 각도에서 지적되어왔다.

이와같은 동서의 차이에 대해서는 고고학·언어학·민속학의 연구성과를 바탕으로, 꽤 오래 전에 자세히 소개한 적이 있기 때문에(아미노 요시히꼬 1998a), 여기서는 깊이 들어가지는 않지만, 전술한 것처럼 일본의 서쪽에서 열도서부로 이주해온 새로운 문화의 담당자들이 이러한 열도사회의 지역차를 전제로 하여, 죠오몬문화의 영향이 비교적 약한 지역에 먼저 퍼져 살았던 것은 틀림없다. 그리고 그것이 열도의 지역차이를 한층 두드러지게 만들었던 것이다.

동과 서의 차이

야채연구자인 아오바 타까시(青葉高)는 저서 『야채(野菜)』(아오바 타까시 1981)에서, 특히 무의 품종과 그 지리적 분포에 대하여 상세히 논하면서 서양종계〔洋種系〕품종은 열도동부에, 일본종계〔和種系〕품종은 열도서부에 분포한다는 사실을 밝혀냈다. 또한 아오바는 전자가 동북아시아에서 열도로 들어왔으며, 후자는 중국대륙에서 한반도를 거쳐 열도서부로 들어왔다는 가설을 제시하고, 그 분포가 오오노 스스무(大野晉)가 제시한 '동부방언'과 '서부방언'의 지역분포(오오노 스스무 1957)와 거의 일치한다는 매우 흥미로운 지적을 하고 있다.

이것은 벼농사 이전의 밭농사를 연구하면서 열도서부의 조엽수림대에서는 조·귀리·메밀 등의 잡곡류를 주로 재배하고, 아울러 감자류를 재배하는 밭농사가 전개되고 있었던 것과 비교해 열도동부의 낙엽림대에서는 조·기장 등의 잡곡류와 보리류를 주작물로 하는 밭농사와 목마(牧馬)의 관행이 결합된 독특한 밭농사문화가 형성되었다는 사사끼 타까아끼(佐佐木高明)의 주장과도 조응하고 있다.

　사사끼는 이런 밭농사 농경이 열도에 전래된 경로로서 ① 한반도를 경유하여 큐
우슈우에 다다른 루트 ②'연해주'에서 직접 '일본해'를 횡단하는 루트 ③'연해주'에서
사할린을 경유하여 홋까이도오에 이르는 루트가 있을 수 있다고 한다. 그리고 전자
를 ①, 후자를 ②라고 하면서도 ③도 가능성이 있다고 주장했던 것이다(사사끼 타까
아끼 1993).

　이것은 결국 벼농사가 널리 뿌리를 내린 열도서부에 대하여, 밭농사와 목마의 전
통이 강했던 동부라는 차이를 낳게 된다고 사사끼는 설명하고 있는데, 이것은 중세
쇼오엥꼬오료오제(莊園公領制)[42]의 연공(年貢)에 보이는 동서의 차이까지 낳게 한
매우 뿌리 깊은 것이었다.

　이와같은 동서의 지역차는 당연히 사람들의 생활방식에까지 영향을 끼쳤다. 죠오
몬시대부터 야요이시대까지 열도에 널리 나타나는 움집〔竪穴住居〕의 형태에 대하여
상세한 조사·연구를 진행하고 있는 쯔데 히로시(都出比呂志)는 열도의 서부와 동부
는 건축기술의 원리에서 차이가 난다는 사실을 밝혔다. 쯔데에 의하면, 킹끼(近畿)
서쪽에서는 대형원형과 다각형의 주거가 발달했고, 토오까이(東海)·쮸우부(中部)·
칸또오(關東) 등의 동부에서는 대형장방형 계통의 주거가 많으며, 주주(主柱)배열
의 원리로 보면 서부는 구심구조, 동부는 대칭구조라고 할 만한 차이가 있다.

---

42 종래의 '쇼오엔(莊園)제' '쇼오엔체제'를 대신하는 일본중세의 토지제도·사회경제체제를 가리키는 개
　념으로 이 책의 저자인 아미노 요시히꼬가 제창했다. 이에 따르면 중세의 쇼오엔제는 사적 토지소유
　의 체계라고만 표현할 수 없는 일종의 국가적 성격이 있었고, 게다가 12세기 이후의 쇼오엔과 국가
　소유지인 코오료오(公領)는 이질적이지 않으며 본질적으로 같다고 한다. 따라서 어느 한 쪽이 기본
　적이고 다른 쪽은 파생적이라는 식의 파악은 일면적이며, 둘 중에 어느 하나를 빠뜨릴 경우 중세의
　토지제도는 성립하지 않는다고 본다.

　더욱이 화로[爐]의 형태도 동서에 차이가 있어, 열도서부는 '회혈로(灰穴爐)'라고 할 수 있는 구조로 주거의 중심에 위치하나, 동부는 '지상로(地床爐)'로 화로의 위치가 주거의 중앙보다 벽[周壁] 쪽으로 치우쳐 있다(쯔데 히로시 1989). 이 역시 죠오몬 시대의 전통을 잇는 열도동부와, 새로운 문화를 갖고 열도서부로 이주해온 야요이인의 생활방식 자체의 차이라고 생각할 수 있을 것이다. 이전에 미야모또 쯔네이찌(宮本常一)가 지적한 동일본의 이로리(圍爐裏)[43]와 서일본의 아궁이를 비롯해, 건축사가들이 주목하는 동서 민가의 차이(오오노 스스무·미야모또 쯔네이찌 외 1981)와, 여기서 쯔데가 움집에 대하여 실증한 동서의 차이가 어떻게 관련되는가 하는 문제는 앞으로의 연구과제이지만, 열도의 동부와 서부의 생활방식에 뿌리깊은 차이가 있었던 것만은 분명하다.

　앞에서 언급한 '케가레(穢)'에 대한 대응방식의 차이는 가장 기본적인 차이인데, 최근 에모리 이쯔오(江守五夫)는『혼인의 민속(婚姻の民俗)』(에모리 이쯔오 1998)에서 일본열도에서 발견되는 두 가지 혼인습속, 즉 혼인 초의 한 시기 동안 부부가 별거하면서 그 동안에는 부부의 한 쪽이 다른 쪽을 방문하여 부부생활을 하고, 그 기간이 지난 후에 남편이 처가로 옮겨 사는 이른바 '데릴사위혼(婿入婚)'(에모리가 말하는 '일시적 방혼訪婚')과, 대개의 경우 가장의 의사에 따라 혼인의 상대가 정해지고, 가장의 의뢰를 받은 중매인이 그 선택에 간여하여 혼인과 동시에 처가 남편의 집에 들어가는 '시집살이혼(嫁入婚)'의 습속에 대하여, 그 실태와 분포, 동아시아 여러 지역과의 관계 등을 상세히 연구했다. 그리고 전자는 와까모노구미(若者組)와 무스메구미(娘

43 지방 민가 등에서 바닥을 사각으로 잘라내어 만든 화로.

組)[44] 등이 혼전교제의 기회를 보장함과 동시에 연령서열제[年齡階梯制]가 형성되어 있는 것에 대하여, 후자는 가장의 의사가 혼인을 좌우하는 가부장제적인 가족이 전면에 등장한다고 에모리는 지적한다. 또 친족의 존재형태로서 전자는 인척을 포함하는 쌍계적인 범위에서 친족의 교제가 이루어지는 데 비하여, 후자에서는 부계 친족집단 이른바 동족(同族)이 조직된다고 한다.

게다가 에모리는 이 일시적 방혼은 중국대륙 남부, 양쯔강(揚子江, 창강長江) 이남에서 인도차이나 방면에 걸친 남방계의 습속과 관련이 있고, 시집살이혼은 중국대륙 북부, 시베리아 동북부의 여러 민족의 습속과 밀접한 관계가 있다고 하는데, 전자가 대체로 열도서부, 후자가 열도동부에 분포하는 사실은 이제까지의 민속학(예를 들면 미야모또 쯔네이찌宮本常一), 또는 사회학(아리가 키사에몬有嘉喜左衛門)의 연구를 통해 밝혀진 대로이다.

이와같이 바다를 넘어 열도 밖의 여러 지역과의 교류를 통하여 열도의 내부에는 사회구조와 생활방식면에서 쉽게 융합하기 어려운 차이가 생겨났다고 생각하지 않을 수 없다.

북과 남, 태평양과 '일본해'

후지모또 쯔요시(藤本强)는 『그밖의 두 일본문화(もう二つの日本文化)』(후지모또 쯔요시 1988)라는 매우 독창적인 저서에서 '일본문화'를 하나의 단일한 문화로 규정하

---

44 와까모노구미는 와까슈우구미(若衆組)라고도 한다. 촌락마다 조직된 청년남자의 조직. 촌 내의 경비·소방·제례 등을 분담하고, 와까슈우야도(若衆宿)에 모여 상호친목을 꾀했다. 같은 기능을 하는 미혼 여자의 집단을 무스메구미라고 한다.

는 종래의 '상식'은 오류라고 지적한 후, 혼슈우(本州)·시꼬꾸(四國)·큐우슈우(九州)의 '중부 일본문화'에 대하여, 홋까이도오의 '북(北)의 문화'와 난또오(南島)의 '남(南)의 문화'를 '그밖의 두 일본문화'로 파악할 것을 주장하면서 각각의 실태를 부각시키고 있다. 더욱이 후지모또는 '중부문화'와 남북문화의 접점지대를 남쪽은 남큐우슈우·사쯔난제도(薩南諸島), 북쪽은 토오호꾸(東北) 북부, 오시마(渡島)반도로 파악하는데, 이것도 매우 주목할 만한 견해라고 할 수 있을 것이다. '중부문화'만을 단일한 일본문화라고 여기고, 남북문화가 무시되어온 것은 채집민에 대한 농경민의 압박 때문이라고 밝히면서, '그밖의 두 일본문화'의 복권을 강조한 후지모또의 주장에 나는 진심으로 찬성한다. 다만 나는 '중부문화' 또한 하나가 아니라, 동부와 서부로 나뉜다고 생각한다. 그렇게 생각한다면 후지모또가 말하는 접점지대의 의미도 좀더 선명하게 드러날 것이다.

이와 더불어 후지모또가 남·중·북의 문화교섭 때에 '공통의 언어'가 필요했으리라고 추측하고 있는 점도 흥미롭다. 일본어가 어떠한 경위를 거쳐 형성되어왔는가에 대해서는 오오노 스스무(大野晉)나 무라야마 시찌로오(村山七郎)를 비롯해서 많은 연구자가 여러 가설을 제시한 적이 있고, 폴리네시아어나 타밀(Tamil)어 같은 남방계 언어와의 유사성과 함께, 고대 고구려·백제 등 북방계 언어와의 관계도 주목되고 있다. 이것은 전술한 죠오몬인과 야요인의 관계와 겹치는 부분도 있는데, 어쨌든 간에 현재의 일본어를 살펴봐도 그것은 결코 일률적이지 않다. 크게는 '동부방언'과 '서부방언'으로 나뉠 뿐 아니라 더욱 다양한 갈래로 나눌 수 있다는 전제를 기초로 북동아시아·한반도부터 동남아시아와 인도에 이르는 각 지역의 다양한 언어와 비교함으로써, 일본어 형성과정을 여러 갈래로 추적할 필요가 있다.

실제 체험적으로 봐도 혼슈우·시꼬꾸·큐우슈우 등지에서 그 지역언어를 사용하는 주민과 얘기했을 때, 통하지 않는 경우가 많다. 나 역시 아오모리현(青森縣)에서 술에 취한 노인과 전혀 얘기가 통하지 않았거니와 카고시마(鹿兒島)에서는 노인들의 대화를 전혀 알아들을 수 없었던 적이 있었고, 노또(能登)에서 한 노인을 인터뷰했을 때는 반밖에 알아듣지 못했던 경험이 있다.

서유럽의 이딸리아어·포르투갈어·스페인어의 차이와 비교해서 오히려 토오호꾸어(東北語)와 큐우슈우어(九州語)의 차이가 더 심하다고까지 말할 수 있을지도 모른다. 열도의 여러 지역의 차이는 이처럼 매우 뿌리 깊은 것이기 때문에, 그 차이를 꼼꼼히 따져보려면 바다나 강의 길을 상고시대부터 충분히 고려하지 않으면 안된다. 후지모또는 야마다 슈조오(山田秀三)의 아이누어 지명연구에 의거하면서, 그 지명들이 보이는 토오호꾸 북부의 해안가나 큰 강가에는 아이누어 지명이 적고, '화어(和語)'[45] 지명으로 되어 있음에 주목하고 있는데, 이러한 사실을 세심하게 연구할 필요가 있다.

특히 내해(內海)인 '일본해'와 외양(外洋)인 태평양의 사이에는 해민의 어로, 이동·이주에 커다란 차이가 있었으리라 생각된다. 앞서 언급한 카이후의 길은 태평양 연해에 현저하게 나타나고, 거기에 비교하면 '일본해'는 희박한 것처럼 보이는데, '일본해'에서는 그와는 다른 해민의 움직임을 생각할 필요가 있다. 태평양 쪽의 해민을 '카

---

45 토오호꾸 최북부, 홋까이도오, 오끼나와 등이 '일본'에 편입된 것은 근대 이후의 일이므로, 전근대적 의미에서의 '화(和)'라는 글자가 가리키는 범위에 이 지역들은 포함되지 않는다. 그래서 이들과 일본 본토의 문화·언어 등의 구분을 강조할 때는 '화(和)'라는 글자를 사용한다. 예를 들어, 아직도 오끼나와사람 중에는 일본본토에서 온 사람들을 만났을 때 '야마또(大和)에서 오셨습니까'라고 물어보는 이도 있다고 한다.

이후(海部·海夫)'라고 표기하고 있다면, '일본해' 연해지역에서는 '해인(海人)'으로 기록한 경우가 많았다. 세또나이까이(瀨戶內海)·비와꼬(琵琶湖)[46]에서는 '아미우또(網人)'라는 표현이 많이 발견된다. 이것도 이 바다에서 그물을 사용하는 어로의 발달을 배경으로 하고 있음이 틀림없다.

또 '일본해' 연해의 포구마다 하따(秦)씨들이 두드러지게 분포하는데, 이즈모(出雲)·와까사(若狹)·에찌젠(越前)·노또(能登) 등지에서 확인할 수 있다. 이 역시 '일본해'를 무대로 한 해민의 특징적 동향의 일단을 보이는 것이라고 할 수 있겠다.

더욱이 서방뿐 아니라, 북방·남방에서도 '일본해'·태평양에 각각 사람과 물자의 움직임이 있었고, 그것이 지역의 개성을 형성하는 데 커다란 역할을 했던 것이다(이 점에 대해서는 아미노 요시히꼬 외 1992 등과 본 씨리즈가 다각적으로 밝혀놓고 있다).

이러한 바닷길을 충분히 고려하면서, 열도의 여러 지역사회의 개성을 명확히해두는 것은 국가와 사회의 관계를 일본열도를 통하여 정확히 파악하기 위해 불가결한 전제이므로, 이후 더 치밀하게 추진할 필요가 있다.

---

46 시가현(滋賀縣) 중앙부에 있는 일본 최대의 호수.

열도사회와 일본국

제3장 열도사회와 일본국

1. '왜국'에서 '일본국'으로

왜인은 일본인이 아니다

패전 후 역사교육을 통하여 왜(倭)는 일본이고, 왜인(倭人)은 일본인(日本人)이라는 이해가 일본국민 속에 완전히 정착했다. '왜인이 곧 일본인'이라는 인식이 문헌에 처음 나타나는 것은 『한서(漢書)』「지리지(地理志)」에 나오는 "낙랑해(樂浪海) 가운데 왜인이 살고 있는데, 나뉘어서 1백여국을 이룬다"라는 기사이다. 이것은 일본사를 배우는 고교생이라면 누구나 알고 있고, 현행 중학교 역사교과서에서도 중국역사서에 "기원전 1세기경 왜(일본)에는 작은 나라들이 많았다"라는 기록이 있음을 기술하였다. 이 교과서는 '죠오몬(繩文)시대의 일본' '야요이(彌生)시대의 일본'이라는 큰 항목을 세우고, 후자의 작은 항목인 '무라(村)에서 쿠니(國)로'에서 이런 내용을 담고 있는 것이다.

일본만이 아니다. 한국과 북한도 왜를 일본으로 이해하고 있다. '왜놈〔倭奴〕'은 일본인을 멸시하고 깔볼 때 쓰는 표현이고, 일본이 저지른 포악한 행위의 예로 '왜구(倭寇)·임진왜란·일제 36년'을 드는 것은 한반도의 사람들에게는 여전히 상식에 속한다. 나도 한국을 방문했을 때 이런 비판을 들었다.

그러나 나는 토요또미 히데요시(豊臣秀吉)의 일본국이 두 차례에 걸쳐 조선을 침략한 것, '대일본제국'이 한반도를 식민지로 만들고 한민족의 일본인화를 강요했던 것에 대해서는 변명의 여지없이 머리를 숙이지만, '왜구'를 여기에 더하는 것은 사실과 다르기 때문에 승복할 수 없다.

이미 타나까 타께오(田中健夫 1987), 무라이 쇼오스께(村井章介 1999; 1997), 타까하시 키미아끼(高橋公明 1987) 등이 상세하게 실증한 것처럼, '왜구'는 서일본 바다의 영주·상인 그리고 제주도, 한반도 남부, 중국대륙 남부의 해상세력이 바다를 무대로 연결된 네트워크의 움직임이었다. 전기 왜구에는 한반도에서 '화척(禾尺)' '재인(才人)'이라고 불린 천민도 가담했다고 하고, 후기 왜구에는 일본열도 사람보다도 오히려 중국대륙의 명나라 사람이 더 많았다고 한다. 그리고 한편에서 "왜어(倭語)를 알고, 왜복(倭服)을 입는다"라고도 하고, 다른 한편에서는 그 언어가 "왜어도 한어(漢語)도" 아니라는 기록처럼, '왜구'는 국가를 초월하여 국경에 관계없이 현해탄·동중국해에서 독자적인 질서를 가지고 활동하고 있었다.

실제로 일본국의 정부인 무로마찌바꾸후(室町幕府)는 이들을 탄압했고 원조하지 않았으며, 동일본의 사람들은 '왜구'와는 거의 무관하다고 해도 좋을 것이다. 그리고 고려·조선·명의 정부도 무로마찌바꾸후와 함께 육지의 질서를 배경으로, 이러한 해상세력을 '왜구' '해적'으로 금압(禁壓)했던 것이다.

이와같이 '왜구'의 실태는 국가를 넘어서서 바다를 생활무대로 하는 사람들의 움직임이었고, '왜인(倭人)'은 결코 일본인과 동일하지 않다. 그 때문에 '왜구'를 한반도에 대한 일본국의 포악행위로 간주하는 것은 완전한 오류라고 할 수 있다.

중세의 '왜인'뿐 아니라, 옛날로 거슬러 올라가 기원전 1세기 문헌에 보이는 '왜인'과 일본국 성립 후의 일본인이 열도서부에서 겹칠지 모르지만, 결코 동일하지는 않다. 『삼국지(三國志)』「위지왜인전(魏志倭人傳)」에 묘사된 3세기의 '친위왜왕(親魏倭王)' 히미꼬(卑彌呼)를 받드는 '왜인' 세력이, 설령 야마따이국(邪馬臺國)이 킹끼(近畿)에 있었다고 해도 현재의 토오까이(東海)지역 동쪽까지는 미치지 않았다고 볼 수 있다.[1] 토오까이지역은 훗날 광의의 '동국(東國)'지역이다.

더욱이 5세기의 왜왕 무(武), 즉 와까따께루(ワカタケル)는 송(宋)나라 황제에게 보낸 상표문(上表文)에서 "동으로는 모인(毛人) 55개국을 정벌하고, 서로는 중이(衆夷) 66개국을 복속했다"라고 말한다. 여기서 '모인(毛人)'은 '에미시(蝦夷)'를 말하는 표현의 하나로 '케누(毛野)'의 '毛'를 가리키고 있고, 이 시기에는 칸또오(關東)인·토오호꾸(東北)인 등 협의의 동국인임에 틀림없다. '중이(衆夷)'는 중부 큐우슈우 이남의 사람들일 것이다. 뒤에도 서술하는 것처럼 이들 가운데 칸또오인과 중부 큐우슈우인은 일본국 성립 당시의 국제(國制)하에 편입돼 있었으므로 '일본인'일 수는 있어도 결코 '왜인'은 아니었다.

또 '왜인'이라 불리던 사람들은 제주도와 한반도 남부 등지에도 존재했던 것으로 보이는데, 신라왕국 성립 후 한반도의 '왜인'은 신라인으로 편입된다. 이와같이

---

1 중국의 정사(正史)인 『삼국지』「위지왜인전」에 따르면 2세기 후반부터 3세기 전반에 걸쳐 왜에는 야마따이라는 강대한 국가가 있고, 여왕인 히미꼬가 이를 지배하면서 위(魏)와 통교했던 것으로 기록되어 있다. 일본학자들 사이에는 이 국가의 위치에 대하여 큐우슈우설과 킹끼설이 병존한다.

'왜인'과 '일본인'을 동일시할 수 없다는 사실을 우리는 명확히 확인해둘 필요가 있다.

반복되지만 다시 한번 강조해두고 싶은 것은 '일본인'이라는 말은 일본국의 국제(國制) 아래 있는 인간집단을 가리키며, 이 말의 의미는 그 이상도 그 이하도 아니라는 사실이다. '일본'이 지명이 아니라, 특정 싯점에서 특정한 의미를 담아 특정한 사람들이 정한 국가의 이름, 즉 국호인 이상, 나는 이것이 당연하다고 생각한다. 따라서 일본국의 성립·출현 이전에는 일본도 일본인도 존재하지 않았고, 그 국제 바깥에 있는 사람들은 일본인이 아닌 것이다. 훗날 '쇼오또꾸(聖德)태자'로 불린 우마야도(廐戶)왕자도 '왜인'이지, 일본인은 아니다. 또 일본국이 성립한 시기에는 토오호꾸 중북부의 사람들과 남큐우슈우의 사람들도 일본인이 아니었다.

근대에 들어서도 마찬가지다. 에도(江戶)시대까지 일본인이 아니었던 아이누인·류우뀨우(琉球)인은 메이지(明治)정부가 강제로 일본인으로 만들었고, 식민지로 삼은 후 권력은 타이완인과 조선인에게 억지로 일본인이 될 것을 강요했던 것이다.

여기에 '민족'문제까지 포함시키면, 얘기는 복잡해지므로 이에 대해서는 뒤에 서술하기로 한다. 일본인에 대하여 지금까지 '민족', 인종 또는 문화의 문제 등을 뒤섞어 이런저런 주관적 생각이나 의미를 덧붙여 논의해왔기 때문에 혼란이 빚어졌고, 일본인 자신의 자기인식을 혼탁하게 만들어왔다고 생각한다. 따라서 나는 앞으로도 '일본인'이라는 말을 단순히 일본국 국제 아래 있던 사람들이라는 의미로 쓰려 한다. 그렇게 생각하면 '왜인'은 결코 '일본인'과 일치하지 않기 때문이다.

왜국에서 일본국으로, 국명의 변경

일본이 지구상에 처음 등장하고 일본인이 그 모습을 드러낸 것은, 반복하여 말하지만, 야마또의 지배자들, 즉 '진신(壬申)의 난'[2]에서 승리한 템무(天武)의 조정(朝廷)이 '왜국(倭國)'에서 '일본국(日本國)'으로 국명을 바꾸었을 때였다.

그것은 7세기 말, 즉 673년에서 701년 사이의 일이었다. 다소 이론이 있기는 하지만, 대개의 고대사 연구자들은 아마도 681년 템무조(天武朝)에서 편찬이 시작되어 템무가 죽은 후 지또오조(持統朝)인 689년에 시행된 아스까끼요미하라령(飛鳥淨御原令)에서 천황 칭호와 함께 일본이라는 국호가 공식적으로 정해졌다고 인정하고 있다. 또 앞서 말한 것처럼, 702년에 중국대륙에 도착한 야마또의 사자(使者)가 당(唐)의 국호를 주(周)로 바꾼 측천무후(則天武后)에 대하여 이 국호를 대외적으로 처음 사용했다고 본다.

그럼에도 불구하고, 일본국 성립과 국제무대에의 등장, 일본인 출현 등 일본사의 출발점이라 할 수 있는 중대한 사실에 대해 현재의 일본인이 거의 알지 못하고 있는 현실은, 정말 너무도 놀랄 일이 아닐 수 없다. 그리고 왜 이렇게 되었는지에 대해서는 실로 뿌리깊은 문제가 가로놓여 있지만, 그 직접적 배경에는 메이지 이후의 정부가 키끼신화(記紀神話)[3]가 묘사한 일본의 '건국'을 사실(史實)인 양 국가적 교육을 통하여 철저하게 국민에 각인시켰다는 점, 그리고 패전 후 그것을 비판하며 사실에 기초

---

2 텐지(天智)천황 사후, 장자인 오오또모(大友)황자를 옹립한 오우미조정(近江朝廷)에 대하여, 요시노(吉野)에 있던 천황의 동생 오오아마(大海人)황자가 672년에 일으킨 반란. 1개월여에 걸친 격전 끝에 오오또모는 자살하고, 오오아마는 새로운 천황으로 즉위하는데 이가 곧 템무(天武)천황이다.

3 『코지끼(古事記)』와 『니혼쇼끼(日本書紀)』에 나오는 신화를 일괄하여 '키끼신화'라고 부른다.

한 학문적 역사상을 목적으로 했던 전후역사학도 천황에 대해서는 비판적 시각을 갖고 있었어도, 천황과 불가분의 관계에 있는 '일본'에 대해서는 전혀 문제삼지 않았다는 점을 들 수 있다.

1966년 정부가 '키겐세쯔(紀元節)'를 계승하는 '건국기념일'을 제정했을 때에도 이에 반대했고, 물론 지금도 계속 반대하는 역사연구자들까지 '일본국' 성립에 대해서는 특별히 거론하지 않았으며, 한편에서는 당연하다는 듯이 '일본의 구석기시대' '죠오몬시대의 일본' '야요이시대의 일본인' 등의 표현을 사용해왔던 점에도 전후역사학의 맹점이 단적으로 나타나 있다고 할 수 있다. 이렇게 말하는 나 자신도 20년 전까지는 마찬가지 입장이었으므로 일본인의 역사인식을 혼탁하게 만들어온 죄를 면할 수 없다.

이러한 사태의 배경에는 이 국호가 1300년 동안 변한 적이 없고, 마찬가지로 천황도 일본과 불가분의 관계가 있는 왕권으로서 1300년 동안 지속되어왔다는 사실이 있다. 이 점들은 뒤에 생각해보기로 하고, 우선 이 '일본'이라는 국호의 의미와 국호가 제정된 의의에 대하여 좀더 언급하기로 한다.

국호에 대한 논의는 오래되어 이미 헤이안(平安)시대부터 시작되었고, 학자들 사이에서는 에도시대 내내 논의되어 지금까지 이어지고 있다. 그러한 종래의 논의를 포괄적으로 정리하면서 자기 학설을 주장한 경우도 적지 않다. 예를 들면 1943년 과거의 학설을 정리하면서 '야마또' '일본' 등에 대해 논한 이노 코오슈우(井乃香樹)의 『일본국호론(日本國號論)』은 전쟁중이었음에도 학문적인 자세를 견지하면서, 키끼(記紀)를 통해 국호를 논한 주목할 만한 책이다. 공부에 게으른 나는 오오스미 카즈오(大隅和雄)를 통해 이 책을 알게 되었는데, 이 책을 발간한 켄세쯔샤(建設社)라는 출판사는 또 타까꾸라 아끼라(高倉輝)의 『오오하라유우가꾸(大原幽學)』 등을 간행했다. '황국사관(皇國史觀)'이 횡행하던 상황에서 이런 책이 출판되었다는 사실은 경이적이라고 해도 과언은 아닐 것이다.

패전 후 국호에 대하여 그때까지의 여러 설을 빠짐없이 소개하면서, '일본 태양의 뿌리(日本 ひのもと)'에 대하여 논했던 것은 실증주의적 학풍으로 알려진 이와바시 코야따(岩橋小彌太)의 『일본의 국호(日本の國號)』(이와바시 코야따 1970)가 거의 유일하지 않은가 생각한다(최근 사까다 타까시坂田隆는 『일본의 국호日本の國號』〔사까다 타까시 1993〕에서 독자적인 입장으로 논의를 전개하고 있다).

이 논의들과 오랜 연구에 기초하여 최근 『일본의 탄생(日本の誕生)』(요시다 타까시 1997)이라는 제목으로, '일본'의 국호 성립에 이르기까지 '왜(倭)'의 움직임을 추적하면서 지론인 헤이안 전기 '고전고대론(古典古代論)', 즉 9세기에 '야마또의 고전적 국제(國制)'가 성립했다는 논의를 전개한 사람은 요시다 타까시(吉田孝)였다. 그의 '고전고대론'에는 다소의 거부감이 있으나, 국호 성립에 대해서는 나 역시 기본적으로 요시다의 설에 찬성하며, 현재의 고대사 연구자 대부분이 같은 의견이라고 보아도 무방할 것이다.

요시다의 설을 내 식으로 요약한다면 '일본'이라는 국호는 7세기 초에 견수사(遣隋使)[4]가 지참했던 왜왕 국서(國書)의 "해 뜨는 곳의 천자가 해지는 곳의 천자에게 서(書)를 드린다. 무고하신가"라는 문구에 단적으로 보이는 것처럼, 수(隋)의 책봉을 받지 않겠다는 자세의 연장선상에 있고, 후술하는 천황 칭호와 함께, 작지만 당

---

4 야마또조정이 중국의 수나라에 파견한 사절. 607·608·614년 등 3회 파견한 것으로 여겨지나 중국측 기록에는 600년에도 파견된 것으로 되어 있다.

『구당서(舊唐書)』「왜국일본전(倭國日本傳)」, "일본국(日本國)은 왜국(倭國)의 별종이며……"라고 기록된 부분.

(唐)제국에 대하여 자립한 제국의 존재를 명시하려 했던 국호이면서 동시에 왕조의 이름이기도 했다.

그리고 [측천무후가 당唐에서 이름을 바꾼] 주(周)의 관리가 국명 변경에 대하여 질문하자, 사신들은 "일본국은 왜국의 별종"이라거나 "왜국 스스로 그 이름이 우아하지 않다 하여 일본이라고 고쳤다" 또는 "일본은 원래는 소국인데 왜국의 땅을 병합했다"(『구당서舊唐書』)라는 식으로 답했고, 측천무후는 이 국명을 인정했다. 이후 중국대륙 왕조의 정사(正史)는 그때까지의 「왜인전(倭人傳)」「왜국전(倭國傳)」을 「일본전(日本傳)」으로 바꾸게 된다.

이리하여 '일본'이라는 국호는 동아시아세계에서 공식적으로 인정되었다. 그때 만일 야마또 지배자들이 측천무후가 '당'을 '주'로 고친 사실을 알고 이를 절호의 기회로 여겨 측천무후에게서 자신들의 국호 변경을 승인받았다면, 그것은 대단한 정치감각이라고 할 수 있을 것이다.

왜 '해뜨는 나라'인가

그러나 이 국호는 사이고 노부쯔나(西鄕信綱)와 요시다 타까시가 지적한 대로 태양신 신앙과 동쪽이 길다는 의식을 배경으로, 중국대륙의 대제국을 강렬하게 의식한 국호임에 틀림없다. '일본'은 '태양의 뿌리', 즉 동쪽의 해가 나오는 곳 '해뜨는 곳'을 의미하고 있는데, 말할 것도 없이 그것은 서쪽의 중국대륙에 대한 것이고, 하와이에서 본다면 일본열도는 '해지는 곳'에 해당한다.

그 때문에 이 국호에 대해서는 헤이안(平安)시대부터 의문이 제기되었다. 936년 (쇼오헤이承平 6)의 『니혼쇼끼(日本書紀)』의 강의(『니혼쇼끼시끼日本書紀私記』)에서 상기(參議) 키노 요시미쯔(紀淑光)가 '왜국'을 '일본'이라고 한 이유를 질문하자, 강사는 『수서(隋書)』 「동이전(東夷傳)」에 실린 "해뜨는 곳의 천자"를 인용하여, 해가 뜨는 곳이라는 의미로 '일본'을 설명했다. 그러자 요시미쯔는 재차 '왜국'은 분명 대당 (大唐)의 동쪽으로 해뜨는 방향에 있으나, 이 왜국에 와서 봐도 태양이 이 나라 가운데서 나오는 것은 아니지 않은가, 그런데 왜 '해뜨는 나라'라고 하느냐고 묻고 있다. 이에 대해 강사는 당에서 볼 때 해뜨는 동쪽방향이므로 '일본'이라 한다며 답하고 있다. 이와바시 코야따(岩橋小彌太)도 "머리가 대단히 명석한 사람이었다"라고 평하고 있는 것처럼, 요시미쯔의 질문은 이 국호의 본질을 정확히 짚고 있었음에 틀림없다.

이와같이 이 국호는 '일본'이라는 문자만 가지고 본다면 결코 특정지명도, 왕조창시자의 성도 아니다. 그저 동쪽의 방향을 가리키는 의미이고, 게다가 중국대륙에 시점(視點)을 둔 국명임이 분명하다. 여기서 중국대륙의 대제국을 강하게 의식하면서, 스스로를 소제국으로 상정하고 당제국에 대항하려 했던 야마또 지배자의 자세를 엿볼 수 있다. 반면 그것은 당제국을 의식한 국호이므로, 진정한 의미에서 자신의 발로 선 자립이라고 말하기는 어렵다고 할 수 있다.

그 때문에 온건한 내셔널리스트인 이와바시 코야따는 이러한 해석을 취하면 자신이 좌파에게서는 우파, 우파에게서는 좌파로 몰려 '분열증'에 걸리게 된다고 하면서,

야마또의 마꾸라꼬또바(枕詞)⁵에 '日의 本'이 있는 점에 착목하여 여기에서 국호의 연원을 찾고 있다. 그러나 요시다 타까시(吉田孝)가 말한 것처럼, 『망요오슈우(萬葉集)』 중에서 '日의 本'이 야마또의 마꾸라꼬또바로 되어 있는 예는 하나밖에 없는 데다가 그것도 '일본'이라는 국호가 정해진 후이므로, 이와바시의 설은 성립하기 힘들다.

이 국호는 실로 '분열증'적이고 중국대륙에 기준을 두고 바라본 국명이었다. 키노 요시미쯔의 의문은 이 점을 적확하게 찌른 것이지만, 그보다 앞선 904년(엥기延喜 4)의 강의 때에도 "지금 일본이라고 부르는 것은 당조(唐朝)가 이름 붙인 것인가, 우리나라가 자칭한 것인가"라는 질문에 대하여, 강사는 "당(唐)이 붙인 이름이다"라고 명언(明言)하고 있다(『샤꾸니홍기釋日本紀』). 실제로 『사기정의(史記正義)』⁶라는 중국 책에는 측천무후가 "왜국을 일본국으로 고쳤다"라고 기록되어 있어서 그러한 견해도 일찍부터 있었던 것이다.

물론 이것은 『구당서(舊唐書)』의 기사 등으로 볼 때 명백한 오류이지만, 헤이안시대 중기에 이미 이렇게 오해했던 학자들도 있었던 점에 주의해야 하며 그것은 '일본'이라는 국호 자체가 지닌 문제였다고 보아야 한다. 그 때문에 그 이후 이와바시가 "모두 각자 제멋대로 주장하는 듯이 보이기도 한다"라고 개탄했던 것처럼, 국호를

---

5 옛 가문(歌文)에서 나타나는 수사법의 하나. 특정단어 앞에 나와 수식 또는 어조를 가다듬는 데 사용되는 단어.

6 사마천(司馬遷) 『사기』의 주석서 중 하나로 당나라 장수절(張守節)의 저술이다. 그밖에 대표적인 주석서로 송(宋)나라 배인(裴駰)의 『사기집해(史記集解)』와 당나라 사마정(司馬貞)의 『사기색은(史記索隱)』을 꼽는다.

둘러싼 논의는 너무나 복잡하게 얽혀 있다.

그런 가운데 에도(江戶)시대 후기에 이 국호를 "혐오"한다고 한 국가신도가(國家神道家)[7]가 출현했다. 〔토꾸가와德川바꾸후 말기인〕막말(幕末) 존왕양이론(尊王攘夷論)으로 알려진 미또가꾸샤(水戶學者)[8] 후지따 토오꼬(藤田東湖)의 아버지 후지따 유우꼬꾸(藤田幽谷)가 '일본 국호'에 대하여 당시 빈번하게 논의되고 있던 상황을 언급한 서한 한 통이 있는데, 그 속에서 "일종의 국가신도(國家神道)를 주장"하는 "아이즈(會津)번의 사무라이 사또오 타다미쯔(佐藤忠滿)"의 "기괴한 이야기(一奇談)"를 전하고 있다. 즉 사또오는 "일본 국호는 당인(唐人)이 부르는 것을 그대로 받아 쓴 것일 뿐"이라 주장하며 "국호 말하기를 몹시 혐오하는 모습"이었다고 기록하고 있다. 이에 대해 유우꼬꾸는 사또오의 말에도 일리는 있지만, 당인이 불렀다면 '日下'라고 했을 텐데, '日本'이란 글자를 사용한 점에 '왜인'다움이 보이므로 이 국호는 '우리'가 만든 것이 분명하다고 대답했다. 그러나 이것은 사또오의 말은 일리가 있어도 유우꼬꾸의 대답은 견강부회라고 하겠다(이 서한에 대해서는 나가야마 야스오長山靖生의 가르침을 받았다).

---

7 메이지(明治)유신부터 1945년의 패전까지 일본국가의 이데올로기였던 종교. 일본에서는 주로 신도(神道) 또는 국체(國體) 등으로 불렸으며, 국가신도는 State Shinto를 번역한 말이다. 그 배경에는 복고신도(復古神道)의 천황숭배와 미또가꾸(水戶學)의 국체관념이 있으며 일본내셔널리즘을 강조했다. 메이지유신 후 메이지정부가 전국 각지의 신사(神社)들을 국가제도 틀 안으로 포섭하면서 시작되었다.

8 에도시대 미또번(水戶藩)의 『다이니혼시(大日本史)』 편찬과정에서 발흥한 학풍을 가리킨다. 일반적으로 전기와 후기로 구분한다. 미또가꾸의 학풍은 황위(皇位)의 정윤(正閏)·신하의 시비곡직(是非曲直)을 서술하는 「본기(本紀)」와 「열전(列傳)」의 편찬이 중심이었다는 점에서 주자학(朱子學)적 명분론이라는 평가를 받고 있다.

　이렇게 ‘국수주의’의 선구가 된 인물이 이후 ‘일본’이라는 국명을 “혐오하고” 있고, 또 그 이유가 나름대로 일리있다는 점은 흥미롭다. 1996년 NHK의 프로그램인 「인간대학(人間大學)」에서 ‘일본사재고(日本史再考)’라는 주제로 방송을 했을 때, 과거에 일부의 지배자가 정한 이 국호를 국민의 총의(總意)로 바꿀 수 있다고 말했더니, “일본이 싫다면 일본에서 꺼져라”라는 경고성 엽서와 편지가 날아왔다. 그러나 이러한 입장에 선 사람들이야말로 앞서 말한 ‘국가신도가’의 ‘일리있는’ 주장을 계승하여 ‘일본’이 ‘매우 싫다’고 해야 마땅하고, 중국대륙측에 시점(視點)을 둔 이런 국호 따위는 당장 바꾸자는 운동을 일으키는 것이 오히려 당연하다고 생각한다. 그러나 나는 이 책에서 말하는 것처럼 1300년간 계속된 이 ‘일본’의 철저한 총괄을 불가결한 과제로 생각하기 때문에 물론 그러한 운동에 당장 참여할 생각은 없다.

대왕에서 천황으로

　‘왜’에서 ‘일본’으로 국호가 변경되자 야마또의 지배층은 왕의 칭호를 ‘대왕(大王)’에서 ‘천황(天皇)’으로 바꿨다. ‘천황’ 칭호에 대해서는 이제까지 다양한 논의가 있었고 지금도 몇가지 설이 있으나, ‘템무(天武)’ 때에 사용되기 시작해, 아스까끼요미하라령(飛鳥淨御原令)을 거쳐 공식적으로 확정됐다는 것이 고대사 연구자들이 대체로 동의하는 견해일 것이다. 다만 천황에 대해서는 본 씨리즈의 각 권에서 다루고 있으므로 여기서는 한두 가지 생각만을 서술하려고 한다.

　앞에서 말한 것처럼 ‘일본’ 국호가 중국대륙의 대제국, 즉 당을 강하게 의식하면서 스스로도 하나의 자립한 제국임을 주장하려는 의식을 배경으로 정해진 것과 마찬가지로, ‘천황’ 칭호 역시 중국대륙 대제국의 칭호인 ‘천자(天子)’에 대항하기 위해 ‘天’자를 사용했으며 한때 당에서도 사용한 적이 있는 ‘천황’을 군주칭호로서 했다는 것도 많은 연구자들이 인정하는 견해이다. 이처럼 '일본'과 '천황'이 불가분의 관계에 있다는 사실은 분명하다. 그 때문에 '일본' 국호가 약 1300년간 지속되고 있는 것과 같이 '천황'도 일본국의 정점인 왕권과 관계를 유지하면서 현재에 이른 것이다. 자연히 '일본'의 1300년을 총괄하는 작업은 '천황'의 1300년 역사를 철저하게 총괄하는 과제와 통한다. 물론 이를 완벽하게 해결한다는 것은 가능할 턱이 없지만 이 책에서는 이 점까지 과제로서 다루지 않으면 안된다.

그 점에서 특히 강조해두고 싶은 것은 '일본'의 경우처럼, '천황'도 그 칭호가 공식적으로 정해지고 실제로 사용되기 시작하고 나서야 열도사회에 등장한다는 점이다. 그러나 이 제도가 성립하기 이전에 '천황'은 존재하지 않았다는 당연한 사실에 주의하지 못하고 이제까지 간과해왔다.

'짐무(神武)천황' 즉위일을 '건국기념일'로 규정하고 있는 정부·문부성은 논외이지만, '일본' 국호의 경우와는 달리 7세기에 '대왕' 대신에 '천황' 칭호가 출현한 것에 대해서는 중·고교교과서에도 명시되어 있다. 이것은 분명히 패전 후 역사학이 천황을 정면에서 다루면서 논의의 대상으로 삼아온 성과일 것이다.

그럼에도 불구하고 '죠오몬(繩文)시대의 일본' '야요이(彌生)시대의 일본인'이라는 표현과 마찬가지로, 천황이라는 호칭이 정해지기 이전 시기를 다루면서 '유우랴꾸(雄略)천황' '케이따이(繼體)천황' '스슌(崇峻)천황' '스이꼬(推古)천황' 등의 '천황'이 교과서에 어떤 사전설명도 없이 자연스레 등장한다. 교과서뿐 아니다. 역사학·고고학 등 연구자의 연구서에도 이러한 표현이 널리 발견된다. 이것은 역시 '천황'이 먼 옛날부터 존재했다는 오류를 일본인의 의식 속에 깊이 파고들게 만드는 결과를 낳고 말았다.

이런 문제에 신경쓰는 것을 귀찮게 여기는 의식도 연구자들 사이에 있다고 생각

하지만, 이 점에서는 작가 쪽이 연구자보다 엄격한 경우도 보인다. 예를 들면 쿠로이와 쥬우고(黑岩重吾)는 『꼭두서니에 타오르다(茜に燃ゆ)』라는 작품을 비롯해서, 템무(天武) 이전에는 천황 칭호를 작품에서 일체 사용하지 않고 있다. 역사연구에 종사하는 사람들도 이 정도의 엄격함을 가질 필요가 있지 않을까.

나 자신도 글을 쓸 때 '일본'에 대해서, 또는 '천황'에 대해서 의식하기 시작했던 것은 그리 오래되지 않지만 최근 『일본사회의 역사(日本社會の歷史) 상(上)』(아미노 요시히꼬 1997a)에서는 이 점을 의식하며 서술해보았다. 대왕에 대해서는 "오호도(オホド)왕(후에 케이따이繼體라고 불린다)"이라는 표현을 썼고, 또 "아메꾸니오시히라끼히로니와(후에 킴메이欽明이라고 불린다)"라고 한 후 이하 "대왕에 대해서는 편의상, 후년의 천황의 한문식 시호를 사용한다"라고 주를 달고, 대왕 요오메이(大王用明), 여왕 스이꼬(女王推古)와 같이 불러보았다. 또 황태자·황후·황자라는 단어도 천황제도의 성립 이전에는 사용하지 않고, 태자(太子)·대형(大兄)·대후(大后)·왕자(王子)로 표기했다. 물론 이 방식이 최상이라고는 할 수 없으며 좀더 숙고해야겠지만, 잠정적으로 이렇게 서술할 수는 있었다. 사람마다 각각의 표현방식·사고방식에 차이가 있는 것은 말할 나위도 없지만 '일본'과 '천황'은 그 자체가 역사적 존재이고, 시작이 있으면 끝도 있을 수 있다는 점을 명확히하기 위해 이러한 배려가 일상적으로 필요하지 않을까 하고 나는 생각한다.

대외적 호칭으로서의 '일본'

'일본'이라는 국호가 대외적 호칭으로서 중국대륙·한반도의 여러 국가를 상대로, 야마또를 중심으로 하는 일본열도의 국가가 공적인 문서와 외교문서에 사용했음은 이미 지적한 대로이지만 이것은 헤이안시대 이후도 마찬가지였다.

예를 들면 당에 들어간 사이쬬오(最澄)가 〔현재 중국의 져쟝셩浙江省 닝뽀寧波 일대인〕 당 명주(明州)로부터 받은 과서(過書, 804년〔정원貞元 20〕 9월 12일)⁹에는 "일본국 구법승 사이쬬오(日本國救法僧最澄)"라고 씌어 있고, 엔찐(圓珍)도 입당(入唐)에 즈음한 첩(牒, 853년〔대중大中 7〕 9월)¹⁰에서 "일본국 구법승 엔찐(日本國救法僧圓珍)"이라며 자신을 밝히고 있다.

카마꾸라(鎌倉)시대에도 마찬가지였으니, 『아즈마까가미(吾妻鏡)』의 1227년(안떼이安貞 1) 5월 14일조에 인용된 고려국의 첩장(牒狀)은 "일본국 총관대재부(日本國惣官大宰府)"가 수신인으로 되어 있었다. 또 이러한 공적인 외교문서만이 아니라, 1193년(켕뀨우建久 4) 6월 「토오다이지 삼강등진장(東大寺三綱等陳狀)」에서는 송인(宋人) 진화경(陳和卿)에 대하여 "원래 화경은 대송(大宋)의 구경(舊境)을 떠나서, 일본(日本)의 낭인이 되었다"(「東大寺文書」)라고 말하고, 1230년(캉기寬喜 2) 4월 20일의 태정관첩(太政官牒)에 "백제국의 황후가 장년(壯年)인데도 백발(白髮)의 병이 있어 일본국의 카쯔오지(勝尾寺)에서 기도했다"(「勝尾寺文書」)라는 기록처럼, 이국·이국인과 대조될 경우에 '일본'이 사용되고 있다. 이러한 경우 '화주(和州)' '화국(和國)'이 쓰인 경우도 있는데, '일본(日本)'과 '야마또(大和)'의 관계를 생각할 때 이는 주목해둘 필요가 있다. 『콘쟈꾸모노가따리슈우(今昔物語集)』 같은 책에 보이는 '일본'의 용례 역시 당(唐)·진단(震旦)·천축(天竺) 등 이국과 대조시킨 용법이 많다.

다만 그 가운데서 주목할 것은 일단 죽었다가 소생한 승려가 염라대왕한테 "염부

---

9 행정기관이 발급하는 관소(關所) 통행의 허가증.
10 상하직속관계가 없는 관인 사이에서 교환되는 공문서이다.

비축전(備蓄錢)인가 매납전(埋納錢)인가. 이 동전(銅錢)은 하꼬다떼시(函館市)의 시노리다떼(志苔館) 유적지에서 출토되었다(하꼬다떼시립박물관 소장).

제일본국(閻浮提日本國)"에서 교오끼(行基)를 시기하고 미워했다는 이유로 엄하게 질책당하고 있는 점(제11권 제2), 또는 작은 뱀을 구해준 남자가 그 뱀의 안내를 받아 용왕궁에 당도했을 때, 용왕이 〔처음에는 여의주를 주려고 했지만〕"일본은 사람들의 마음이 악하여 계속 지니고 있기 어려울 것이다"라고 하여 〔그것 대신에〕 "금떡"을 상자에 넣어주는 이야기(제16권 제15)에서처럼, 말하자면 염라왕이나 용왕과 같은 '이계(異界)'측도 '일본'으로 부르고 있는 점이다.

이것은 1007년(캉꼬오寬弘 4) 8월 11일의 나라현(奈良縣) 킴부진쟈(金峰神社)의 경통명(經筒銘)에 "남첨부주 대일본국 좌대신정이위 후지와라노 아숌미찌나가(南瞻部洲大日本國左大臣正二位藤原朝臣道長)"라는 기록을 비롯해서, 1126년(다이지大治 1) 10월 12일의 토꾸시마현(德島縣) 다이센지(大山寺)의 경통명에 적혀 있는"염부제일본국 아주에 위치한 다이센지(閻浮提日本國阿洲於大山寺)" 등, 『헤이안이분(平安遺文)』 금석문편(金石文編)에 수록된 많은 경통의 명문에 이러한 용례가 빈출하는 사실과도 통하고 있다. 물품 속에 파묻혀 부처에 바쳐진 경통은 실로 '이계(異界)', 즉 부처의 세계와 관계된 물품이었기 때문에 '일본'이라는 국호를 사용할 필요가 있었던 것이다.

이로부터 거꾸로 물건을 땅 속에 묻는 것은 그것을 이계의 물건으로 간주한다는 행위로 생각할 수 있을 것이다. 최근 고고학의 발굴성과로서 막대한 전(錢)이 항아리(甕) 등에 담긴 채 땅 속에서 발견되는 사례가 크게 주목받고 있는데, 이것을 부의 비축을 위한 매장으로 볼 것인가, 모종의 주술적인 의미가 있는 매납(埋納)으로 볼 것인가, 다시 말해 비축전인가 매납전인가에 대하여 활발한 논의가 진행되고 있다. 나는 앞서와 같은 이유로 기본적으로 후자를 편들고 싶다. 땅 속에 묻힌 전(錢)은 세속세계와 떨어진 '이계'의 것이며 주인이 없는 물건이므로, 단순히 비축을 위한 매장으로는 생각할 수 없다. 문제로 삼아야만 하는 것은 왜 방대한 양의 전이 '주인없는 물건[無主物]'이 되어 '이계'의 소유가 되었는가 하는 점인데, 이에 대해서는 아직 완전한 해답이 나오지 않고 있다.

'일본'이라는 국호가 세속세계를 초월한 '이계'의 신불(神佛)세계에 대응하여 사용되었다는 것은 신불에 대한 기원의 의도를 표명한 원문(願文)에 '일본'이 빈출한다는 사실에서도 확인할 수 있다. 예를 들면 효오고현(兵庫縣) 고꾸라꾸지(極樂寺)의 와경(瓦經)에 관한 1144년(텐요오天養 1) 6월 29일의 원문에 "남첨부주 대일본국 파주고꾸라꾸지 별당대법사 젱께이(南瞻部洲大日本國播州極樂寺別當大法師禪慧)"로 되어 있고, 1265년(붕에이文永 2) 9월 4일의 야마또노꾸니(大和國)의 「사이다이지 광명진언회원문(西大寺光明眞言會願文)」에 "남부주 대일본국 사이다이지 와운사문 에이손(南部洲大日本國西大寺臥雲沙門叡尊)"(「西大寺文書」)으로 기록된 사례가 인신(印信)·혈맥(血脈)[11]과 함께 많이 보인다. 특히 이 경우 통상 '대일본국'이라는 표

---

11 인신은 밀교에서 비법을 전수한 증명으로 제자에 수여하는 서물(書物). 선종에서는 인가장(印可狀)이라고 한다. 혈맥은 스승이 제자에게 주는 상전(相傳)의 계도(系圖).

현이 자주 나타난다는 점은 주목할 만하다.

불가분의 관계, '천황'과 '일본'

그리고 1007년(캉꼬오 4) 10월 11일의 콩고오부지해안[12](金剛峰寺解案, 「金剛峰寺雜文」)에 "당일본 삼십이주 킴메이천황 즉위십칠년(當日本卅二主欽明天皇卽位十七年)"이라는 기록이 있고, 1046년(에이쇼오永承 1)의 카와찌노까미(河內守) 미나모또 노 요리노부(源賴信)의 고문(告文, 「石淸水八幡宮文書」)에 "본조대일본국인제 제십육 대 지무황〔오오진〕(本朝大日本國人帝第十六代之武皇〔應神〕)"이라는 기록처럼 '일본' 이 '천황' '인제(人帝)' '인왕(人王)'과 불가분한 관계로 나타나는 경우가 자주 등장하 는 점에도 주의할 필요가 있을 것이다. 카마꾸라시대에도 "일본 존성(고또바)천황어 시(日本 尊成〔後鳥羽〕天皇御時)"(1237년〔카떼이嘉楨 3〕 8월 1일, 末代念佛授手印 「大念寺 文書」)나 "일본국인왕 팔십구대(日本國人王八十九代)"(1247년〔호오지寶治 1〕 8월 18일, 叡尊願文 「西大寺愛染明王像胎內瑜伽瑜祇經」) 등의 사례가 발견되는데, 이것은 '일본'의 국호와 '천황'의 칭호가 같은 시기에 공식적으로 정해졌기 때문에 나온 자연스런 결 과이고, 양자가 분리될 수 없는 관계임을 잘 보여주고 있다.

그러나 '일본'이 대외적인 국호로서 사용되고, 중국대륙의 제국(帝國)도 이를 인 정하여 동아시아세계에 통용되었음에 비하여, '천자(天子)'를 의식한 '천황' 칭호는 당(唐)제국을 비롯한 중국대륙 제국과의 공식적인 외교문서에서는 사용할 수 없었

---

12 해(解)는 하급자(기관)가 상급자(기관)에게 상신(上申)하는 문서형식이고, 안(案)은 안문(案文), 즉 원문의 사본을 말한다.

다고 추측된다. 그것은 요시다 타까시(吉田孝)가 말한 대로, 왜국의 대왕, 일본국의 천황은 당제국의 책봉을 받지 않았기 때문이다. 요시다는 '천황'이 성(姓)을 소유하지 않았던 것은 책봉을 받지 않은 천황이 중국대륙의 '성(姓)'제도에서 벗어나 있었기 때문이라고 지적하고 있는데, 실로 '천황' 칭호가 당제국과의 외교문서에 쓰이지 않았던 배경에 그런 이유가 있었다고 생각된다. '천황' 칭호가 외교문서에 사용되었던 것은 발해국과의 관계에서만이라고 인식되는 것처럼 '천황' 칭호는 전근대 동아시아세계에서, 중국대륙의 정사(正史)에는 등장한 적이 있었다고는 해도, 공적인 외교에 관련 문서에는 사용할 수 없었다고 보아야 한다.

이러한 점에 대해서도 작가가 역사가 이상으로 사태를 잘 파악하고 있다. 쯔지하라 노보루(辻原登)의 최근작 『날아라 기린(翔べ麒麟)』에서는 '천황' 호칭을 국서에 쓰려고 하는 견당사(遣唐使) 키비노 마끼비(吉備眞備 695?~775)[13]와 당 현종(玄宗) 사이에 선 아베노 나까마로(阿部仲麻呂)[14]가 여러가지로 고민하는 상황이 신라왕자와 얽히면서 묘사되고 있는데, 물론 창작이기는 하지만 외교관계 속에서 '천황' 호칭을 둘러싼 문제의 본질을 꿰뚫고 있다.

---

13 나라시대의 학자·정치가. 717년 견당유학생으로 당나라에 가서 735년에 귀국. 후에 견당부사(遣唐副使)로서 재차 도당(渡唐)하기도 했다. 종이위우대신(從二位右大臣)까지 승진했다.

14 나라시대의 귀족·문학가. 716년 견당유학생에 선발되어 다음해 당나라로 유학했다. 뛰어난 재주로 현종황제의 총애를 받았고, 귀국하려고 했으나 해난(海難)을 당해 당나라로 되돌아갔다. 50여년간 당나라에 있었으며, 지금의 베트남지역인 안남(安南)에 절도사로 부임하여 치적을 남기기도 했다. 770년 당나라 장안에서 사망했다.

변동하는 천황의 '대수'

또 앞서 든 '천황(天皇)' '인제(人帝)' '인왕(人王)'의 대수(代數)에 대해서도, 여기서 한마디 해둘 필요가 있다. 현 천황을 125대 천황으로 보고 있지만, 『니혼쇼끼(日本書紀)』에 초대 천황으로 기록된 짐무(神武) 이후 적어도 9대까지는 그 실재가 거의 부정되고 있는 점, 또 천황 칭호가 공식적으로 정해진 것이 7세기 말의 템무(天武)천황 이후라는 점에 비추어볼 때 이 대수가 사실에 기반한 숫자가 아니라는 점은 명백하다.

그리고 『니혼쇼끼』 이후에 편찬된 천황계보인 『코오다이끼(皇代記)』 등을 봐도 천황으로 간주되는 사람과 그 호칭, 대수(代數) 계산법은 시대와 더불어 변화하고 있다. 811년(코오닌弘仁 2)에 편찬되었다는 『레끼웅끼(曆運記)』는 사가(嵯峨)천황을 52대로 하고 징구우(神功)황후를 천황으로 치는 반면, 오오또모(大友)황자는 천황으로 간주하지 않는다. 앞서 언급한 미나모또노 요리노부(源賴信)의 고문(告文)에서 오오진(應神)천황이 16대가 된 것은 그 때문인데, 이것은 그후의 『코오다이끼』 등에도 오랫동안 답습되고 있다. 더욱이 헤이안(平安) 말기에 편찬된 『후소오랴끼(扶桑略記)』는 세이네이(清寧)의 뒤를 이어 이이또요노 아오(飯豊青)황녀를 24대 이이또요(飯豊)천황으로 들고 있고, 『혼쬬오꼬오잉쇼오운로꾸(本朝皇胤紹運錄)』도 대수로는 세지 않지만, 이이또요천황을 기록하고 있는 등, 그러한 책을 적지 않게 볼 수 있다. 더욱이 코오껜(孝謙)의 뒤를 이은 오오이왕(大炊王)은 폐제(廢帝)·아와지폐제(淡路廢帝)·오오이(大炊)천황 등으로 불리며 대수에 넣고 있지만, '죠오뀨우(承久)의 난' 때 폐해졌고, 쿠죠오폐제(九條廢帝)·후폐제(後廢帝)·반제(半帝) 등으로 불렸던 카네나리(懷成)는 『테이오오헨넹끼(帝王編年記)』에서는 대수에 넣고 있지만, 대부분의 책에서는 대수에 들지 못하고 있다.

한편 『혼죠오꼬오잉쇼오운로꾸』는 고다이고(後醍醐)의 뒤에 코오곤(光嚴)을 들고, 곧바로 코오묘오(光明) 이후의 이른바 북조(北朝)천황[15]의 대수를 세고 있지만, 대수는 차치하고라도, 예를 들면 『코오넨다이랴끼(皇年代略記)』와 같이, 코오곤에 이어 다시 고다이고(後醍醐)를 들고(이것을 고고다이고後後醍醐라고 쓴 책도 있다), 이어서 코오묘오 이후의 천황을 기록하는 것이 무로마찌(室町)·에도(江戶)시대에는 일반적이었다.

이른바 남조(南朝)천황은 이 시대에는 천황으로는 치지 않고 『혼죠오꼬오잉쇼오운로꾸』에서는 "고무라까미(後村上)천황이라고 호(號)한다" 등으로 기록했고, 에도시대의 『조꾸시구쇼오(續史愚抄)』에서는 고무라까미 이후는 "남방주(南方主)" "위주(僞主)"로 기록하고 있다.

여기에 대하여, 『다이니혼시(大日本史)』는 명분론의 입장에서 징구우(神功)황후를 천황에서 제외하고, 오오또모(大友)황자를 "천황오오또모(天皇大友)"로 하여, 남조천황을 정통으로 하는 것 등을 '삼대특필(三大特筆)'로 강조하고 있는데, 메이지 이후 이 미또가꾸(水戶學)의 견해가 점차 지배적으로 변해갔다. 이에 따라, 메이지정부도 1870년(메이지 3) '오오또모제(大友帝)'에 코오분(弘文), '폐제(廢帝)'에 준닌(淳仁), '쿠죠오(九條)폐제'에 쮸우꾜오(仲恭)라는 시호를 추증(追贈)했다. 더욱이 1891년(메이지 24) 황통보(皇統譜)의 편찬에 즈음하여, 즈쇼노까미(圖書頭) 코다마

---

15 1336년 무로마찌바꾸후의 창시자인 아시까가 타까우지와 대립한 고다이고천황이 신기(神器)를 갖고 쿄오또를 떠나 요시노(吉野)로 갔다. 이때부터 쿄오또에서 무로마찌바꾸후가 옹립한 천황(북조北朝)과 요시노의 천황(남조南朝)이 병립하는 시대가 시작되는데, 이를 남북조시대라고 부른다. 이 남북조시대는 1392년 남조의 천황이 쿄오또에 돌아옴으로써 막을 내린다.

아이지로오(兒玉愛二郞)는 북조의 5대 천황을 황통에 올리지 않고, 남조를 정통으로 하는 범례를 제출했는데, 메이지천황은 이것을 승인했다.

그후 1911년(메이지 44), 이른바 '대역사건'과 관련하여 남북조정윤론(南北朝正閏論)[16] 문제가 의회·내각에서 불거지자, 메이지천황은 여기서 다시 남조를 정통으로 할 것을 확인하고 있다. 단 남조천황 중에서 쪼오께이(長慶)에 대해서는 에도시대 이래 그 즉위에 의문이 있었기 때문에 처음에는 대수에 넣지 않았지만, 야시로 코꾸지(八代國治) 등의 연구로 즉위가 실증된 1926년(타이쇼오大正 15), 비로소 천황으로 인증되었고 현행 천황의 대수는 여기서 결정되었다.

이와같이 천황의 대수 자체가 각각의 시대의 정치적 입장과 사상에 따라 변동해 왔으며, 결코 일정하지 않았다는 사실을 분명히 확인해둘 필요가 있다.

실제로 앞서 든 사례를 보아도 킴메이(欽明)는 32대로 되어 있지만, 징구우(神功) 황후를 대수에 추가해도 30대이고, 1246년(캉겐寬元 4)의 천황 고후까꾸사(後深草)는 89대로 되어 있지만, 쿠죠오(九條)폐제를 고려하면 88대여서, 천황의 대수가 변동하고 있다.

앞에서도 말했듯이, 실재하지 않는 천황 짐무(神武)의 즉위일을 '건국기념일'로 정해두고, 사실과는 완전히 동떨어진 대수로 계산된 천황, 그 천황을 정점으로 한 국가에서 현대 일본인이 살고 있다는 사실을 우리는 정면으로 응시해야 한다.

---

16 1911년 당시 일본의 국정교과서가 남북조병립이라는 시각에서 기술되어 있는 것에 대해, 의회는 남조정통을 주장하면서 교과서의 사용중지·개정, 교과서 편수관의 휴직 등의 처분을 내려 학문의 자유를 압박했다. 그후 패전까지 교과서에는 남북조시대를 남조의 조정이 위치한 요시노(吉野)에서 이름을 따와 '요시노시대'라고 칭했다.

2. '일본국'과 그 국가제도

성립 당시 '일본국'의 영역

앞에서 말한 것처럼 7세기 말에 성립한 '일본국'은, 개성이 다양했던 열도사회에 획일적인 국가제도(이하 국제國制로 줄임)를 강력히 보급했다. 일본국 본래의 기반인 킹끼(近畿)·세또나이까이(瀨戶內海) 연해지역·북큐우슈우(北九州)사회는 물론이고, 원래 그것과는 이질적인 열도동부사회, 그 가운데서도 비교적 이른 시기부터 교섭이 있었던 쮸우부(中部)·칸또오(關東)·토오호꾸(東北) 남부까지 영역에 넣고, 큐우슈우 중부까지를 포함하는 전 지역에 코꾸군(國郡)제도[17]를 마련하고 '일본국'의 국제인 율령제도를 관철시켰다.

그러나 홋까이도오(北海道)는 물론, 토오호꾸 쮸우부 이북, 큐우슈우 남부에서 세이난제도(西南諸島)는 전부 '일본국' 국제의 밖에 있었다. 다만 백제를 원조한 왜국의 군세가 백촌강(白村江, 하꾸스끼노에)에서 나·당연합군에 대패한 결과,[18] 일본국은 쯔시마(對馬)에 대(對)한반도 방위시설인 '조선식 산성'을 쌓고, 대한해협을 '국경'으로 삼아 신라왕국과 대치했던 것이다.

---

17 율령제의 지방행정조직. 타이까개신(大化改新) 후의 율령국가에서는 전국을 직접적으로 통치하기 위해 코꾸(國, 쿠니)·군(郡)·리(里) 3단계의 행정구획을 편성한다. 그리고 조정은 국에 코꾸시(國司)를 파견하고, 군에는 군지(郡司)를 현지의 쿠니노미야쯔꼬(國造) 계층의 호족 가운데서 임명하는 한편, 리에는 현지 촌락의 유력자를 리쪼오(里長)로 임명했다.

18 663년 백강(白江)에서 나·당연합군과 백제·일본군이 벌인 해전. 나·당연합군이 대승함으로써 백제 부흥운동은 수포로 돌아갔고, 그 결과는 일본 국내정치에도 커다란 영향을 주었다.

앞서도 언급한 대로, '일본국'은 당제국과의 공식적인 외교관계에서는 '천황' 칭호를 사용할 수가 없었다. 실제로는 20년에 한번씩 사신, 즉 견당사를 보내는 당의 조공국이었다고 생각되지만(히가시노 하루유끼 1999), 국호를 '왜'에서 '일본'으로 바꾸고, '天'을 붙인 왕의 칭호 '천황'을 정한 것은, 비록 작지만 스스로 제국으로 일어서겠다는 당제국을 의식한 강한 의지의 표현이었음은 분명하다.

실제, '일본국'은 '만이(蠻夷)'를 복속시키는 '중화(中華)'로 자처하면서, '문명'적이라 자임하는 자신의 국제를 주위의 '미개'한 '이적(夷狄)'에 침투시켜, 국가영역을 넓히겠다는 강렬한 의욕을 발족 당초부터 갖고 있었던 것이다. 이미 '일본국' 성립 이전인 7세기 중엽부터 '왜국'의 지배자는 호꾸리꾸(北陸) 북부, 토오호꾸의 '에미시(蝦夷)'로 불렀던 사람들, 나아가 열도 북방의 퉁구스계 민족인 '숙신(肅愼, 미시하세)'[19] '정복'에 나서, 이들에게 '조공'을 받았다.

그러나 '왜국'의 국명을 변경한 '일본국'은 8세기 초두가 되면 호꾸리꾸 북부의 에찌고(越後), 토오호꾸 남부의 무쯔(陸奧)에 군대를 파견하여 토오호꾸 침략을 본격적으로 개시했다. 그리고 에찌고의 북부와 무쯔의 서부를 떼어내어 토오호꾸의 '일본해' 쪽에 데와노꾸니(出羽國)를 설치하여, '에미시' 즉 토오호꾸인을 압박하면서 국경을 점차 북상시켰다. 한편, 타네(多褹)·야꾸(夜久)·아마미(菴美)·토깐(度感) 등 난또오(南島)의 사람들을 조공케 하고, 동시에 남큐우슈우의 '하야또(隼人)'[20]라

---

19 연해주 일대에 거주하던 퉁구스족. 『니혼쇼끼(日本書紀)』에 의하면 이들은 킴메이(欽明) 천황 때 사도(佐渡)에 건너왔는데, 사이메이(齊明) 천황 때 아베노 히라부(阿倍比羅夫)가 이들을 토벌했다고 한다.

20 고대의 큐우슈우 남부에 살면서, 풍속과 습관을 달리하고 때때로 야마또조정에 반기를 들었던 사람들. 후에 복속되어 일부는 궁문의 경비나 가무·연주 등의 임무를 맡았다.

고 불렸던 사람들까지 군사력을 배경으로 지배하에 넣고, 8세기 초두에는 사쯔마(薩摩)·오오스미(大隅) 두 쿠니를 설치하여 코꾸군(國郡)제도를 보급시켰다.

이 '일본국'의 압력에 대하여, 토오호꾸인과 남큐우슈우인도 쉽게 굴복하지 않고 저항했다. 이른바 '에미시' '하야또'의 '반란'이 일어났지만, '하야또'는 비교적 일찍 진정되었고, 8세기 말에는 한덴제(班田制)²¹가 실시되어 남큐우슈우는 '일본국' 국제하에 들어왔다.

이에 비하여 토오호꾸인은 '일본국'의 침략에 완강히 저항하여 쉽사리 굴복하려들지 않았다. '일본국'은 한때 토오호꾸 남부에 이와끼(石城)·이와시로(石背) 두 쿠니를 세웠는데, 724년(징끼神龜 1)에 타가성(多賀城)을 세우고 여기에 무쯔국부(陸奧國府)를 설치한 후, 앞에 말한 양 쿠니를 무쯔로 흡수하고 모노우(桃生)·아끼따(秋田)에 책(柵)을 설치함으로써 북에 대한 압력을 강화했다. 그러나 이에 반발한 토오호꾸인은 774년(호오끼寶龜 5) 모노우·이사와성을 공격했다. 이로부터 최근 고대사 연구자들이 '38년 전쟁'이라고 일컫는, 장기간에 걸친 토오호꾸인과 '일본국'과의 전쟁이 시작된다.

'에미시', 즉 토오호꾸인이 이사와성을 공격하고 타가성을 불태우자, 8세기 말의 천황 캄무(桓武)는 본격적으로 대군을 파견했지만 대패했기 때문에, 다시 10만의 군대를 투입하여 시와성(志波城)을 쌓아 국경을 더욱 북쪽으로 올리려고 했다. 그러나

---

21 692년경 일본고대 율령시대에서 시행된 토지제도. 타이까개신(大化改新, 645년) 이후 당(唐)의 균전법(均田法)을 모방하여, 만 6세 이상의 양민남자에게 일인당 2단(段), 여자에겐 남자의 2/3. 노비 남녀에게는 남자의 1/3을 구분전(口分田)으로 지급하고 경작케 했다. 매매와 상속은 금지되었고, 사후에는 다시 국가에 반환토록 했다. 10세기 초가 되면 거의 제 기능을 상실한다.

토오호꾸인과 '일본국' 간의 전투. 토오호꾸인들의 끈질긴 저항에 밀려 '일본국'은 토오호꾸의 최북부 지역을 지배할 수 없었다.

토오호꾸인의 끈질긴 저항에 부딪혀, 결국 '일본국'은 토오호꾸 최북부를 지배하에 두지 못한 채 토오호꾸인과 타협하여 9세기 초 두 캄무는 '군사(軍事)', 즉 토오호꾸 침략을 그만두지 않을 수 없었던 것이다.

그 결과 오꾸 육군(奧六郡), 셈보꾸 삼군(山北三郡)은 일단 '일본국' 국제하에 들어갔지만, 사실상 토오호꾸인의 자치구, 즉 '부수(俘囚)의 땅'으로 변한다. 토오호꾸의 최북부인 현재의 이와떼(岩手)·아끼따의 북부에서 시모끼따(下北)·쯔가루(津輕)에 걸친 지역은 코꾸군(國郡)제도가 미치지 않는, '일본국'의 외부에 놓이게 되었고, 오히려 이 지역은 홋까이도오 남부인 오시마(渡島)와 깊이 연결되어 있었다.

북방뿐 아니라, 8세기 중엽에 '일본국'은 신라에 대한 원정을 계획하여, 동원태세를 갖춘 적이 있었다. 이렇게 한반도에 대해서도 압력을 가해 조공을 강요하는 자세를 보이는 한편, '일본해'를 넘어 때때로 사자를 보내 교역을 요구했던 발해에 대해서는 조공국으로 취급하는 등 '일본국'은 자신을 '중화'로 여기고 제국으로서 외부에 임하려고 했다. 그러나 토오호꾸 침략을 멈춘 9세기에 들어서면, 이러한 '제국주의' 적인 자세, 즉 열도 바깥의 세계에 대한 적극적인 움직임은 점차 표면에서 사라지고, 10세기가 되면 그것은 거의 표면에 드러나지 않게 된다.

'일본국'의 '침략'과 '정복'

그러나 우리가 결코 놓쳐서는 안되는 점은 '일본'을 국호로 하고 '천황'을 왕의 칭호로 정한 국가 '일본국'은 그 출발점부터 이와같이 '제국주의'적이고, 침략적인 성격을 갖고 있었다는 사실이다. 물론 이는 고대국가의 한 형태이기는 하다. 예를 들면 중국대륙의 진(秦)·한(漢)에서 수(隋)·당(唐)에 이르는 대제국과 페르시아제국·로마제국, 나아가 남아메리카의 잉까제국 등 중앙집권적인 고대국가에 공통적으로 나타나는 특질이며, 이 '침략'과 '정복'을 통해 '문명'이 '미개'한 지역으로 확대되는 측면이 있던 것도 분명한 사실이다.

그렇다고는 해도 그것은 정복자 측의 시각이고, '미개'로 간주되고 침략·정복된 입장에서 본다면, 이것은 스스로의 독자적인 질서·사회를 군사력에 기초 한 힘에 정복당하는 것임을 명확히해둘 필요가 있다.

15~16년 전 어느 저명한 양주회사의 사장이 수도 이전 문제와 관련된 텔레비전 토론에서 센다이(仙臺)시의 후보지 신청에 대해서 '저런 쿠마소(熊襲)[22]가 살고 있

---

[22] 일본신화에 보이는 큐우슈우 남부의 지명 또는 그곳에 거주한 종족을 가리키는 말로, 멸시의 의미가 담겨 있다.

는 미개한 곳에 수도를 옮길 수 있는가'라는 취지의 발언을 해서, 큰 물의를 일으킨 적이 있었다. 이것은 실로 그 옛날 정복자의 후예인 칸사이(關西)인다운 발언이고, 칸또오인·토오호꾸인·중남부 큐우슈우인은 입이 찢어져도 그렇게는 말하지 않을 것이다.

게다가 이 사장은 '쿠마소'와 '에미시'를 혼동하고 있다.[23] 이 사건은 큐우슈우·토오호꾸의 각지에 강한 반발을 불러 일으켰는데, 그 직후 나는 토오호꾸를 여행하면서 현지인들의 노여움을 직접 경험했다. 평생 이 양주회사의 위스키는 입에 대지 않겠다던 친구는 지금도 그 약속을 지키고 있고, 이 회사상품의 판매량은 크게 떨어졌다고 한다.

'일본국'에 대한 열도 내 지역사회의 자세가 결코 일률적이지 않다는 것, 그러한 배경에는 '일본국'과 각 지역사회의 '침략'·'정복'을 내포한 오랜 역사가 있다는 사실을, 이 사건은 우리에게 가르쳐준다. 메이지(明治) 이후 병합되고 정복된 류우뀨우(琉球)나 아이누 역시 원래 에도(江戶)시대까지는 '일본국'이었던 지역과는 크게 다른 자세를 '일본국'에 대하여 취하고 있었음은 말할 필요도 없지만, 에도시대의 '일본국' 내부에서도 이와같이 지역에 따라 커다란 차이가 있었다는 사실을 분명히 인식해야만 한다.

그리고 '일본국'이 그 출발 당초에 취하고 있던 '제국주의'적이고 침략적인 자세는 확실히 9세기에서 10세기에 걸쳐 뒤로 물러서고, 열도사회가 본래 지닌 개방된 측

---

23 센다이는 토오호꾸지역의 중심도시이다. 이 양주회사 사장은 일본의 수도가 미개한 지역이었던 토오호꾸의 센다이에 옮겨질 수 있는가 하는 취지로 쿠마소 운운하는 발언을 했는데, 토오호꾸에 살고 있던 것은 에미시였고, 쿠마소는 큐우슈우 남부에 살고 있던 사람들이었다.

면이 표면에 나타나기는 하지만, 그러한 자세가 완전히 사라졌던 것은 결코 아니었다. 실제로 그것은 토요또미 히데요시(豊臣秀吉)의 조선침략으로 일시적으로 표면화되었을 뿐만 아니라, 메이지 이후의 국가인 '대일본제국'의 모습으로 전면적으로 부활했고, 그것이 대실패로 끝난 패전 후의 '일본국'에도 여전히 잠재적으로 살아있다. 그리고 그것은 '일본'이라는 국호의 의미, '천황'이라는 칭호의 역사가 사실에 기반하여 백일하에 드러날 때까지는 결코 사라지지 않을 것이다.

코꾸군제와 '일본국'

종래 일본은 무의식적으로 일본열도, 적어도 혼슈우(本州)·시꼬꾸(四國)·큐우슈우(九州)를 처음부터 그 영역으로 차지해온 것처럼 생각해왔다. 그러나 앞서 말했듯이 9세기 초두의 '일본국' 영역에는 토오호꾸 최북부가 존재하지 않았다. 그러므로 쯔가루(津輕)해협[24]은 '국경'이 아니었다.

실제로 이와떼(岩手)·아끼따(秋田) 북부에서 쯔가루·시모끼따(下北)에 걸친 지역이 '일본국'에 편입되고 그곳에 코꾸군제(國郡制)가 시행되었던 것은 결코 '일본국' 자체의 힘에 의해서가 아니었다. 그것은 그 경계 바깥에까지 기반을 갖고 있던 아베(阿部)씨에서 오오슈우(奧州) 후지와라(藤原)씨에 이르는 자립성 강한 토오호꾸의 정치세력의 성립에 따른 것이다. 이는 빠르면 11세기, 늦으면 12세기의 일이라고 생각된다(오오이시 나오마사 1987). 뒤에서 말하게 될 '일본국'의 '동북' 경계가 '소또노하마(外の濱)'까지 확장되었던 것은 '내해'라고도 불린 쯔가루해협을 넘어 홋까이

---

24 혼슈우와 홋까이도오를 나누는 해협. 길이 110km, 가장 좁은 곳은 18km이다.

도오 남부까지 진출한 사람들의 활발한 교류를 배경으로 한 것이었다. 즉 이 지역 자체의 자발적인 역량에 힘입은 것이었다.

이때 비로소 코꾸군제는 혼슈우·시꼬꾸·큐우슈우의 전역으로 확대되지만, '와진(和人)'으로 불리던 일본인이 상당수 거주하게 된 홋까이도오 남부의 '오시마(渡島)'는 이 시기에도 여전히 '일본국'의 밖에 있었다. 17세기 초 홋까이도오에 잠입했던 크리스트교 선교사 안젤리스(Jeronimo de Angelis)의 포교허가 요청에 대해 '마쯔마에도노(松前殿)'25는 '천하'가 포교를 금지하고 있으나, '여기는 일본이 아니므로' 상관없다고 답했던 것처럼, '마쯔마에(松前)'는 이때도 '일본국'이라고 여겨지지 않았던 것이다(성심카톨릭문화연구소·H.칠리스크 1962). 그 때문에 홋까이도오 남부에는 코꾸군제는 시행되지 않았고, 마쯔마에씨는 바꾸후 지배하에 있기는 했지만, 코꾸다까제(石高制)26의 틀 바깥에 있었다.

이와같이 '일본국'과 코꾸군제는 불가분한 관계에 있었다. 66개의 쿠니(國)와 2개 섬으로 된 나라라는 국가영역이 최종적 형태를 갖춘 것은 카가노꾸니(加賀國)가 에찌젠(越前)에서 분치(分置)된 823년(코오닌弘仁 14)의 일이었는데, 그 이후 쿠니는 명칭과 범위에 약간의 변동은 있었지만 거의 변하지 않은 채 메이지의 부현제(府縣制) 실시 후에도 잠재적으로 살아남아 현재에 이르고 있다.

---

25 마쯔마에씨는 홋까이도오의 남부를 영향권 내에 두고 있던 지방세력. 마쯔마에도노는 그 지배자.

26 검지(檢地)로 결정된 경지의 생산고를 기준으로 과세하는 제도이며, 근세사회의 골격을 이루는 제도이다. 에도시대를 코꾸다까제사회라고 부르는데, 그것은 사회의 생산력을 쌀의 코꾸다까(石高)로 표시하고, 영주가 소유한 영지의 대소(大小)부터 무사수입의 다과(多寡), 서민의 부의 정도에 이르기까지 이를 기준으로 표현했기 때문이다.

군(郡)도 큰 틀은 오랫동안 유지되었지만, 11세기에서 12세기에 걸쳐 상중하, 동서남북으로 나뉘는 등 변동이 있었고, 그와 함께 군의 명칭과 경계에도 변화가 있어, 쿠니에 비하면 유동적이었다. 이는 군이 고오(鄕)와 마찬가지로, 사회·생활의 움직임과 좀더 밀접하게 연결되어 있었기 때문이라고 생각할 수 있다. 이에 비해 뒤에서 다시 논하는 것처럼, 쿠니는 사실상 고정된 제도로서 '일본국'의 틀을 오랫동안 지탱했다고 할 수 있다.

인위적인 직선도로 '시찌도오'

더욱이 '일본국'은 이러한 쿠니들을 키나이(畿內)와 시찌도오(七道)의 제도로 구분했다. 이 가운데 키나이의 여러 쿠니들(당초는 4쿠니, 후에 5쿠니)은 실로 '일본국' 지배층의 직접적인 기반으로 '수도권'에 해당하지만, 그곳을 기점으로 동으로는 남쪽부터 토오까이도오(東海道)·토오산도오(東山道)·호꾸리꾸도오(北陸道), 서로는 북쪽부터 상인도오(山陰道)·상요오도오(山陽道)·낭까이도오(南海道), 큐우슈우로는 사이까이도오(西海道)가 뻗어 있다. 이들 도오(道)는 쿠니를 넘어선 광역적인 행정구분의 제도였는데, '일본국'은 계획적으로 사실상 뒷받침하고 관통하는 도로를 건설했던 것이다.

최근 풍부한 발굴성과에 기초한 면밀한 연구를 진행하고 있는 키노시따 료오(木下良)에 따르면, 이들 도로는 매우 의식적으로 만들어진, 폭이 십수미터에 달하는 직선도로이며, 길 양측에 도랑을 만들어 때에 따라서는 메워 포장했는데, 현재의 고속도로와 유사하다고 한다(키노시따 료오 1998).

키노시따가 전해준 인상적인 얘기에 따르면, 산기슭을 향해 직선도로를 발굴해가다가 산과 맞닥뜨리게 되었는데, 지도상에 자로 직선을 긋고 산 건너편의 해당 지

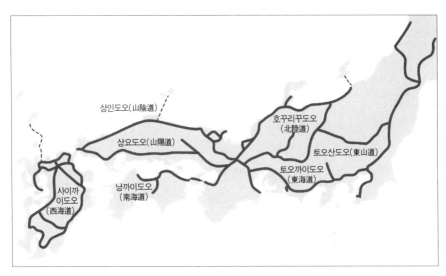

강렬한 국가의지로 만들어낸 직선도로 '시쩌도오'

점을 발굴했더니 길이 나왔을 정도로 이 도로를 건설한 '일본국'의 직선감각은 놀랄
만한 것이었다고 한다.

그리고 그것은 앞에서도 언급한 중국대륙의 수·당제국, 페르시아제국과 로마제
국, 또 남아메리카의 잉까제국에도 공통된 것이고, 이 직선도로는 고대제국의 본질
과 관련된 도로의 존재형태라고 볼 수 있다. '일본국'은 이러한 육상의 직선도로에
일정한 간격으로 역을 설치하여, 육상의 길을 교통체계의 기본으로 삼았던 것이다.

중국대륙과 같은 평탄한 지형이라면 몰라도, 산과 하해(河海)로 기복이 극심한
열도의 지형을 마치 무시하기라도 하는듯 고집스레 직선도로를 건설한 것이야말로
'일본국'의 강력한 국가의지를 명확히 드러낸 사례일 것이다. 특히 주목해야 할 것은
'일본국' 성립 이전의 죠오몬(繩文)시대 이래 긴 역사와 실적을 이룩한, 열도의 바다
와 강을 통한 교통의 실태를 이 '일본국'의 교통체계가 거의 무시하고 있는 것처럼
보인다는 점이다. 그것은 사까모또 타로오(坂本太郎)의 지적처럼 [해상교통로의 역
인] '수역(水驛)'이 겨우 데와(出羽)의 모가미가와(最上川)에만 보이는 데서도 잘 알

수 있다(사까모또 타로오 1989). 공적인 관인(官人) 등의 교통은 기본적으로 이 육상의 직선도로를 이용하게 되어 있었던 것이다.

절대 간과해서는 안되는 것은 이 직선적인 도로의 조성이 무엇보다 군사적 목적을 띠고 있었던 점이다. 불안정한 수상교통(배)을 피하고, 신속하게 인원과 물자를 수송·이동시키기 위해 이러한 길이 만들어졌다. 동쪽으로 뻗은 길은 토오호꾸에 대한 침략, 토오호꾸인, 즉 '에미시(蝦夷)'와의 전쟁을 위한 것이고, 서쪽으로 난 길은 신라와의 전쟁, 즉 한반도의 침공을 전제로 하고 있었다고 보지 않을 수 없다.

물론 실제 사회에서는 하해(河海)교통이나 예로부터 존재해온 생활의 길도 이용되었다. 극히 부자연스러운데다가 현실을 무시한 '일본국'의 인위적 도로에 대하여, 일찍이 8세기 전반 무거운 공납물의 해상수송을 인정하는 등의 예외규정이 나타났다. 도로 자체도 헤이안시대에 들어오면 폭이 6m로 좁아지는 등 현저히 황폐해지고, 9세기에는 하해교통이 관인의 왕래에도 이용되어 직선적인 시찌도오(七道)제도는 채 1백년도 유지될 수 없었던 것이다.

열도의 자연을 생각하면 이것은 실로 당연하다고 해야겠지만, 최초의 본격적인 국가인 '일본국'이 이토록 강렬한 국가의지를 가지고, 어쨌든 1백년 가까이 시찌도오제도를 유지했다는 사실은, 그후의 역사에 커다란 영향을 미쳤다. 늦어도 10세기 이후부터 에도시대를 통하여, 뒤에도 언급하는 것처럼 무거운 물자 수송을 비롯하여 교통체계의 기본은 일관되게 해상·하천교통이었고, 육상 도로는 주로 인마(人馬)의 교통로로서 보조적인 역할을 했다. 그러나 19세기 후반 메이지 후기 이후 고대의 육상교통 중심의 교통체계는 부국강병을 지향하는 정부가 역시 군사적인 목적하에 철도망이라는 형태로 전면 '부활'시켰다. 시찌도오 명칭의 대부분은 간선도로(幹線道路)의 명칭으로 사용되어 현재에 이르고 있는 것이다.

패전 후는 그렇지 않지만 고대 육상의 길이던 이 철도망이 고대와 마찬가지로 '대 일본제국'의 아시아 침략을 뒷받침한 것은 틀림없는 사실이고, 또 사회생활의 실태에 중요한 의미를 띠는 해상·하천교통의 역할을 부당할 정도로 낮게 평가했던 점도 특히 강조해두어야 할 것이다.

호적의 작성

이렇게 '일본국'의 국제, 즉 '율령제'는 이 국가가 지배하에 두었던 지역사회에 철저하게 율령제를 실현하려는 강한 국가의지를 갖고 있었기 때문에, 실제로는 10세기 이후 크게 변질하여 거의 기능하지 못하게 된 뒤에도, 앞서의 코구군제(國郡制)나 도제(道制)와 같이, 특히 지배기구에는 지속적인 영향을 미쳤다.

호적제도 역시 그중 하나라고 할 수 있다. '일본국'은 한덴제(班田制)를 실현하기 위하여, 6년마다 지배하에 있는 인민 전원의 씨명(氏名)·성(姓)·실명(實名)을 기재한 호적을 작성했고, 조(調)·용(庸) 등의 과역부과의 대장(臺帳)인 계장(計帳)은 매년 성별·연령·각 사람의 신체적 특징까지 기록·작성했던 것이다.

리쬬오(里長, 鄕長) 등이 그 기록을 담당하고 쿠니(國) 단위로 모아 정부에 보냈는데, 지금 남아 있는 최고(最古)의 호적인 702년(타이호오大寶 2)의 호적을 보면 멋지고 깨끗한 글자로 씌어 있어, 이 시기에 문자가 이미 리쬬오층의 사람들에게까지 퍼져 있었던 점과, 이들의 문자에 대한 긴장감과 성실한 자세를 호적을 통해 엿볼 수 있다. 이 국가가 호적·계장을 비롯하여 국가기구의 운영에 철저한 '문서주의'를 채용했던 것이 이런 문자보급의 배경에 있는 것인데, 후술하는 것처럼 열도의 문자는 국가에서 사회로, 즉 위에서 아래로 침투했던 것이다.

그와 함께 주목해야 할 것은 일반사람들 가운데 이 호적 작성으로 말미암아 처음

최고(最古)의 호적. 702년(다이호오大寶 2), 쇼오소오인(正倉院) 보물.

筑前國嶋郡戸籍川邊里　　大寶二年

戸主卜部乃母曾年肆拾玖歳　正丁　課戸

母葛野部伊志賣年漆拾肆歳　耆女

妻卜部甫西豆賣年肆拾漆歳　丁妻

男卜部久漏麻呂年拾玖歳　少丁　嫡子

男卜部和智志年陸歳　小子　嫡弟

女卜部哿吾良賣年拾陸歳　小女

女卜部乎智良賣年拾參歳　小女

從父弟卜部方名年肆拾陸歳　正丁　上件二口嫡女

妻中臣部比多米賣年參拾漆歳　丁妻

男卜部黒年拾漆歳　少丁　嫡子

男卜部赤猪年拾陸歳　小子

男卜部乎許自年貳歳　緑兒　上件二口嫡弟

으로 씨명(氏名)·성(姓)을 정한 사람들이 많았으리라는 점이다. 현재의 일본인의 성명을 붙이는 방식은 여기에 원류를 두고 있는데, 이 씨명·성은 표면상으로는 천황이 부여하는 것으로 되어 있다. 나라(奈良)시대에 성을 바꾸기 위해서는 천황의 인가가 필요했던 사실을 기록을 통해 알 수가 있고, 에도(江戶)시대에 이르기까지 천황에게서 위계를 받을 때의 위기(位記)[27]에는 호오죠오(北條)·오다(織田)·토구가와(德川) 등 지명에 유래하는 묘오지(苗字)[28]가 아니라, 타이라(平)나 미나모또(源) 등의 씨명을 사용해야 했다. 일례로 히데요시(秀吉)의 새로운 씨명인 토요또미(豊臣)는 천황이 수여한 것이었다.

거꾸로 이처럼 모든 인민에게 씨명·성을 수여하는 입장인 천황은 씨명·성을 갖지 않았다. 요시다 타까시(吉田孝)는 왜국의 대왕이 수(隋)·당(唐)의 책봉체제에서 이탈해 있었고, 황제에 대하여 스스로의 성을 밝힐 필요가 없었기 때문에 이것이 가능했다고 말한다(요시다 타까시 1997).

사실 현재도 천황가의 사람들에게는 씨명·성이 없다. 현재의 황태자는 견실한 학풍을 가진 일본중세사가로서 학회지에 논문을 발표하곤 하는데, 이때의 서명(署名)은 '나루히또친왕(德仁親王)'이다. '친왕'은 칭호이므로 원래는 '나루히또(德仁)'로 써야 할 것을, 네 글자가 아니면 모양새가 갖춰지지 않기 때문에 이렇게 썼는지는 모르겠으나, 이것이 씨명·성이 없는 천황가의 실태를 단적으로 보여주고 있다.

이 호적제도도 10세기에는 거의 실질적인 힘을 잃어버리고, 이 무렵부터 거주하

---

27 천황이 정1품·종1품 등 위계(位階)를 내릴 때 주는 문서.

28 묘오지(名字)라고도 하며, 성(姓, family name)의 의미로 쓰이는데 주로 지명에서 유래한 성을 말한다.

는 본거지의 지명을 묘오지로 사용하는 것이 널리 행해지기 시작하는데, 성(姓)은 공가(公家)·무가(武家)의 지배층에만 남고, 일반평민 사이에서는 자취를 감추게 된다. 단 14세기까지는 햐꾸쇼오(百姓)도 아야베 토끼미쯔(綾部時光), 오오미 사다모또(凡海貞元), 오오나까또미 사네무라(大中臣眞村) 등과 같이 씨명(氏名)과 실명(實名)으로 불렸으나, 15세기에 들어서면 햐꾸쇼오는 씨명·실명을 갖고는 있지만 공식적으로는 사용하지 않고, 마고사부로오(孫三郎)나 토오따로오(藤太郎)와 같은 가명(假名)을 사용하게 된다.

그리고 중세에는 호적에 해당하는 장부는 작성되지 않았고, 에도시대에 들어서면 「슈우몽아라따메쬬오(宗門改帳)」[29]의 형식으로 호적에 해당하는 장부가 전국적으로 작성되었다. 고대 호적의 영향은 여기에서도 보이지만, 메이지기의 임신(壬申)호적[30] 이후, 호적제도는 완전히 부활하여 패전 이후에도 큰 변화없이 현재에 이르고 있다. 메이지 이후는 천황가를 제외한 전인민에 대해 이제까지의 씨명·묘오지에 해당하는 성과 실명을 기재토록 함으로써, 서위(敍位) 때의 씨명 사용 역시 필요없게 되었다. 그러나 패전 전 '야마또(大和)민족'의 전 인민은 천황의 자손이라고 일컬어졌던 것처럼, 씨명·성을 천황이 부여하던 '일본국'의 제도는 여전히 잠재적으로 살아있다고 할 수 있다.

---

29 각 영지마다 각 영민에 대한 사항을 자세히 기록하여 절(단나데라檀那寺)이 보관하고 있는 것. 크리스트교도를 색출하기 위한 제도로 출발하여, 영민을 장악하기 위한 제도로 정착하였다. 1873년에 폐지된다.

30 1872년 2월 1일에 시행된 일본최초의 근대적이고 전국적인 호적. 씨명·생년월일 이외에, 족칭(族稱)·범죄경력까지 상세히 기록했다.

가부장제를 지탱한 호적제도

이 호적제도는 원래 중국대륙의 제도를 '일본국'이 수용했던 것이다. 대륙과 한반도의 국가들도 각각 호적을 사용하고 있었는데 근대의 '대일본제국'은 식민통치 시절 타이완과 한반도에 일본식 호적제도를 강제적으로 시행했다. 아직도 한국·타이완에서는 호적제도가 기능하고 있다고 한다.

그러나 이러한 호적제가 세계의 여러 나라 가운데서도 매우 특이한 제도라는 점에 대해서 일본인은 그다지 자각하고 있지 않다. 단기대학(短期大學)에 근무하고 있을 당시 학생들에게 질문해봤더니, 세계의 많은 나라에 호적이 있다고 대답하는 대다수 학생들을 보고 깜짝 놀랐던 적이 있지만, 현재 텔레비전에 자주 등장하는 '입적(入籍)'[31] 문제는 호적을 갖고 있지 않은 나라의 국민들은 전혀 이해하기 힘들 것이고, 부부별성(夫婦別姓)을 제도화하는 데도 최대의 난관은 역시 호적제도이다.

메이지 이후 패전까지의 호적은 가족제도의 버팀목이었고 현재도 부부별성은 가족제도를 붕괴시킨다고 이야기되는 것처럼, 호적은 패전 전까지는 확실히 가부장적 가족을 제도적으로 뒷받침하고 있었다. 지금도 잠재적으로 살아있다고 말할 수 있지만, 그 출발점은 바로 '일본국'의 호적제도였던 것이다.

이 국가는 당(唐)의 제도를 본받아 호(戶)와 상속제도에 대해서 기본적으로 가부장제를 관철시키고 있었다. 호적작성을 할 때는 50호 1리(里, 고오鄕)의 제도에 맞추

---

31 어떤 사람이 자신의 적(籍)을 다른 사람의 호적으로 옮기는 것. 입가(入家)라고도 한다. 주로 여성이 결혼할 때 남편의 호적으로 옮기는 것을 말한다. 인기 여성 연예인이 결혼식은 생략한 채 먼저 자신의 적을 남편의 호적으로 옮겨놓아 법률적으로 결혼상태에 들어가는 일이 일본 텔레비전에서 자주 화제로 오르곤 한다.

기 위해서 갖가지 조작이 행해지고 있어 가족의 실태를 그대로 보여주지는 않지만, 가장에 해당하는 호주는 기본적으로 남성이며, 부계의 적자계승(嫡子繼承)의 원칙이 세워져 있었다.

이 국가의 공적인 구성원이 부담하는 조(調)·용(庸) 등의 과역은 기본적으로 성년남자의 부담이고, 여성·노인·어린이는 여기서 배제되었다. 또 공적인 정무에 관여하는 관사(官司)의 관인은 남성으로 한정하는 등 유교사상에 뒷받침된 대륙국가의 남성 중심적 제도가 수용되었던 것이다.

그 때문에 패전 전후 호적을 주요한 사료로 고대가족을 연구한 연구자는 이미 이 시기에 가부장제 가족이 확립했다고 생각했다. 이런 견해는 최근까지 주류였고 지금도 가부장제 확립의 시기를 조금 내려잡기는 하더라도 같은 입장에 선 연구자가 적지 않지만, 최근의 새로운 연구로 그것이 실제와는 매우 동떨어졌다는 사실이 밝혀지고 있다.

열도사회의 전부가 획일적이었는지의 여부는 쉽사리 단언하기 어려우나, '동성불혼(同姓不婚)'의 원칙과, 혈연으로 맺어져 있다는 의식이 뒷받침되는 집단, 즉 클랜(씨족)은 부계이든 모계이든 존재하지 않았던 것이다. 근친혼의 터부는 매우 미약했으며, 숙부와 여자조카, 숙모와 남자조카는 물론, 이복남매의 혼인조차도 금기시하지 않았다고 보인다.

사실 에도시대의 「슈우몽아라따메쬬오」에서도 숙모와 남자조카의 혼인을 발견할 수 있고, 개인적으로도 내 부모는 종남매간이며, 부친 쪽의 조부모, 모친 쪽의 조부모도 종남매간이었다. 세 집안이 이러한 근친혼으로 밀접하게 연결되어 있는데, 이러한 혼인형태가 널리 행해졌다고 볼 수 있을 것이다. 이는 중국대륙·한반도의 혼인방식과는 크게 다른 것이고, 열도사회에서는 '불혼'의 금기를 갖는 혈연집단, 즉 씨족의 이름으로서의 성은 존재하지 않았던 것이다. '씨(氏, 우지)'는 정치적인 집단으로서 형성되었으며 그 자체의 이름을 갖고 있지 않았기 때문에, 천황의 씨명 수여가 가능했던 것이다.

실제로는 쌍계제, 공식적으로는 부계제

그리고 적어도 열도서부에서는 쌍계제(雙系制, 쌍방제雙方制)였고, 남녀간의 사회적인 차별은 없었다고 한다. 혼인형태에 동서의 차이는 있지만, 열도동부에서 부계적인 경향이 강한 편이었다고는 해도 아마 마찬가지였을 거라고 생각된다. 실제로 앞에서 부계의 적자계승(嫡子繼承)이라고 했지만, 타이호오령(大寶令)³²을 부분적으로 수정한 요오로오령(養老令)³³에서는 여성에게도 유산 상속의 자격을 대폭 인정하고 있고, 헤이안(平安) 후기 이후 유즈리죠오(讓狀)³⁴ 등의 형태로 문서에 나타나는 소령(所領)의 분여를 봐도, 적어도 카마꾸라(鎌倉) 전기까지는 기본적으로 남녀균등하게 양여(讓與)가 이루어지고 있다. 이와같이 토지재산에 대해서도 여성의 상속권을 인정하고 있고, 그것이 점차로 제한되어갔다고는 해도 14세기까지는 유지

---

32 일본고대의 율령. 701년에 오사까베(刑部)친왕, 후지와라노 후히또(藤原不比等) 등이 편찬하여 곧바로 시행되었다. 텐찌(天智)천황 이래의 법전편찬사업을 집대성한 것으로, 요오로오령(養老令)이 시행될 때까지 율령국가의 기본법전이었다. 고대말기에 산일(散逸)되어 오늘날에는 요오로오령에서 그 전모를 추정할 수 있을 뿐이다.

33 율·령 각 10권의 고대법전. 718년 후지와라노 후히또 등이 편찬을 시작하여 757년에 시행. 중세에 율(律)은 많은 부분이 산일되었으나, 당률(唐律)에서 그 내용을 추정할 수 있고, 영(令)은 대부분『료오노기게(令義解)』등 주석서의 본문으로 남아 있다.

34 소령(所領)·재산 등의 양도 사실을 기록한 문서. 양증문(讓證文)이라고도 한다.

되고 있었다. 또 뒤에서도 언급하는 것처럼, 동산(動産)에 대한 여성의 권리는 고대 부터 에도(江戶)시대를 통하여 남성보다 강했던 것은 아닌가 생각된다.

또 정치세계에서도 나라(奈良)시대까지는 여성천황이나 상황(上皇)이 실질적인 권력을 가졌고, 후궁의 여관(女官)[35]도 강력한 발언권을 보유하고 있었다. 헤이안기 이후에도 후궁·여방(女房)[36]은 독자적인 세계를 가졌고, 여원(女院)[37]도 또한 정치 에 대한 발언, 천황가령(天皇家領)에 대한 권리를 행사하고 있었다. 무가의 경우도 마찬가지로 아마쇼오군(尼將軍) 타이라노 마사꼬(平政子)[38]뿐 아니라 쇼오군(將 軍)·싯껜(執權) 등의 처는 적어도 15세기까지는 히노 토미꼬(日野富子, 1440~96)[39] 처럼 실제로 정치에 영향력을 갖고 있었다.

이와같이 사회의 실생활에서 여성은 결코 남성에 밀리지 않았고, 그 역할·권리도

---

35 궁중에 근무하는 여성의 총칭.

36 황실이나 귀족을 섬기는 여성으로, 귀족자녀의 교육이나 명령의 전달 등의 임무를 담당했다. 헤이안 시대에는 대개 중하급귀족 출신들이었고, 궁중에서는 상급의 시녀였다. 한편 여방문학(女房文學)의 주인공들이기도 하다.

37 천황의 어머니와 태황태후(太皇太后)·황태후·황후·내친왕(內親王)·여어(女御) 등 원호(院號)를 선 하(宣下)받은 여성의 총칭.

38 호오조오 마사꼬(北條政子, 1157~1225). 미나모또노 요리또모(源賴朝)의 측실. 카마꾸라바꾸후 2대 요리이에(賴家). 3대 쇼오군 사네또모(實朝)의 어머니. 호오조오 토끼마사(北條時政)의 장녀. 요리또 모의 사후에는 머리를 짧게 깎고, 두 아들의 후견인이 되었다. 사네또모가 횡사한 후에는 쿄오또의 귀족을 데려와 쇼오군을 삼고 스스로 수렴청정하여 정무를 통괄하였다. 이 때문에 세상에서는 그녀 를 '아마쇼오군'이라 불렀다.

39 무로마찌바꾸후 8대 쇼오군인 아시가가 요시마사(足利義政)의 부인. 아들인 요시히사(義尙)를 쇼오 군 후계로 삼으려다가 '오오닌의 난'의 단서를 만들었다. 관소(關所)를 설치하여 과세하고, 뇌물·고 리대 등으로 천하의 부를 거머쥐었다는 평을 받았다.

사적인 세계에서는 실질적으로는 남성에 필적하고 있었다고 해도 과언은 아니다. 그러나 '일본국'의 국제인 율령제가 국가적·공적인 세계에서 기본적으로 여성을 배제했기 때문에 여성의 사회적인 활동이 제약되고, 그 실태를 엿보기 어렵게 된 점도 부정할 수 없는 사실이다.

그러나 국제인 율령제가 이완되고 실질적인 규제력을 잃게 되면, 여성의 실상이 사료에 드러난다. 앞서 말한 소령(所領)의 양여 등은 이것을 잘 얘기해주고 있다. 14세기경에 작성된 계도(系圖) 중에는, 특히 12세기 후반부터 남성만이 아니라 여성이 다수 기록되어 있고, 그중에는 남계(男系)뿐 아니라 여계(女系)를 치밀하게 추적해보면, 여성수가 남성과 비슷할 정도로 기록된 계(보)도 볼 수 있다. 14세기 후반에 작성된 것이 확실한 「와까사노꾸니이찌니노미야네기계도(若狹國一二宮禰宜系圖)」는 그 전형으로 문자 그대로 쌍계도(雙系圖)라고 불러도 좋을 만큼 남계와 함께 여계를 전면적으로 기록하고 있기 때문에, 이 계도에는 매우 많은 이에(家)의 계도가 포함되어 있다. 여성에게 소령을 양여하는 데에 따른 인척과의 관계가 일족·일문 가운데 중시되었던 사실을 이 사례는 잘 얘기해주고 있다. 그러나 15세기 이후에 제작된 계도, 특히 에도시대에 작성된 계도는 완전히 남성계도로 변해간다. 이것은 이에(家)와 연결된 토지재산에 대한 여성의 권리·계승권 상실을 보여주고, 여기서부터 여성의 사회적 지위는 급속도로 약화되었다고 볼 수도 있지만, 나중에 언급하는 것처럼 '일본국'의 국제가 영향을 미치고 있는 점도 간과해서는 안된다.

실제로 15세기 이후의 계도는 물론, 14세기 이전의 계도에서도 여성은 실명을 기록하지 않고, 다만 '여(女)'라고만 기록된 경우가 압도적으로 많다. 이는 여성이 공적인 세계에서 배제되어 있다는 사실과 무관하지 않을 것이다.

천황가에 '귀일'시키는 '계도'의 위험성

더욱이 주목해야만 하는 것은 「쿠쯔나계도(忽那系圖)」(이요伊豫의 쿠쯔나씨의 계도) 「미끼따계도(和田系圖)」(이즈미和泉의 미끼따씨의 계도) 「오오나까또미씨략계도(大中臣氏略系圖)」(히따씨常陸의 나까那珂·쥬우군中郡씨 등의 계도) 등, 14세기 이전에 작성된 것이 확실한 고계도의 경우도, 그 일족·일문에 전하는 확실한 문서·기록에 기초하여 기록된 12세기 이후의 정확하고 여성이 많이 기재된 계도를 전부 키끼신화(記紀神話)의 신(神)에서 시작하는 기성의 후지와라(藤原)씨의 남계계도에 연결시키고 있는 점이다.

14세기 후반에 편찬된 계도집『숌삐붐먀꾸(尊卑分脈)』에서도 제씨(諸氏)의 조상은 후지와라씨, 천황가에서 연유하는 미나모또(源)씨·타이라(平)씨 등에 연결되고 있다. 이 경우는 사실이라고 볼 수 있는 예도 적지 않으나, 전승임이 분명한 경우도 있다. 남계의 계보를 추적하여, 모두 천황가·후지와라씨, 즉 키끼신화의 신에 연결시키고 있는 제씨의 계도는 앞서 말한 '일본국'의 국제, 즉 모든 씨명을 천황이 수여한다는 명분론적 영향을 농후하게 보여준다.

다만 앞서의 「와까사노꾸니이찌니노미아네기계도」의 경우, '당인(唐人)'의 모습을 하고 백마에 올라탄 신이 흰 구름 위에서 와까사(若狹)땅으로 내려왔을 때, 그 권속(眷屬)으로 신을 따르고 있던 '쿠로도오지가미(黑童子神)'를 조상으로 하는 남계의 단계계도(單系系圖)가 시작되는데, 10대째부터는 급격히 기사가 정확·상세해지고 여성이 다수 출현하게 된다. 그러나 이는 키끼신화의 신과는 전혀 관계없는 지역의 신화를 배경으로 한 주목할 만한 사례라 할 수 있다.

이러한 계도도 14세기 이전에는 있을 수 있었다고 생각되지만, 15세기 이후 특히 에도시대에 들어서 '계도가(系圖家)'라고 부를 만한 꽤 역사적 지식을 익힌 전문가가 작성한 계도는 겜뻬이또오끼쯔(源平藤橘)[40]의 제씨(諸氏)에 조상을 연결시키고 있고, 그것이 '야마또(大和)민족은 모두 천황의 자손'이라는 패전까지의 의식을 지탱한 기반을 이루고 있었다고 할 수 있다.

물론 패전 후에는 이러한 의식은 적어도 표면에서는 사라졌지만, 근년에도 여전히 활발히 펼쳐지고 있는 이른바 '뿌리찾기', 또는 동성회(同姓會) 등의 움직임 속에서 다시 표면화될 가능성을 충분히 생각할 수 있다. 조상의 탐색과 동성회는 그 자체로서는 나는 누구인가, 나는 지금 어디에 있는가를 밝히려는 역사학의 원점이고, 학문적인 절차를 밟아 연구를 진행한다면 그 자체가 학문에 기여하고 역사학을 지탱하는 기반이 될 수 있을 것이다.

그러나 안이하게 남계만을 추적하거나, 사료비판 없이 기성의 계도·문헌에 의존하여 이것을 진행한다면, 천황가에 '귀일(歸一)'해버릴 위험성이 매우 크다고 할 수 있다. 우리는 '일본국' 국제의 속박에서 스스로를 해방시키고, 아울러 이 함정에 빠지지 않고 자신의 진정한 뿌리를 학문적으로 추구할 필요가 있다(계도에 대해서는 아미노 요시히꼬 1996a; 1996b).

무논을 기초로 한 세제

앞에서 서술한 대로, 6년마다 작성된 호적은 6세 이상의 전인민에 남녀양천(男女良賤) 각각에 정해진 면적의 무논[水田]을 주고, 6년마다 그 수수(授受)하는 이른바

---

40 나라시대 이래 번영하여 명성이 높았던 네 가문, 즉 미나모또(源)·타이라(平)·후지와라(藤原)·타찌바나(橘)의 4성씨를 말한다.

논에 물을 대는 광경. 중세에 들어서도 무논은 1백만 정보가 채 되지 않았다(『타하라까사네 코오사꾸에마끼(耕作繪卷)』, 토오꾜오대학 사료편찬소 소장).

한덴제(班田制) 실시를 위한 것이었다. 조(調)·용(庸)을 비롯하여 군역·잡요 등의 과역을 부담하는 성년남자를 파악하기 위해 계장(計帳)을 작성했음은 주지하는 대로이고, 이들에 대해서는 본 씨리즈의 해당권에서 상세히 언급될 것이므로 여기서 자세히 서술하지는 않는다.

다만 나는 당초의 '일본국' 국제의 기본이라고도 할 수 있는 이 제도를 실현하기에는 무논이 결정적으로 부족했다고 생각한다. 722년(요오로오養老 6) 나가야왕(長屋王)의 정부가 양전(良田) 1백만 정보의 개간령을 내린 사실은 잘 알려져 있지만, 한덴제를 제대로 시행하려면 실제로 이 정도의 무논이 필요했을 것이다. 이 개간령의 실현을 위해서 국가기관이 혼신을 다해 움직이고 있던 점으로 봐도, 이것을 나가야왕의 비현실적인 과대망상의 산물이라고 볼 수는 없다. 나가야왕은 이 제도를 실현하기 위한 이상을 지향했던 것이다.

그러나 확언하기는 어렵지만, 일본전국의 무논 총계가 1백만 정보를 넘어선 것은 16세기 이후라고 추정된다. 왜냐하면 전 쿠니의 전적(田積)을 기록한 여러 사료를 보면, 헤이안 후기의 『와묘오루이쥬우쇼오(倭名類聚抄)』가 85만 9596정(町) 남짓,

14세기 중반의 『슈우가이쇼오(拾芥抄)』가 95만 6474정, 15세기 후반의 『카이또오쇼 꼬꾸끼(海東諸國紀)』가 86만 4905정 남짓으로 모두 1백만 정보에는 못미친다. 이 숫자가 얼마나 실태를 반영하고 있는지는 이론의 여지가 있지만, 8세기 초에 1백만 정보의 무논을 개발한다는 것은 완전한 이상이었다.

그만큼 무논이 부족했던 것이다. 이때 정부는 거듭 밭의 개발을 장려하고 이로써 무논의 부족을 보충하는 한편, 1백만 정보 개간령을 중지한 723년(요오로오 7)에 삼세 일신법(三世一身法), 더욱이 743년(템뾰오天平 15)에는 간전영년사재법(墾田永年私財法)⁴¹을 발포하여, 지역유력자의 개발의욕을 부추겨 무논의 증가를 꾀하지 않을 수 없었던 것이다. 이처럼 적어도 8세기 전반의 '일본국' 정부는 이 제도를 그 규정대로 실시하려는 강렬한 의지를 갖고 있었던 것이 틀림없다.

729년(템뾰오天平 1) 후지와라노 후히또(藤原不比等)의 네 자식들이 영도하는 정부가 실시한 반전책은 구분전을 전부 거둬들인 후에 새로 반급한다는 철저한 시책이었는데, 하급관인 중에는 자살하는 사람이 나올 정도로 가혹한 것이었다.

또 725년(징끼神龜 2) 오와리(尾張)·이세(伊勢)의 땅을 해민(海民)의 쿠니인 시마(志摩) 지역의 하꾸쇼오들에게 구분전으로 주기로 했는데, 이 역시 바다에 사는 해

---

41 원래 율령제하에서 토지는 공지(公地)이며 사유지를 인정하지 않는 것이 원칙이었다(한덴제班田制). 그런데 특정한 경우에 한하여 사유를 인정한다고 하여 율령제적 토지제도 붕괴의 단서를 연 것이 723년에 발포된 삼세일신법이다. 율령제정부는 경지부족으로 고민해왔는데, 이를 해결하기 위해 밭의 개발을 장려하기로 했다. 기존의 관개시설을 이용하여 경지개발을 한 자에게는 그 사람 일대(一代)만의 사유를 인정하고, 스스로 새로운 관개시설을 만들어 경지개발을 한 자의 경우는 아들·손자·증손대까지 사유를 인정했다. 이것이 삼세일신법이다. 743년 결국 제한없이 사유를 인정하게 되는데, 이것이 간전영년사재법이다.

민에게도 무논을 주어 이들을 오로지 '농민'으로서 제도 내로 편입시키겠다는 국가의 강한 의지가 잘 나타나 있다고 할 수 있다(이야나가 테이죠오 1980). 그러나 이 시도는 역시 무리였다. 바다의 세계가 이세만(伊勢灣)을 통하여 밀접히 연결되어 있다고는 하지만, 오와리의 무논을 시마의 해민이 계속 경작한다는 것이 가능할 리가 없다. 아마도 이 무논은 임조(賃租)되어, 시마 햐꾸쇼오의 손에서는 멀어지고, 햐꾸쇼오는 해민의 생활을 변함없이 전개·발전시켜나갔음에 틀림없다.

또 아무리 개발을 장려한다고 해도 부족한 것은 부족했고, 무논의 부족이 결정적으로 한덴제 그 자체의 실시를 불가능하게 했던 것은 명백하다. 사실 9세기에 들어서자 반급(班給)의 간격이 12년에 한 번으로 변하고, 10세기 초를 마지막으로 반전은 더이상 시행되지 않는다.

앞서 말한 직선도로나 호적 등과 마찬가지로 발족 당초의 '일본국' 국제의 기본이라고 할 한덴제는 점점 느슨해져, 10세기 이후에는 이미 완전히 실질적인 기능을 상실한다. 그러나 '일본국'이 무논을 과세의 기초로 하고, 6세 이상의 전인민에 반급하여, 말하자면 모든 햐꾸쇼오를 '경작농민'화하려는 강렬한 국가의지를 사회에 관철시키기 위해 적어도 1백년, 길게는 2백년 동안 진지한 시도를 해왔다는 것은 그후의 열도사회에, 또 현재에 이르기까지 심대한 영향을 끼쳤다.

이 점에 대해서는 제4장에서 다시 상술하겠지만, 지금도 고교교과서에는 율령제에 관한 설명에서 '반전농민'이라는 용어가 당연한 듯이 사용되고, 무논이 마치 전국을 뒤덮었던 것처럼 서술하고 있다. 그러나 앞서 말한 시마의 해민과 같이, 무논은 물론 농업 자체에도 거의 관계없이 산야하해(山野河海)에서 독자적인 생업을 영위하는 햐꾸쇼오(百姓)의 경우, 비농업적인 생업의 비중이 농업을 훨씬 상회하고 있었음에 틀림없다. 그러한 햐꾸쇼오를 모두 '반전농민'이라고 총칭하는 것은 '일본국' 국제와 그 국가의지로 연구자들을 얽어매어, 다양한 비농업 분야의 생업을 망각케 하는 결과를 초래할 것이다. 이 표현은 하루라도 빨리 고쳐야 한다.

성년남자가 부담하는 조·용

'일본국'은 결코 무논에서 수확된 쌀을 수취·공납시키고 있지 않았다. 농지에는 하쓰호(初穗)[42]에 해당하는 조(租)가 부과되었지만, 그것은 겨우 수확의 3%에 불과했으며, 그것도 국가의 쇼오소오(正倉)에 저장되고 그 일부는 스이꼬(出擧)[43]로 불리는 이도부자본(利稻付資本)으로서 햐꾸쇼오에 대부되어 국가재정을 지탱하고 있었으니, 그 자체가 곧바로 식량으로 쓰였던 것은 아니었다.

정부는 수장(首長)에게 바치던 미쯔기(貢物)를 계승한 조·용을 공납받았지만, 그 중 쌀은 거의 볼 수 없었고, 매우 다양한 품목의 물자가 성년남자(정정正丁, 그 전후의 차정次丁·소정少丁도 약간 부담)의 부담으로 수도까지 운반되었다.

예를 들면 헤이죠오(平城)궁 터의 목간(木簡)으로 판명되었듯이, 와까사(若狹)의 햐꾸쇼오의 조(調)는 내륙부까지 포함하여 소금이었다. 또 앞서 언급한 시마햐꾸쇼오는 '탐라전복(耽羅鰒)'을 바쳤고, 그밖에도 소금·전복·가다랭이(堅魚)·연어(鮭)·해삼(海鼠)·오징어·해조(海藻) 등 해산물을 조(調)로서 바쳤다. 여기에 쥬우

---

42 그해 들어 처음 익은 벼이삭을 조정·신불 등에 바치는 것.

43 국가가 행하는 쿠스이꼬(公出擧)는 봄에 관도(官稻)를 농민에게 대부하여 가을에 3~5할의 이도(利稻)와 함께 회수한다. 명목은 영농자금이었지만, 나라중기부터는 이도, 이자수입을 목적으로 하는 조세적 색채가 강해졌다. 사사(寺社)나 귀족, 호족이 행하는 시스이꼬(私出擧)는 쌀 이외에 전(錢)이나 물건도 빌려주었고 연 5~10할의 이자를 공인받았다.

난사꾸모쯔[44](中男作物)와 코오에끼조오모쯔(交易雜物), 또 니에(贄)[45]의 해산물을 더하면, 이 국가가 지배하는 사회의 실태는 바다냄새가 물씬 풍기는 것임을 잘 알 수 있다.

또 여러 종류의 다양한 비단·실·포(布)도 각 쿠니의 조였고, 상인도오(山陰道)·상요오도오(山陽道)의 쮸우고꾸(中國) 산지에 속한 지역 중에는 철·쟁기 등의 철제품을 공납하는 쿠니도 있었고, 목기나 도자기를 내는 쿠니도 있었다. 특히 쮸우난사꾸모쯔에 종이가 많이 나타나는 현상도 주목해야 한다.

이것으로 알 수 있듯이, 햐꾸쇼오는 여러가지 생업에 종사했으며, 결코 무논을 이용한 농업으로만 생활하고 있었던 것은 아니다. 특히 앞서 말한 전복을 공납하는 시마 햐꾸쇼오가 틀림없이 해민이었던 것처럼, 열도 해변 구석구석의 해민이 공납에서 차지하는 비중은 꽤 컸다고 생각된다. 예를 들면 724년에서 29년까지 징끼(神龜) 연간에 쯔시마(對馬)에 식량을 보내는 배의 조타수가 된 찌꾸젠노꾸니(筑前國) 무나까따군(宗像郡)의 햐꾸쇼오 무나까따베노 쯔마로(宗形部津麿)는 틀림없이 배를 조종하는 해민이었고, 그에 뒤이어 같은 쿠니에서 쯔시마로 배를 냈다가 조난당한 듯한 카스야군(糟屋郡) 시까무라(志賀村)의 아마노 아라오(白水郎荒雄)도 '아마노(白水郎)'를 씨명으로 하는 해민이었다. 이러한 해민 햐꾸쇼오가 앞에서 든 해산물을 조로 공납했던 것이다. 그리고 『니홍꼬오끼(日本後紀)』 799년(엔랴꾸延曆 18) 11월 14일조에 "코지마군(兒島郡) 햐꾸쇼오들은 소금 굽기를 업으로 삼는다. 이것으로 조용(調庸)을 마련한다"라고 한 것처럼, 소금을 공납하는 햐꾸쇼오 가운데에는 제염

---

44 나라·헤이안시대에 쮸우난(中男)의 조(調) 대신에 부과된 현물납 조세.
45 조정 또는 신에게 바치는 토지의 산물, 특히 물고기·새고기 등.

若狭國遠敷郡
木津郷少海里
土師竈御調鹽三斗

와까사노꾸니(若狹國) 하꾸쇼오들의 조(調)는 소금(鹽)이었다(헤이죠오平城 궁에서 출토된 목간. 나라국립문화재연구소).

민(製鹽民)으로 볼 수 있는 사람들이 다수 존재했던 것이다.

그러나 와까사 내륙부 하꾸쇼오로서 소금을 조로 부담하고 있던 사람의 경우, 자신이 생산한 쌀 등의 산물을 소금과 맞바꾸어 공납을 바쳤을 것이다. 철과 쟁기를 공납하고 있던 호오끼(伯耆)·빗쮸우(備中)·빙고(備後) 등의 하꾸쇼오 가운데에도 제철민(製鐵民)으로 불릴 만한 사람들이 적지 않게 있었다고 생각되지만, 역시 쌀과 철을 교환했을 가능성도 충분히 생각할 수 있다.

그리고 특히 간과할 수 없는 사실은 시마의 탐라전복은 오오또모베노에지마(大伴部得嶋)라는 남성이 바치고 있었지만, 실제로 전복을 캐는 것은 해녀인 여성이었고, 비단·실·포 등도 공납자는 남성의 이름으로 되어 있어도, 뒤에서도 언급하는 것처럼 생산자는 여성으로 보는 것이 자연스럽다는 점이다.

이와같이 '일본국' 국제가 무논을 하꾸쇼오에 주고, 이를 기반으로 성년남자에 여러가지 물품을 공납시키는 조세제도를 실시했던 것은, 벼농사 이외의 각종 생업과 여성의 생산노동 등 사회실상의 중요부분을 감추는 결과를 빚었다. 현재까지 많은 역사연구자가 이 국제에 눈이 팔려 하꾸쇼오를 처음부터 '반전농민'으로 파악하는 오류에 빠져 있고, 해민(海民)·산민(山民)을 비롯하여 다양한 생업에 종사

제염을 생업으로 삼던, '제염민'이라 불러야 마땅한 사람들이 많이 존재했다(분쇼오조오시文正草子, 궁내청宮内廳 서릉부書陵部 소장).

하는 사람들, 여성의 활동 등을 망각했던 사실을 깨닫지 못했던 것이다. 그것은 앞서와 같이 '일본국'이 이 제도를 관철시키려고 1백년 이상이나 진지하게 노력한 결과, 무논을 과세의 기초로 하고 조세의 부담자를 성년남자로 하는 제도가 본래의 율령에 기초한 제도로 기능하지 않게 된 중세·근세에도 형태와 내용을 바꾸면서 오랫동안 유지되었던 데에 크게 영향을 받았기 때문이다.

햐꾸쇼오를 곧바로 농민으로 이해하는, 일본에서만 통용되는 이해방식이 근세 후기에서 근대, 그리고 현재에 이르기까지 정부를 포함한 거의 모든 일본인에게 널리 퍼지게 된 기점은 사실상 이 '일본국'의 조세제도에서 출발한다고 할 수 있다.

천황의 두 얼굴, 제국의 수장과 신성왕

그러나 이처럼 율령에 규정된 무논을 기초로 하는 세제와는 별도로, 바다와 산의 첫 수확물을 천황에게 바치는 니에(贄)제도가 있었던 점도 간과해서는 안된다. 이에 대해서는 율령에 규정이 없기 때문에 지금까지 그다지 주목을 받지 못해왔다. 그러나 후지와라(藤原)궁터, 헤이죠오(平城)궁터 등에서 출토된 대량의 목간(木簡)에서 예상을 훨씬 뛰어넘는 대량의 해산물 등 니에(贄)의 부찰(付札)이 발견되어, 수도에 방대한 양의 해산물이 공급되고 있던 사실이 밝혀지고 난 후, 니에제도가 갑자기 주목을 받게 되었다. 또 여러 쿠니가 천황가에 공진(貢進)하는 밤·호두·배·메밀잣밤나무[椎]·밀감[柑]·속나무[楊梅] 등도 주목해야만 하며, 죠오몬(繩文)시대 이래의 수목(樹木)문화, 산의 수확물도 결코 간과해서는 안될 것이다.

이 문제에 대해서도 뒤에 좀더 서술할 것이고, 또 본 씨리즈의 해당권에서 상술할 것이므로, 여기서는 더 논하지 않겠다. 다만 본래 신에게 바치는 산야하해(山野河海)의 첫 수확물인 니에가 천황에게 바쳐진 것은, 천황이 율령을 국제로 하고 무논을 기반으로 하는 중국대륙풍의 제국인 '일본국'의 수장(首長)이라는 일면과 함께, 태양신을 조상으로 하는 신의 자손이며, 스스로 신의 아들로 인민에 군림하는 '신성왕(神聖王)'의 성격을 갖고 있었음을 잘 말해주고 있다. 이것은 잉까제국의 잉까나 아프리카왕국의 왕 등과 비교할 필요가 있는 측면이다. 천황은 '무주(無主)'의 산야하해와 경계영역을 지배하고, 그곳을 생활무대로 하는 사람들, 즉 해민이나 산민, 후에는 편력(遍歷)하는 상인을 직속시키는 신성한 존재이기도 했던 것이다.

중세천황은 이러한 신성왕으로서의 천황의 속성과 무논을 기초로 하는 국가의 수장, 말하자면 '벼(稻)의 왕'이라는 측면을 동시에 줄곧 갖고 있었다고 할 수 있다(아미노 요시히꼬 1984).

3. '일본국'과 열도의 각 지역

내해와 반도, 산과 천

9세기의 '일본국' 영역은 앞에서 말한 대로, 토오호꾸(東北) 북부를 제외한 혼슈우(本州)와 시꼬꾸(四國)·큐우슈우(九州), 거기에 사도(佐渡)·오끼(隱岐)·이끼(壹岐)·쯔시마(對馬) 등의 섬들이었다. 이것이 동서로 크게 나뉘는 경계는 혼슈우 중부의 대지구대(大地溝帶), 즉 포싸 마그나(Fossa Magna)라고 생각되지만, 열도의 자연과 사회의 관계나 각 지역의 특질을 생각할 경우, 특히 반도와 내해(內海), 그리고 산과 천(川)의 역할을 충분히 고려하지 않으면 안된다.

대개 반도로 둘러싸여 만(灣)을 이루는 경우가 많은 내해는 그 주변지역을 수상교통으로 연결시켜, 하나의 작은 세계를 형성하고 있다.

북쪽부터 살펴보면, 최근에 주목받고 있는 '북의 내해세계'(이루마다 노부오·코바야시 마사또·사이또오 토시오 1999), 즉 시모끼따(下北)·쯔가루(津輕)·오시마(渡島)반도로 둘러싸인 쯔가루해협과 무쯔만(陸奧灣)은 '일본국'의 외부에 있으면서 북방의 사쯔몬(擦文)인, 오호쯔끄인, 나아가 아이누인, 일본인과의 접점을 이루는 독자적인 세계를 만들어내고 있었다고 한다.

그것은 이와끼가와(岩木川), 쥬우상꼬(十三湖)와 토사미나또(十三湊)에도 연결되어 있는데, '일본해' 측으로 흘러들어가는 하천은 그 하구에 크고 작은 석호(潟湖)를 만들어내어, 그곳에 좋은 항구를 형성하는 경우가 널리 발견된다. 오가(男鹿)반도와 하찌로오가따(八郞潟)의 북쪽에는 요네시로가와(米代川)와 노시로(能代), 남쪽으로 오모노가와(雄物川)와 아끼따(秋田)가 있다. 또 모가미가와(最上川)와 사까

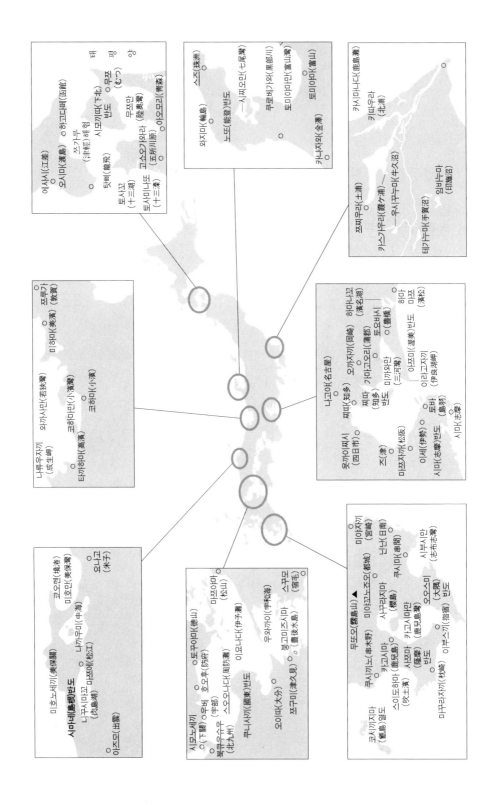

[홋카이도 지역]

에사시(江差)
오시마(渡島) ◦하코다테(函館)
쯔가루해협
(津輕海峽)
시모기따(下北)반도
릿삐(龍飛)　◦무쯔(むつ)
무쯔만(陸奧灣)
고쇼가와라(五所川原)
◦아오모리(靑森)
토사호
(十三湖)
토사미나토
(十三湊)

[도호쿠 동해 지역]

스즈(珠洲)
와지마(輪島)
노또(能登)반도
一시모기따(下北)
무로쯔(室津)　―人시모(七尾灣)
토미야마(富山灣)
토야마(富山)
카나자와(金澤)

[간토 지역]

카시마나다(鹿島灘)
키따우라
(北浦)
쯔찌우라(土浦)
카스가우라(霞ケ浦)
―우시꾸누마(牛久沼)
테가누마(手賀沼)
인바누마
(印旛沼)

[호쿠리쿠 지역]

나루우자끼(成生岬)
미하마(美濱)◦　◦쯔루가(敦賀)
와까사만(若狹灣)
코하마(小濱)
코하마(小濱)
타까하마(高濱)　코하마(小濱)

[주부 지역]

나고야(名古屋)
이하마(濱名) 하마나꼬(濱名湖)
오카자끼(岡崎)
카마고오리(蒲郡)
토요하시(豊橋)
찌따(知多)
찌따(知多)반도
미카와만(三河灣)
이라고미(渥美)반도
이라고자끼(伊良湖岬)
우까이찌시(四日市)
즈(津)
욘카이찌시(四日市)
마쯔자까(松阪)
이세(伊勢)
이세만
토바(鳥羽)
시마(志摩)
미쯔자까(松阪)
이세(伊勢)
시마(志摩)반도
시마(志摩)

[산인 지역]

미호노세끼(美保關)
시마네(島根)반도
나가시마꼬(中海湖) 미쯔에(松江)
이즈모(出雲)
쿄오겐(境港)
미호난(美保關)
요나고
(米子)

[주고쿠·규슈 지역]

시모노세끼(下關)◦우베(宇部)
○토꾸야마(德山)
호오후(防府)
북구우수(北九州)
스오오나다(周防灘)
루나시마(圓東)반도
이요나다(伊子灘)
미쯔야마(松山)
우와끼이(宇和海)
스꾸모(宿毛)
요이따(大分)
쯔꾸미(津久見)◦
분고미즈미(豊後水道)

[규슈 남부 지역]

무또오(霧島山)▲
미야자끼(宮崎)
닌난(日南)
쿠시마(串間)
코시끼지마(甑島)
미야꼬노조오(都城)
사꾸라지마(櫻島)
쿠니끼노(串木野)
스이도하마(吹土濱)
시무시끼(志布志灣)
시부시만(志布志灣)
카고시마(鹿兒島)
시므(薩摩)반도
카고시마만(鹿兒島灣)
오오스미(大隅)
마꾸라자끼(枕崎)
이부스끼(指宿)　오오스미(大隅)반도

다(酒田), 시나노가와(信濃川)·아가노가와(阿賀野川)와 후에 니이가따(新潟)로 변하는 거대한 석호와 같이 하천은 원류인 산지·산림, 그리고 그 유역에서부터 하구의 개펄〔潟〕·항구〔湊〕를 포함하는 하나의 세계를 각각 형성하고 있는 것이다.

그러한 내해와 하천이 만들어내는 소세계로는 쿠로베(黑部)·진즈우(神通)·쇼오(庄) 등 세개의 하천이 흘러들어가는 토야마만(富山灣), 오오찌가따 지구대(邑知潟地溝帶)와 나나오만(七尾灣), 또 사이까와(犀川)와 카나자와(金澤), 쿠즈류우가와(九頭龍川)와 미꾸니미나또(三國湊) 등이 있다. 또한 와까사만(若狹灣)과 연결되는 비와꼬(琵琶湖)라는 커다란 내해는 세또나이까이(瀬戸內海)와도 통하여 '일본해'와 태평양을 연결하는 혼슈우를 횡단하는 대동맥이다.

그리고 더 서쪽으로 나아가면 찌요까와(千代川)와 코야마이께(湖山池), 텐징가와(天神川)와 토오고오이께(東鄕池)에 이어 나까우미(中海), 신지꼬(宍道湖)라는 커다란 내해가 나타나, 고오노까와(江川)와 고오쯔(江津), 타까쯔까와(高津川)와 마스다(益田) 등을 거쳐 센자끼만(仙崎灣)·후까와만(深川灣)·유야만(油谷灣) 등이 '일본해' 변에 있다.

한편 태평양 쪽으로 눈을 돌리면, 아부꾸마가와(阿武隈川)가 장대한 유역세계를 형성하고, 쿠지가와(久慈川)·나까가와(那珂川)도 하나의 세계를 만들고 있지만, 무엇보다 카스미가우라(霞ヶ浦)·키따우라(北浦)·테가누마(手賀沼)·임바누마(印旛沼)와, 그리로 흘러들어가는 히따찌가와(常陸川) 등 대부분의 하천이 광대한 내해, 즉 '죠오소오(常總)의 내해'를 이루고 있다. 또 보오소오(房總)반도와 미우라(三浦)반도에 둘러싸이고, 후또히가와(太日川)·스미다가와(隅田川)·후루또네가와(古利根川)·아라까와(荒川)·타마가와(多摩川)가 유입하여, 현재의 지형으로는 상상도 할 수 없을 정도로 넓은 바다가 펼쳐진 만(灣)이었던 '부소오(武總)의 내해' 역시 죠오소오(常總)의 그것과 연결되어 남칸또오(南關東)에는 광대한 수향(水鄕)지대가 전개되고 있다.

더욱이 사가미가와(相模川)·사까와가와(酒匂川)가 흘러들어가고, 미우라반도·이즈(伊豆)반도에 둘러싸여, 이즈반도를 전면에 둔 사가미만(相模灣), 후지가와(富士川)·아베까와(安部川)·오오이가와(大井川)가 흘러들고 후지가와를 통하여 내륙부와도 긴밀히 연결된 스루가만(駿河灣), 그리고 아쯔미(渥美)반도·찌따(知多)반도·키이(紀伊)반도에 둘러싸인 거대 하천인 이비(揖斐)·나가라(長良)·키소(木曾) 등세 하천의 유입으로 산악지대와 연결되면서, 동시에 지금보다도 훨씬 깊이 육지로들어와 있어, 그 출입구에는 섬들이 늘어선 다도해의 양상을 보이는 넓디넓은 이세만(伊勢灣)의 내해세계가 펼쳐진다.

그리고 카모가와(賀茂川)·카쯔라가와(桂川)·우지까와(宇治川)·키즈가와(木津川)가 합류하는 큰 강인 요도가와(淀川)가 흘러들어 오고, 아와지시마(淡路島)·키이반도에 둘러싸인 내해는 열도 최대의 내해인 세또나이까이로 연결된다. 앞서 말한 와까사만(若狹灣)에서 비와꼬(琵琶湖)로 연결되어, 요도가와·세또나이까이로통하는 이 수상교통 루트야말로 열도의 서부와 한반도, 중국대륙 사이에 긴밀한 교류가 이루어진 길이었다. 그리고 그 요충에는 야마또정권의 본거지가 위치한 '일본국'의 중심, 수도와 키나이(畿內)가 설정되었던 것이다. 세또나이까이의 세계는 수없이 많은 섬들이 만들어낸 몇개의 작은 내해가 형성되어, 시꼬꾸(四國) 북부와 상요오도(山陽道)를 연결하면서, 큐우슈우(九州) 동부의 바다에까지 이르고 있으며, 거기에는 바다냄새가 물씬 풍기는 독자적인 개성이 자라고 있었다.

세또나이까이를 빠져나와 서쪽으로 향하면, 큐우슈우 북안의 옹가가와(遠賀川)와 하구의 아시야(芦屋), 오오시마(大島)·지노시마(地島)를 전면에 둔 무나까따(宗

像), 시까노시마(志賀島)와 이또시마(絲島)반도에 둘러싸인 채, 나까가와(那珂川)
가 유입하는 열도의 서쪽 현관인 하까따만(博多灣), 여기에 이또시마반도와 히가시
마쯔우라(東松浦)반도로 둘러싸인 카라쯔만(唐津灣)이 이어진다. 서북큐우슈우·마
쯔우라(松浦)의 다도해에서 서쪽으로는 고또오(五島), 북쪽으로는 이끼(壹岐)·쯔시
마(對馬)에 이르는 동중국해와 '일본해'를 가르는 현해탄의 바다세계도 펼쳐진다. 한
반도·중국대륙 남부와 깊은 관계를 갖는 해민들의 과거 활동 무대였던 이 바다에서
는 후년 '왜구'의 세계가 전개된다.

또한 니시소노기(西彼杵)반도가 둘러싼 오오무라만(大村灣), 나가사끼(長崎)반
도와 시마바라(島原)반도가 둘러싼 타찌바나만(橘灣), 장대한 유역세계가 있는 큰
강인 찌꾸고가와(筑後川)가 흘러드는 드넓은 아리아께까이(有明海)와 시마바라만
(島原灣), 더욱이 우도(宇土)반도와 아마꾸사제도(天草諸島)가 둘러싸고, 쿠마가와
(球磨川)가 유입하는 시라누이까이(不知火海), 즉 야쯔시로까이(八代海)도 펼쳐져
있다. 이 바다들은 모두 동중국해를 건너 중국대륙 남부, 즉 강남(江南)의 세계에 연
결되어 있다.

열도 최남부의 내해로 사쯔마(薩摩)반도와 오오스미(大隅)반도로 둘러싸인 카고
시마만(鹿兒島灣)은 사쯔난제도(薩南諸島)·난세이제도(南西諸島)·류우뀨우제도
(琉球諸島)·사끼시마제도(先島諸島)와의 연결을 통하여, 타이완·강남·동남아시아
까지 연결되어 있다.

이 내해들은 하천을 통하여 열도의 척추를 이루는 산맥의 산악지대에 연결되어
있다. 산악은 독자적인 산길을 내 독특한 산의 세계를 형성하는 한편, 하천을 통해
바다로도 열려 있다. 열도 내륙부 각지의 산으로 둘러싸인 분지는 확실히 개성적인
분지세계를 만들어내면서도, 결코 주위에서 고립되지 않고 하천길·산길을 통해 넓

은 외부세계와 연결되어 있었다. 드넓은 원야(原野)·경지·삼림이 끝없이 펼쳐지는 대륙과는 달리, 열도의 지형은 이렇게 산야하천이 수놓은 매우 복잡하고도 극히 다양한 소세계를 각지에 형성시키고 있었다(아미노 요시히꼬 1999~2000).

'일본국'이 만든 획일적인 국제는 이 국가의 강렬한 의지로 말미암아, 약 1백년은 혼슈우의 대부분, 시꼬꾸·큐우슈우와 주변의 섬들을 뒤덮는 것처럼 보였다. 그러나 열도 여러 지역의 개성은 그 때문에 질식당하기는커녕, 오히려 국가지배에 자극을 받아 더욱더 강인하게 되고, 국가규제가 약해진 9세기 후반에는 각 지역이 독자적으로 움직이기 시작했다. 그리고 10세기 초 율령제 회복을 목표로 한 최후의 국제개혁이 실패로 돌아가자, 이제 좋고 싫을 것도 없이 지역을 기반으로 한 각 세력이 시대의 표면에 모습을 드러내고, '일본국'은 분열할 기색을 보이기 시작했다.

자립을 지향하는 '동국'

9세기 말에서 10세기에 걸쳐서 '일본국'의 동부에서는 토오까이(東海)·토오산(東山) 양도(兩道)에 '슈우바(傭馬)의 토오(黨)'⁴⁶(고마雇馬의 집단)로 불렸던 기마 '군도(群盜)'가 횡행하고, 서부에서는 세또나이까이(瀨戶內海)를 무대로 하는 '해적'이 봉기하는 소란스런 상황이 각 지역에서 일어났다. 이윽고 10세기 전반 조오헤이(承平,

---

46 헤이안 중기의 운송업자 집단. '슈우(傭)'는 고용한다는 뜻인데, 9세기 말에서 10세기에 걸쳐 동국에 널리 분포하여 말을 부리며 운송을 업으로 부를 쌓은 토호(土豪)들로 타이라노 마사까도의 기반이 된다. 이들은 많은 농민을 예속시키고 횡적으로 결합하여 지방행정기관인 코꾸가(國衙)를 상대로 투쟁을 벌였는데, 타이라노 마사까도는 이 세력의 규합에 성공하여 반란추진의 원동력을 얻었다. 동국에서 볼 수 있는 마목(馬牧), 무사의 기마풍습 등은 이들과 관련하여 주목해야 할 부분이다.

931~938)에서 텡교오(天慶, 938~947)연간에 걸쳐 서쪽으로는 후지와라노 스미또모 (藤原純友, ?~941)[47]의 대반란이 일어나고, 동으로는 타이라노 마사까도(平將門, ?~940)[48]가 자립한 국가를 세우기에 이르렀다.

이에 대해서는 별도의 책에서 상술될 것이므로 여기서는 나의 견해만을 언급하겠다. 939년(텡교오天慶 2) 12월 타이라노 마사까도는 여러 쿠니의 국부(國府)를 공략하여, 시모우사(下總)에 왕성(王城)을 두고, 아시가라(足柄)·우스이세끼(碓氷關) 동쪽의 '반도오(坂東)'로 불렸던 8개 쿠니에 이즈노꾸니(伊豆國)를 더하고 그 쿠니들의 쿠니노까미(國守)[49]에 일족과 심복을 임명했다. 그리고 스스로는 하찌만신(八幡神)의 탁선(託宣)을 통해 스가와라노 미찌자네(菅原道眞, 845~903)[50]의 영혼에게서 '위기(位記)'를 수여받고, '신황(新皇)'에 즉위했다.

『쇼오몽끼(將門記)』가 서술하는 이 사태는 실로 쿄오또(京都)의 천황을 정점으로 하는 '일본국'에 대하여 '반도오', 즉 동국(東國)을 기반으로 자립한 신국가 수립을

---

47 헤이안 중기의 무장. 세또나이까이에 횡행하는 해적의 중심으로 약탈·방화를 일삼다가 토벌되었다.
48 헤이안 중기의 무장. 케비이시(檢非違使)가 되려 했으나 뜻을 이루지 못하고 분개하여 칸또오(關東)에 가서 세력을 규합했다. 939년 사시마에 궁궐을 짓고 문무백관을 두어 신황(新皇)이라고 자칭하면서 칸또오지방에서 위세를 떨쳤다. 타이라노 사다모리(平貞盛)와 후지와라노 히데사또(藤原秀鄕)에게 토벌되었다.
49 율령제에서 조정이 지방에 파견한 지방관인 코꾸시(國司) 중 최상급 관리를 말한다. 코꾸시에는 카미(守)·스께(介)·죠오(掾)·사깐(目) 등 4등급의 관리가 있고, 그 밑에 시죠오(史生)가 있었다. 그 관청이 있는 곳을 코꾸가(國衙)라고 하고, 코꾸가가 소재하는 지역을 코꾸후(國府)라고 한다.
50 헤이안 전기의 학자·정치가. 우다이진(右大臣)까지 올랐으나, 901년 후지와라노 토끼히라(藤原時平)의 참언을 받아 다자이노곤노소찌(大宰權帥)로 좌천되고 결국 유배지에서 죽었다. 『루이쥬우꼬꾸시(類聚國史)』를 편찬하고, 『산다이지쯔로꾸(三代實錄)』에도 간여하였다. 키따노뗌망구우(北野天滿宮)에 안치되었으며, 학문의 신으로 유명하다.

의미하는 것이다. 『쇼오몽끼』는 '신황'의 즉위 이후, 교오또의 천황을 '본천황(本天皇)'이라 부르고 있다. 게다가 이 '신황', 즉 '신천황'은 아마떼라스오오미까미(天照大神)와 다른 무신(武神)인 하찌만신의 탁선, 그리고 '본천황'에 대한 반역자였던 스가와라노 미찌자네의 권위를 배경으로 즉위하고 있다. 마사까도(將門)는 또한 무력에 의한 신국가 수립의 근거를, 이 무렵 동북아시아에서 거란국이 발해를 제압한 일에 두고 있다.[51] 이것은 거슬러 올라가면 타가성비(多賀城碑)의 '에조국경에서 120리(去蝦夷國界一百卅里)' '말갈국경에서 3천리(去靺鞨國界三千里)', 내려오면 오오슈우(奧州) 후지와라(藤原)씨의 키요히라(淸衡)의 원문(願文)에 보이는 '숙신(肅慎) 읍루(挹婁)와 같은 바다오랑캐〔海蠻〕'에 공통적으로 보이는 열도동부와 동북아시아의 깊은 관계를 배경으로 한 발상이고, 열도서부를 기반으로 성립한 '일본국'의 '본천황'이나 귀족 등과는 매우 이질적인 지역의식이라고 할 수 있을 것이다. 실제 마사까도는 시나노(信濃)로도 진공한 적이 있고, 무쯔(陸奧)로도 그 판도를 넓혀 '반도오'에 머물지 않고, 혼슈우 동부 전역을 자신의 지배하에 넣으려고 했던 것이다.

　　종전에는 마사까도를 뒷받침한 '반도오' 군사세력의 기반을 혼슈우 동부 각지에 있는 광대한 목장에서 사육되는 말이라고 간주해왔다. 물론 이것은 옳은 것이고 앞서 '슈우바의 토오'에서 보이는 것처럼 기동력이 큰 역할을 했던 것은 틀림없으나 그것만이 전부는 아니다. 토오호꾸(東北)에서 칸또오(關東)에 걸친 지역에는, 특히 '동국'에 대해 후꾸다 토요히꼬(福田豊彦)가 밝힌 것처럼, 오랜 전통을 지닌 독자적인 기술에 의한 제철이 활발히 행해졌고, 그것 역시 마사까도를 비롯한 이 지역 무장

---

51 발해는 926년 거란의 공격으로 멸망했다.

(武將)의 군사력 기반이었다고 생각된다(토오꾜오공업대학제철사연구회 1982; 후꾸다 토시히꼬 1981).

더욱이 최근 특히 주목받게 된 카즈사(上總)의 내해, 부소오(武總)의 내해, 사가미만(相模灣)의 수상교통이 수행한 역할도 결코 간과할 수는 없다. 마사까도뿐 아니라 이 지역 무장은 모두 이러한 내해의 교통장악에 힘을 쏟고 있었고, 마사까도를 둘러싼 여러 호족의 전투에서도 말〔馬〕뿐 아니라 배〔船〕도 빠뜨릴 수 없는 수단으로 활발히 이용되었던 것이다. 실제로 마사까도가 이즈(伊豆)를 지배하에 넣었던 것 자체가 부소오의 내해와 사가미만의 해상교통을 확실히 장악하고 있었음을 말해주고 있다(스즈끼 테쯔오 1994).

이같이 '반도오'를 중심으로 혼슈우 동부지역의 독자적인 힘을 조직한 마사까도의 신국가 수립 움직임에서 '일본국' 분열의 징후를 보는 것은 결코 근거 없는 것이 아니다. 실제로 신황(新皇) 마사까도는 동(東)의 왕권으로서, 서(西)의 왕권인 '본천황(本天皇)'과 대치했던 것이다.

그러나 이미 지적되고 있는 것처럼, 마사까도가 '역박사(曆博士)'를 두고 있지 않았으므로, 새로운 연호의 제정을 포함한 시간지배가 결여되어 있었다고 하여, 이를 국가·왕권으로서의 중대한 결격사유로 지적하는 견해도 있다. 그뿐 아니라 마사까도가 '일본국' 국제의 근본이라고 할 수 있는 코꾸군제(國郡制)를 변혁하지 않고, 그에 편승하여 쿠니노까미(國守)를 임명했던 점도 간과할 수 없다. '일본국'과는 다른 별개의 새로운 국호를 세우려고 하는 발상은 여기서는 나올 수 없다.

또한 무엇보다도 이 국가는 겨우 2개월여 만에 멸망한 실로 단명한 정권이었다. 역사에 '가정'은 없다고 하지만, 만약 전투의 중심에 스스로 참여한 마사까도가 전사하지 않고 이 국가가 1년, 또는 2년 이상 연명했다면 사태는 완전히 변했을 것이다.

서쪽의 스미또모(純友)의 난[52]의 전개에 따라서는, 쿄오또의 천황·왕조가 사라져버렸을 가능성도 충분히 있을 수 있었던 것이다.

물론 현실은 그렇게 되지 않았지만, 겨우 2개월 남짓이라고는 해도 어쨌든 마사까도가 '반도오'를 중심으로 자립 국가를 수립하여, 동의 왕권을 출현시켰던 의미는 매우 크며 이후 열도동부, 즉 '동국'사회의 역사에 강한 영향을 남긴 것은 분명하다.

'일본국'의 틀을 넘어선 '서국'

이에 대하여 마사까도에 호응하기라도 하듯, 세또나이까이를 무대로 '해적'의 지지를 받아 왕조에 반역한 후지와라노 스미또모(藤原純友)의 경우에는 곧바로 독자적인 국가를 형성하려는 움직임은 보이지 않는다. 그러나 요도가와(淀川)에서 세또나이까이(瀬戸內海)를 거쳐 북큐우슈우에 이르는 바다의 세계가 얼마나 중요하고 독자적인 세계인가를 스미또모의 활동은 단적으로 보여주고 있다.

스미또모는 이요(伊豫)를 근거지로 내해의 동쪽으로 진출하여, 비젠(備前)·하리마(播磨)를 장악하고 요도가와를 거슬러 올라가 쿄오또를 노리는 한편, 서쪽으로는 다자이후(大宰府)를 공격했다. 사실상 세또나이까이 세계를 석권한 반란이라고 할 수 있다. 그리고 마사까도가 동북아시아의 움직임에 눈을 돌리고 있었던 것에 비해, 스미또모의 눈은 틀림없이 한반도와 중국대륙으로 향하고 있었다.

이미 9세기 전반, 한반도 남부 다도해 중의 완도(莞島)를 근거지로, 북큐우슈우와

---

52 헤이안 중기의 무장 후지와라노 스미또모(藤原純友)는 서국의 해적을 토벌하라는 조정의 명령을 받았으나, 936년 거꾸로 해적을 이끌고 조정에 반항하다가 941년 패사(敗死)하였다.

교역하며, 바다를 기반으로 독자적인 세력을 떨쳤던 신라인 장궁복(張弓福)〔즉 장보고〕의 활동은 널리 알려져 있다. 866년(죠오간貞觀 8) 히젠노꾸니(肥前國)의 〔군을 다스리는〕 군지(郡司)와 유력자가 신라인과 공모하여 신라에 들어가, 병노(兵弩)·기계(器械)를 만드는 기술을 가르치고, 쯔시마(對馬)를 빼앗아 이 바다를 지배하려고 한 사건이 발각되었다. 또 869년(죠오간 11)에는 신라해적이 하까따(博多) 앞바다를 습격하여 부젠노꾸니(豊前國)의 연공견(年貢絹)·면(綿)을 빼앗는 사건까지 일어나는 등, 한반도에서 북큐우슈우에 이르는 바다를 무대로 한 해상세력의 움직임이 활발히 전개되기 시작했다.

그리고 9세기 말에서 10세기 초에 걸쳐 임박해오는 신라의 멸망을 배경으로 '해적'을 비롯, 일본에 표류하거나 내방(來訪)하는 신라인의 움직임이 매우 현저해졌다. 그 움직임은 쯔시마·이끼(壹岐)·오끼(隱岐)에서 나가또(長門)·히젠(肥前)·히고(肥後) 등 북서큐우슈우와 세또나이까이에 미치고, 스미또모의 반란도 틀림없이 이 신라인의 동향과 어떤 형태로든 연동되고 있었다고 보는 것이 자연스러울 것이다.

이와같이 아주 오래 전부터 현해탄·'일본해'를 통하여 한반도와, 또 동중국해를 통하여 중국대륙과 긴밀히 연결되어 있던 세또나이까이의 세계는 10세기에 들어서면, 이 새로운 활기를 배경으로 이완된 '일본국'의 틀을 완전히 넘어서, 바다를 매개로 한 동아시아세계와의 관계를 강화하기 시작했던 것이다. 열도측의 이러한 움직임에 호응하여, 10세기 말에는 신라를 멸망시키고 새로운 국가를 수립했던 고려왕조의 사자와 고려상인이 왔고, 나아가 중국대륙 남부의 오월(吳越)상인에 이어, 새로이 대륙을 통일한 송나라 상인의 배가 해마다 교역을 위해 도자기를 비롯한 다양한 '중국산 물자〔唐物〕'를 싣고 내항하게 되어, 동중국해 세계와 '일본해' 세계가 새롭게 활기찬 교류기에 들어섰다.

자립한 토오호꾸의 정치세력

이리하여 '일본국'은 동과 서로 크게 갈라졌지만, 동에 대해서는 북방, 서에 대해서는 남방에서부터 활발한 움직임이 일어나, 그 힘의 작용으로 각각 독자적인 지역이 형성되어간다.

북방세계에서는 대체로 '북위40도 이북'(반드시 그렇지는 않다)의 '일본국' 국제가 미치지 않은 지역과, 무쯔만(陸奧灣)·쯔가루(津輕)해협 북쪽의 '내해'를 낀 홋까이도오 남부, 즉 오시마(渡島)지역에 10세기경 '방어성집락(防禦性集落)'('환호집락環濠集落·고지성집락高地性集落')이 광범위하게 출현한다.

12세기에 걸쳐 이 내해세계에서 일어났다고 보이는 커다란 변동을 어떻게 평가할 것인지에 대해서는 갖가지 논의가 있으나, 북방세계에 새로운 움직임이 일어나고 있었음은 틀림없다.

그것은 한편에서는 사쯔몬(擦文)문화로부터 활발한 교역활동에 뒷받침되는 아이누문화로의 전환을 초래했고, 동시에 11세기 이후 토오호꾸(東北) 남부를 끌어들이면서 아베(安倍)씨·키요하라(淸原)씨에서 오오슈우(奧州) 후지와라(藤原)씨에 이르는 토오호꾸의 자립세력을 형성시키는 배경이 되었다고 생각된다(이루마다 노부오·코바야시 마사또·사이또오 토시오 1999).

이 토오호꾸 정치세력에 대해서도 이를 독자적인 정권, 나아가서는 국가로 간주하는 견해부터, 쿄오또왕조의 파견기관으로 보는 관점까지 다양하다. 최근 발굴이 진행된 히라이즈미(平泉)의 야나기노고쇼(柳之御所)유적에서 '일본해' 쪽에서 유입된 스즈야끼(珠洲燒)를 비롯하여, 태평양해운을 통해 들어온 방대한 양의 토꼬나메야끼(常滑燒)·아미야끼(渥美燒), 또 중국대륙의 청자·백자 등이 출토된 것으로 보아, 서쪽의 영향을 강하게 받고 있었던 것은 사실이지만, 역시 북방세계를 배경으로

'일본국'에 끝까지 저항했던 토오호꾸인, 즉 '에미시(蝦夷)'의 전통을 이들 정권이 계승하고 있었던 것은 틀림없다.

이와 더불어 특히 주목해야 할 것은 이 토오호꾸의 독자적인 정권은 마사까도의 국가 수립의 역사를 배경에 갖고 있는 칸또오세력과 치열하게 대립하여, 24년에 걸친 토오호꾸·칸또오전쟁, 이른바 '전 9년, 후 3년 전쟁'을 일으켰다는 점이다. 그리고 마사까도 멸망 후 11세기 전반에 보오소오(房總)지역을 3년에 걸쳐 '일본국'에서 분리·자립시켰던 타이라노 타다쯔네(平忠常, ?~1031)[53]를 진압하는 과정에서, 칸또오에 기반을 잡은 미나모또(源)씨 세력이 이 두 차례에 걸친 토오호꾸와의 전쟁을 통하여 한층 더 깊이 칸또오에 뿌리를 내리고, 마침내 12세기 말의 새로운 동국국가인 카마꾸라(鎌倉)바꾸후를 수립하게 되었다. 이런 움직임은 서의 왕조에 대한 대항뿐 아니라 북방, 즉 토오호꾸지역의 독자적인 움직임과의 긴장을 통하여 비로소 이루어졌던 사실도 간과해서는 안될 것이다.

남방의 새로운 격동

비슷한 일이 열도서부, 특히 큐우슈우에 대한 움직임이 남방에서도 있었다고 생각된다.

난세이제도(南西諸島) 가운데, 야꾸시마(屋久島)와 타네가시마(種子島)에는 '일본국' 국제가 미쳐 8세기 초엽에 '타네시마(多襧嶋)'라는 쯔시마·이끼와 같은 행정

---

53 헤이안 중기의 무장. 1028년에 모반하였으나, 미나모또노 요리노부(源賴信)가 이를 토벌하여 쿄오또로 압송하는 도중 병사하였다.

단위가 설정되었으며, 824년(텐쬬오天長 9)에 오오스미노꾸니(大隅國)에 병합될 때까지 토오시(島司)[54]도 임명되어 있었다. 그러나 아마미오오시마(奄美大島) 이남의 제도(諸島)는 때때로 조공하는 섬도 있었으나, 여전히 '일본국'의 바깥에 있었다(야마자또 중이찌 1999).

고고학에서는 큐우슈우의 죠오몬시대부터 고분시대까지, '조개무지〔貝塚〕시대'가 계속되었다고 하지만, 10세기경부터 12세기에 걸쳐 아마미(奄美) 이남의 세계에도 명백히 새로운 동향이 보이기 시작했다고 보고 있다. 농경의 개시·철기 사용 등 생산에 커다란 변화가 나타남과 동시에 상고(上古)까지 거슬러 올라가는 일본열도와 중국대륙의 교역에서도 새로이 활발한 움직임이 보인다고 하는데, 그러한 상황을 배경으로 10세기 말 '아마미시마(奄美島)' 사람들이 오오스미노꾸니를 습격하여 인민 4백명을 포획해가는 사건이 발생했다.

그리고 997년(쬬오또꾸長德 3) 10월 1일 다자이후(大宰府)가 조정에 파발〔飛驛, 히야꾸〕을 보내 '아마미시마' 사람들이 '카이후(海夫) 등의 집'을 불태우고 재산을 빼앗고 남녀를 배에 태워 끌고갔으며, 아직 해상에 머물고 있다는 보고를 했다. 한때는 고려인이 쯔시마·이끼·히젠을 빼앗으려 했다는 오보가 전해져, 조정은 소란했다. 그러나 사실은 배에 올라탄 무장한 '아마미시마' 사람들이 사쯔마(薩摩)·찌꾸고(筑後)·찌꾸젠(筑前)에서부터 이끼·쯔시마 등 '국도(國嶋)의 카이후 등'을 약탈·살해·방화하고, 재물과 3백명에 달하는 인민을 잡아간 사건으로, 곳곳에서 전투가 벌어져 아마미인 역시 많은 수가 화살에 맞아 전사했다고 한다.

54 8세기 초 야꾸시마·타네가시마에 임명된 일본국의 행정관리이다.

　후지와라노 사네스께(藤原實資)의 일기인 『쇼오유우끼(小右記)』는 이렇게 기록하고 있지만, 『니홍끼랴꾸(日本紀略)』는 이 사건을 '남쪽 오랑캐〔南蠻〕'의 난입으로 기록하고, 11월 2일에 다자이후로부터 '남쪽 오랑캐' 30여명을 토벌했다는 보고가 있었다고 쓰고 있다. '일본국'은 아마미인을 '남쪽 오랑캐'로 여기고 있었던 것인데, 이 사건은 아마미(奄美) 이남의 난세이제도(南西諸島)세계에서, 그때까지와는 다른 새로운 격동이 일어나고 있었음을 말해주고 있다고 할 수 있다.

　실제로 이때 큐우슈우 주변은 소란스러웠고, 또한 활기에 차 있었다. 11세기에 들어서자마자, 1019년(칸닌寬仁 3)에는 활발한 해상활동을 전개했다고 하는 여진족, 즉 '토이(刀伊)'[55]가 쯔시마·이끼·찌꾸젠 등에 내습하는 한편, 송(宋)의 상인도 다자이후의 하까따쯔(博多津)뿐 아니라, '일본해' 쪽의 탐바(但馬)·와까사(若狹)·에찌젠(越前) 등 각지에 들어와 활발히 교역에 종사했고, 남큐우슈우·난세이제도에도 송인(宋人)의 모습이 나타나고 있었다.

　11세기 후반에서 12세기가 되면, 아마미오오시마(奄美大島)를 비롯해서, 오끼나와제도(沖繩諸島)의 유적에서 중국대륙제의 청자·백자가 대량으로 출토되는데, 이는 최근 발굴로 큰 화제가 되고 있는 카고시마현(鹿兒島縣) 히오끼군(日置郡) 킴뽀오쬬오(金峰町)의 모쯔따이마쯔(持躰松)유적의 발굴성과로도 잘 알 수 있다.

　사쯔마(薩摩)반도의 남단을 지나 동중국해로 흘러들어가는 마노세가와(萬之瀨川) 하구에서 4km 정도 거슬러 올라간 북측의 하반(河畔)에 위치하는 이 유적의 발

---

55 일본인들은 여진족을 '토이'로 표기한다. 조선어의 '되놈'에서 '되'를 음차한 것이 아닐까 추측하는 설이 있다.

굴은 1996년부터 개시되었었는데, 이미 11세기 후반부터 15세기 전반에 걸친 중국대륙의 청자·백자를 비롯한 대량의 유물이 출토되어, 카고시마현 내의 유적으로는 가장 많은 양의 대륙 도자기가 나왔다고 한다. 단야(鍛冶)의 터 등도 확인되고 있는 유구(遺構)를 어떻게 보아야 할 것인가에 대해서는 앞으로 다양한 논의가 전개되겠지만, 사쯔마 타이라(平)씨 아따 타다까게(阿多忠景)의 본거지 가까이에 소재하고 있고, '토오보오(唐坊)' '토오짐바라(唐人原)' 등의 지명이 근처에서 발견되는 이 모쯔따이마쯔유적이 송나라 상인의 왕래와 깊이 관계된 도시적인 장소였음은 확실하다고 할 수 있다(미노시따 타까지 1997; 야나기하라 토시아끼 1999).

12세기 후반 시마즈노쇼오(島津莊)에 송선(宋船)이 도착한 것을 포함하여, 남큐우슈우에서 송인의 교역이 활발히 행해지고 있었던 사실을 이 유적은 잘 말해주고 있다. 그것은 난세이제도와도 관계가 있는데, 아마미오오시마의 우껜송꾸라끼자끼(宇檢村倉木崎)의 해저에서 송선의 침몰에 따른 것으로 보이는 대량의 대륙제 도자기가 발굴된 사실로 봐도 분명하다.

이와같이 남큐우슈우에서 난세이제도에 걸친 지역은 11세기 이후, 중국대륙과 활발한 교역관계에 들어가고, 그와 함께 니시소노기(西彼杵)반도에서 생산된 활석제(滑石製) 돌가마[石鍋]가 아마미오오시마와 오끼나와제도에 유입된 것에서도 알 수 있는 것처럼, 북부 큐우슈우, 나아가 혼슈우와도 긴밀한 교역이 이루어지게 되었다.

앞에서도 언급한 생산기반의 변화와 이러한 교역활성화를 배경으로, 12세기에 들어서면 난세이제도에는 바다가 내려다보이는 '성지(聖地)'에 구스꾸(グスク)[56]로 불리는, 수장층(首長層)과 관계된 시설이 광범하게 출현한다. 난세이제도는 이른바 '코류우뀨우(古琉球)시대'로 들어섰던 것이고, 앞서 말한 아마미인의 움직임도 이러한

동향을 배경으로 한 것이라고 생각된다. 이러한 남방의 움직임과, 중국대륙·한반도 상선의 항시적 내항, '당인(唐人)'이라 부르던 대륙사람들의 이주에 자극받아, 큐우슈우 자체가 독자적인 개성을 지닌 지역으로 변모했던 것이다.

11세기 이후의 열도 서부에서 벌어진 셋깐가(攝關家)[57]·인(院)[58]·타이라가(平家)[59]의 움직임은 이런 상황을 염두에 두어야 비로소 이해할 수 있다.

동서로 분열하는 '일본국'

열도 각 지역의 새로운 움직임은 각각의 자연 환경에 기반한 유력자, 예컨대 바다의 영주, 평야의 영주, 산의 영주 등의 독자적인 움직임을 배경으로 하고 있으며, 10세기 후반 이후의 '일본국'의 왕조는 이러한 유력자들에게 조세를 거둬들임으로써 겨우 전국적인 지배를 유지하고 있었다. 이른바 '셋깐정치'와 '원정(院政)'이 계속되었던 것인데, 12세기 후반에 들어서면 각 지역의 독자적인 동향이 한층 활발해지면서, '일본국'은 새로운 분열의 '위기'에 직면하게 된다.

이때 타이라(平)씨는 이세만(伊勢灣)의 바다 세계에 모습을 드러낸다. 타이라씨

---

56 류우뀨우어(琉球語)로 성(城)이라는 뜻. 난세이제도에서 13세기경부터 세워지기 시작하여, 약 250개 정도가 조성되었다. 유명한 성지(城址)로는 나까구스꾸(中城)와 나끼진(今歸仁) 등이 있다.

57 셋쇼오(攝政)나 캄빠꾸(關白)에 임명되는 가문. 고대·중세를 통하여 후지와라 가문의 북가(北家), 특히 초대 셋쇼오 요시후사(良房)의 자손에 해당되는 가문이었다. 카마꾸라 초기에는 코노에(近衛)·쿠죠오(九條)·니죠오(二條)·이찌죠오(一條)·타까쯔까사(鷹司)의 다섯 셋깐가로 나뉘었다.

58 상황·법황·여원 등의 거소(居所)를 말하는데, 상황·법황 등이 이곳을 중심으로 정치를 펴게 되자 주요 권력기관으로 바뀌었다.

59 타이라노 키요모리(平淸盛)는 호오겐(保元)·헤이지(平治)의 난 이후, 미나모또씨를 누르고 세력을 얻어 자기딸을 황후로 삼아 황실의 외척으로 군림하면서 타이라씨정권(平氏政權)을 수립한다.

는 인(院)의 우마야(廐)의 벳또오(別當)⁶⁰가 되어, 요도가와(淀川) 유역의 목장을 지배하에 넣고, 세또나이까이의 요충지인 이쯔꾸시마(嚴島)와 이요노꾸니(伊豫國)를 거점으로 바다의 영주들을 조직, 다자이후를 중심으로 북큐우슈우를 장악했다. 이어 타이라씨는 왕조권력을 장악하여 그 지배를 태평양, '일본해' 연해의 동국·호꾸리꾸(北陸)제국으로 뻗치는 한편, 전술한 것처럼 열도 바깥과 연결된 세또나이까이·북큐우슈우를 무대로 중국대륙의 송과 적극적인 무역활동을 펼쳤다. 그리고 타이라노 키요모리(平淸盛)는 셋쯔(攝津)의 오오와다노또마리(大輪田泊)까지 '당선(唐船)'을 입항케 하고 자신도 '당선'을 보유하는 등, 스미또모(純友)의 전통을 계승하여 서국의 내해를 기반으로 하는 독자적인 정치세력, 말하자면 '서국국가'의 수립을 목표로 했다고 할 수 있다.

이 기도는 모찌히또왕(以仁王, 1151~80)·미나모또노 요리마사(源賴政, 1104~80)⁶¹가 거병한 1180년(지쇼오治承 4)에, 키요모리가 4백년 가까이 지속된 수도 헤이안꾜오(平安京)를 포기하고, 새로이 후꾸하라(福原)로 천도했을 때 현실화될 뻔했다. 주지하는 것처럼 왕조귀족들의 반발로 인해 좌절됐지만, 후꾸하라는 분명 세또나이까이·북큐우슈우에서 중국대륙에 이르는 바다의 세계를 강하게 의식한 '서국국가'의 수도였다.

---

60 원래는 본관(本官)이 있는 자가 임시로 다른 직을 맡는다는 뜻이었으나, 후에 전임장관(專任長官)을 가리키는 말로 바뀌었다.

61 모찌히또왕은 고시라까와(後白河)천황의 세번째 황자. 1180년 미나모또노 요리마사와 공모하여, 제국(諸國)의 겐지(源氏)를 격발시켜 타이라씨(平氏)토벌을 시도했으나 발각되어 도망가던 중에 전사했다. 요리마사는 자살했다.

이에 대해 같은 해인 1180년(지쇼오 4) 모찌히또왕의 '선지(宣旨)'에 응해 이즈(伊豆)에서 거병한 미나모또노 요리또모(源賴朝)는 사가미만(相模灣)과 부소오(武總)의 내해를 건너 보오소오(房總)반도에서 태세를 갖추었다. 그는 카마꾸라(鎌倉)에 본거지를 두고 타이라씨가 파견한 군대를 후지가와(富士川)에서 격파하여 최초의 동국·서국전쟁에서 승리하고 카마꾸라에 정부를 수립했다. 그로부터 1183년(지쇼오 7)까지 3년간, 요리또모는 쿄오또(京都)왕조가 요오와(養和)·쥬에이(壽永)로 개원한 것을 무시하고, 지쇼오(治承)의 연호를 계속해서 사용했다. 이것은 『아즈마까가미(吾妻鏡)』에도 인용된 1180년(지쇼오 4) 10월 18일 이즈의 소오또오산(走湯山)을 '신황 및 효오에노스께도노 어기도소(新皇并兵衛佐殿御祈禱所)'라는 하지장(下知狀, 이 문서는 검토의 여지가 있다)에서도 엿볼 수 있는 것처럼, 이미 전사한 모찌히또왕을 마사까도 이래의 동국의 왕, 즉 '신황'으로 간주함으로써 성립할 수 있었던 동국왕권의 '시간'에 대한 독자적인 지배의 표현이다. 이것은 역박사(曆博士)를 두지 못했던 마사까도보다 한걸음 더 나아간 움직임이었다.

또한 1182년(지쇼오治承 6) 정월의 하문(下文, 이 문서도 의문점이 있다)에서, 요리또모는 소오또오산 오당등유료(走湯山五堂燈油料) 50척의 배의 등유역(燈油役)[62]을 맡고 있는 조타수 등에 대하여, '관관박박진진(關關泊泊津津)'[63]의 사따닌(沙汰人)[64]

---

62 소오또오산의 오당에 사용할 등유를 제공하는 역(役)을 말한다. 등유료는 그 등유의 비용이나 부담, 즉 등유제공의 의무가 있는 선박 50척의 선장에 대해 나루터·부두 등의 관할자나 고께닌들이 불법행동을 하지 말도록 명령한 내용이다.
63 관도진박(關·泊·津·渡)은 모두 육상·해상·수상교통의 요지를 말한다.
64 중세에서 사따(沙汰)란 재판과 관청의 명령이나 공납 등 다양한 의미를 포함하는 말이며, 이러한 일들을 실제로 집행하는 사람들을 사따닌이라고 부른다. 주로 영주의 지배기구의 말단에 위치하면서

과 고께닌(御家人)들이 소란을 피우지 못하도록 명하고 있다. 50척 가운데 특히 쮸우끼보오(中喜房)의 배에 보낸 이 문서는 확실히 양식이 갖추지 않은 문서이기는 하다. 그러나 이 소오또오산 오당등유료선(走湯山五當燈油料船)이 틀림없이 미나모또에 의해 관도진박(關渡津泊)에서 교통세 면제라는 특권을 보증받고 있었던 사실은 1272년(붕에이文永 9) 12월 12일의 칸또오(關東) 하지장(바꾸후의 판결문)이 '이꾜오보오(意鏡房)'의 배에 보낸 동문(同文)의 1181년(지쇼오 5) 정월일(正月日)의 하문을 인용하여, 시모우사노꾸니(下總國)의 코오사끼세끼(神崎關)에서 이 배의 통행료를 징수한 찌바 타메따네(千葉爲胤)의 행위를 '위란(違亂)'이라 하여 중지시키고 있는 것을 보더라도 분명하다.

요리또모가 이와같이 관도진박에 대한 지배권을 행사할 수 있었던 것은, 이들 사료를 봐도 틀림없다. 그리고 이러한 교통로의 지배는 바로 왕권의 통치권행사이다. 이 사실이 보여주는 것처럼, 조오소오(常總)의 내해, 부소오(武總)의 내해, 그리고 사가미만(相模灣) 등 태평양의 해상교통은 요리또모정부가 장악했던 것이다.

'동국의 왕권'으로서의 요리또모

이와같이 미나모또노 요리또모는 '동의 왕권'으로서, 쿄오또왕조에서 벗어나 명확히 자립하고 있었는데, 그 전제가 되는 기반은 이미 11세기 무렵부터 형성되고 있었다. 『콘쟈꾸모노가따리슈우(今昔物語集)』제25권 등을 보면, 이 무렵 칸또오에는 '사

명령의 전달과 집행, 연공수취 등을 담당했다. 직제로는 하층에 속하지만 지역의 유력자로서 촌락자치조직의 중심을 이루었다.

와마따(澤胯)의 키미(君)'와 같이 '키미(君)'로 불리는 호족들이 경합하는 가운데, '오또나무샤(長武者)' 혹은 사려깊은 '오오끼미(大君)'이라고도 불리는 존재가 있었던 것이 알려져 있다. 미나모또노 요리또모는 그러한 많은 '키미'들 가운데서 '오오끼미'가 되었다고 할 수 있다.

그리고 미나모또노 요리또모는 칸또오·쮸우부(中部)제국에 대해서는 정부 수립 당초부터 코꾸가재청(國衙在廳)과 쿠니의 사무라이(侍)들을 지휘하는 군사적 지휘자였을 뿐 아니라, 행정적인 직무를 장악한 훗날 슈고(守護)에 해당하는 직을 임명하고, 왕조의 행정기관인 코꾸가(國衙)의 세력을 빼앗아 그것을 전국적으로 확대하고 있었다. 그러나 미나모또노 요리또모는 '일본국'의 코꾸군제(國郡制) 그 자체를 변혁하려 하지 않았고, 또 동국에 쿄오또왕조와 대치하는 독립적인 신국가를 수립하는 길로는 나아가지 않았다. 오히려 '일본국' 자체를 자신의 군사적 휘하에 두려는 방향으로 움직이고 있었던 것이다.

왕조와의 '강화조약'이라고 할, 이른바 1183년(쥬에이壽永 2) 10월의 선지(宣旨)는 이러한 미나모또노 요리또모의 자세가 가져온 결과이고, 미나모또노 요리또모는 여기서 왕조의 원호(元號)를 사용하여, 형식적으로는 그 지배하에 들어가는 대신, 왕조로 하여금 동국의 실질적인 통치권 장악을 인정하게 했다.

그리고 타이라씨 일족을 세또나이까이에 몰아넣어, 1185년(분지文治 1)에 이를 멸망시켰다. 그후 큐우슈우에 힘을 뻗쳐 '쩐제이부교오(鎭西奉行)'라는 독자적인 기관을 설치하여 다자이후(大宰府)를 실질적으로 장악했다. 나아가 오오우(奧羽)에 대해서는 '북의 내해'까지 미치는 지역을 지배하고, 서쪽의 타이라씨, 즉 쿄오또왕조와 동맹하여 미나모또노 요리또모 정부를 협격하려는 오오슈우(奧州) 후지와라(藤原)씨를 공격하여, 1189년(분지 5) 제3차 칸또오·토오호꾸전쟁에서 완전한 승리를 거두었던 것이다. 이리하여 토오호꾸의 독자적인 권력은 멸망하고, 미나모또노 요리또모는 오오슈우소오부교오(奧州惣奉行)·무쯔루스이쇼꾸(陸奧留守職)를 두어, 아끼따 죠오노스께(秋田城介)를 통하여 오오우까지 그 지배하에 넣고, 1192년(켕뀨우建久 3)에 왕조로부터 세이이따이쇼오군(征夷大將軍)의 지위를 인정받았다.

미나모또노 요리또모는 여기서 '동국의 왕권'으로서의 지위를 굳혔을 뿐 아니라, 동(북)은 소또노하마(外の濱)에서 남으로 키까이가시마(鬼界島)에 이르는 '일본국' 전체의 소오쯔이부시(惣追捕使)[65]·소오지또오(惣地頭)[66]의 입장에 서게 되었던 것이다.

이리하여 '일본국'은 분열을 피할 수 있었지만, '일본국' 내에 동의 수도 카마꾸라(鎌倉)와 서의 수도 쿄오또(京都)라는 두개의 중심이 생겨나, 실질적으로는 '일본국'의 통치권을 분할하는 두명의 왕과 두개의 '국가'가 대치하는 구도가 형성되었다. 동시에 이와 관련하여 각각의 지역도 독자적인 통합을 형성하게 되었다.

광역지역 호칭의 성립, '칸또오'의 확립

우리 일본인들이 일상에서 아무렇지도 않게 사용하고 있는 지역호칭, 예를 들면 칸또오(關東)·칸사이(關西)·쥬우고꾸(中國)·시꼬꾸(四國)·큐우슈우(九州) 등의 지역명이 언제부터 쓰이기 시작했는가에 대해 이제까지 본격적으로 연구된 적은 없

---

65 미나모또노 요리또모가 설치한 슈고(守護)의 전신에 해당되는 기관.
66 카마꾸라바꾸후가 임명한 지또오(地頭)의 한 형태. 초기에는 쿠니지또오(國地頭) 등 광역의 지또오를 의미했다. 그러나 나중에는 코지또오(小地頭)가 임명된 위에, 재차 동국의 유력 고께닌이 지또오로 보임(補任)될 경우, 이것을 소오지또오라고 불렀다.

다. 하지만 ‘일본국’이 분열의 징후를 보이기 시작했던 이 무렵에서 그 직접적인 유
래를 찾을 수 있는 지역명이 의외로 많다.

지금까지 사용하고 있는 ‘반도오(坂東)’는 아시가라(足柄)·우스이(碓氷)의 고개
〔坂〕의 동쪽 지역을 가리키는 의미로 예로부터 쓰여왔다. 예를 들면 『쇼꾸니홍기(續
日本紀)』의 724년(징끼神龜 1) 4월 14일조의 ‘반도오 9쿠니(坂東九國)’, 『쇼꾸니홍꼬
오끼(續日本後紀)』의 848년(카죠오嘉祥 1) 11월 3일조의 ‘반도오 10쿠니(坂東十國)’
라는 기록처럼, 무쯔(陸奧)·데와(出羽)까지 더하는 경우도 있었다. 그러나 『쇼꾸니
홍기』의 759년(템뾰오호오지天平寶字 3) 9월 27일조의 ‘반도오 8쿠니(坂東八國)’처럼,
사가미(相模)·무사시(武藏)·아와(安房)·카즈사(上總)·시모우사(下總)·히따찌(常
陸)·시모쯔께(下野)·코오즈께(上野)의 8개 쿠니를 가리키는 경우가 많았다.

다만 마사까도(將門)가 이 8개국에 이즈(伊豆)를 더하여 지배했던 것처럼 10세기
까지는 아직 다소 유동적이었지만, 11세기 이후 무쯔·데와가 독자적인 정치세력을
형성하여, 자립할 형세를 보임에 따라 ‘오오우(奧羽)’와 ‘반도오(坂東)’는 확연히 구
별되기 시작했다고 보인다.

물론 이 호칭은 ‘일본국’의 ‘중심’인 키나이(畿內), 또는 쿄오또에 시점(視點)을 둔
지역명이지만, ‘칸또오’도 처음에는 마찬가지였다. 이세노꾸니(伊勢國) 스즈까(鈴
鹿), 미노오노꾸니(美濃國)의 후와(不破), 에찌젠노꾸니(越前國)의 아라찌(愛發), 이
른바 ‘삼관(三關)’의 동쪽지역을 가리키는 호칭이었다. 『쇼꾸니홍기』 740년(템뾰오天
平 12) 10월 26일조에 후지와라노 히로쯔구(藤原廣嗣)의 반란에 동요한 천황 쇼오무
(聖武)가 “짐(朕)은 뜻하는 바 있어 금월말에 잠시 칸또오에 가려 하노라”라는 조칙
을 내리고 있고, 마찬가지로 757년(템뾰오호오지 1) 12월 9일조에 진신(壬申)의 난 때
오오아마(大海人)의 행동에 대하여 “몰래 칸또오로 가셨다”라고 기록하고 있는 것

처럼, '반도오'보다도 넓은 지역을 가리키는 호칭으로, 고대에는 후술하는 '동국'에 가까운 지역명으로 사용되었다.

그러나 이 호칭이 갑자기 빈번하게 쓰이기 시작한 것은 미나모또노 요리또모가 거병하여, 카마꾸라에 자립정부를 수립하면서부터이다. 『아즈마까가미(吾妻鏡)』에 실려 있는 1186년(분지文治 2) 3월 13일 요리또모의 서장(書狀)에 "칸또오의 무사"라 씌어 있고, 이듬해 3월 16일의 요리또모서장(「赤星氏舊藏文書」)에서도 '키나이근국(畿內近國)·서국방(西國方)'에 대하여 '칸또오방(關東方)'이라고 일컫고 있는 것처럼, 우선 요리또모 자신이 사용하기 시작해, 결국 '칸또오께닌(關東家人)' '칸또오옹야꾸(關東御役)' 등 요리또모를 수장으로 하는 카마꾸라정부 자체를 가리키는 호칭으로 사용되었다. 고시라까와법황(後白河法皇)의 1190년(분지文治 6) 2월 10일의 원선(院宣)[67]에 "칸또오에 명령한다"라고 했듯이, 쿄오또·키나이 측으로부터도 '칸또오'는 결국 카마꾸라바꾸후 그 자체를 가리키는 말로서 정착하고 있었다.

그리고 얼마 안가서 「칸또오하지장(關東下知狀)」 「칸또오어교서(關東御敎書)」와 같이 '칸또오'는 동국의 '왕권'으로서의 카마꾸라정부, 말하자면 '국호'에 준하는 공식 호칭으로 확정되었다. 이 '칸또오'의 범위는 고대와 같이 '삼관(三關)'의 동쪽이 아니라, 미까와(三河)·시나노(信濃)·에찌고(越後)의 동쪽지역이고, 때로는 오와리(尾張)도 들어갔고, 노또(能登)·엣쮸우(越中)까지 포함되는 경우도 있었다. 어쨌든 이 시기의 '칸또오'는 '일본국'의 중심인 쿄오또·키나이의 시점에서 부르는 지역호칭이 아니라, 동국의 '왕권'인 카마꾸라바꾸후의 통치권이 직접적으로 미치는 범위를

---

67 인시(院司)가 상황 또는 법황의 명령을 받아서 내는 공문서.

가리키는 광역지명으로 보아야 한다.

동국에 시점을 둔 '칸사이'의 호칭

그것은 이 '칸또오(關東)'에 대하여 '칸사이(關西)'라는 용어가 『아즈마까가미(吾妻鏡)』에 나타나고 있는 것처럼, 카마꾸라시대에 사용되었던 사실을 봐도 분명하다. '칸사이'의 호칭이 처음 등장하는 것은 『아즈마까가미』의 1180년(지쇼오治承 4) 10월 21일조이다. 후지가와(富士川)에서 타이라(平)씨의 군대를 격파한 요리또모(賴朝)가 자신이 이끄는 군사에게 곧바로 상경할 것을 명하자, 찌바 쯔네따네(千葉常胤)·미우라 요시즈미(三浦義澄)·카즈사 히로쯔네(上總廣常) 등 칸또오의 무장들이, 요리또모에게 아직 복속하지 않은 히따찌(常陸)의 사따께(佐竹)씨를 비롯한 '경내(境內)'의 '동쪽 오랑캐〔東夷〕'를 평정한 후에 '칸사이'로 가야 한다고 설득하여, 미나모또도 여기에 따랐다는 기록이 그것이다.

이것은 칸또오를 기반으로 서쪽 왕조로부터 독자적인 자립정권, 즉 왕권·국가를 수립을 지향하는 동국의 사람들과, 쿄오또에 진출해 '일본국'의 지배자를 지향하는 요리또모와의 대립을 얘기해주는 일화로 흥미로운데, 『아즈마까가미』의 필자는 여기서 '칸사이'라는 용어를 쓰고 있는 것이다.

또 하나의 용례는 역시 『아즈마까가미』의 1203년(켄닌建仁 3) 8월 27일조에 쇼오군(將軍) 요리이에(賴家)의 병이 위급해졌기 때문에, '칸사이(關西) 38개 쿠니 지또오쇼꾸(地頭職)'를 동생인 셈만(千幡, 후의 사네또모實朝)에게 물려주고, 장자인 이찌만(一幡, 히끼 요시까즈比企能員와 함께 살해된다)에게 '칸또오 28개 쿠니 지또오 및 소오슈고쇼꾸(地頭幷惣守護職)'를 물려주었다고 기록하고 있다. 이 '칸사이 38개 쿠니'를 같은 책 1186년(분지 2) 6월 21일조에 요리또모가 자신의 지배하에 있는 동국 이외에, 원선(院宣)을 내려 무사의 남행(濫行)을 단속해줄 것을 요청하고 있는 오와리(尾張)·미노(美濃)·히따(飛驒)·엣쮸우(越中) 서쪽의 37개 쿠니라고 생각할 수도 있지만, 그렇다면 이때 요리또모가 소쩨노쮸우나곤(帥中納言) 후지와라노 쯔네후사(藤原經房)의 지배하에 있는 쿠니로서 37개 쿠니에서 제외한 '찐제이(鎭西) 9개 쿠니'이 '칸또오 28개 쿠니'에 포함되므로, 지금으로서는 그 범위를 확정할 수 없다. 또 이 경우 양자의 경계가 되는 '관(關)'을 어디로 생각해야 하는가도 커다란 문제이다. 어찌되었든 『아즈마까가미』의 필자가 여기서 '일본국'은 '칸또오'와 '칸사이'로 분할되었다고 인식하고, 기술했다는 점은 매우 중요하며, '칸사이'는 분명히 동쪽의 카마꾸라, 즉 동국의 왕권에서 바라본 지역호칭이었다.

이것은 '일본국' 가운데 쿄오또와 카마꾸라, 즉 서쪽의 왕권인 천황과 동쪽의 왕권인 쇼오군이라는 두 개의 중심이 출현한 사실을 지역호칭으로 명시한 것이고, 『아즈마까가미』가 편찬되었던 카마꾸라 후기에는 그러한 인식이 정착되어 있었음을 얘기해주고 있다.

'동국'과 '서국'의 범위

'동국(東國)'과 '서국(西國)'에 대해서도 똑같은 사실을 확인할 수 있다. '일본국'이 성립하기 전후의 '동국'은 미까와(三河), 시나노(信濃) 동쪽의 토오까이(東海), 토오산도오(東山道), 또는 이가(伊賀) 동쪽의 토오까이도오(東海道), 미노(美濃) 동쪽의 토오산도오제국을 가리키는 지역호칭이었고, 요리또모(賴朝)정권 수립 후에도 처음에는 '동국'은 토오까이·토오산 양도(兩道)를 가리키고 있었다. 이것은 고대의 '칸또오'와 마찬가지로 쿄오또에 시점을 둔 호칭이지만, 1185년(분지文治 1) 4월 15일의 『아즈마까가미』 기사를 보면 '스노마따(墨俣) 동쪽', 즉 오와리 동쪽이 '동국'이 된 것이 분명하고, 앞서 말한 대로 이듬해에는, 미까와·시나노·에찌고(越後) 동쪽이 요리또모, 즉'동의 왕권'이 통치권을 행사하는'동국'으로 기록되었다.

그리고 1221년(죠오뀨우承久 3) 죠오뀨우의 난 후에 로꾸하라딴다이(六波羅探題)가 쿄오또에 설치되자, 앞서 든 제국(諸國)에 엣쮸우(越中)·노또(能登)를 추가한 지역이 카마꾸라바꾸후 즉'칸또오'의 관할하에 들어왔고, 이후 다소의 변동은 있었지만 이 범위가'동국'으로 확정되었다.

이에 대해'서국'이라는 지역명은 앞에서도 자주 사용했지만, 사실 일본열도 내의 지역호칭으로 고대에는 거의 사용되지 않았다. '서국'은 오히려'일본국'에서 본 서쪽의 나라, 즉 한반도의 신라나 인도(천축天竺)를 가리키는 말이었다. 다만'일본국' 국제 가운데'사이까이도오(西海道)'로 부르던 큐우슈우는 후술하는 것처럼'찐제이(鎭西)'라고 불리는 경우가 많았지만, '서국'으로 호칭되었던 예도 있었다. 예를 들면 카마꾸라바꾸후도 1232년(죠오에이貞永 1) 윤 9월 1일의 법령에서'키나이근국(畿內近國)과 서국(西國)'이라고 한 것처럼'키나이근국'과 구별하여, 큐우슈우를'서국'으로 본 사례가 보인다.

이들은 역시 모두'일본국'의 중심인 쿄오또에 시점을 둔 지역호칭인데, '칸또오'의 의미가 변하고'칸사이'라는 용어가 사용되게 된 때부터, 예를 들면 1234년(템뿌꾸天福 2) 5월 1일의 추가법(追加法)에 보이는'서국어가인소령(西國御家人所領)'이나 『아즈마까가미』 1254년(켄쬬오建長 6) 10월 2일조의'서국계상론(西國堺相論)의 일' 등의'서국'처럼, 앞서의'동국'에 대하여 키나이근국에서 큐우슈우를 포함하는 지역을 가리키는 말로 사용된다. 그리고 그것이 로꾸하라딴다이가 관할한 오와리·히따·미노·카가 서쪽의 제국에 해당하는 것도 분명하다. 이 지역호칭의 확정은'일본국'이 카마꾸라와 쿄오또라는 중심을 갖는'동국'과'서국'으로 분열된 상황을 명확히 보여주고 있다.

실제 바꾸후의 통할하에 있는 지또오(地頭)·고께닌(御家人)의 소송에 대해서 '동국'은 카마꾸라바꾸후, '서국'은 로꾸하라딴다이가 재판을 담당한다. 그뿐만이 아니다. 예를 들면 슈고(守護)나 쿠니노까미(國守)가 재판할 수 없는 쿠니와 쿠니 사이의 경계를 둘러싼 분쟁이 일어났을 경우, 그 재판을 '동국'은 쇼오군(將軍), '서국'은 천황(天皇)이 맡았다. 또 세끼쇼(關所)의 폐립 등을 포함하는 교통로의 관할도 '동국'은 쇼오군, '서국'은 천황이 맡고 있었다. 앞서도 강조한 것처럼 '일본국'에는 '동국'에 통치권을 행사하는 왕인 쇼오군과, '서국'에 통치권을 갖는 왕으로서의 천황이라는, 말하자면 두명의 왕이 출현하게 되었던 것이다.

이런 상황은 1221년(죠오뀨우 3)의, 흔히 죠오뀨우(承久)의 난으로 부르는 동국·서국전쟁에서 동국이 완승함으로써 궤도에 올랐고, 그후 내정불간섭의 원칙을 고수한 양자의 병립이 계속되었다. 그러나 카마꾸라 후기 몽골군이 북큐우슈우를 침략하자, 이 외적에 대처하기 위해 카마꾸라바꾸후는 큐우슈우에 강력한 권한을 행사했고, '동의 왕권'이 이 지역의 통치권을 장악하게 되었기 때문에 동서의 균형은 무너졌다.

큐우슈우·시꼬꾸, 광역 지역호칭의 성립

그러나 이 움직임은 큐우슈우가 '서국'에서 떨어져나가, 실질적인 자립지역으로 변모하는 계기가 되었는데, 사실 '큐우슈우(九州)'라는 지역호칭의 사용과 정착은 의외로 이후 시대의 일이다.

알다시피, 이 지역은 '일본국'이 성립하기 이전에 '일본국'의 중심인 야마또세력과 대결할 수 있을 정도의 역량을 가진 독자적인 세력의 근거지였다. 그 때문에 '일본국'

국제하에서는 다자이후(大宰府)라는 독자적인 행정기관이 통할했고, 카마꾸라바꾸후가 성립하고 나서도, 전술한 것처럼 1168년(분지文治 2) 6월에 '동국'과 '서국'을 명확히 구분했을 때에도 '찐제이(鎭西) 9개 쿠니'는 별도지역으로서 독자적인 취급을 받고 있었다. 그러나 다자이후가 찐제이후(鎭西府)로 불리게 되면서부터 '일본국'의 중심인 쿄오또(京都)에 시점을 둔 '찐제이'라는 말이, 공적인 문서와 사회에서 널리 사용되었다. 예를 들면 1110년(텐닌天仁 3) 6월 7일의 니찌지깜몬(日時勘文, 『죠오야군사이朝野群載』에 수록)에 '찐제이깜몬(鎭西勘文)'이라는 기록처럼 공문서에 사용되었을 뿐 아니라, 『콘쟈꾸모노가따리슈우(今昔物語集)』 등에도 그러한 용례는 많다. 카마꾸라(鎌倉)시대에도, 앞서의 사례와 마찬가지로 몽골내습의 시기에도 많이 사용되어, 이 지역의 소송을 재결하는 권한을 갖는 신설기관이 찐제이딴다이(鎭西探題)로 불려졌던 사실은 잘 알려져 있다.

이에 대하여 '구국(九國)'이라는 용례로 오래된 예는 헤이안(平安) 후기에 『콘쟈꾸모노가따리슈우』 제11권 제6에 "구국(九國)의 군(軍)을 모아서"라는 기록인데, 『아즈마까가미(吾妻鏡)』의 1185년(분지 1)을 중심으로 한 지문(地文)의 기사에 '큐우슈우(九州)'라는 용어가 특히 많이 보이는 것도 주목된다. 그러나 실제로는 카마꾸라 초기의 연호를 갖는 문서로 '큐우슈우'라는 지역호칭이 보이는 것에는 후년에 작성된 '위문서(僞文書)'가 많다. 앞서 든 『아즈마까가미』의 기사에 보이는 '큐우슈우'는 카마꾸라 후기 편찬자가 사용했던 것으로, 이 호칭이 실제로 사용되는 것은 카마꾸라 중기 이후가 아닐까 생각한다. 그리고 그것이 1275년(켄지 1) 12월 3일의 「관선지안(官宣旨案)」(『삿빵뀨우끼자쯔로꾸薩藩舊記雜錄』)에 '진서신사조영례(鎭西神社造營例)'로서 '우좌궁(宇佐宮)은 큐우슈우에 설치한다'고 기록했듯이, 특히 우좌궁의 조영과 관련하여 '큐우슈우'가 강조되면서, 이 용어가 정착했던 데에 주목해둘 필요가 있을 것이다. 몽골침략이 지나간 1284년(코오안弘安 7) 이후, 한편에서는 '찐제이(鎭西)'라는 용어가 사용되면서도 '큐우슈우소령(九州所領)' '큐우슈우관군(九州官軍)' '큐우슈우(九州)의 으뜸가는 지샤(寺社)' '큐우슈우진진관박(九州津津關泊)' '큐우슈우지또오·코께닌(九州地頭御家人)' 등과 같이, 바꾸후의 공적인 문서에도 '큐우슈우'라는 호칭이 자주 등장하게 되었다.

무로마찌바꾸후(室町幕府)도 당초는 큐우슈우 통치의 책임자를 '찐제이따이쇼오군(鎭西大將軍)' '찐제이간레이(鎭西管領)' 등으로 불렀지만, 마침내 큐우슈우딴다이(九州探題)의 호칭이 정착된다. 이와같이 '큐우슈우'라는 지역호칭 자체가 이 지역이 정치적·사회적으로 자립한 지역으로 변해가는 움직임을 상징한다고 할 수 있을 것이다.

한편 '시꼬꾸(四國)'의 용례는 '큐우슈우'보다 드문데 이른 시기의 사례로는 『콘쟈꾸모노가따리슈우』 제31권 제14의 "시꼬꾸라는 변방은 이요(伊豫)·사누끼(讚岐)·아와(阿波)·토사(土佐) 등 바다로 둘러싸인 곳을 말한다"라고 한 것, 『교꾸요오(玉葉)』의 1185년(분지 1) 12월 27일조에 기록된 미나모또노 요리또모(源賴朝)의 언상장(言上狀)에 "앞서 말한 사자(使者)인 남자를 찐제이(鎭西)·시꼬꾸(四國)에 내려보내셨다"라는 예 등을 들 수 있다.

그리고 이것도 『아즈마까가미(吾妻鏡)』의 1184년(겐랴꾸元曆 1), 1185년(분지文治 1)의 기사에서 많이 보이지만, 이 역시 '큐우슈우(九州)'와 마찬가지로 이 당시의 용례라고는 보기 어렵다. 다만 1280년(코오안 3) 이후의 문서라고 여겨지는 「부쯔묘오인지메야스안(佛名院司目安案)」(『다이고지문서醍醐寺文書』)에 "슈겐(修驗)[68]의 관습"의 하나로서 "시꼬꾸편로 삼십삼소제국 순례(四國遍路三十三所諸國巡禮)"라는 기록처럼, 큐우슈우(九州)의 우좌궁(宇佐宮)과 같이 시꼬꾸도 또한 '편로'·'순례'와 같은 신불(神佛)과 관련하여, 광역적인 지명으로 사용되고 있는 점에 주의해야 한다.

다만 '시꼬꾸'의 경우에는, 이를 통할하는 행정·재판기관이 설치된 적은 없었고, 세또나이까이에 면한 [사누끼·아와·이요] 삼국(三國)과 태평양 연변의 토사로 나뉘는 경향이 있어, 큐우슈우에 비하면 지역의 자립정도는 훨씬 약했다고 할 수 있을 것이다. 그러나 카마꾸라바꾸후가 성립하여 동서왕권이 병립하는 시기에 들어서자, 큐우슈우·시꼬꾸를 독자적인 광역지역으로 파악하려는 움직임이 분명히 나타나는 데에는 주목할 필요가 있다.

지역호칭 '홋꼬꾸'와 '오오우'의 성립

'시꼬꾸(四國)'와 마찬가지로 독자적인 행정기관이 설치되지 않은 관계로 제도적인 지역호칭이 되지는 않았지만, 같은 시기에 광역적인 지역으로서의 통합을 보이기 시작했던 것이 '홋꼬꾸(北國)'로 불리던 호꾸리꾸도오(北陸道)제국이다. 예를 들면 『아즈마까가미(吾妻鏡)』의 1181년(요오와養和 1) 11월 21일조에 타이라노 미찌모리(平通盛)와 타이라노 유끼모리(平行盛)가 "홋꼬꾸에서 쿄오또로 돌아간다[歸洛]"는 기록이 있고, 같은 책 1184년(겐랴꾸 1) 11월 21일조에 실려 있는 미나모또노 요리또모(源賴朝)의 언상장(言上狀)에 "토오고꾸·홋꼬꾸 양도(兩道)의 쿠니들"이라고 적혀 있듯이, 지문(地文)뿐 아니라 문서에서도 사용되고 있다. 또 더욱이 같은 책 1190년(켄뀨우 1) 6월 26일조에는 '오오우찌슈고(大內守護)'에 대해서, 평소 "홋꼬꾸

---

68 엔노오즈노(役小角)를 시조로 하는 일본불교의 일파. 일본고래의 산악신앙에 기초한 것으로, 원래는 산속에서의 수행을 통해 주술력의 획득을 목적으로 했으나, 점점 자연과의 일체화 즉신성불(卽身成佛)을 중시하는 것으로 바뀌어갔다.

의 고께닌(御家人) 등을 산위(散位)[69] 요리까네(賴兼)에 따르게 하여"근무〔勤仕〕시켜야만 한다고 요리또모(賴朝)가 결정했다는 기록이 있고, 1201년(켄닌建仁 1) 4월 2일조에도 죠오 스께모리(城資盛)가 "홋꼬꾸의 무리를 불러" 반역을 기도했다고 기록하고 있으며, 1221년(죠오뀨우承久 3) 5월 19일조에서는 쿄오또(京都)의 군대와 싸우기 위해, 나고에 토모또끼(名越朝時)가 '홋꼬꾸'로 향했다고 한다.

단기간이기는 하지만, 실제로 타이라(平)씨를 추격한 키소 요시나까(木曾義仲)가 장악했던 호꾸리꾸도오(北陸道)제국에는, 카마꾸라(鎌倉)바꾸후가 성립하자, 히끼 토모무네(比企朝宗)가 에찌고(越後)에서 와까사(若狹)까지의 광역적인 슈고(守護)로서 들어왔고, 죠오뀨우(承久)의 난 후에는 나고에 토모또끼가 에찌젠·와까사를 제외한 다른 호꾸리꾸도오 제국의 슈고가 되었다. 한편 카마꾸라 시기가 되면 노또(能登) 동쪽은 동국, 카가(加賀) 서쪽은 서국으로 나뉘게 되었지만, 호꾸리꾸도오제국에는 이와같은 광역적인 슈고가 있었다. 만일 전술한 것 같은 쯔루가(敦賀)를 근무처로 하는 몽골에 대한 케이고방야꾸(警固番役)[70]가 지속적으로 행해져, 어떤 형태로든 재판기관이 있었다고 한다면, 호꾸리꾸도오제국은 틀림없이 '홋꼬꾸'라는 지역호칭을 갖는 자립적인 지역이 되었을 것이다.

---

69 영제(令制)에서 각 부서에 집장(執掌)이 있는 것을 직사관(職事官), 집장이 없는 것을 산위, 또는 산관(散官)이라고 부른다. 즉 위(位)만 있고 관직이 없는 것을 말한다.

70 외국의 침입에 대비하여 나라를 방비하고, 또 비상사태에 대비하여 천황신변의 경위(警衛)를 하는 것을 케이고라고 하며, 그 임무를 '케이고방야꾸'라고 한다. 전례를 보면 732년 서쪽의 비상사태에 대비하기 위해 절도사를 시켜서 케이고시끼(警固式)를 정했고, 873년에는 신라와의 긴장이 고조되자 찌꾸젠노꾸니에 케이고덴(警固田)을 설치했다. 천황의 거처를 옮기거나〔移御〕, 천둥번개〔雷鳴〕 등의 천변(天變)에도 케이고에 준하는 조치를 취했다.

현실적으로는 그러한 사태는 일어나지 않았지만, 이 지역에는 호꾸리꾸도오 히에 지닌(北陸道日吉神人)이라 불리며, 오우미(近江)의 오오쯔(大津)에 본거지를 두고, 해상운송·금융에 종사하는 지닌(神人)[71]의 광역적인 조직의 존재에서도 알 수 있는 것처럼, 오오우(奧羽, 무쯔陸奧와 데와出羽)와 상인(山陰)을 연결하는 '일본해' 해상교통의 중심 지역으로서 '홋꼬꾸'는 그후에도 나름대로 독자적인 지역으로서의 특질을 계속 유지했고, 이 지역호칭도 계속 살아있었던 것이다.

이에 대해 오오우(奧羽)라는 지역은 전술한 것처럼 11세기 이후, 아베(安倍)씨·키요하라(清原)씨의 정권을 거쳐, 오오슈우(奧州)의 후지와라(藤原)씨가 통합한 이래, 자립적인 정권의 기반이 될 수 있을 만큼 독자적인 지역으로 변해 있었다. 그러나 무쯔(陸奧) 쪽은 '오오슈우소오부교오(奧州惣奉行)' 등과 같이 '오오슈우(奧州)'로 불렸고, 데와(出羽)는 '아끼따 죠오노스께(秋田城介)'[72]로 대표되는 경우가 많았다. 바꾸후법령 등에서도 "데와무쯔노꾸니 야토강도봉기(出羽陸奧國夜討强盜蜂起)"(『중세법제사료집中世法制史料集』제1권, 추가법追加法 319호), "데와(出羽)·무쯔(陸奧) 외에 동국어목(東國御牧)을 금해야 할 것"(같은 책 제1권, 추가법 519호)이라고 하는 등, '오오우(奧羽)'라고는 부르지 않았다.

이는 토오호꾸의 '일본해'와 태평양의 해상교통, 데와와 무쯔의 관계와도 관련이 있다고 생각된다. 무로마찌(室町)시대에도 오오슈우딴다이(奧州探題)와 우슈우딴

---

71 고대말부터 중세때 신사에 예속되어 신사(神事)·잡역에 봉사하는 하급의 신직(神職). 수공업에 종사하여 일종의 동업조합인 좌(座)를 조직하는 자들도 있었다.

72 헤이안 후기 이후에 아끼따성(秋田城) 수비병의 장관. 여기에 임명되는 것은 무문(武門)의 명예로 여겨졌다.

다이(羽州探題)가 병립하고 있다. ‘오오우’라는 지역호칭이 정착되는 것은 한참 뒤의 일로 아마도 15~16세기경이 아닐까 생각한다.

지역호칭 ‘쮸우고꾸’의 성립

한편 ‘쮸우고꾸(中國)’라는 지역명이 『엥기시끼(延喜式)』 등에 보이는 킹꼬꾸(近國)·쮸우고꾸·옹꼬꾸(遠國)와 같이 키나이(畿內)에 시점을 둔 호칭이 아니라, 이나바(因幡) 서쪽의 상인도오(山陰道)제국과 비젠(備前) 서쪽의 상요오도오(山陽道)제국을 포괄하는 지역호칭으로서 사용되는 것도 14세기 이후라고 생각한다.

지금까지 이 호칭의 가장 이른 예는 『부께묘오모꾸쇼오(武家名目抄)』의 기사 등에 근거하여, 몽골침략 때 설치된 ‘쮸우고꾸딴다이(中國探題)’에서 찾는 것이 보통이었다. 그러나 1274년(붕에이文永 11)의 제1차 몽골침략 후, 나가또(長門)·스오오(周防)의 연안 경비를 위해, 카마꾸라(鎌倉)바꾸후는 호오죠오(北條)씨 일문(一門)에 나가또와 스오오의 슈고(守護)를 겸하게 하여, 아끼(安藝)·빙고(備後), 나아가 상요오(山陽)·낭까이도오(南海道)제국의 고께닌(御家人)을 동원·지휘하여 이국경비〔異國警固〕를 담당케 했다. 이것은 분명히 광역적인 군사지휘권을 갖는 기관이고, ‘나가또·스오오딴다이’라고 부르는 사례도 있기는 하지만, 이것을 ‘쮸우고꾸딴다이’로 부른 용례는 지금으로서는 확인되지 않고 있다(소오다 지로오 1982; 사또오 싱이찌 1988). 물론 제국(諸國) 슈고의 권한을 넘어서는 ‘탄다이(探題)’라고 불린 광역적 기관이 설치되었다는 점에서, 이것이 ‘쮸우고꾸’라는 광역적 지역이 형성되는 하나의 계기로 작용했던 것은 틀림없고, 후년 이 기관을 ‘쮸우고꾸딴다이’라고 불렀던 것도 여기에 이유가 있기는 하다. 그러나 상인도오제국의 고께닌은 북큐우슈우(北九州)의 연안 경비를 맡았다고 보이며, 이 ‘탄다이’가 통할한 지역은 훗날의 ‘쮸우고꾸’가 아니라, 오히려 세또나이까이(瀨戶內海)의 연해제국이었다.

실제로 카마꾸라 말기에 '해적'의 금압을 목적으로 한 해상경비가 로꾸하라딴다이(六波羅探題)의 주도하에 실시되었을 때, 경비를 위한 결번(結番)을 행한 것도 같은 상요오·낭까이도오 제국의 지또오·고께닌이었고, 세또나이까이 연해의 제국은 그 자체가 하나의 내해지역으로서 파악되고 있었던 것이다.

1347년(죠오와貞和 3) 5월 27일, 오오스미(大隅)·사쯔마(薩摩)의 슈고인 시마즈 사다히사(島津貞久)는 남조(南朝)를 지지하는 '시꼬꾸·쮸우고꾸 해적 등 (선박) 30여 척'이 휴우가(日向)의 오비낭고오(饒肥南鄕)의 메이쯔(目井津)에서 오오스미(大隅)의 키모쯔끼군(肝屬郡) 우찌노우라오오사끼(內之浦王崎)로 진출했다고 하여, 시게히사 아쯔까네(重久篤兼)에게 전쟁준비를 명했다. 더욱이 같은해 6월 17일에도 '시꼬꾸·쮸우고꾸 해적 등'이 사쯔마의 타니 야마시로(谷山城)의 남조군에 가담한 것에 대하여, 이찌끼자끼 로꾸로오지로오(市來崎六郞次郞)가 달려와 전투한 것을 '신묘(神妙)'하다고 하여 감사의 글[感狀]을 주고 있는데(『삿빵뀨우끼자쯔로꾸薩藩舊記雜錄』), 공식문서에 '쮸우고꾸(中國)'라는 지역명이 나타나는 것은 이것이 최초일 것이다. 그러나 이 경우에도 '시꼬꾸·쮸우고꾸'는 세또나이까이를 가리키며, '쮸우고꾸'는 상요오도오에 해당한다고 생각한다.

결국 '쮸우고꾸'라는 지역호칭이 대체로 지금의 쮸우고꾸지방의 범위를 가리키는 용어로서 사용된 것은 남북조 동란기인 1349년(죠오와 5) 4월 11일, 아시까가 타다요시(足利直義)의 양자인 타다후유(直冬)가 나가또, 즉 '서국'에 내려가려고 빙고노꾸니(備後國)의 토모(鞆)에 진출하여, 빗쮸우(備中)·빙고(備後)·아끼(安藝)·스오오(周防)·나가또(長門)·이즈모(出雲)·이나바(因幡)·호오끼(伯耆) 등 8개 쿠니를 '정벌'하게 된 때까지 시기가 내려오는 것은 아닐까 한다. 이때 타다후유는 효오죠오슈우(評定衆)·부교오닌(奉行人) 등을 다수 대동하고 내려갔다고 전해지며(『모로모리끼 師守記』), 이 기관이 앞서 든 8개 쿠니에 대한 재판권이 부여된 '탄다이(探題)'로 부를 수 있는 기관이었음이 분명하다. 이 타다후유의 지위를『켐무산넹이라이끼(建武三 年以來記)』는 카마꾸라(鎌倉) 후기 이래의 '나가또노꾸니딴다이(長門國探題)'로 부 르고 있고, 『타이헤이끼(太平記)』는 '쮸우고꾸의 재판을 담당했다'라거나 '쮸우고꾸 딴다이(中國探題)'라고 기록한 것이다.

현재의 쮸우고꾸지방의 범위와 비교하면, 이와미(石見)·비젠(備前)·미마사까(美 作)가 포함되어 있지 않지만, 대체로 그 전역을 포괄하는 권한이 주어진, 이러한 탄 다이후(探題府)라고 할 수 있는 공적인 기관이 설치된 사실이, 광역적인 지역호칭으 로서 '쮸우고꾸'라는 용어가 정착하는 중요한 계기가 되었던 것은 틀림없다. 그후에 도 예를 들면『기온시교오닛끼(祇園執行日記)』의 1350년(캉오오觀應 1) 6월 21일조 에, 코오노 모로야스(高師泰)가 타다후유를 토벌하기 위해 내려간 것을 "금일축시 〔今日丑刻〕에, 먼저 쮸우고꾸로 출발한다"고 기록하고, 또 이 지역에서 호소까와 요 리유끼(細川賴之)의 동향에 대하여,『엔따이랴꾸(園太曆)』의 1356년(엠분延文 1) 4월 30일조에서는 "쮸우고꾸 토벌의 일"로 기록하고 있으며, 5월 2일조에도 "쮸우고꾸 출발"이라고 표현하고 있다. 이때 요리유끼에 주어진 권한은 군사지휘자로서의 그 것만이 아니라, 소령에 관한 바꾸후명령의 집행 등 슈고의 권한에 속하는 사항도 포 함되어 있으며, 그것은 비젠·빗쮸우·빙고·아끼의 4개 쿠니에 미치고 있었다. 그리 고 요리유끼가 "쮸우고꾸깐레이(中國管領)" "쮸우고꾸따이쇼오(中國大將)"라고 불 리고 있었음은 많은 사료에서 확인할 수 있다.

이와같이 용례는 많지 않지만, 14세기 중반경 남북조 동란기에 상인도오제국(山 陰道諸國)까지를 포함하는 '쮸우고꾸'라는 광역적 지역호칭이 널리 쓰이게 된 것은 확실하다. 그리고 왜 이 지역이 '쮸우고꾸'라고 불려졌는가에 대해서는 명확한 근거가 있는 것은 아니지만, 키나이제국(畿內諸國)과 큐우슈우의 중간지역이라는 의식이 이 호칭의 근저에 있다고 나는 생각한다.

실제로 몽골침략 이후, 남북조 동란기에 걸쳐 찐제이딴다이(鎭西探題)·큐우슈우딴다이(九州探題)의 움직임과 남조의 친왕(親王)인 카네요시(懷良)의 동향에서 보이는 것처럼, 큐우슈우는 독자적인 지역으로서 자립의 형세를 보이고 있었고, 한편 키나이도 탐바(丹波)·하리마(播磨)를 로꾸하라딴다이(六波羅探題)의 직할하에 넣어, 그 범위를 넓히고 있었다. 자연스레 상요오도오(山陽道)에 대해서는 비젠(備前) 서쪽이 '쮸우고꾸'로 되었다. 상인도오에 대해서는 탕고(丹後)·타지마(但馬)가 어떻게 의식되고 있었는지 분명하지 않으나, 타다후유의 관할지역이 이나바(因幡) 서쪽이었던 점으로 볼 때, 이들을 '쮸우고꾸'에 포함하지는 않았을 것이다.

그 이후의 '쮸우고꾸' 호칭에 대해서는 스오오·나가또를 중심으로 이 지역에 위세를 떨치고 있던 오오우찌(大內)씨를 '쮸우고꾸의 탄다이'라고 기록한 용례가 있지만, 근세의 사례에 대해서는 전혀 조사가 안된 관계로, 그 변천에 대해서 논할 수는 없다. 다만 메이지(明治) 초기에 널리 사용된 헵번(J.C. Hepburn)의 『와에이고린슈우세이(和英語林集成)』(J.C. Hepburn 1980)를 보면, '쮸우고꾸'를 상인도오와 낭까이도오(南海道)의 중간지역으로 보는 견해도 성립한다(이 점에 대해서는 사또오 싱이찌佐藤進一의 가르침에 따랐다). 이러한 관점과 앞서 말한 키나이와 큐우슈우의 중간지역으로 보는 견해가 어떻게 관련되어 있는가에 대해서는 앞으로의 과제로 삼고 싶다.

분열하는 '일본국'

이렇게, 카마꾸라(鎌倉)바꾸후의 성립으로 인한 동국과 서국의 병립을 계기로, 더욱이 여기에 몽골침략에 대응하는 지역 경비태세 형성 등의 요인이 더해져서, 14세기에 들어설 즈음에는 '일본국'의 내부지역이 각각 자립하는 움직임을 명확히하기 시작하고, 그와 함께 지역호칭도 정착하게 된다.

특히 '남북조동란' 와중에서 연호가 병립(竝立)·정립(鼎立)하는 이 세기의 전국적인 전쟁상태가 말해주듯이, 천황가(天皇家)와 쇼오군가(將軍家)의 내부대립과 왕권의 사분오열이 가시화되면서 그것은 이러한 여러 지역의 자립에 박차를 가했다.

또 '일본국'의 틀을 넘어서, 현해탄과 동중국해를 무대로 한반도·제주도의 사람들과 연결된 북서큐우슈우·세또나이까이 등의 바다의 영주·상인들이 '왜구'로 활발한 활동을 보이는 등 '일본국' 자체가 동요하면서 천황가 역시 그 와중에 멸망할 가능성도 있었던 것이다. 실제로 15세기 초두 쇼오군 아시까가 요시미쯔(足利義滿)는 명(明) 황제의 책봉을 받아 '일본국왕'이 됨과 동시에, 천황위의 찬탈을 기도했다. 비록 요시미쯔의 죽음으로 실현되지 못했지만, 15세기 이후의 일본열도는 이처럼 '일본국'의 권위와 권력의 동요 속에서 커다란 격동기를 맞고 있었다.

열도 남쪽인 오끼나와(沖繩)제도에서는 12~13세기에 오끼나와인의 교역활동으로 중국문화의 영향이 미치고 있었다. 그리고 14세기 이후에는 동남아시아·중국대륙·한반도·일본열도에 이르는 광역적인 교역활동이 전개되어, 15세기에 '항시국가(港市國家)'라고 특징지을 수 있는 '류우뀨우(琉球)왕국'이 '일본국'과는 별개의 국가로서 모습을 드러내어 '일본국왕', 즉 무로마찌쇼오군(室町將軍)과 외교문서를 교환하게 되었다.

그리고 '일본' 내부에서도 자립하기 시작한 각 지역을, 유력 슈고다이묘오(守護

大名)가 마치 '총독'처럼, 광역적으로 지배하는 상황이 진행된다. 예를 들면 14세기 말, 큐우슈우제국 대부분의 쿠니의 슈고를 이마가와 료오슌(今川了俊)이 한때 장악했다. 그후 사쯔마(薩摩)·오오스미(大隅)·휴우가(日向)를 시마즈(島津)씨가, 찌꾸고(筑後)·붕고(豊後)를 오오또모(大友)씨가 장악했다. 찌꾸젠(筑前)·부젠(豊前)부터 스오오(周防)·나가또(長門)·이와미(石見)까지 장악했던 오오우찌(大內)씨는 오오에이(應永)의 난[73]에서 패배할 때까지 키이(紀伊)·이즈미(和泉)의 슈고로 세또나이까이 교통을 지배했다.

이에 대항하면서, 호소까와(細川)씨도 빗쮸우(備中)·빙고(備後)·아끼(安藝) 등의 쮸우고꾸(中國)제국에 더하여, 아와지(淡路)·아와(阿波)·사누끼(讚岐)·토사(土佐) 등의 시꼬꾸(四國)제국의 슈고로서, '쮸우고꾸깐레이(中國管領)[74]'라고 불리며 세또나이까이의 장악을 둘러싸고 오오우찌씨와 경합했다.

또 상인(山陰)의 탐바(丹波)·탕고(丹後)·타지마(但馬)·이나바(因幡)·호오끼(伯耆)에서 빙고·아끼 등의 세또나이까이 연해의 쿠니까지 포함하는 11개 쿠니의 슈고를 독점한 야마나(山名)씨는 메이또꾸(明德)의 난[75]의 패배 후에도 상인을 중심으로

---

73 1399년 오오우찌 요시히로(大內義弘)가 무로마찌바꾸후에 반항하여 일으킨 반란. 아시까가 요시미쯔(足利義滿)의 도발로 사까이(堺)에서 거병했으나 토벌되었다.

74 깐레이는 원래 무로마찌시대의 직명으로 쇼오군을 보좌하여 바꾸후의 정무를 통할했다. 카마꾸라바꾸후의 싯껜(執權)에 해당한다. 특히 시바(斯波)·호소까와(細川)·하따께야마(畠山)의 세 가문을 상깐레이(三管領)라고 불렀다.

75 1391년 야마나 우지끼요(山名氏淸)·미쯔유끼(滿幸)등이 일으킨 반란. 아시까가 요시미쯔가 야마나 가문의 내분에 편승하여 도발한 것으로, 우지끼요는 쿄오또에서 전사했고, 미쯔유끼는 이즈모로 도망갔으나 1394년 토벌되었다.

세력을 유지했고, 오끼(隱岐)·이즈모(出雲)를 지배하는 사사끼(佐佐木)씨는 오우미(近江)·히따(飛驒)의 슈고도 겸했으며, 하리마(播磨)의 아까마쯔(赤松)씨도 비젠(備前)·미마사까(美作)의 슈고로서 상요오(山陽) 동부를 지배했다.

한편, 호꾸리꾸(北陸)에서도 오와리(尾張)·시나노(信濃)·토오또우미(遠江)의 슈고였던 시바(斯波)씨가 에찌젠(越前)·카가(加賀)를 장악했고, 미까와(三河)와 오와리(尾張) 남부의 슈고 이쯔시끼(一色)씨가 와까사(若狹)·탕고(丹後)를 지배했으며, 카와찌(河內)·키이(紀伊)의 슈고 하따께야마(畠山)씨가 노또(能登)·엣쮸우(越中)를 분국(分國)하여 이에 대항했다.

더욱이 태평양 쪽에서는 스루가(駿河)·토오또우미(遠江, 남북조기)를 이마까와(今川)씨가 장악하고 있었지만, 히따찌(常陸)의 사따께(佐竹)씨, 시모우사(下總)의 찌바(千葉)씨, 시모쯔께(下野)의 유우끼(結城)씨, 카이(甲斐)의 타께다(武田)씨를 제외하고, 이즈(伊豆)와 에찌고(越後)를 포함한 칸또오(關東)제국은 우에스기(上杉)씨의 지배하에 있었다.

무로마찌꾸보오(室町公方)[76]와 카마꾸라꾸보오(鎌倉公方)[77]는 이들 유력 슈고다이묘(守護大名)의 합의로 유지되는 한편, 명과의 무역을 비롯한 '중상주의'적인 정책으로 한동안은 안정을 유지했으나, 각 지역의 자립적인 동향은 한층 현저하게

---

76 무로마찌바꾸후의 쇼오군을 당시에는 '무로마찌꾸보오'로 불렸으며, 대외적으로는 일본국왕으로 칭했다.

77 카마꾸라후(鎌倉府)의 장관으로서 칸또오(關東)를 지배하는 아시까가씨의 호칭. 아시까가 타까우지(足利尊氏)의 아들인 모또우지(基氏)로부터 시작되어, 휘하의 우에스기(上杉)씨를 칸또오깐레이(關東管領)로 임명하여 통치했다. 카마꾸라고쇼(鎌倉御所)·칸또오꾸보오(關東公方)라고도 했다.

되었다. 카마꾸라꾸보오의 토멸과 무로마찌꾸보오, 즉 쇼오군(將軍) 암살 등의 사건이 이어졌고, 마침내 전국적 동란인 동국의 '쿄오또꾸(享德)의 난'과 서국의 '오오닌(應仁)의 난' 와중에서 천황은 물론 '일본국왕' 즉 쇼오군의 권위까지 땅에 떨어졌다. 15세기 후반 이후 '일본국'은 문자 그대로 사분오열의 상황에 돌입했다.

마침 이 무렵 '칸농겐조오(觀音現像)'라고 불린 조선국왕에 경사가 있을 때마다, 큐우슈우, 세또나이까이 연해, 와까사(若狹) 서쪽의 상인제국(山陰諸國) 해변에 근거지를 두고, 더러 '해적장군(海賊將軍)'을 자칭하기도 한 많은 바다의 영주들이 각각 독자적으로 경하의 사절을 한반도로 보냈는데, 이것은 '일본국왕' 권위의 하락 속에서 '조선국왕'과 연결고리를 확보해두려는 바다영주들의 지향을 잘 보여주고 있다고 할 수 있다. 그중에는 한반도와 관계가 깊은 시나노(信濃) 젱꼬오지(善光寺)의 사자(使者)도 있었다.

또한 같은 시기, 아마도 안도오(安藤)씨라고 추정되는 '에조찌시마오오(夷千島王)'를 칭하는 카샤(遐叉)라는 인물이, 조선국왕에게 사자를 보내 『대장경(大藏經)』을 요청했던 것도 '일본국'과는 별도로 '왕'을 자칭하는 사람이 출현할 만큼 홋까이도오(北海道)에 자립적인 세력이 형성되고 있었음을 얘기하는 것이다. 이처럼 '일본국'의 틀을 뛰어넘는 권위를 추구하는 움직임이 열도 각지에 발생하고 있었다.

그것은 동북아시아와 혼슈우(本州)를 매개하는 활발한 교역활동을 통하여, 점차로 '민족' 형성의 길로 나아가기 시작한 아이누의 동향과도 떼려야 뗄 수 없는 것이다. 무로마찌쇼오군에게서 '히노모또쇼오군(日本將軍)'이라는 칭호를 공식적으로 받고, '히노모또(日本)'라고 일컬어진 토오호꾸(東北) 최북부에서 홋까이도오 남부에 위세를 떨치고 있던 안도오씨는, 마찬가지로 15세기 중반경에 시모끼따(下北)반도에 근거지를 둔 카이(甲斐) 출신의 호족 남부(南部)씨와의 전쟁에서 패하여, 본거

지인 쓰가루또사미나또(津輕十三湊)에서 쫓겨나, 일부는 카미노꾸니(上ノ國)·시모노꾸니(下ノ國) 등 홋까이도오 남부의 다떼(館)로, 일부는 아끼따(秋田)로 옮겼다.

그 결과, 무쯔만(陸奧灣)·쓰가루(津輕)해협을 포함한 '북의 내해세계'는 제해권을 장악한 남부씨의 지배 아래 들어갔다. 남부씨는 태평양에서 '일본해'에 이르는 해상교통을 장악하여 북방의 셍고꾸다이묘오(戰國大名)로 변모해간다. 한편, 1457년에 코샤마인(コシャマイン)[78]이 이끄는 아이누와의 전쟁 후에 카미노꾸니의 카쯔야마다떼(勝山館)에 근거지를 마련한 와까사(若狹) 타께다(武田)씨를 계승한 카끼자끼(蠣崎)씨 등 혼슈우인의 관주(館主)들은 아이누와 긴장관계를 유지하면서도 그들과의 교역에 힘입어 홋까이도오 남쪽에 독자적인 세계를 펼치고 있었다.

분립하는 소국가

이리하여 16세기에 걸쳐 일본열도의 각 지역에는 류우뀨우(琉球)왕국이 '일본국'과 병립하고 또 '군웅'이라고 일컬어진 유력 셍고꾸다이묘오(戰國大名)가 할거하여 각각 영토 경영과 확대에 힘쓰는 한편, 독자적인 법과 지배조직을 갖는 소국가를 형성하여 상호간 항쟁하는 쟁란의 시대가 시작된다. 현대 일본인의 지역의식의 적접적인 원점을 이 시대의 다이묘오(大名), 또는 '영웅'에게서 구하는 경우가 많다. 그 때문에 이들 다이묘오들은 NHK 대하드라마의 주인공으로 등장하여 그 지역사람들의 인기를 모으고 있는 것이다.

토오호꾸(東北)의 다떼(伊達)씨와 마사무네(政宗)·아시나(芦名)씨, 칸또오(關

---

78 1456년 아이누가 최초로 일으킨 반란을 주도한 인물.

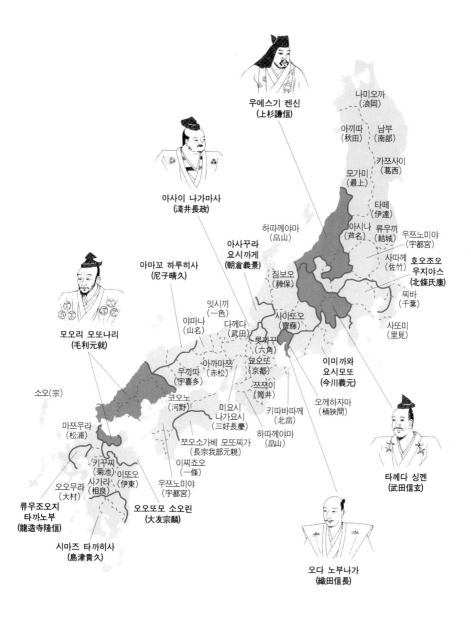

우에스기 켄신
(上杉謙信)

아사이 나가마사
(淺井長政)

나미오까
(浪岡)

아끼따
(秋田)

남부
(南部)

카쯔사이
(葛西)

모가미
(最上)

타떼
(伊達)

하따께야마
(畠山)

아사꾸라
요시까게
(朝倉義景)

아시나
(芦名)

류우끼
(結城)

우쯔노미야
(宇都宮)

짐보오
(神保)

사따께
(佐竹)

호오조오
우지야스
(北條氏康)

아마꼬 하루히사
(尼子晴久)

잇시끼
(一色)

야마나
(山名)

다께다
(武田)

사이또오
(齋藤)

찌바
(千葉)

모오리 모또나리
(毛利元就)

아까마쯔
(赤松)

롯까꾸
(六角)

쿄오또
(京都)

사또미
(里見)

우끼따
(宇喜多)

소오(宗)

코오노
(河野)

쯔쯔이
(筒井)

이미까와
요시모또
(今川義元)

마쯔우라
(松浦)

미요시
나가요시
(三好長慶)

키따바따께
(北畠)

오께하자마
(桶狹間)

키꾸찌
(菊池)

쵸오소가베 모또찌가
(長宗我部元親)

하따께야마
(畠山)

타께다 싱껜
(武田信玄)

이또오
(伊東)

이찌죠오
(一條)

오오무라
(大村)

사가라
(相良)

우쯔노미야
(宇都宮)

류우조오지
타까노부
(龍造寺隆信)

오오또모 소오린
(大友宗麟)

시마즈 타까히사
(島津貴久)

오다 노부나가
(織田信長)

셍고꾸다이묘오(戰國大名)와 각각의 '소국가(小國家)'

東)의 고호오죠오(後北條)씨와 소오운(早雲)·우지쯔나(氏綱), 카이(甲斐)·시나노
(信濃)지역의 타께다(武田)씨와 싱겐(信玄), 스루가(駿河)·토오또우미(遠江)·미까
와(三河)의 이마까와(今川)씨와 요시모또(義元), 에찌고(越後)의 우에스기(上杉)씨
와 켄신(謙信), 카가(加賀)·노또(能登)·엣쮸우(越中)의 잇꼬오잇끼(一向一揆), 에
찌젠(越前)의 아사꾸라(朝倉)씨, 미노(美濃)의 토끼(土岐)씨, 사이또오(齊藤)씨와
도오잔(道三), 오와리(尾張)의 오다(織田)씨와 노부나가(信長), 오우미(近江)의 아
사이(淺井)씨와 나가마사(長政), 쮸우고꾸(中國)의 오오우찌(大內)씨와 요시따까
(義隆), 모오리(毛利)씨와 모또나리(元就), 상인(山陰)의 아마꼬(尼子)씨, 붕고(豊
後)의 오오또모(大友)씨, 히젠(肥前)의 오오무라(大村)씨, 남큐우슈우(南九州)의 시
마즈(島津)씨 등, 잘 알려져 있는 다이묘오와 소국가의 영주들이 지역의 기대를 안
고 활약하고 있었지만, 이들 다이묘오를 비롯하여 이 시대의 사람들은 반드시 일본
국의 틀에 얽매여 있지는 않았다.

　실제로 16세기경의 후기 왜구는 왕직(王直, ?~1550)[79]으로 대표되듯, 큐우슈우로
부터 중국대륙·한반도의 사람들까지 포함하여, 동중국해를 무대로 매우 광범위하게
활동하고 있었다. 그리고 이른바 '대항해시대'의 사람과 물자의 유동 중에서, 일본열
도의 많은 사람들이 동남아시아에서부터 아메리카대륙에 이르기까지 활동하고 있
었던 것이다.

　그리고 그러한 움직임을 배경으로, 시마즈씨가 류우뀨우왕국과의 관계를 강화하여

---

79 이른바 후기왜구의 수령. 명(明)나라 출신으로 처음에는 염상(鹽商)이었으나, 명 조정의 해금정책이
　　완화되자 1540년경부터 광동(廣東)과 샴(현재의 태국) 간의 밀무역으로 거부를 쌓고, 일본의 고또오
　　(五島)와 히라도(平戶)에도 근거지를 구축했다.

중국대륙과의 독자적인 무역을 추진했고, 오오또모씨·오오무라씨·아리마(有馬)씨 등 '키리시딴 다이묘오(キリシタン大名)'[80]는 포르투갈인과의 교역에 힘을 쏟아, 그중에서 오오무라씨가 나가사끼(長崎)를 예수회에 바치는[寄進] 사태까지 벌어졌다.

또 쯔시마(對馬)의 소오(宗)씨도 조선국왕과의 관계를 한층 강화했고, 오오우찌씨·모오리씨·아마꼬씨도 '일본해'를 통한 한반도와의 교역에 재정을 크게 의존하고 있었다.

'일본국' 재통일과 '해금'

한편 앞에서 말한 카끼자끼(蠣崎)씨와 남부(南部)씨는 아이누와의 교역활동을 매개로 동북아시아와 연결되었고, 토오호꾸의 다떼(伊達)씨는 북태평양을 통하여 아메리카대륙으로 건너가는 항로의 안정과 활성화를 기반으로, 17세기 초에 하세꾸라 쯔네나가(支倉常長)를 멕시코와 스페인, 이딸리아로 파견했다. 이처럼 동국의 셍고꾸다이묘오(戰國大名)도 각각 열도 바깥 지역과의 독자적인 교류를 꾀하고 있었던 것이다.

이리하여 16세기 후반의 일본열도는 해상교통을 통해 넓은 세계와 긴밀한 교류를 펼치는 한편, 그 가운데서 개성적인 여러 지역이 형성되면서, '일본국'의 틀에 얽매이지 않는 움직임이 활발히 일어났다. 이로 인하여 '일본국'이 분해되고, 열도 바깥 세계와 여러 지역과의 새로운 관계를 맺으며 이제까지와는 다른 형태의 국가가 탄

---

80 셍고꾸시대에서 에도초기에 걸쳐 크리스트교를 신앙으로 삼은 다이묘오들. 오오또모 소오린(大友宗麟), 오오무라 스미따다(大村純忠), 아리마 하루노부(有馬晴信), 타까야마 우꼰(高山右近) 등이 대표적이다.

생할 가능성도 충분히 있었다고 해도 결코 과언은 아니다. 실제로 '왜구세계'에서는 다양한 언어를 자유로이 구사하는 사람들이 분명히 다수 있었고, '국경'을 넘어선 열도·반도·대륙 간의 사람들의 교통도 활발했으며, 상호간의 밀접한 연계도 생겨나고 있었다(무라이 쇼오스께 1999).

그러나 이미 기나긴 역사가 있는 열도·반도·대륙의 국가들은 바다를 기반으로 한 이같은 독자적인 질서에 대하여, 이른바 '해금(海禁)'정책으로 대응하여 이들을 억압하려고 했다. 일본열도에서도 할거하는 소국가를 통합하고, 사분오열된 '일본국'을 강력한 국가로서 재통일하려는 움직임이 16세기 중반경에 현저하게 나타났고, 오다 노부나가(織田信長)가 이 과제 달성을 향해 커다란 일보를 내디뎠던 사실은 주지하는 대로이다.

특히 그 사업을 계승한 토요또미 히데요시(豊臣秀吉)는 '해적정지령(海賊停止令)'으로 '해금'을 추진함과 동시에, 천황의 권위를 배경으로 무력을 통한 '일본국'의 재통일을 실현했다. 이 새로운 '일본국'의 성립에서 국민국가 형성의 단서를 찾으려는 시각이 있는데, 이것은 충분히 근거가 있는 견해라고 할 수 있다(카쯔마따 시즈오 1996). 그리고 국민국가 형성을 가능하게 했던 배경으로서, 다음 장에서 서술할 '일본국의식'이 사회 속에 퍼져가고 있었다.

그렇지만, 확립 당초의 '일본국'의 자립과 침략의 전통은 좋은 점과 나쁜 점 모두 이 '일본국'에 계승되어 있었다. 확실히 히데요시의 통일 달성으로 아시아를 비롯한 세계 속에서의 '일본국'의 자립은 명확히 확립되었지만, 반면에 히데요시는 그와 함께 일종의 과대망상이라고 할 수 있는 '세계제국'을 지향하면서, 아시아 여러 지역의 침략·정복을 기도하였고, 실제로 조선에 대한 무법적인 침략을 강행했던 것이다. 그것은 조선사람들에게 막대한 피해를 주었고, 많은 희생을 야기했다. 조선·명의 연합군과의 전쟁에서 완패한 '일본국'의 이 침략은, 결국 수 많은 전사자를 내고 좌절했다.

이런 토요또미씨를 멸망시키고 재통일된 '일본국'의 지배를 계승한 에도(江戶)바꾸후는 '해금'을 철저하게 하면서도 국내의 충실을 꾀하여, 17세기 전반에는 홋까이도오(北海道) 남부의 해변, 혼슈우(本州)·시꼬꾸(四國)·큐우슈우(九州), 그리고 시마즈(島津)씨가 류우뀨우(琉球)왕국에서 빼앗은 아마미오오시마(奄美大島)까지를 영토로 하는 '일본국'을 건설했다. 그러나 이 국가에서도 열도의 동부·서부 사회의 뿌리깊은 차이, 즉 오랜 전통이 있는 여러 지역의 개성은 결코 사라지지 않았고, 헤이안(平安) 말기 이후 에도시대에 이르는 일본국의 국제에도 그 차이와 개성은 선명하게 각인되어 있었다. '일본국의식'을 언급하기에 앞서 이 점에 대해 서술해두기로 한다.

4. 열도 여러 지역의 차이

동과 서의 쇼오엥꼬오료오제

'일본국'의 국제가 그 지배하에 들어온 지역에 강력하게 미친 결과, 열도사회의 지역차, 특히 앞서 언급한 열도동부와 열도서부 사회의 차이는 일단 사라진 것처럼 보였다. 그러나 일본국의 이완과 함께, 10세기 이후 재차 동서의 차이가 명확히 표면에 나타나, 타이라노 마사까도(平將門)의 국가수립을 거쳐, 12세기 말 카마꾸라(鎌倉)바꾸후가 동국왕권으로 성립하여, '일본국' 내부에 동서의 왕권이 병립된 사실은 앞서 말한 대로이다.

그러나 이 두 왕권은 하나같이 '일본국' 국제, 즉 영제(令制)가 규정하는 코꾸군제(國郡制)의 쿠니(國)를 행정기관으로 삼고, 11세기 후반부터 형성되기 시작해서 13세기 전반에 확립된 토지제도인 쇼오엥꼬오료오제(莊園公領制)를 기반으로 조세를 징수하고 있었다. 통치권은 명확히 동국과 서국으로 나뉘어 있으면서도, 두 개 왕권의 병립이 '일본국' 분열을 야기하지 않았던 이유는 여기에 있다. 그렇다고는 해도 열도 서부와 동부 사회의 존재양태의 차이, 즉 동국과 서국을 비롯한 각 지역이 '일본국'과 관계를 설정하는 방식의 차이는, 이러한 제도에도 뚜렷한 흔적을 남겼다.

쇼오엥꼬오료오제하의 쿠니들은 천황가(天皇家)·셋깐가(攝關家)·쇼오군가(將軍家), 또 귀족·무가와 사원·신사가 징세의 권리를 갖는 쇼오(莊)와 조정의 칸시(官司)·지샤(寺社)가 코꾸가(國衙)를 통해 징세를 행하는 특별 단위인 호오(保), 코꾸가 자체의 징세단위인 군(郡)·인(院)·죠오(條)·고오(鄕)·묘오(名)·손(村) 등의 징세·행정단위로 구성되어 있었다. 그리고 각각의 단위는 대소의 '영주'들이 지또오(地頭)나 게시(下司)·쿠몬(公文)·소오쯔이부시(惣追捕使) 등의 쇼오깐(莊官, 또는 莊司·保司·郡司·院司·條司·鄕司·名主·村司)으로서 징세를 청부받아 관리하고, 연공(年貢)·공사(公事) 등의 조세를 징수하여 일부를 자신의 수입으로 삼는 한편, 쿄오또(京都)·카마꾸라 등의 귀족·무가·지샤에 보냈던 것인데, 이러한 단위와 영주의 존재양태, 연공의 품목 등에는 동국과 서국의 여러 지역에 따라 분명한 차이가 보인다(이에 대한 상세한 설명은 아미노 요시히꼬 1998a; 1991a 등을 참조).

우선 단위의 존재양태를 보면, 토오호꾸·칸또오 등의 동국, 나아가 큐우슈우 중남부에서는 영제(令制)의 군(郡)에서 전화한 군(郡)·죠오(條)·인(院) 등이 기본적인 단위가 되고, 그 자체가 쇼오(莊)로 변한 사례도 널리 발견된다. 한두 가지 예를 들어보면 히따찌노꾸니(常陸國)에서는 시다군(信太郡)이 시다동조(東條)·서조(西

條)로 나뉘었고, 이바라끼군(茨城郡)은 남군·북군, 니이하리군(新治郡)은 동군·중군·서군으로 나뉘었는데, 이 시다서조(信太西條)는 시다노쇼오(信太莊), 동조는 토오죠오쇼오(東條莊), 니이하리쮸우군(新治中郡)은 쮸우군쇼오(中郡莊)로 되었다. 또 노또(能登)·키이(紀伊)·큐우슈우의 쿠니들, 특히 그 남부에 있는 휴우가(日向)·오오스미(大隅)·사쯔마(薩摩)에는 인(院)의 단위가 많이 보이는데, 노또에서는 죠오노인(町野院)이 죠오노쇼오(町野莊), 쿠마끼인(熊來院)이 쿠마끼쇼오(熊來莊)가 되는 등, 인(院)이 그대로 쇼오(莊)로 변했다.

따라서 이러한 쿠니들에서는 쇼오(莊)의 규모가 커서, 코꾸가에 보관된 무논 대장(臺帳)인 대전문(大田文)을 보면, 수백정(町), 어떨 때는 남큐우슈우의 시마즈쇼오(島津莊)처럼 수천정의 무논이 등록된 쇼오도 있었다. 이들 쇼오나 군·조오(條)·인의 내부는 많은 고오·손(村) 등의 작은 단위로 구성되어 있었는데, 물론 이 시기의 손은 공적인 코꾸군제에서 이탈한 단위이고, 고오 역시 『와묘오루이쮸우쇼오(倭名類聚抄)』에 기록된 고대 이래의 고오가 아니라, 헤이안 말기에 생활단위로 새롭게 형성된 고오이었다.

이에 비해 큐우슈우 중남부 등을 제외한 서국에서는, 동국과 마찬가지로 군이 동서남북으로 나뉜 적은 있었지만, 징세단위로서는 그다지 기능하지 않았다. 또 동국과 달리 옛날부터 내려온 『와묘오루이쮸우쇼오』의 고오(鄕)가 그대로 남아 있어, 그 자체가 쇼오(莊)로 바뀌는 경우가 많았다. 그 때문에 서국의 쇼오의 규모는 대부분의 경우 동국보다도 훨씬 작았다.

또 서국의 경우 코꾸가의 현지관청인 루스도꼬로(留守所)의 각종 역직(役職)인 세소(稅所)·전소(田所)·선소(船所) 등을 세습하는 재청관인 등의 영주와 세공소(細工所)에 직속된 대장장이[鍛冶, 카지][81]·목수[番匠, 반죠오][82] 등 직능민들의 급여임과 동시에, 징세의 대상인 논밭이 고오를 뛰어넘어 묘오(名) 또는 호오(保)라는 단위로 고정화하는 경우가 널리 보인다. 동국의 경우도 비슷한 상황이 확인되는데, 그것은 코꾸가(國衙) 근처에서만 한정적으로 관찰되는 데 비해, 서국에서는 예를 들면 와까사노꾸니(若狹國)의 세소묘오(稅所名)인 이마또미묘오(今富名)가 쿠니 내의 토미따(富田)・시만(志萬)・니시(西)・히가시(東)・미까따(三方)・아오(靑) 등의 여러 고오에 분산되어 있는 논밭으로 구성되고 있었던 것처럼, 재청묘오(在廳名)나 세공호오(細工保) 등 묘오・호오의 논밭이 많은 고오에 산재해 있는 것이 보통이었다. 그 때문에 그러한 호오(保)가 쇼오(莊)로 전화한 경우, 쇼오의 논밭도 한곳에 모여 있지 않고 여기저기 산재하고 있는 것이 자주 보이는 데 키나이(畿內)의 쇼오엔(莊園)에도 그런 형태가 널리 나타난다.

횡적 연대의 서국, 종적 주종관계의 동국

또 서국의 쇼오나 고오・호오의 내부에는 평민 햐꾸쇼오묘오(百姓名)로 확정된 단위로 유력 햐꾸쇼오(百姓)의 징세와 납입을 부담하고 있었고, 그러한 햐꾸쇼오묘오의 묘오슈(名主)들의 부담을 균등하게 하기 위해서 묘오의 논밭 면적이 균등하게 되어 있는 경우가 많았다. 이것은 '홈뱌꾸쇼오(本百姓)' 혹은 '오사뱌꾸쇼오(長百姓)' 등으로 불린 쇼오・고오의 중심적인 햐꾸쇼오들끼리의 횡적 연대, 상호연계가 강력했음을 뜻한다. 서국에서는 쿠니의 고께닌(御家人)들, 또는 코꾸진(國人)[83]이라고도

---

81 금속을 치거나 하여 각종 기물(器物)을 만드는 직업.
82 고대에 교대로 쿄오또에 가서 목공업무를 담당하던 기구인 목공료(木工寮)에 복무하던 목공.
83 지방[在地]의 무사. 특히 남북조에서 무로마찌시대 여러 쿠니의 재지영주를 가리키는 일반적 호칭.

불린 비고께닌(非御家人)을 포함한 쿠니의 사무라이(侍) 신분 사람들이 서로 '동료〔傍輩〕' 의식을 가지면서, 횡적 결합을 유지하는 경우가 매우 많았다. 와까사노꾸니(若狹國)가 가장 좋은 예인데, 카마꾸라시대부터 코꾸고께닌(國御家人)이 그 묘오에서 소송을 일으키면 항상 연대해서 움직였고, 남북조시대에도 고꾸닌들은 '잇끼(一揆)'[84]를 조직하여 통일적으로 행동했던 것이다.

이에 비하여 동국의 경우, 군(郡)·죠오(條)·고오(鄕) 등의 내부에서 햐꾸쇼오묘오(百姓名)를 거의 발견할 수 없다. 서국의 쇼오·고오 등의 경우는 검주(檢注)된 자이께(在家)[85]와 논밭이 연결되어, 평민 햐꾸쇼오묘오가 징세단위로서 형성되어 있었다. 반면 동국에서는 '전(田)·자이께'와 같이 자이께와 전지(田地)가 한묶음으로 양여·매매되는 경우는 많이 있었지만, 그것이 햐꾸쇼오묘오가 된 경우는 별로 찾아 볼수 없다.

또 서국의 쇼오에서는 그 각각에서 죠오분(上分)[86]·하쯔호(初穗)[87]를 제 몫으로 하는 홍께시끼(本家職), 연공(年貢)·공사(公事)·부역(夫役)을 수취하는 료오께시끼(領家職), 그 실무를 현지에서 관리하는 아즈까리도꼬로시끼(豫所職), 쇼오 내부의 유력영주로 연공·공사 징수를 책임진 게시시끼(下司職)를 비롯해서, 그에 관계되는 각종 직무를 분담하는 쿠몬시끼(公文職)·타도꼬로시끼(田所職)·소오쯔이부

---

84 '잇끼'란 뜻을 같이하여 일치단결한다는 의미이다. 중세시대에는 혈연이나 지연으로 연결된 무사들이 단결하여 행동하는 것을 말한다. 나중에는 지배자에 대한 저항과 투쟁을 목적으로 하는 농민의 무장봉기를 가리킨다.

85 중세에 영주의 재가역(在家役)의 부과의 단위로 쇼오엔 내의 건물과 부속된 논밭을 말한다.

86 고대·중세 때 지샤(社寺)에 연공 이외에 신불(神佛)의 제사비용으로 공납한 것.

87 그 해 처음으로 수확한 쌀.

영주(領主)에 대한 헌상. 물고기와 새, 야채 등 다양한 물품들을 납부하는 사람들의 모습이 보인다(『코까와데라엥기(粉河寺緣起)』 코까와데라粉河寺 소장).

시시끼(惣追捕使職) 등이 직무관계를 매개로 중층적 관계를 맺으면서 쇼오를 지배·관리하고 있다. 보통 이것을 '시끼(職)의 중층적 체계'라고 부른다. 그러나 동국의 군(郡)·쇼오(莊)에서는 홍께(本家)·료오께(領家)는 쿄오또나 그 주변에 있다고 하더라도 실제로는 그 쿠니의 유력한 호족적 영주가 군지(郡司)·군지또오(郡地頭)가 되어 군이나 쇼오 전체를 청부받아, 자신의 일족과 종자(從者)를 군 내부의 각 고오(鄕)들에 배치하는, 말하자면 일족·주종관계를 통해 군·쇼오를 관리하는 체제였다.

예를 들면 히따찌(常陸)의 나메가따군(行方郡)의 지또오시끼(地頭職)은 히따찌노따이라(常陸平)씨의 일족인 나메가따 타다모또(行方忠幹)가 대대로 맡고 있었는데, 그 아들인 카게모또(景幹)는 다섯 명의 자식들에게 쇼오꼬(小高)·시마자끼(島崎)·마요이(麻生)·타마쯔꾸리(玉造)·테가(手賀) 등의 향들을 각각 양여했고, 그후에도 '꿀벌의 둥지나누기(蜜蜂の巢分れ)'라고 일컬어진 것처럼, 자손들을 군내의 고오에 심고 있다. 그리고 앞서 서술한 것처럼 서국의 고꾸고께닌들이 횡적으로 연대하여 행동했던 것에 비하여, 동국의 군지또오는 소오료오(惣領)로서 그 일족과 종자들을 동원하여 전쟁에 참여했던 것이다.

이와같은 인간관계 양태에 드러난 동국과 서국의 차이는, 민속학 연구가 밝혀낸 동일본의 동족결합과 서일본의 연령서열제[年齡階梯制]와 같은 촌락·가족형태의 차이를 근저에서 규정하고 있었다고 보아도 아마 커다란 잘못은 없을 것이다. 그리고 그러한 사회 자체의 차이로 인하여 쇼오엔(莊園)·코오료오(公領)의 존재형태에 차이가 발생했다고 생각할 수도 있을 것이다.

물론 이러한 차이는 대체적으로 그렇다는 뜻이고, 세세하게 들여다보면 동서의 특질이 각각 섞여 있어 지역에 따른 개성을 연구할 필요가 있다. 앞서 말한 열도동부와 열도서부 사회 자체의 차이는 이처럼 일본국의 국제에까지 뚜렷한 흔적을 남기고 있다.

'연공은 쌀'이라는 통설의 오류

또 하나 중세의 동국과 서국의 차이, 각 지역의 개성을 확실히 드러내는 것은 쇼오엔·코오료오의 연공(年貢)이다. 비교적 최근까지 고교교과서 등에 쇼오엔의 연공은 쌀이고, 산야하해(山野河海)의 산물과 수공업제품은 공사(公事)였다고 서술했다. 그러나 이 '통설'은 편견이 빚어낸 오해이고, 허위라는 사실이 이미 명백해졌다. 쇼오엔·코오료오의 연공은 그 지역의 특산물, 즉 '도산(土産)'으로 불린 매우 다양한 물품이었다.

예를 들면 세또나이까이(瀨戶內海) 도서지역의 연공은 이요노꾸니(伊豫國) 유게시마노쇼오(弓削島莊)와 빙고노꾸니(備後國) 인노시마노쇼오(因島莊)의 경우는 소금이었고, 이를 부담한 햐꾸쇼오(百姓)는 해민(海民)·제염민(製鹽民)들이었다. 또 쮸우고꾸(中國) 산간지역에 늘어선 쇼오엔은 철을 연공으로 부과한 곳이 많았다. 빗쮸우노꾸니(備中國) 니이미노쇼오(新見莊) 요시노무라(吉野村), 아끼노꾸니(安藝國) 미스미노무라(三角野村)를 비롯해, 호오끼(伯耆)·이즈모(出雲)·이와미(石見)·오끼(隱岐) 등에서는 철을 연공으로 바치는 쇼오엔을 발견할 수 있다. 따라서 이들 쇼오(莊)와 무라(村)의 햐꾸쇼오(百姓)는 제철민이라고 생각해야만 한다.

더욱이 무사시노(武藏)·시모쯔께(下野), 특히 무쯔(陸奧)·데와(出羽) 등지에서는 말〔馬〕을 연공으로 공납했고, 나가또(長門)에서는 소가 연공인 곳도 있었다. 키이(紀伊)·아와지(淡路)·아와(阿波)·사누끼(讚岐) 등의 낭까이도오(南海道)의 쇼오엔은 숯〔炭〕이나 뽕나무〔榑〕, 재목 등을 연공으로 바치는 예가 보인다. 또 타지마(但馬)·하리마(播磨)에서는 종이를 연공으로 하는 쇼오엔이 많았다. 이렇게 연공품목은 매우 다양했다.

그리고 눈에 띄는 것은 이세(伊勢)·오와리(尾張)·미노(美濃) 이동의 쿠니들은 기본적으로 비단·실·면(綿)과 포(布) 등 섬유제품을 연공했고, 호꾸리꾸도오(北陸道) 쿠니들에 쌀연공이 있었던 것을 제외하면, 동국의 쌀연공은 예외적이라고 해도 결코 과언은 아니라는 점이다. 예를 들면 미노노꾸니(美濃國)에서는 24곳 쇼오엔의 연공이 판명되었는데, 모두 비단이었다. 오와리노꾸니(尾張國)에서도 14곳 중에서 12곳이 견, 나머지는 실〔絲〕이었고, 쌀연공은 한 건도 없었다. 호꾸리꾸도오에서도 비단·면을 공납하고 있는 쇼오엔이 적지 않게 발견된다.

이에 비해, 쌀을 연공으로 하는 쇼오엔은 서국에 많았다. 특히 키나이·세또나이까이 연해지역·큐우슈우 등에 현저하다. 그러나 문서 등을 통해 연공을 알 수 있는 쇼오엔의 연공품목 676개 가운데 쌀은 260개로 38%에 불과하다. 문서사료는 키나

각 쿠니의 쇼오엔연공표(諸國莊園年貢表)

국명	쇼오엔수	쌀米	기름油	견絹	포布	면綿	종이紙	철鐵	지贄	금金	말馬	돗자리延	은銀
야마시로山城	29	17	6		1				(香3, 藁3, 薪3, 莒1, 檜皮1)				
야마또大和	41	27	7	2					(綠靑1, 菓子1, 香2, 莚1, 紅花2)				
카와찌河內	13	8	1						(檜皮2, 比曾1, 薦1, 香1)				
이즈미和泉	11	2	1	1		1			(炭2, 櫛3, 薪1, 車輪2)				
셋쯔攝津	20	13	2		1				(薦2, 疊1, 檜皮2, 續松1, 檜物雜器1, 破木1, 鯛1)				
이가伊賀	4	3◎	1										
이세伊勢	14	4		8							1		(皮1)
시마志摩	4										3		(鹽1)
오와리尾張	14			12									(絲7, 漆1)
미까와三河	2			1	1								
토오또우미遠江	8	5		2	3	1	1						(絲1)
스루가駿河	3			2	1								
이즈伊豆	3			2									(魚具海藻1)
카이甲斐	6			2	5								
사가미相模	4			3									(御簾, 疊1)
무사시武藏	4			1	3								(馬)
카즈사上總	4	1	1	4	3								
시모우사下總	2			1	1	1							
히따찌常陸	5			1	5	1	2						
오우미近江	40	33	1						(槫3, 香1, 餠2, 檜皮4, 炭1, 續松1)				
미노美濃	24			24		3							(絲5)
시나노信濃	6			6									
코오즈께上野	1			1									
시모쯔께下野	4			4	2						1		
무쯔陸奧	7			1	4					4	2		
데와出羽	4			3						1	4		
와까사若狹	6	5				1							(魚具1, 絲1, 鹽2)
에찌젠越前	14	12		4	5								(漆1)
카가加賀	6	3◎		1	2								
노또能登	6	3											(香1, 釜1, 于飯1)
엣쮸우越中	6	2		1		2							(鮭2)
에찌고越後	9	6				5							(漆1)
사도佐渡	1												(具鮑1)
탐바丹波	16	11											(雜器2, 槫1, 瓦1, 香1)

국명	쇼오엔수	쌀米	기름油	견絹	포布	면綿	종이紙	철鐵	지贄	금金	말馬	돗자리莚	은銀
탕고丹後	7	1	1	4									(絲4)
탐바但馬	16	2	1	4	1	1	8						
이나바因幡	3	1			2								
호오끼伯耆	11	6		1				3					(合子1) 4
이즈모出雲	11	3						3					(疊1, 槍皮1) 8
이와미石見	2	1		1		1		1					
오끼隱岐	2							1					(漆1)
하리마播磨	15	8	3				3						(腰刀2, 榑2)
미마사까美作	2		2										
비젠備前	5	4	1	1	1	1							(鹽1, 槍皮1)
빗쮸우備中	9	7	2		2		1	1					(香1, 槍皮2)
빙고備後	10	2	2	1			1		1				(鹽3, 炭3, 薪1)
아끼安藝	7	6						1					
스오오周防	8	3											(榑3)
나가또長門	2	1											(牛1)
키이紀伊	12	7	1	3		1							(榑3, 炭1, 薪1)
아와지淡路	5	1											(炭3, 薪3)
아와阿波	13	5	6					(榑2, 炭2, 麥3, 紅花1, 薪1, 槍皮1)					
사누끼讚岐	6	4	2										(炭1, 鹽2)
이요伊豫	8	4	1										(榑1, 鹽3)
찌꾸젠筑前	13	13											
찌꾸고筑後	5	5		3		1							
부젠豊前	1	1											
붕고豊後	3	3											
히젠肥前	4	4		◎									
히고肥後	9	7		4									
휴우가日向	1	1											
오오스미大隅		1		◎									(皮1)
사쓰마薩摩	3	3											
이끼壹岐		◎											
쯔시마對馬													◎

한 쇼오엔에서 두 가지 이상의 물품을 바치는 경우도 하나(1)로 계산했다. ◎은 해당 한 가지 물품만 올린 것으로 보이는 경우를 가리킨다. ( )안은 그 외의 물품을 나타낸다(아미노 요시히꼬網野善彦『일본중세의 백성과 직능민(日本中世の百姓と職能民)』).

이·서국에 특히 풍부한데, 전술한 것처럼 동국의 쇼오엔에 비해 서국의 쇼오엔의 규모가 작았던 점을 고려하면, 38%라는 쌀연공 비율은 매우 유리한 것이었다. 따라서 전국적으로 봐서 쌀의 생산이 압도적이라고는 말하기 어렵다. 서국의 쌀연공이 분명 많다고는 하지만, 동국은 비단·포가 오히려 압도적이었다. 뒤에서도 서술하는 것처럼 무논에서 하는 벼농사는 결코 '일본민족'의 특질이 아니었다.

그럼에도 불구하고 왜 지금까지 쇼오엔연공은 쌀이라는 오류가 오랫동안 통용되었던가. 그 이유의 하나가 '일본은 미즈호노꾸니(瑞穗國)'라는 편견 때문이다. 그뿐아니라 이 오해는 연공징수의 기준을 기본적으로 무논으로 한 쇼오엥꼬오료오제 자체에 근거했던 것이고, 그것이 무논을 조세징수의 기초로 삼은 고대 '일본국'의 제도, 즉 영제(令制)에서 유래하고 있다는 점은 특히 주목할 필요가 있다.

사실 빗쮸우노꾸니(備中國) 니이미노쇼오 요시노무라(新見莊吉野村)의 연공물인 철은 〔정町의 1/10인 반反을 기준으로〕 무논 1반(反)마다 5냥(兩)의 비율로 징수되었고, 호오끼노꾸니(伯耆國) 유따니벳쇼(溫谷別所)에서는 고오스(合子)라는 목기의 덮개가, 무논 1반마다 50매(枚)씩 부과되었다. 또 동국에서도 미노노꾸니(美濃國) 아까나베노쇼오(茜部莊)에서는 전지(田地) 1정(町)별로 2필(疋)의 비단이 징수되었고, 무쯔노꾸니(陸奧國)에서도 무논에 금이나 말이 부과되고 있었다.

그리고 이요노꾸니(伊豫國) 유게노시마쇼오(弓削島莊)의 논밭에서 수확되는 쌀·보리가 '시오떼마이(鹽手米)' '시오떼무기(鹽手麥)'로서 햐꾸쇼오(百姓)들에게 주어지고, 그에 상응하는 소금을 기일을 정해놓고 납부하는 계약이 문서로 체결된 것을 볼 수 있는데, 이처럼 쌀과, 무논이 아닌 곳에서 나는 생산물의 교역을 통해, 다양한 특산물이 연공으로 공납되고 있었다.

따라서 쇼오엥꼬오료오제는 그 제도 자체에 교역을 내포했고, 이를 전제로 성립하고 있었다. 그러나 무논을 중심으로 한 '일본국' 제도는 그 실태를 감추고, '자급자족경제'니 '쌀연공'이니 하는 허상이 널리 세상에 퍼진 오류를 만들어냈던 것이다(아미노 요시히꼬 1980; 1998b).

동과 서의 화폐

그러나 사회의 실상을 잘 살펴보면, 연공징수가 교역을 전제로 하고 있었을 뿐 아니라, 최근의 고고학 발굴성과가 말해주듯 다양한 물자의 유통·교역이 활발히 이루어지고 있었다. 이른바 '황조십이전(皇朝十二錢)'[87]의 유통이 사라진 헤이안(平安)시대 후기 이후에도 쌀과 비단·포는 교환수단이 되거나, 또는 '준미(准米)'나 '준견(准絹)' '준포(准布)'처럼 가치척도가 되는 등 화폐로 유통됐던 것이다. 그리고 이 경우도 동국은 비단·포, 서국은 쌀이 화폐의 기능을 담당했다. 다시 말해 비단·포·쌀은 결코 단순한 의복재료나 식료로 생산되었던 것은 아니었다.

그리고 12세기에 들어서 방대한 양의 전화(錢貨)가 중국대륙의 송선(宋船)을 통해 수입되어 사회에 침투하기 시작하자, 13세기 전반까지 우선 비단과 포가 전화(錢貨)의 자리에서 밀려났다. '필(疋)'이라는 비단·포의 단위가, 일필십문(一疋十文)이라는 전(錢)의 단위로 변모한 것이 이를 잘 말해주고 있다. 전화의 유통은 동국이 빨랐던 것이다.

이에 대해 서국에서는 쌀의 화폐적 기능, 즉 교환수단·지불수단·가치척도의 역

---

87 와도오까이젠(和同開稱)·만넨쯔우호오(萬年通寶)·징고오까이호오(神功開寶) 등 나라시대부터 헤이안시대에 걸쳐 주조된 12종의 전화(錢貨)로, 원형(圓形)이며 가운데 사각 구멍이 뚫린[方孔]의 동전이다. '본조십이전(本朝十二錢)'이라고도 한다.

할이 뿌리깊게 유지되다가, 13세기 후반 이후에는 전화가 이를 대체하게 되지만, 그 후에도 쌀을 가치기준으로 보는 의식은 사회 속에 살아있었다고 생각된다(마쯔노부 야스따까 1989).

이리하여 '일본국' 전체에 중국대륙에서 유입한 전화가 유통되는데, 마침내 시대가 지나 15세기 후반이 되면 명(明)에서 수입되어 그때까지 유통되던 홍무전(洪武錢)·영락전(永樂錢)·선덕전(宣德錢) 등의 화폐의 통용가치가, 명·조선과 깊은 관계를 맺고 있는 쮸우고꾸(中國)지방 서부, 북큐우슈우의 오오우찌(大內)씨의 영국(領國) 일대에서부터 하락하기 시작한다. 그리고 남큐우슈우에서 홍무전이 독자적으로 대량 유통된 경우를 제외하면, 그외의 서국에서는 홍무전·선덕전은 가치가 낮은 '악전(惡錢)'으로 전락하고, 영락전·송전(宋錢) 등이 '정전(精錢)'으로서 유통되는 데 그친다(나가시마 케이이찌 1992; 1997). 여기서 다시 쌀이 가치표시의 역할을 하며 등장하기 시작한다. 그리고 16세기 후반, 서국에서는 한때 쌀이 전(錢)을 대신해서 교환수단이 되었다고 한다(우라나가 세이류우 1985). 이에 비해 동국에서는 16세기 후반경에 칸또오의 내륙부를 중심으로 영락통보(永樂通寶)의 통용가치를 높게 평가하는 의식이 생겨나고 이 의식이 사회에 널리 퍼져, 대체로 이세(伊勢)의 동쪽 지역에서는 '영락전을 기준통화로 하는 독자적인 화폐체계가 성립했다'고 한다.

이렇듯 16세기에는 전술한 것과 같은 소국가 분립의 상황 속에서 꾸준히 중국대륙 사회의 영향을 받았고, 유통되는 화폐도 동국과 서국, 나아가 남큐우슈우 등에 각각 현저한 지역성이 보인다.

그것은 토요또미 히데요시(豊臣秀吉)에서 에도(江戶)바꾸후에 이르는 '일본국' 재통일 후에도 서국의 은, 동국의 금이라는 화폐의 지역적인 차이로 나타나, 결코 해소되지 않았다. 또 재통일 후의 '일본국'이 코꾸다까제(石高制)를 채용한 결과, 전을 대신해서 가치표시수단·지불수단·유통수단으로서 쌀의 기능이 제도화되고, 연공도 기본적으로 미납(米納)되었지만, 동국에서는 셍고꾸(戰國)기의 '에이다까(永高)'[88] 관습이 오래 남아 '에이(永)', 즉 영락전을 기준으로 한 표시는 그 유통이 공식적으로 금지된 뒤에도 쉽사리 사라지지 않았다.

신불에 직속된 서국의 직능민, 지닌·쿠고닌제

이와같이, 15~16세기의 '일본국' 사회는 상품·화폐 유통이 매우 활발하게 전개되는 사회였다. 전술한 것처럼, 12~13세기의 쇼오엥꼬오료오제 형성기에도 연공납입에는 교역이 전제되고 있었고, 쌀이나 비단·포가 유통수단이었던 사실에서도 알 수 있듯이, 결코 자급자족의 사회는 아니었다. 실제로 햐꾸쇼오(百姓)들의 다양한 생업을 배경으로 시장[市庭, 이찌바]에서의 교역도 활발해 다양한 직능민이 자신들의 제품을 비롯해 많은 상품을 가지고 찾아들었다. 이런 수공업자·상인·예능민 등의 전업 직능민(專業職能民)의 존재양태나 이에 대한 제도 또한 동국과 서국은 크게 달랐다.

키나이(畿內)를 중심으로 한 서국에서 다양한 직능민들은 '일본국' 확립 당초에는 정부의 각 칸시(官司)에 시나베(品部)·잣꼬(雜戶) 등으로 소속되어, 각각의 직능을 통해 조정에 봉사하고 있었다. 이후 국가가 이완·약화되면서 이들은 자립 직능민집단으로서 독자적으로 활동하게 된다.

예를 들면 텐쮸우시(典鑄司)·타꾸미노료오(內匠寮)에 속해 있던 주공(鑄工)은

---

88 무로마찌·셍고꾸시대 논밭의 연공수납고를 영락전으로 환산한 액수. '에이모리(永盛)'라고도 부른다.

11세기까지는 쿠로오도도꼬로(藏人所)[89]에 속하는 주물사(鑄物師)집단으로서 독자적인 조직을 갖추고 제품을 널리 매매교역하게 되었다. 또 히뎅인(悲田院)에 수용되어 있던 고아·병자도 같은 무렵에는 케비이시쬬오(檢非違使廳)에 통합되고, 장리(長吏)가 이끄는 히닌(非人)집단이 되어 장송(葬送)·걸식에 종사하며, 그것을 직능으로 하여 생활을 유지하고 있었다.

　11세기 후반 이후가 되면, 이런 각종의 직능민집단은 그때까지의 역사를 배경으로 각각 천황가·신사·사원과 연결된다. 그리고 직능에 따라 신으로서의 천황에 봉사하는 쿠고닌(供御人), 신불(神佛)에 직속되어 '하쯔오(初尾)' '쬬오분(上分)'을 바치는 지닌(神人)·요리우도(寄人) 등의 칭호가 주어졌다. 이들은 과세면제나 관도진박(關渡津泊)에서의 관료(關料)·진료(津料)의 면제 등, 평민 햐꾸쇼오(百姓)와 구별되는 특권을 보장받아 각각의 '기능[藝能]'을 영위하였고, 그중에는 광역적으로 편력하며 교역에 종사하는 집단도 있었다. 이들 직능민은 '나전도(鏍鈿道)' '목공도(木工道)' '쯔와모노의 도(兵の道)' '바꾸찌의 도(博打の道)'와 같이, 각각 '도(道)'를 갖고 있었기 때문에 '도도(道道)의 자(者)' '도도(道道)의 세공(細工)'으로 총칭되었고, 또 '직(職)'을 갖고 있었으므로 '직인'이라고도 불려, '내재(內財)'에 대하여 '외재(外財)' '외재(外才)'[90]를 몸에 익힌 사람들이라고 일컬어졌다.

---

89 천황에 근시하여 궁중 대소의 잡사를 관장하는 관직. 헤이안 초기에 창설되었다. 토오(頭)·고이노꾸로오도(五位藏人)·로꾸이노꾸로오도(六位藏人)·스이또오(出納)·조오시끼(雜色) 등의 직책이 있었는데, 명예로운 직으로 여겨졌다. 897년 총재로서 쿠로오도도꼬로벳또오(藏人所別當)를 두고, 좌우 대신이 겸직했다.

90 농업을 내재(內財)로 부른 데 대해, 각종 직능은 외재(外財) 또는 외재(外才)로 불렀다.

예를 들면 위에 든 주물사집단은 카와찌(河內)·이즈미(和泉)의 주물사를 중심으로 전국적인 조직을 형성하여, 쿠로오도도꼬로(藏人所)를 통해 전상(殿上, 텐죠오)의 철등로(鐵燈爐) 공납의 의무를 진 쿠로오도도꼬로등로(藏人所燈爐)와 그 아래 철기물쿠고닌(鐵器物供御人)·등로쯔꾸떼(燈爐作手)로 불리던 집단들이 있었으며, 이들 집단은 좌방(左方)·우방(右方)·대불방(大佛方, 토오다이지東大寺 주물사鑄物師)의 3개의 집단으로 나뉘었다. 이들은 냄비[鍋]·솥[釜]·가래[鋤]·괭이[鍬] 등의 철기와 원료철을 가지고, 관도진박의 교통세를 면제받아 해상운송 등으로 전국을 편력하며 활발한 교역활동을 전개했다.

또한 옛날 천황가에 니에(贄)를 바치고 있던 비와꼬(琵琶湖) 남부의 해민집단의 중심인물들은 미즈시도꼬로(御廚子所)[91] 소속의 아와즈하시모또꾸고닌(粟津橋本供御人)으로 불리며, 생선판매자로 쿄오또(京都) 롯까꾸쬬오(六角町)의 판매점에서 교역을 벌였고, 동시에 교통세면제의 특권을 보증받아 이곳 저곳을 돌아다니며 생선·새를 비롯해 다양한 물품들을 거래했다.

또 야마사끼(山崎)에 근거를 두고 들기름[荏胡麻]을 생산하는 기름상인은 이와시미즈하찌망구우(石淸水八幡宮)와 손을 잡고 오오야마사끼아부라지닌(大山崎油神人)으로 불리며 서국 전역에서 교역활동을 했고, 요도가와(淀川) 일대의 염매상도 하찌망구우지닌(八幡宮神人)으로서 널리 소금교역에 종사했다.

한편 비와꼬의 오오쯔(大津)를 중심으로 호꾸리꾸도오(北陸道)제국에는 좌방(左方)·우방(右方)으로 나뉘어, 장자(長者)가 이끄는 히요시오오쯔지닌(日吉大津神

---

91 나이젠지(內膳司)에 속하여 식사를 준비하는 곳.

人)이 분포하여 거대한 조직에 기반을 두고, 금융·해상교역 등을 벌이고 있었다. 또 카미시모까모샤(上下賀茂社), 즉 카모(賀茂)·카모(鴨) 두 신사는 세또나이까이(瀬戶內海)·호꾸리꾸 각지의 해민집단을 공제인(供祭人)으로 조직하였는데, 그들은 어떠한 바다에서건 아무런 방해도 받지 않고 자유로이 어로를 할 수 있는 특권을 보장받았다. 그들은 키이(紀伊)반도 서안에서 동국에 이르는 해상교통의 담당자가 되는 등, 해상운송업자로서도 광역적으로 활동했다.

그외에 세또나이까이에서 태평양 연안의 '바다의 영주'와 상인·금융업자가 쿠마노지닌(熊野神人), 이세지닌(伊勢神人)으로 활동하던 것을 비롯해, 쿄오또(京都)를 중심으로 면(綿)상인·코소데(小袖)상인 등의 여성상인이 기온샤지닌(祇園社神人)이 되거나 오오사까만(大阪灣)의 해민집단의 경우 카스가샤지닌(春日社神人)이 되는 등, 키나이·서국의 유력한 신사·사원은 다종다양한 직능민을 지닌(神人)·요리우도(寄人)로 조직하고 있었다. 이러한 사례는 일일이 셀 수 없을 정도로 많다.

그러나 특히 주목해야 하는 것은 앞서 든 히닌(非人)집단 중에서 쿄오또의 키요미즈사까(清水坂)를 본거지로 하는 히닌들은 기온샤이누지닌(祇園社犬神人), 또는 엔랴꾸지 서탑석가당 요리우도(延曆寺西塔釋迦堂寄人)가 되었고, 나라자까(奈良坂)·키따야마(北山)를 본거지로 하는 히닌은 코오후꾸지(興福寺)·카스가샤(春日社)의 요리우도·지닌으로서, 모두 각지의 도시적인 자리에 히닌의 지방조직〔末宿〕을 조직하여, '끼요메(清目)' 즉 부정(不淨)을 씻어내는 일과 장송(葬送)을 직능으로 삼아 활동하고 있었다는 사실이다. 이들 히닌들은 '코쯔바(乞庭)'라고 부르는 활동영역에서 걸식을 하는 한편, 나중에는 염매(鹽賣)로서도 활동했다. 또 서국제국의 이찌노미야(一宮)와 코꾸분지(國分寺)에도 '이누지닌(犬神人)'이 속한, 히닌의 본거지도 있었던 것으로 생각된다.

또한 카와라닌(河原人)·카와라사이구마루(河原細工丸)이라고 불리면서 폐우마(斃牛馬)의 가죽세공, 즉 '우라나시(裏無)'라는 신발을 만들고, 동시에 토목 등에도 종사하고 있던 직능민도 기온샤(祇園社)와 키따노샤(北野社)의 지닌(神人)·요리우도(寄人)가 되었던 것이다.

이와같이 서국의 직능민집단은 인력을 초월한 성스러운 존재인 신불·천황과 연결, 쿠고닌(供御人)·지닌·요리우도가 되어 신불의 권위를 배경으로 특권을 보장받았다. 그들은 때로 무력을 행사하여 특권을 관철하고 폭력적 수단으로 빚을 갚게 하는 등의 움직임을 보이기도 했는데, 특히 이런 행위가 빈번해지는 12세기 후반 왕조는 이러한 활동을 제지함과 동시에, 정원을 정하여 그 증가를 억제하는 법령을 자주 공포했다. 즉 쿠니마다에 지닌·쿠고닌의 쿄오묘오(交名), 즉 '명부'를 작성하도록 하는 조치를 취했다. 이로써 토지제도로서의 쇼오엥꼬오료오제와 함께, 왕조를 떠받치는 지닌·쿠고닌제라는 직능민에 대한 제도가 마련되는데, 주의해야 할 것은 이 제도가 동국에서 실제로 작동하지는 않았다는 점이다.

세속적 입장에 선 동국의 직능민

예를 들면 동국에도 카시마샤(鹿島社)·카또리샤(香取社)·스와샤(諏訪社)와 같은 대사(大社)에 지닌이 있었던 것은 틀림없지만, 그것이 직능민 조직이었다고는 생각하기 어렵다. 또 종래 동국은 '후진지역'이고 상공업이 미발달하여 상인·공인도 미분화했다고 인식되어왔지만, 그것이 큰 오류였음은 문헌사료와 고고학자료를 통해 명백히 밝혀졌다.

코꾸가에게서 급면전(給免田)을 보증받았던 코오가이(紺搔)라는 주물사 등이 있었던 것을 비롯하여, 1323년(겡꼬오元亨 3) 호오죠오 사따또끼(北條貞時)의 13회기

(回忌) 공양때에는 대장장이〔鍛冶〕·목수〔番匠〕·히와다시(檜皮師)·카베누리(壁
塗)·타따미사시(疊指)[92]·칠장이〔塗師, 누리시〕[93]·니누리(丹塗)[94]·에시(繪師)[95]·이시
끼리(石切)[96]·샤샤꾸(車借)[97] 등의 '도도(道道)의 자(者)'가 동원되어 일하고 있었다.
또 14세기에는 앞선『토오호꾸인쇼꾸닝우따아와세에마끼(東北院職人歌合繪卷)』의
'직인'과의 중복을 피해서, 낙인(樂人)·무인(舞人)·수꾸요오지(宿曜師)[98]부터 유녀
(遊女)·시라뵤오시(白拍子)[99], 나아가 동세공(銅細工)·능직(綾織)·마끼에시(蒔繪
師)[100]·타따미사시·카가미도끼(鏡磨)[101]·스모오(相撲)·바꾸로오(博勞)[102] 등을 포
함하는 25종의 동국직인(東國職人)의 세계가『쯔루가오까호오죠오에쇼꾸닝우따아
와세에마끼(鶴岡放生會職人歌合繪卷)』에 묘사되어 있어, 다양한 직능민이 동국에
서 활동하고 있던 사실을 분명히 알 수 있다.

더욱이 이러한 '도도(道道)의 무리〔輩〕'나 '죠오닌(町人)'으로 불린 상인들이 출입

---

92 타따미를 만드는 사람.

93 칠세공이나 칠기제조를 업으로 하는 사람.

94 단(丹) 또는 주(朱)로 칠하는 것을 업으로 하는 사람.

95 궁정·바꾸후 등에 직속되어 회화제작에 종사하는 직인. 영제에서는 에다꾸미노쯔까사(畵工司)에,
헤이안시대 이후에는 에쇼(畵所·繪所)에 속했다.

96 산에서 석재를 캐오거나, 각종 돌세공을 하는 직인.

97 화물을 실어나르는 운송업자. 토바(鳥羽)와 쿄오또 사이에서 특히 발달했다.

98 수꾸요오는 인도에서 전래된 천문역학.『수꾸요오교오(宿曜經)』를 경전으로 삼아 별의 운행을 사람
의 운명과 연결시켜 길흉을 점친다. 불교와 함께 일본에 전해져 헤이안 중기 이후 널리 행해졌다.

99 헤이안 말기에서 카마꾸라시대에 걸쳐 행해진 가무. 또는 이 가무를 하는 유녀.

100 그릇에 칠을 바르고 그 위에 금은가루를 뿌려 모양을 내는 공예를 하는 직인. 나라시대에 시작된다.

101 금속제의 거울을 갈아서 흠이나 얼룩 등을 없애는 일을 업으로 하는 직인.

102 소나 말을 감정하거나 중개하는 상인.

이시끼리
(石切, 석
수·석공)

카네따다끼(鐘敲)

무네따다끼
(胸敲)

토리우리
(鳥賣)

오가(大鋸, 큰톱 직인)

『산쥬우니방쇼꾸닝우따아와세에마끼(三十二番職人歌合繪卷)』에서. 산또리미술관 소장.

하는 도시, 또는 도시적인 공간이 카마꾸라(鎌倉)를 비롯하여 각지의 하해연변에 소
재하는 진박(津泊)이나 해상교통과 육상교통의 접점지역에 형성된 숙[宿]과 시장[市
庭] 등지에 상당한 밀도로 분포하고 있던 사실은 최근의 발굴성과로 잘 알 수 있다.

그렇지만 이러한 직능민들이 신으로서의 천황은 물론, 신(神)이나 불(佛)과 연결
고리를 알려주는 흔적을 동국에서는 찾아볼 수가 없다. 카마꾸라바꾸후의 추가법을
보면, 바꾸후는 이같이 '예능'을 익힌 '도도의 무리'나 '쬬오닌'을, '권문(權門)'이 '소
종(所從)' 등으로 고용하는 것을 금지하고, 직능민이 자유로운 입장에서 바꾸후의

사이꾸도꼬로(細工所)·미즈시도꼬로(御廚子所)·니에도노(贄殿)·카마도노(釜殿) 등의 기관의 필요에 따라 활동하는 것을 보장해주었다. 실제로 바꾸후의 스모오부교오(相撲奉行)는 좌우로 나뉘어, 장(長)이 통솔하는 스모오인(相撲人)을 통할하였고(『카네꼬문서金子文書』), 미나모또노 요리또모(源賴朝)는 1193년(켕뀨우建久 4) 사또미 요시나리(里見義成)를 유우꾼벳또오(遊君別當)로 하여, 유녀들의 소송을 다루도록 했던 것이다(『아즈마까가미吾妻鏡』).

바꾸후, 즉 쇼오군가(將軍家)뿐 아니라 호오죠오(北條)씨를 비롯한 유력 무가도 각각 비슷한 기관을 가지고, 직능민들을 조직하고 있었다고 생각된다. 그리고 직능민의 주요인물들은 쇼오군가나 슈고(守護) 등을 통해 특권을 보장받고 활동을 전개했던 것이다. 동국에서 직능민의 입장은 이러한 세속적인 관계 속에서 유지되었고, 지닌·쿠고닌제는 전혀 보급되지 않았다고 할 수 있다.

물론 동국에서도 이즈소오또오산 오당등유료선(伊豆走湯山五堂燈油料船)이 미나모또노 요리또모(源賴朝)의 하문(下文)에 따라 각 쿠니의 고께닌이나 관(關)·진(津)·박(泊)의 사따닌(沙汰人)의 간섭을 받지 않고 자유로이 통행할 수 있는 특권을 얻어, 동국의 바다만이 아니라 널리 태평양을 항해할 수 있었던 것처럼, 신불의 권위를 배경으로 특권을 보장받았던 경우도 있었지만, 그 특권의 수혜자는 사람이 아닌 배였다는 점에 동국의 특색이 있다고 생각된다.

이와같이 직능민과 관련된 제도에서 보이는 동국과 서국 간의 차이가, 동국의 왕권과 서국의 왕권의 성격차이와 관계가 있음은 분명하다. 신화 속 신들의 세계와 연결되어 있는 천황, 그 천황과 불가분의 신불에 의해 성립된 서의 왕권에 대하여, 동의 왕권인 쇼오군은 신화를 배경으로 갖지 않는 세속적인 무인의 수장이었고, 그 차이가 직능민의 조직형태의 차이에 영향을 주고 있었다고 할 수 있다. 그리고 그 점에서 이러한 동서 왕권을 지탱하는 사회 자체의 존재양태의 차이가 드러나게 되는 것이다.

그것은 예를 들면 동의 왕권인 카마꾸라바꾸후의 고께닌(御家人)의 조직방식에도 나타나 있다. 서국 고께닌은 쿠니마다 슈고가 명부인 '고께닝꾜오묘오(御家人交名)'를 작성하여, 일괄적으로 쇼오군가에 주진(注進)하는 제도인데, 이는 서국의 '지닝꾜오묘오(神人交名)'의 주진(注進)처럼 말하자면 무사를 일종의 직능민으로 파악하는 것으로 볼 수 있다. 이에 비해 동국에서는 쇼오군가에 명부를 바쳐 고께닌이 된, 소오료오(惣領)를 중심으로하는 일족이 기본이 되어 있고, 고께닌의 기본적 군역(軍役)인 '다이리오오방야꾸(內裏大番役)'도 동국 고께닌은 '코야마따이후항간 일족(小山大夫判官一族)' '오가사와라시나노뉴우도오 일족(小笠原信濃入道一族)'과 같이 일족 단위로 근무하고 있지만, 서국 고께닌은 슈고의 통솔하에 쿠니마다 근무했던 것이다.

이것은 앞서 쇼오엔·코오료오에 대해서 서술한 서국의 고께닌의 횡적 연계와, 동국의 소오료오와 서자(庶子)·소종(所從)이라는 종적 연결에 상응한 존재양태로, 동서의 사회구조에 뿌리를 둔 차이라고 할 수 있다. 그리고 그것은 무사에 대한 시각과도 깊이 관계가 있다. 현재 역사연구자 사이에서는 무사를 어떻게 볼 것인가에 대한 뿌리깊은 대립이 있다. '살생'을 기능으로 하여 천황가·지샤(寺社) 등에 봉사하는 직능민으로 파악하는 방식과, 사회 속에서 탄생한 '무사단(武士團)' 곧 사회집단으로서의 군사조직으로 보는 견해가 대립하고 있다. 대체로 전자가 서의 역사가, 후자가 동의 역사가라는 구도가 보이지만, 그것은 동서사회에서 무사의 존재형태의 차이 그 자체에 연원을 둔 대립이라고 할 수 있다.

동과 서의 신불 파악

더욱이 지금 말한 왕권의 동서차이는 동서사회의 근저에 자리한 습속·종교 차이에서 기인한다고 할 수 있다.

이는 더 심도있는 연구가 필요한 큰 문제이지만, 우선 여기서 생각나는 몇가지만 들어보겠다. 서의 왕권은 쿠로다 토시오(黑田俊雄)가 권문체제(權門體制)·현밀체제(顯密體制)라고 규정한 체제, 즉 공가(公家)·사가(寺家)·사가(社家)·무가(武家) 등 권문의 지배를 현밀사원(顯密寺院)의 불교가 뒷받침하는 체제라고 규정할 수 있지만, 동의 왕권은 그러한 양태와는 크게 다르다.

카마꾸라바꾸후가 선종(禪宗)사원과 불가분한 관계에 있고, 호오죠오(北條)씨가 사이다이지류(西大寺流)의 율종(律宗)과 깊은 관계를 맺었던 것처럼, 동의 왕권은 선율(禪律)[103]이 지탱하고 있었고, 진종(眞宗)·시종(時宗)·일련종(日蓮宗) 같은 이른바 카마꾸라(鎌倉)불교 역시 동국의 도시, 도시적인 장에 먼저 그 교세를 확장하고 있었다. 물론 그것은 서국에도 미치고 있었지만, 현밀불교측에서 보면 명백한 '이단(異端)'이었다.

더욱이 니이다 이찌로오(新田一郎)가 흥미로운 논고 「허언을 맞아들이는 신(虛言ヲ仰ラル神)」(니이다 이찌로 1989)에서 언급하고 있는 것처럼, 무로마찌(室町)시대 시끼모꾸(式目)[104]의 주석서인 『와쬬오론쇼오(倭朝論鈔)』는 고세이바이시끼모꾸(御成敗式目)[105] 말미에 달린 기청문(起請文)[106]의 신문(神文)이 "이즈와 하꼬네의 권현인

---

103 선종과 율종. 율종은 계율의 연구와 실천을 주로 하는 종파. 753년 간진(鑑眞)이 일본에 와서 계단(戒壇)을 열었다. 당(唐) 초제사(招提寺)를 본산으로 한다.
104 중세의 성문법을 말한다.

미시마의 다이묘오진, 하찌만의 대보살, 템망(구우)의 대자재 텐진(伊豆·筥根兩所 權現, 三嶋大明神, 八幡大菩薩, 天滿大自在天神)"을 언급하면서도 '아마떼라스오오 미까미(天照大神)'를 거론하지 않는 점에 대하여, 그것은 '아마떼라스오오미까미'가 '허언(虛言)'을 맞아들이는 신'이기 때문이라고 설명한다. 그 상세한 이유는 니이다의 논고로 미루지만, 이러한 의식은 서국에서는 생각하기 어려우며, 신을 파악하는 동 국의 독자적인 방식이었다고 할 수 있다.

특히 동국이 받드는 신들 가운데 이즈야마(伊豆山)·하꼬네(箱根)의 권현(權現)· 미시마샤(三島社) 등 칸또오(關東)지역의 수호신뿐만 아니라, 하찌만(八幡)과 텐진 (天神)이 나오고 있는 점에 주목해야 한다. 최초의 동국왕 타이라노 마사까도(平將 門)가 '신황(新皇)'에 즉위했을 때 탁선(託宣)을 내렸던 것이 하찌만신(八幡神)이었 고, 위기(位記)를 전했던 것이 스가와라노 미찌자네(菅原道眞), 즉 쿄오또(京都)왕 조의 반역자인 텐진이었던 것과 이 사실은 결코 무관하지 않을 것이다. 동국의 도읍 카마꾸라(鎌倉)에 왕권의 수호신으로 쯔루오까하찌망구우(鶴岡八幡宮)가 모셔지고 , 이와 깊이 관계된 에가라뗀진쟈(荏柄天神社)가 있었던 것은 이렇게 생각하면 충 분히 이해할 수 있다. 더욱이 1240년(닌지仁治 1) 12월 16일의 바꾸후추가법(幕府追 加法)에서, '제사(諸社)의 지닌(神人) 및 신관(神官) 등'이 기청문(起請文)을 기록할

---

105 1232년 호오죠오 야스또끼(北條泰時)가 죠오뀨우의 난 이후에 당면한 여러 문제들에 대처하기 위 해 편찬한 51개조의 법전. 무로마찌시대에 이르기까지 무가의 기본법으로 기능했다. 에도시대에는 습자(習字)교재로서 민간에 보급했다. '죠오에이시끼모꾸(貞永式目)'라고도 한다.

106 선불에 자신의 행동이나 말에 거짓이 없음을 맹세하는 문서. 전서(前書)·신문(神文)·성명(姓名)을 기록한다. 신문에는 신의 이름들을 열거하고, 어긋나는 짓을 했을 때에는 신불의 벌을 달게 받는다 는 것을 쓴다.

때, 쿄오또에서는 반드시 키따노샤(北野社)에서 쓸 것을 명하고 있는 것, 또 쿄오또의 리꾸죠오와까노하찌망구우(六條若宮八幡宮)를 바꾸후가 매우 중시하여 그 조영을 고께닌(御家人)의 부담으로 했던 것 역시 이것과 관계가 있다고 볼 수 있다.

이와같이 태평양 교통의 요지인 카마꾸라에 근거를 둔 동국왕권, 즉 쇼오군을 수장으로 한 카마꾸라바꾸후는 천황을 수장으로 한 서국왕권 왕조와는 다른 종교를 갖고 있었고, 동국사회 독자의 신에 대한 신앙을 배경으로 독자적인 신들의 체계를 형성했다. 동국의 왕에 오른 미나모또노 요리또모(源賴朝)가 각지의 산야에서 행한 대규모의 사냥(卷狩)이 보여주는 수렵을 통한 산야의 신들과의 교섭 역시 서국과는 다른 모습인데, 이러한 수렵과 깊은 관계가 있는 닛꼬오산(日光山)도 동국왕권과 일찍부터 연계가 있었다.

그 관계는 싯껜(執權) 호오죠오 토끼요리(北條時賴) 때부터 명확해지는데, 무로마찌시대에 들어와 카마꾸라꾸보오(鎌倉公方)는 한층 더 닛꼬오산과의 관계를 강화하여, 1438년(에이꾜오 10) 에이꾜오(永享)의 난[107] 때 쿠보오 모찌우지(持氏)의 자식인 야스오오(安王)·하루오오(春王)는 닛꼬오산에 들어가 생명을 보전했다. 성지(聖地) 닛꼬오산은 아질(asyl)[108]이었던 것이고, 15세기 후반 이후 동국에 빈번히 나타나는 이원호(異元號)인 엔또꾸(延德)·후꾸또꾸(福德) 등도 닛꼬오와 밀접한 관계가 있다고 여겨지고 있다.

그리고 닛꼬오와 동국왕권의 불가분한 관계가 명확히 제도화되는 것이 에도(江

---

107 카마꾸라꾸보오 아시까가 모찌우지(足利持氏)가 쇼오군직을 노리고 무로마찌바꾸후에 반역을 꾀한 사건. 1439년 쇼오군 요시노리(義教)에게 토벌되었다.

108 세속세계와 차단된 침범할 수 없는 성스러운 장소로, 우리나라 고대의 '소도' 같은 곳이다.

戶)를 수도로 정한 토꾸가와 이에야스(德川家康) 이후의 에도바꾸후였던 것은 새삼 말할 필요도 없다.

'미개한 후진지역 동국'이라는 통념의 오류

여기서 '동국의 수도'에 대하여 한마디 해두고 싶다. 이제까지 카마꾸라(鎌倉)에 대해서는 요리또모(賴朝)가 여기에 바꾸후를 설치할 때까지는 '해인야수(海人野 曳)', 즉 어로에 종사하는 '촌놈'밖에는 거주하는 자가 없었다고 『아즈마까가미(吾妻 鏡)』는 기술하고 있다. 궁벽하고 미개한 '후진지역' 동국이라는 통념을 배경으로 많 은 연구자 역시 이를 '상식'처럼 생각해왔다. 그러나 최근의 발굴성과와 문헌사료의 재검토를 통하여, 이 '상식'이 완전한 오류이며 요리또모의 업적을 돋보이게 하기 위 해 『아즈마까가미』의 기술자(記述者)가 만들어낸 허상이라는 점이 분명해졌다. 카 마꾸라는 삼면이 산으로 둘러싸인 요충지였을 뿐 아니라, 카마꾸라군(鎌倉郡)의 궁 가(郡衙) 소재지였고, 전방에 펼쳐진 바다는 이미 안정된 해상교통이 펼쳐지고 있 던 태평양으로 통해 있어, 일찍부터 요진(要津)으로서 도시적인 장(場)이 전개되고 있었다.

요리또모는 이러한 카마꾸라의 위치를 꿰뚫어보고 이곳을 '동국의 수도'로 정했던 것이다. 에도에 대해서도 똑같이 잘못된 상식이 여전히 널리 통용되고 있다. 예를 들 면 쿄오또 쪽의 역사가가 잘 표현하고 있듯이, 에도는 "칸또오의 시골에 갑자기 인 공적으로 건설된 수도"이고, "카미가따(上方)[109]문화를 계승·이식하면서 문화활동 을 개시"했으며, 거기서 비로소 "쌀이 주식이라는 관념"이 "있어야만 할 모습으로서" 상인에게까지 침투했다는 평가(코오노 미찌아끼 1999)는 결코 일부가 아니라, 많은 역 사연구자의 '상식'이었다고 해도 지나친 말은 아닐 것이다.

실제로 이러한 '신화'는 이미 에도시대부터 있었다. 토요또미 히데요시(豊臣秀吉)가 '토오까이(東海) 5개국을 다스려왔던 해도(海道) 제일의 무사를, 에도라는 궁벽한 무사시노(武藏野)의 한구석으로 쫓아냈다'라든가, 토꾸가와 이에야스(德川家康)로 말미암아 '황폐한 갈대밭'이 대도시로 변했다고 하여, '이에야스의 탁견'을 강조하기 위해 '황야 가운데의 빈한한 어촌'이라는 바꾸후 이전의 에도 이미지가 널리 정착했던 것이다.

그러나 최근 오까노 토모히꼬(岡野友彦)가 역작 『이에야스는 왜 에도를 선택했는가(家康はなぜ江戸を選んだか)』(오까노 토모히꼬 1999)에서 명백히 밝힌 것처럼, 에도는 실로 '강(江)'의 '진(津)' '주(湊)'였다. 또 칸또오의 하해(河海)세계, 즉 '죠오소오(常總)의 내해'와 '부소오(武總)의 내해'를 이미 옛날부터 안정된 해상교통로였던 태평양 항로에 연결시키는 요진(要津)으로서, 에도는 늦어도 헤이안 후기에는 이미 도시적인 집락을 이루고 있었다. 이와같이 동국 교통의 요충이면서 동시에, 태평양을 통해 동국을 넓은 세계로 연결시키는 창구였던 에도였기에, 카마꾸라(鎌倉)기에는 에도(江戸)씨, 무로마찌(室町)기에는 오오따(太田)씨, 셍고꾸(戰國)기에는 고호오죠오(後北條)씨가 각각 주요 거점으로 삼았던 것이다. 이에야스가 이 땅을 새로운 '동국의 수도'로 정한 것은, 이러한 에도의 오랜 도시적 전통, 동국 지배의 요지가 될 수 있는 조건을 충분히 인식하고 있었기 때문이었다.

물론 에도문화에 '카미가따'의 영향이 있었음은 말할 필요도 없지만, 동국사회 중

---

109 메이지유신 이전에 황거(皇居)가 쿄오또에 있었기 때문에, 쿄오또와 그 부근 나아가 넓게는 키나이지방(畿內地方)을 이렇게 표현했다.

에 오랫동안 배양되어왔던 독자적인 문화가 그 기초에 있었던 사실을 고려하지 않으면 안된다. 그리고 앞서 언급했듯이, 닛꼬오산이 에도바꾸후와 불가분의 관계를 갖게 된 것은 이처럼 카마꾸라에서 에도로 '천도'한 사실과 깊은 관계가 있는 것은 명백하다.

그러나 카마꾸라와 에도를 '가난하고 미개한 어촌·농촌'으로 보는 오류의 뿌리는 깊다. 이를 바로잡기 위해서는 키나이(畿內)·서국이야말로 선진지대이고 동국은 '미개한' 후진지역이라는, 오랫동안 연구자들을 포함한 현대일본인에게 뿌리깊게 침투한 '상식'인 '야마또 중심사관'을 근저에서 타파할 필요가 있다. 그렇지 않고서는 열도사회와 '일본국'의 실태를 정확히 인식하기란 절대 불가능하다.

'피차별부락'의 동서 차이

이 오류의 근저에는 '일본국'을 주어진 존재로 보고 일본인을 처음부터 균질하다고 착각하는 시각이 자리잡고 있다는 점은 이미 여러 차례 언급한 대로이지만, 동국과 서국의 사회·습속의 차이는 '피차별부락'의 존재양태의 차이로도 분명히 나타난다.

앞에서 11세기 후반 이후 쿄오또(京都)·나라(奈良) 등 키나이(畿內)를 중심으로 하는 서국에는, 히닌(非人)·카와라모노(河原者)라고 불리는 직능민집단이 형성되어 있었고, 이들은 장리(長吏)·장자(長者)의 통솔하에 지닌(神人)·요리우도(寄人)로 불리는 신불(神佛)의 직속민이 되어, 케가레(穢れ)를 씻는 일(키요메淸目)을 하나의 직능으로 삼아 활동하고 있었다고 언급했다. 그러나 문서사료가 서국에 비해서 훨씬 적은 것도 관계가 있는지는 모르겠으나, 동국 사료에는 현재로서는 히닌도 카와라사이구마루(河原細工丸)도 거의 모습을 나타내지 않고 있다. 쿄오또의 영향을

동국의 히닌. 열도의 동·서부는 '케가레'를 대처하는 방식이 각기 달랐다(『잇뼁히지리에』의 「신슈우 사꾸우군 토모노시(信州佐久郡伴野市)」에서, 쇼오죠오꼬오지淸淨光寺·캉끼꼬오지歡喜光寺 소장).

받은 카마꾸라(鎌倉)와 그 근처에 '히닌(非人)'이 있었고, 쯔루오까하찌망구우(鶴岡八幡宮)에 이누지닌(犬神人)이 속해 있음을 계속 확인할 수 있고, 히요시지닌(日吉神人)이 있었던 것으로 알려져 있는 에찌고노꾸니(越後國) 오꾸야마쇼오(奧山莊)에 '히닌쇼(非人所)'가 보일 뿐이며, 카와라닌(河原人)·카와라사이구마루는 문서에서 전혀 찾아볼 수 없다. 물론 동국에서도 강이나 개천에 연접한 곳〔河原〕에서는 시장〔市庭, 이찌바〕이 열리고 숙(宿)도 널리 존재했으며, 숙마다 유녀·창녀가 있었고, 거지까지 있었다. 그러나 『잇뼁히지리에(一遍聖繪)』에도 시나노꾸니(信濃國) 토모노시(伴野市)와 카마꾸라 근처에 히닌집단이 묘사되어 있는 사례가 있을 뿐, 히닌·카와라모노의 모습은 동국에서는 나타나지 않는다.

이것은 동국에 지닌·쿠고닌제(供御人制)가 미치지 않은 것과도 관련되어 있지만 그뿐만은 아니고, 앞에서 키노시따 쮸우(木下忠)의 논문을 근거로 언급한 열도동부와 열도서부의 '케가레'에 대한 대처방식의 차이와 깊이 연결되어 있다고 생각해야 한다. 13세기 말 이후, 키나이·서국에서는 그때까지 외경과 공포의 대상이었던 '케가레'에 대한 기피의식이 강해짐과 동시에, 그것을 '씻는 일(키요메)'에 종사하는 히닌·카와라사이구마루에 대한 사회 일부의 천시가 표면화하여, 마침내 '에따(穢多)'라는 명확한 차별어까지 등장한다.

그 말은 보통 13세기 후반에 성립했다고 하는 백과사전 『찌리부꾸로(塵袋)』에 처음 등장하는데 "키요메를 에따라고 하는 것은 무슨 말인가"라는 기록이 그것이다. 거기에 '에따'라고 주를 달면서 "에또리(餌取)[110]를 빨리 말하다가 잘못 발음해서 에따라고 했다"고 설명하고, '센다라(旃陀羅)'[111] '토샤(屠者)'[112]에 대하여 "생물을 죽여서 파는 에따 같은 악인이다"라고도 기록하고 있다. 그러나 이 '에따'라는 주는 나중에 쓴 것이라는 견해가 있는데 그럴 가능성은 매우 높다.

그렇다면 '에따'는 1296년(에이닌永仁 4)의 작품으로 생각되는 에마끼(繪卷)[113] 『텡

---

110 고대나 중세에 매사냥 할 때 쓰는 매의 먹이, 또는 소나 말을 도살하여 고기를 마련하는 사람.
111 원래는 인도의 신분제도에서 최하급신분을 가리키는 말이며, 수렵이나 도살 등을 업으로 삼았다. 여기서도 히닌이나 에따 등과 동급의 하위신분을 말한다.
112 도살업자를 뜻한다.
113 두루마리그림은 두루마리를 펼치면서 변화하는 화면을 감상한다. 12세기에 전성기를 맞이했고, 13~14세기에는 종교적 교화의 수단으로서 지샤의 유래나 영험한 전설 등을 기록한 연기(緣起), 고승전 등의 에마끼가 다량 제작되었다.

구조오시(天狗草紙)』에 처음 등장한다. 이 에마끼는 이 무렵 '부정(不淨)'하다고 여기기 시작한 히닌과 여성들을 포함하여, 모든 사람들을 염불로 구제하려고 '떠돌아다니고(遊行)', 시장이나 지샤(寺社)의 문전 등지에서 '오도리넴부쯔(踊念佛)'[114]를 흥행하며 포교에 힘쓰는 잇뺀(一遍)과, 그를 따르는 승니(僧尼)인 시중(時衆)들의 행동을, '야생말[野馬]'처럼 춤추고 '남근(男根)·여근(女根)을 감추지 않고' 음식물을 집어먹는 축생도(畜生道)로 매도하고 있다. 또 에이잔(叡山)[115]을 나와 서민들 속에서 예능을 행하는 '자연거사(自然居士)' '전광(電光)' '조로(朝露)' 등의 '방하(放下)의 선사(禪師)'의 행동을 '마업(魔業)'이라 하고, 남도북령(南都北嶺)[116] 대중들의 오소(嗷訴)를 포함하여, 세상의 어지러움을 모두 '텡구(天狗)'의 소행이라고 하는 이 에마끼에는 이 텡구의 목을 비틀어 죽이는 무서운 힘을 가진 '동자(童子)'가 '에따(穢多)'로 등장하고 있다.

이 에마끼는 하늘을 나는 솔개[鳶]로 텡구를 묘사하고, 이에 대하여 강가[河原]에서 가죽을 펴서 말리고 있는 '에따와라와(穢多童)'를 묘사한다. 그 다음에 '에따(穢多)'가 고기를 꿴 바늘을 하늘을 향해 던지고 이것을 문 솔개, 즉 텡구가 지상에 끌려 내려오자 '에따와라와(穢多童)'가 목을 비틀고 날개를 잡아 뽑는 장면을 그리고 있다. 이 솔개를 매로 보는 견해도 있지만, 텡구를 솔개로 보는 것은 『콘쟈꾸모노가따

---

114 북이나 징을 치면서 소리높여 염불을 외는 행위. 시종(時宗)의 잇뻰찌진(一遍智眞)의 시작으로 확산되었다.

115 히에이잔(比叡山)의 약칭이며, 쿄오또시 북동쪽에 자리한다.

116 남도(南都)의 제사(諸寺)와 히에이잔(比叡山). 특히 코오후꾸지(興福寺)와 엔랴꾸지(延曆寺)를 지칭하는 경우도 있다.

리슈우(今昔物語集)』에서 『쥬우니루이깟생에마끼(十二類合戰繪卷)』까지 일관되며, 이렇게 볼 때 에마끼의 설명문이 말하는 내용을 비로소 이해할 수 있다.

그리고 이 에마끼의 작자는 텡구가 '무서워하는 대상'으로 '존승다라니(尊勝陀羅尼), 대불정(大佛頂), 화계(火界)의 진언(眞言), 자구주(慈救呪)' 등의 진언(眞言)과 주문을 들고, 계속해서 '불법을 비추는 부동존(不動尊),'[117] 군데군데 녹슨 오래된 검(劍), 적색의 목재로 만든 요도(腰刀)'를 들고 있다. 후자의 두 가지는 의미가 명확하지 않다. 그 뒤에 '간을 빼내어가는 에따'가 나온다. 즉 텡구가 '에따'에게 간을 빼앗길 것을 매우 두려워했다는 것이다. 이것은 카와라닌(河原人)이 소의 내장에서 '우황(牛黃)'을 꺼냈다고 하는 헤이안 후기의 『사께이끼(左經記)』 기사와도 통하는 관점인데, 신불의 직속민인 히닌(非人)·카와라사이구마루(河原細工丸)에 대한 두려움은 여기서 명확히 엿볼 수 있지만, 동시에 그것은 이미 '에따'라는 차별어와 천시를 수반하게 되었다. 그리고 15~16세기까지 내려오면, 히닌·카와라모노(河原者)들이 스스로를 '사람아닌 사람(人非人)'이니 '천한 자'이니 하고 말하기 시작하고, 차별은 부정하기 힘든 흐름으로 진행·정착된다.

동국 피차별민의 실상

그러나 이 시기에도 동국에서는 아직 이러한 동향을 찾아볼 수가 없다. 아직 검토·연구해볼 여지가 많이 남아 있지만, 동국에서 이러한 피차별민이 분명한 모습을 나타내는 시기는 에도시대 이후일 것이다.

---

117 부동명왕(不動明王)의 이칭이며, 5대명왕의 하나이다.

동국의 피차별부락은 서국에서 도입된 형태로 죠오까마찌(城下町) 등 도시를 중심으로 한 지역에 설치·형성된 경우가 많았다고 보이는데, 대체로 쇼오군 토꾸가와 쯔나요시(德川綱吉)의 시대에 에도바꾸후가 쇼오루이아와레미레이(生類憐令)[118]와, 시체·피의 케가레(穢れ)에 대한 대응을 세세히 규정한 복기령(服忌令)을 제정하는 움직임 속에서, '에따'와 '히닌'이 신분으로 고정되면서 동국에서도 피차별부락이 정착했다고 생각한다.

그러나 서일본과 비교해서 동일본의 피차별민은 인구도 적고, 피차별부락의 수도 훨씬 적다. 그 때문에 현재도 토오호꾸·칸또오 등 동일본인의 대부분은 이 문제에 대해 유아 때부터의 원체험(原體驗)을 갖고 있지 않다. 앞에서도 말한 것처럼 야마나시(山梨)에서 출생하여 토오꾜오(東京)에서 자란 나 자신 역시 양친·조부모에게서 그에 대한 얘기를 들은 적이 전혀 없고, 스무살이 되어 우연히 쿄오또(京都) 남쪽 교외의 피차별부락 조사에 가서 처음으로 이 일의 심각성을 알게 되었다. 또 수년 전까지 근무했던 카나가와대학(神奈川大學) 단기(短期)대학부 학생들 대부분이 '동화(同和)문제'에 대해 아무것도 모르고 있었고, 그중에는 '동화(童話)'로 착각하는 거짓말 같은 실화도 있었던 것이다.

어릴 때부터 여러 문제를 심각하게 체험하고 있는 서일본 사람들은 믿기 어려운 일일 테지만 틀림없는 사실이다. 현대 일본인 사이에 이만한 차이가 있다는 사실을

---

118 1687년 에도바꾸후 제5대 쇼오군 쯔나요시가 발포한 동물애호의 명령. 승려 류우꼬오(隆光)의 건의에 따라, 어조(魚鳥)를 식용으로 기르는 것을 금지하고, 특히 개를 살상하는 자는 참형에 처했다. 이 명령은 백성에 큰 고통을 안겨주었는데, 쯔나요시는 이 때문에 '이누꾸보오(犬公方)'라고 불렸다. 1709년에 폐지되었다.

우리는 명확히 인식해둘 필요가 있다. 물론 이러한 차이는 있다고 해도 에도시대에 '일본국' 국제하에 있던 지역에는, 정도의 차이는 있지만 모두 피차별민이 존재했다. 그러나 전근대까지도 '일본국' 밖에 있었던 오끼나와(沖繩)·아이누에는 피차별부락이 존재하지 않는다.

또 이제까지 이와같은 차이를 두고 '선진' '후진'의 차이라고 생각해서, '사회적 분업이 미발달'한 뒤쳐진 동일본에는 피차별부락이 발생할 여지조차 없었다는 견해도 있지만, 그것이 완전한 오류라는 것은 이미 여러 사례를 통해 전술한 바 있다. 이 차이는 오로지 동서사회 전체의 체질 차이에서 기인한다고 생각해야만 한다.

나아가 이러한 차이를 근거에 둔 동일본과 서일본, 혼슈우(本州)·시꼬꾸(四國)·큐우슈우(九州)의 각 지역의 피차별부락에 대한 호칭 자체도 나름의 역사를 배경으로 매우 다양했다. 고교교과서 등에서 피차별민의 호칭으로 기술되고 있는 '에따' '히닌'은 중세까지의 피차별민을 가리키는 말 가운데서, 에도바꾸후가 차별을 제도화할 때에 채용하여 전국에 퍼뜨린 것으로, 결코 어디서나 통용되는 호칭은 아니었다. 키나이(畿內) 주변에서 쮸우고꾸(中國)·시꼬꾸 지방에 걸쳐서는 피혁에 관련된 직능민의 호칭으로 '카와따(皮多)' '카와따(革田)'가 널리 사용되고 있었다. 또 상인(山陰)에서는 '하찌야(鉢屋)', 시꼬꾸·쮸우고꾸에서는 '쨔센(茶筅)'이라는 용어가 사용되었다. 이 쨔센은 중세 후기에 표주박[瓢簞]을 두드리고, 쨔센을 팔면서 편력한 정토종 시중계(時衆系) 계통의 승(僧)인 '하찌따따끼(鉢叩き)'[119]를 계승한 호칭이었

---

119 공야염불(空也念佛)을 하면서 돌아다니는 반속(半俗)의 승려. 11월 13일의 공야기(空也忌)부터 섣달 그믐날까지 공야당(空也堂)의 승려가 목탁이나 표단을 두드리면서, 염불 등을 하며 돌아다녔다. 코오야(空也)는 헤이안 중기 천태종(天台宗)의 승려요 일본 정토교(淨土敎)의 시조로, 특히 서민

다. 이밖에 장송(葬送)과 관련된 '옴보오(隱亡)' 등의 용어도 사용되었다.

또 호꾸리꾸(北陸)의 카가(加賀)·노또(能登)·엣쮸우(越中)의 마에다령(前田領, 카가번加賀藩)에서는 피차별민을 '토오나이(藤內)'라고 불렀다. 이 호칭의 기원은 명확하지 않으나, 셍고꾸(戰國)시대 문서에 '토오나이 야시끼(藤內屋敷)'라는 말이 여러 차례 등장하는 것과 혹 관계가 있지 않을까 생각된다. '토오나이 이샤(藤內醫者)'처럼 의사가 된 사람도 있다고 알려져 있다.

토오호꾸(東北) '일본해' 쪽의 도시에는 '라꾸(らく)'로 불리는 피차별민이 있었다. '라꾸'에 대해서는 『우메즈마사까게닛끼(梅津政景日記)』 중 겐나(元和, 1615~1624)에서 캉에이(寬永, 1624~1644)까지의 기사에 '간수(籠番)' 등에 종사하고 있다는 기록이 있고, 그외에 스가에 마스미(菅江眞澄, 1754~1829)[120] 등의 저작에도 모습을 나타내고 있다. 그 기원이 중세 말까지 거슬러 올라가는 것은 확실하고, 비와꼬(琵琶湖) 주변에도 있었던 흔적이 있다. 이들은 아마도 오우미(近江)에서부터 '일본해'를 거쳐 토오호꾸에 들어온 사람들일 것이고, '라꾸(樂)'[121]가 전화된 것으로 생각해도 좋을 것이다.

또 어떠한 기원인지는 알 수 없으나, 야마나시에 '노모리(野守)', 사이따마(埼玉)에 '하야시모리(林守)', 이바라끼(茨城)에 '미즈꾸리(箕作)'라고 불리던 피차별민이

사이에 염불을 확산시키는 데 커다란 공적을 남겼다. 코오야는 '홍야(弘也)'로도 쓰고 '쿠우야'로도 부른다. '공야염불'은 이를 가리키며, 공야기는 코오야스님이 입적한 날을 말한다.

120 에도 후기의 여행가·민속학자로 본명은 시라이 히데오(白井秀雄). 미까와(三河) 출신으로 국학·와까(和歌)를 배워 시나노·토오호꾸·홋까이도오 등을 편력하였다. 그 기행을 기록한 글이 『마스미유우랑끼(眞澄遊覽記)』이다.

121 일본음으로 '락(樂)'을 '라꾸'로 읽기 때문에 피차별민을 그렇게 부른다는 뜻이다.

있었지만, 칸또오(關東)나 토오호꾸 등의 동국에서는 이전의 서국의 슈꾸히닌(宿非人)의 장리(長吏)라는 용어에 기원을 둔 '쬬오리(長吏)'라는 호칭으로 피차별민을 부르는 경우도 많았다.

그밖에도 원숭이를 부리는 '사루히끼(猿曳)'나, '인나이(院內)' '하까세(はかせ)'로 불린 음양사(陰陽師)[122]를 피차별민으로 간주하는 지역도 있었으므로, 차별의 요인도 일률적이지는 않았다.

따라서 피차별민을 획일적으로 '에따' '히닌'이라 보고, 국가가 의도적으로 차별을 제도화했다는 것만을 전제로 하여, 전국 일률적으로 이 문제를 해결하려는 것은 '일본국'의 기반인 사회나 '일본인'을 처음부터 균질적이라고 생각하는 잘못된 편견 위에 서는 것이다. 또 그와 동시에 국가권력을 과대하게 평가하는 것이며, 결코 본질적으로 차별을 극복할 수 있는 방법은 아니라고 나는 생각한다.

사회 내부에 형성된 사태를 제도화하고 그것을 강제하는 것은 가능하지만 어떠한 국가라도 새로운 신분을 설정할 수는 없다. 피차별부락 문제는 지역의 특수성에 입각하여, 그 다양한 존재양태를 정확히 인식한 위에서 세심하게 대처하지 않고서는 극복할 수 없다.

동서사회의 직능특권의 기원

이미 많은 사람들이 주목하는 것처럼, 에도시대에 동일본을 중심으로 피차별민을 통할했던 단자에몬(彈左衛門)[123]의 「유래서〔由緖書〕」는, 미나모또노 요리또모(源賴

---

122 음양도에 관한 일을 하는 사람. 민간에서는 주술과 미신에 관계된 사람들을 가리킨다.

朝)의 판물(判物)과[124] 쯔루오까쇼오벳또오(鶴岡少別堂)의 「충행장(充行狀)」[125] 등의 위문서(僞文書)에 의해 장리(長吏)[126]·좌두(座頭)[127]로부터 쿠구쯔시(傀儡師)[128]·케이세이야(傾城屋)[129]에 이르는 28좌(座)의 '직인'에 대한 지배를 인정받았다고 기록하고 있다. 주목해야 할 것은 피차별민의 직능의 기원을 동국왕권, 즉 요리또모(賴朝)의 권위에서 구하고 있는 점인데, 이것은 결코 피차별부락만 그런 것이 아니었다.

토오호꾸의 수렵민인 마따기(マタギ)의 가문에 전해지는 『야마다찌꽁겡끼(山立根元記)』도 요리또모 수주인(袖朱印), 호오죠오 토끼마사(北條時政)의 봉서(奉書), 나아가 타까시나 토시유끼(高階俊行)가 서명[署判]한 과소(過所, 통행허가증)에 기반하여 활동하고 있고, 1193년(켕뀨우建久 4) 요리또모의 후지산(富士山) 사냥에서 그 직능의 기원을 찾고 있다. 그뿐 아니라 카이(甲斐)의 산야에 살면서, 목재조달과 금산(金山) 경영에 기여한 큰톱 직인[大鋸] 역시 요리또모의 사냥에 즈음하여, 그 '어용(御用)'에 봉사한 것을 특권의 기원으로 삼고 있는 것이다(아미노 요시히꼬 1998a).

---

123 에도시대에 관팔주(關八州)와 그 주변에 걸쳐 위세를 떨쳤던 에따의 우두머리. 에도 히닌의 우두머리인 쿠루마젠시찌(車善七)도 그 휘하에 있었다.
124 무로마찌시대 이후 쇼오군·다이묘오가 아랫사람에게 보낸 문서로, 카오오(花押, 서명)가 있는 것의 총칭. 어판(御判)이라고도 한다.
125 카마꾸라·무로마찌시대에 무장(武將)이 가신에게 소령(所領) 등을 내릴 때 건네주는 문서.
126 에따와 히닌을 관리·감독하는 사람.
127 악기 연주나 노래부르기, 만담 또는 안마와 침술 등으로 생계를 꾸리는 맹인들을 총칭하는 말. 혹은 이들을 관리·감독하는 사람.
128 음악에 맞춰 춤추는 인형을 조종하는 직업.
129 매춘업.

홍미로운 것은 큐우슈우의 직능민이 직능의 유래를 동국과 마찬가지로 요리또모의 권위와 연결하고 있는 점이다. 예를 들면 히젠(肥前)에 전해지는 카와라마끼모노(河原卷物)의 말미에는 요리또모의 판물(判物)이 나와 있고, 아소(阿蘇)지역과 붕고(豊後)의 마따기의 「유래서」는 모두 특권의 기원을 요리또모의 후지산 사냥에서 구하고 있다. 또 다자이후(大宰府)의 통할하에 설치된 찐제이주물사(鎭西鑄物師)로 불리던 주물사집단은 호오조오 토끼마사(北條時政)가 바친 미나모또노 요리또모 「수판하문(袖判下文)」과 이를 시행한 「다자이다겐 코레무네소레가시 시행장(大宰大監惟宗某施行狀)」[130] 등의 위문서를 소지하고, 이를 특권의 근거로 삼고 있었다. 이 요리또모의 하문(下文)은 찌꾸고노꾸니(筑後國) 미누마노쇼오(三瀦莊)의 찐쥬따마따레샤(鎭守玉垂社)에 근무하는 비레이뎅가꾸(美麗田樂)[131]도 대대로 갖고 있었다. 이것은 동국왕권과 큐우슈우지역이 카마꾸라기까지 거슬러 올라갈 정도로 깊은 관계였음을 잘 말해주고 있다.

이에 대하여 전국시대에서 에도시대에 걸쳐, 키나이 주변의 직능민이 서국왕권인 천황 또는 천황가에 관계 사람들에게서 자신들의 직능과 그에 수반한 특권의 기원을 구하고 있는 것에 대해서는 따로 자세히 논한 적이 있다(아미노 요시히꼬 1984). 예를 들면 소금상인이기도 했던 키요미즈자까히닌(淸水坂非人)·이누지닌(犬神人)은 '엥기미까도(延喜御門)' 다이고(醍醐)천황, '텐랴꾸미까도(天曆御門)' 무라까미(村

---

130 다자이다겐(大宰大監)은 관직명이고, 코레무네(惟宗)는 성(姓)이며, 소레가시(某)는 아무개라는 뜻이다.

131 뎅가꾸란 헤이안시대에 시작되어 카마꾸라·무로마찌시대에 성행한 민간무악(民間舞樂)을 하는 사람이다.

上)천황이 그 특권을 보증했다는 전승을 강조한 소장(訴狀)을 16세기 초에 제출했고(아미노 요시히꼬 1994a), 이것은 에도시대의 이른바 카와라마끼모노(河原卷物)로 연결된다.

또 이전에 쿠로오도도꼬로또오로오꾸고닌(藏人所燈爐供御人)이라 불린 각지의 주물사가 코노에(近衛)천황 때인 님뾰오(仁平) 연간(1151~54)에, 천황의 병의 원인이었던 '악풍(惡風)'에도 꺼지지 않는 철등로(鐵燈爐)를 헌상한 것에 그 특권의 기원이 있다고 한 「유래서」를, 쿠로오도꼬도네리(藏人所小舍人),[132] 즉 오꾸라(御藏)의 직을 세습하는 마쯔기가(眞繼家)에게서 받았고, 여러 쿠니의 녹로사(轆轤師), 즉 키지야(木地屋)[133]가 몬또꾸(文德)천황의 황자인 코레따까(惟喬)친왕에게서 녹로를 사용할 직능의 연원을 구한 「유래서」를 소지하고 있음은 주지하는 대로이다.

또 가마우지낚시를 업으로 하는 자들의 후예로, 각지를 편력하며 연회석에서 시중드는 카쯔라메(桂女, 카쯔라메勝浦女)도 그 특징인 하얀 모자의 기원을 징구우(神功)황후의 복대(腹帶)에서 구하고 있고, 쿠라료오(內藏寮)에 속한 고료오노리떼(御綾織手)는 이미 15세기 중엽에 '짐무노미까도교우(神武御門御宇)'에게서 받은 '카나가따(金形)', 또는 '하따후따' '짐무(神武)'에게서 받은 지증(支證)'을 갖고 있다는 전승을 주장하고 있다. 그리고 기온샤(祇園社)의 사자무(獅子舞)도 14세기 말에 '아마떼라스오오미까미(天照大神)' '죠오구우(上宮)태자'[134]까지 들먹이고 있고, 에도시대부터 최근까지 세또나이까이(瀬戸內海)를 주요 활동무대로 삼은 '에부네(家船)'의

---

132 천황을 근시하여, 궁중의 크고 작은 잡사를 처리하는 역인.
133 거칠게 대강 다듬은 목재로 생활용품을 만드는 사람이나 그런 물건을 파는 가게.
134 쇼오또꾸(聖德)태자의 별칭.

해민인 노오지(能地)사람들에게 있는 '우끼따이계도(浮鯛系圖)'도 그 자유로운 어로 특권의 유래를 징구우황후까지 거슬러 올라가 구하고 있다.

이와같이 무로마찌(室町)·셍고꾸(戰國)기에서 에도(江戶)시대에 걸쳐, 각종 직능민이 보유한 직능의 유래와 특권의 연원을 말하는 전승 역시 동국·서국·큐우슈우 등 지역에 따라 뒷받침하는 권위가 다르다. 크게 보아 서국은 서의 왕권인 천황과 그 전설상의 조상에게, 동국과 큐우슈우는 동의 왕권인 미나모또노 요리또모에게서 권위의 원천을 구하고 있다.

'자유의 상징'과 '차별·천시'

이러한 동서의 차이는 「렌쟈꾸노다이지(連雀之大事)」 또는 「하까리노혼지(秤の本地)」「쇼오까꼬끼(商家古記)」 등 현재 동국에 전래되고 있는 상인의 유래서를 통해서도 엿볼 수 있다. '렌쟈꾸쇼오닌(連雀商人)'[135]이라 불리며, 센다비쯔(千駄櫃)[136]를 짊어지고 각지를 편력하는 상인의 「유래서」와 특권에 관계된 각종 전승을 기록한 「상인의 마끼모노(商人の卷物)」에 대해서는, 1996년 11월에 개최된 국립역사민속박물관 포럼 '중세상인의 세계: 시를 둘러싼 전설과 실상(中世商人の世界: 市をめぐる傳說と實狀)'이라는 씸포지엄에서 뛰어난 보고가 많이 있었고 이 문제를 두고 토론이 벌어진 적이 있으므로 해당 보고서(국립역사민속박물관 1998)를 참고하기 바란다. 그중에서 이시이 스스무(石井進)가 언급한 것처럼, '렌쟈꾸(連雀)'라는 지명은 에도

---

135 물건을 짊어지고 돌아다니며 파는 장사꾼·행상.
136 잡화를 넣을 수 있도록 많은 서랍이 달린 상자.

를 비롯하여 토오까이·칸또오 지방, 즉 동국의 오래된 죠오까마찌(城下町)에 많은 데 성(城)의 정문 근처에 개설된 시장의 전통을 이어받아, 셍고꾸기부터 '렌쟈꾸죠오(連雀町)'가 형성되어왔다. 이시이(石井)는 나아가 렌쟈꾸쇼오닌(連雀商人)이 '유딴(ゆたん)'이라는 기름종이(油紙)·포(布) 등으로 씌운 특정물건은 세금면제라며 주장하고 있는 데에서도 알 수 있는 것처럼, '렌쟈꾸쇼오닌이 렌쟈꾸[137]에 걸어 짊어지고 있는 물건이야말로 그들의 자유의 상징'이었다는 주목할 만한 견해를 제시했다. '렌쟈꾸'가 동서 각지의 도시지명으로 지금까지 계속 살아있는 이유도 물론 여기에 있다.

그런데 이시이 스스무는 '중세상인의 자유의 상징이기도 했던 렌쟈꾸라는 용어'가 같은 중세에 서국의 쿄오또(京都) 사원관계자가 저술한 「죠오간세이요오까구시끼모꾸(貞觀政要格式目)」에서는 천시되는 사람들의 계명(戒名), 즉 이른바 '차별계명'인 '렌쟈꾸(連寂)'로서 사용되고 있는 점에 착목하여, 에도시대가 되면 그 사고방식이 칸또오(關東)에도 침투했다고 지적했다(이시이 스스무 1998).

동국에서 '자유의 상징'이었던 용어가 서국에서는 차별·천시를 나타내는 말이었다는 이 사실은 충격적이다. 이 차이는 결코 선진·후진의 관계가 아니라, 앞서 강조한 것처럼 동서사회 자체의 차이에 연원하고 있는 것이다.

실제로 「상인의 마끼모노」 가운데 시장에 관계되는 기술 중에는 '이따까(イタカ)' '하찌바우(ハチバウ)' '쿠구쯔(クグツ)', 나아가 '카와라모노(河原者)' 등 키나이와 그 주변의 서국에서는 의심할 바 없이 피차별민·'천민'으로 보이는 사람들이 나타나

---

137 두 쪽의 판자에 멜빵을 달아 등에 짐을 지는 도구.

지만, 「마끼모노」의 문맥 중에서는 결코 천시 받는 사람으로 그려져 있지 않다. 이 점에서도 앞서 서술한 피차별민의 존재양태 차이가 나타나고 있다고 할 수 있다.

'균질적인 일본민족'의 허상

이 문제에 대해서는 앞으로 더 연구할 필요가 있지만, 동국과 서국 사회의 이러한 체질차이가, 셍고꾸다이묘오(戰國大名)의 존재양태에도 명료히 나타나 있는 것을, 야마무로 쿄오꼬(山室恭子)는 셍고꾸다이묘오가 발급한 방대한 현존문서를 컴퓨터로 처리하여 성공적으로 부각시켰다(야마무로 쿄오꼬 1994).

야마무로에 따르면, 우선 동국다이묘오는 서국다이묘오에 비해 개원(改元)·원호(元號)의 변화에 대한 반응이 빠르다고 한다. 야마무로는 이것을 동국다이묘오가 법에 의한 통치를 지향하는 경향이 강하여, 자연히 정당성의 원천에 민감했던 것이라고 해석한다. 나아가 전국다이묘오의 발급문서를 ①기청문(起請文) ②전공을 칭찬한 감장(感狀)과 이름·관직을 부여한 명예계(名譽系, 상장군賞狀群) ③소령을 수여한 충행계(充行系) ④이미 소유한 소령·권익을 승인한 안도계(安堵系) ⑤금지조항과 세금면제, 전마(傳馬)사용허가, 통행허가증 등의 우대조치를 부여한 우우계(優遇系) ⑥무장에 출진을 명하거나 무라(村)에서 물자를 조달하고 법령을 정하는 등 다이묘오의 명령·지시를 내린 명령계로 분류한 후 각 다이묘오의 발급수를 조사했다. 그 결과 동국다이묘오는 ②가 적고 ⑤와 ⑥이 많은 것에 대하여, 서국다이묘오는 ②가 매우 많고, ⑤와 ⑥은 극히 적었다.

야마무로는 동국다이묘오를 흑(黑), 서국다이묘오를 백(白)으로 하여, 전자를 '흑의 왕', 후자를 '백의 왕'으로 분류했다. 그리고 전자가 충실한 행정제도를 갖추고, 적극적으로 명령과 법령을 통해 강력하게 지배했던 것에 비해 후자는 전공을 포상하

고 칭호를 수여하는 등 가신과의 연계·유대를 중시하는 통치를 행했다며 동서차이
를 선명히 지적했다. 이것은 전술한 동국의 동족결합, 즉 종(縱)사회와 서국의 연령
서열제[年齡階梯制], 즉 횡(橫)적인 사회의 특징과도 조응한다고 할 수 있다. 실제
로 야마무로도 『코오요오궁깐(甲陽軍艦)』에 대해 논한 것처럼, 당시의 사람들 스스
로가 동국과 '카미가따(上方)'는 무사기질도 다르고, 이질적인 세계임을 인식하고
있었던 것이다.

　이런 다른 세계에 대해 토요또미 히데요시(豊臣秀吉)는 우선 서국을 정복하고,
1589년(텐쇼오天正 17)까지 통일적인 검지(檢地)[138]를 마친 후, 1590년(텐쇼오 18)부터
이듬해에 걸쳐 동국검지를 실시하고, 코꾸군제(國郡制)에 기초한 토지대장인 「고
젠쪼오(御前帳)」를 천황에 헌상하여 '일본국'의 재통일을 달성했다(아끼자와 시게루
1993).

　이로 인해 칸다까제(貫高制)[139]였던 동국에 서국의 코꾸다까제(石高制)가 미치게
되었고, 한편에서는 야마무로가 말한 동국의 '흑의 왕'의 존재양태가 서국에도 미치
게 되었다. 하지만 홋까이도오(北海道)와 오끼나와(沖繩)의 대부분을 제외한 일본
열도가 재차 '일본국' 국제로 들어가 에도바꾸후 지배가 확립된 후에도 앞서 말한 피
차별부락의 차이와 동의 금, 서의 은이라는 화폐 차이뿐 아니라, 생활의 세세한 부분
에서도 각각의 긴 역사를 배경으로 각 지역의 개성은 지금까지도 계속 살아있다.

　'일본인'과 일본열도의 사회를 균질·동일하며 '일본민족을 단일민족'으로 착각하

---

138 토꾸가와바꾸후가 논밭을 측량하여 단별(段別)·품위(品位)·코꾸다까(石高)와 담당 햐꾸쇼오(百
　姓)를 정한 것.
139 무로마찌시대에 전고(錢高)로 토지의 면적을 표시하는 제도.

는 오류에 빠지지 않고, 이러한 각 지역의 개성적 역사를 명확히 규명하는 지역사(地域史) 연구를 추진하는 것은 앞으로 역사학이 사회 속에 뿌리내리고, 미래에 기여하는 학문이 되기 위한 필수과제이다. 지금까지 논의해온 대로, 헤이안 후기 이후 16세기에 이르기까지 열도사회의 전개는 '일본국'의 모습 자체가 명확하지 않을 정도로 다양하고 유동적이었으며, 열도 외부의 동향과 관련하여 '일본국'이 분열하고, 운산무소(雲散霧消)했을 가능성도 결코 없지 않았던 것이다.

실제로 몽골침략을 비롯해 아시아대륙에 일어난 격동이, 만약 장기간에 걸쳐 직접 일본열도에 미쳤다고 한다면, 왕조교체·국명변경이 현실화했을 가능성까지 충분히 생각할 수 있다. 아시아·태평양전쟁에서 패전한 후, 만약 홋까이도오·큐우슈우(九州) 또는 동일본과 서일본이 분할 점령되어, 냉전하에서 한반도와 같이 50년 이상 지속되었다면, 이 열도에 2개 이상의 국가는 물론, 언어·문화까지 다른 2개 이상의 '민족'이 형성되었을 가능성도 결코 배제할 수 없다. 열도 내부의 지역차가 그만큼 언어·생활문화에 이르기까지 심각했음을 우리는 충분히 인식해야만 한다.

그러한 사태가 현재까지 현실화하지 않았던 이유로는, 여러가지 우연이 작용하고 있었다고 생각되지만, 바다라는 유연한 장벽이 주변지역의 정치적 격동에 완충역할을 수행했던 것은 분명하다. 그러나 그뿐 아니라, '일본국' 성립 후 그 국제와 함께 사회 내에 '일본인의식'이라고 불러야 할 의식이, 허상까지 끌어안은 채 형성되어, 사회에 널리 침투했던 것도 한 원인으로 들 수 있을 것이다. 이것이 분열요인을 잉태한 사회를 재통일할 때, 그것을 지탱하는 기반이 되었음은 부정하기 어렵다.

그러한 '일본인의식'이 과연 어디까지가 실상이고 어디까지가 허상이었는지를, 여기서 다시 한번 분명히해두려 한다.

5. '일본·일본인의식'의 형성

이국·이계에 대한 자기인식

'일본'이라는 국호가 대외적으로 이국(異國)에 대하여 사용되었던 것은 앞서 서술한 대로이다. 그것은 카마꾸라(鎌倉) 이후도 마찬가지였다. 앞서 든 사례에 한두 가지를 추가하자면, 태화(泰和, 금金의 원호) 6년(조오뀨우承久 3, 1206)에 쓰시마(對馬)에서 고려로 건너간 배가 지참한 문서가 예(禮)에 맞지 않는다고 하여 이를 송환할 것을 통지한 「고려국 금주방어사(高麗國今州防禦使)」라는 첩(牒)은 '일본국 쓰시마(日本國對馬嶋)'가 수신자였다. 쓰시마가 일본국에 귀속한다는 사실을 고려가 인정한 것은 이로 볼 때 명백하다.

또 1270년(붕에이文永 7) 정월 '몽고국 중서성(蒙古國中書省)'에 보낸 '일본국 다이죠오깐(日本國太政官)'의 첩 중에는 당시 천황 카메야마(龜山)를 '천조황대신(天照皇大神)' 이래의 '일사(日嗣)'를 계승한 '일본국 금황제(日本國今皇帝)'라고 썼는데, 이 첩은 바꾸후가 저지하여 실제로는 전달되지 않았다. 이에 대해 지원(至元, 몽고 원호) 3년(붕에이 3년, 1266)의 '몽고국'의 첩과 이듬해 '고려국왕'의 국서도 '일본국왕'을 수신자로 보내왔고, 앞서 언급한 대로 '천황' 칭호가 사용되지 않은 점에 대해서도 주의해둘 필요가 있다.

그리고 이같은 외교문서, 또는 이국을 의식한 문서 이외에 '일본'이라는 국호가 나타나는 문서를, 타께우찌 리조오(竹內理三)가 편찬한 헤이안(平安)·카마꾸라(鎌倉)시대 문서 거의 전부를 모은 『헤이안이분(平安遺文)』『카마꾸라이분(鎌倉遺文)』의 색인을 이용하여 검색해보면, 이것도 앞서 약간 언급한 것처럼 그 압도적 부분이 신불(神佛)·이계(異界)를 의식하면서 그 세계로 보낸 문서에서 나타난다고 해도 결코 될 만큼 분명한 결과를 얻을 수가 있다.

그중에서도 가장 많은 사례는 신불에 대하여 뭔가를 선서하는 기청문(起請文) 말미에 붙여져, 선서내용에 잘못이 없고 만약 약속이 깨졌을 경우에는 그 자리에서 엄한 신벌·불벌을 받겠다는 천판제문(天判祭文), 보통 신문(神文)으로 통칭되는 문장 중에 나타나는 경우이다. 예를 들면 현존 최고의 기청문인 1148년(큐우안久安 4) 4월 15일의 「미요시 코레유끼」(三善是行解, 「百卷本東大寺文書」)는 '천판기청문(天判起請文)'이라고도 할 수 있는데, 그 말미에 만약 실제 자신이 한 말을 하지 않았다고 식언(食言)한다면, "토오다이지대불(東大寺大佛)·약사여래(藥師如來)·십이신장(十二神將)·진수팔번대보살(鎭守八幡大菩薩), 당소팔소어령(當所八所御靈), 다 합쳐서 일본조중대소신지명도신벌명벌(日本朝中大小神祇冥道神罰冥罰)"이 이렇게 서원하는 자신[三春]의 몸에 내려질 것이라고 기록하고 있다. 이 "일본조중대소신지명도(日本朝中大小神祇冥道)"라는 문언은, 약간 형태를 바꾸면서도 거의 정형화된 문구로 그 이후 기청문(起請文)이나 이에 준하는 청문(請文)·계장(契狀) 등의 신문(神文)에 반드시 등장하게 된다.

그리고 1186년(분지文治 2) 12월 23일, 「호오류우지삼강등청문」(法隆寺三綱等請文 「法隆寺東院緣起」)에 "총일본육십여주대소제신명벌신벌(惣日本六十餘州大小諸神冥罰神罰)", 또는 1227년(카로꾸嘉祿 3) 2월, 스오오노꾸니(周防國) 「타니노쇼오전포시령하꾸쇼오등해」(多仁莊田布施領百姓等解, 「九條家冊子本中右記紙背文書」)에 "일본국중오기칠도대소신지명현(日本國中五畿七道大小神祇冥顯)"이라는 기록처럼 '일본국'의 규모를 나타내고 있고, 또 1194년(켕뀨우建久 5) 7월 7일 「권진사문종아기청상절장」(勸進沙門鍐阿起請相折帳, 「高野山文書」)에 "일본국중삼천일백삼십이사(日本

國中三千一百三十二社)", 또는 1266년(붕에이文永 3) 12월 15일, 「토오다이지승등연서기청문」(東大寺僧等連署起請文, 예일대학 소장 「東大寺文書」)에 "대일본국대소신지 일만삼천칠백여좌지명현지벌(大日本國大小神祇一萬三千七百餘座之冥顯之罰)"이라고 씌어 있듯이, '일본국' 지샤(寺社)의 전부라고 여겨지는 숫자를 드는 사례도 보이게 된다.

　통상 기청문 등 신문(神文)에는 '일본국중(日本國中)'이라는 포괄적인 표현의 앞뒤로 카모(賀茂)·이와시미즈(石淸水)·카스가(春日)·쿠마노(熊野) 등 널리 영향력이 있는 대사(大社)의 신이 복수 열거된다. 그 가운데서 아마떼라스오오미까미(天照大神)는 카마꾸라기에 들어서, 토오다이지 관계의 기청문에 "일본국주 아마떼라스오오미까미(日本國主天照大神)"와 같은 형태로 나타나게 되는데, 전술한 대로 동국기청문에는 이즈(伊豆)·하꼬네(箱根)·미시마(三島) 외에 카또리(香取)·카시마(鹿島) 등이 보이는 것에 대하여, 아마떼라스오오미까미는 나오지 않는다. 그리고 기청문에는 쇼오엔·공령 등 지역신들의 이름이 열거되는 것이 통례였다.

　이러한 기청문만큼 수는 많지 않으나, 신불에 대하여 청원의 의도를 표명하는 원문(願文, 많은 수가 남아 있다)에도 '일본'이라는 국명은 거의 예외없이 사용된다. 예를 들면 1265년(붕에이 2) 9월 4일 야마또노꾸니(大和國) 「사이다이지광명진언회원문」(西大寺光明眞言會願文, 「西大寺文書」)에 "남부주대일본국 사이다이지 와운사문 에아손등 지심합장(南部洲大日本國西大寺臥雲沙門叡尊等至心合掌)"이라는 기록이 있고, 1304년(카겐嘉元 2) 9월 17일 히젠노꾸니(肥前國) 「젠조오지주종원문(禪定寺鑄鐘願文)」에 "남염부제대일본국 히젠노꾸니 키시마북향소전촌내 젠조오지(南閻浮提大日本國肥前國杵島北鄕小田村內禪定寺)"라는 기록처럼, 주종(鑄鐘)할 때나 사경(寫經)할 때의 원문, 나아가 경통(經筒)에 씌어진 원문은 모두 이같이 '일본국'의 절

〔寺〕이고, '일본국'의 사람임을 밝힌 후에 원문을 시작하고 있다.

또 신불에 드는 비용을 널리 모금하기 위한 「권진장(勸進狀)」, 추선공양(追善供養) 등을 위한 삼보(三寶)에 대한 보시(布施) 건과 그 취지 등을 기록한 「풍송문(諷誦文)」, 또 비법을 전수할 때에 제자에게 수여하는 인신(印信), 특수한 예로는 골호(骨壺)의 명문 등 신불에 바치거나 신불을 의식한 문서에는 '일본국'의 사람임을 밝힐 필요가 있었던 것이다.

'일본'이라는 국명이나 '일본국'이 지배하는 지역, 나아가 '일본국'사람으로서의 입장은 이렇듯 이국(異國)·이계(異界)와 같은 타자와의 관계에서 두드러지게 나타났음을 잘 알 수 있다.

'일본국'의 '실태' 인식

주목해야 할 것 중 하나는 앞서의 기청문 신문(神文)에 '일본육십여주(日本六十餘州)' '대일본국중육십여주(大日本國中六十餘州)'와 같은 문언이 어느 정도 정형화되어 있고, 드물게 '일본국중오기칠도(日本國中五畿七道)'라는 표현에서도 알 수 있듯이, 일본국의 국제·행정제도에 대한 인식이 늦어도 카마꾸라시대에 들어올 무렵에는 기청문 세계에 정착했다는 사실이다.

게다가 그것은 결코 사원 승려나 사무라이계층 사람들만의 것이 아니었다. 앞서 든 사례에서 알 수 있듯이, 1227년(카로꾸 3)에는 벌써 스오오노꾸니(周防國) 타니노쇼오(多仁莊)의 햐꾸쇼오(百姓)들이 신문에 '오기칠도(五畿七道)'라고 썼고, 1252년(켄쬬오建長 4) 11월 15일의 와까사노꾸니(若狹國) 타가라스우라(多烏浦)의 햐꾸쇼오들은 '일본호충〔국중〕지신지명도(日本胡忠〔國中〕之神祇冥道)'라고, 아떼지(宛字)[140]이긴 하지만 신문을 써서 기청문을 작성했다.

더욱이 이듬해 9월 3일에도 야마또의 타까바따께우에바야시고오(高畠上林鄕)의 향민(鄕民) 등이 카스가다이묘오진(春日大明神)을 비롯해 '일본국중대소신지명벌(日本國中大小神祇冥罰)'을 받는다고 썼고(「大橋文書」), 1258년(쇼오까正嘉 2) 7월 9일에는 에찌고노꾸니(越後國)의 흑하니(黑河尼)도 '일본육십육국(日本六十六國)의 신불(神佛)'에 대한 서약을 하고 있다(「三浦和田文書」). 이와같이 13세기 후반에 들어서면, 햐꾸쇼오는 물론 여성에게까지도 이러한 인식이 문자를 통하여 침투했던 것인데, 그것은 결코 '육십육주' '육십육국'이라는 막연한 숫자의 인식에만 그치고 있지 않았다.

1300년(쇼오안正安 2) 5월 7일, 와까사노꾸니 타라노쇼오(太良莊)의 햐꾸쇼오 미나모또노 쿠니또모(源國友)는 소송중인 스께꾸니묘오(助國名)에 대한 권리의 정당성을 뒷받침하기 위해서, 자신의 계보·유래를 기록한 '전래경위〔相傳次第〕'에 해당되는 문서를 토오지(東寺)에 제출했다(「東寺百合文書」나함な函, 49호). 이 문서의 모두(冒頭)에 쿠니또모는 어떤 이유에서인지 쇼오또꾸(聖德)태자가 시뗀노오지(四天王寺)를 건립한 해인 '정미2월22일(丁未二月二十二日)'을 적고, 그 이래 와까사노꾸니(若狹國) 오니우군(遠敷郡) 타이라노쇼오(平莊)를 '개척한' 자들로서 '심무사시노까미(新武藏守) 미나모또노 토모따까(源朝高), 그 자식 코오즈께노스께 토모꾸니(上野介朝國), 그 자식 스오오노까미(周防守) 요시따까(義高)……'부터 자기인 '지로오 따이후 쿠니모또(次郎大夫國友)'에 이르는 24대의 계보를 적고, 또 타이라노쇼오(平

한자가 갖는 본래의 의미에 관계없이, 음이나 훈을 빌려 표기하는 것. 야보(野暮)·메데다시(芽出度) 등이 그 예이다.

莊)에서 사방으로 이어진 길과 전수(田數)를 기록하여, 쿠니따까(國高)에서 쿠니또모(國友)에 이르기까지 타이라노쇼오가 대대로 양여되어 전해져왔다고 쓰고 있다.

그 가운데서 쿠니또모의 조부가 스께꾸니인 것은 다른 문서로도 증명되지만, 그 외에는 이 문서의 대부분이 '창작'임은 언뜻 봐도 명백하다. 그렇지만 이 '황당무계'한 이야기를 타라노쇼오(太良莊)의 일개 햐꾸쇼오(百姓)가 만들어낼 수 있었다는 사실 그 자체는 결코 무시할 수 없는 중요한 의미를 띤다.

우선 앞부분의 시뗀노오지에 대해서는,『니혼쇼끼(日本書紀)』에 우마야도황자(廐戶皇子, 쇼오또꾸聖德태자)가 소가노 우마꼬(蘇我馬子, ?~626)[141]와 함께, 모노노베노 모리야(物部守屋, ?~587)[142]를 멸망시켰을 때, 시뗀노오지가 건립되었다는 사정이 기술되어 있고,『니혼쇼끼』를 읽었는지 여부는 차치하고라도 햐꾸쇼오인 쿠니또모(國友)가 이 사실을 알고 있었던 것은 틀림없다.

또 타이라노쇼오라는 쇼오엔(莊園)은 실재하지 않는 것이고, 심무사시노까미(新武藏守) 토모따까(朝高) 이후의 계보의 인명이나 관직 경력[官途] 역시 뭔가를 참조는 한 것 같지만, 물론 사실이 아니다. 그러나 거기서 무사시(武藏)·코오즈께(上野)·스오오(周防)·탐바(丹波)·에찌고(越後)·엣쮸우(越中)·노또(能登)·에찌젠(越前)·오우미(近江)·까와찌(河內)·데와(出羽)·야마시로(山城)·셋쯔(攝津)·타지마(但馬)·탕고(丹後)·와까사(若狹)·미노(三乃, 美濃) 등 17개국에 달하는 국명이 열

---

141 아스까(飛鳥)시대의 군신. 4명의 천황 밑에서 대신을 역임했다. 불교진흥에 힘썼으며, 모노노베노 모리야를 멸하고, 스슌(崇峻)천황을 암살했다.

142 요오메이(用明)천황 때의 오오무라지(大連). 탑을 부수고 불상을 태우는 등 불교를 배척하여, 소가씨와 대립했다. 요오메이천황 사후 거병했으나 진압되어 멸망했다.

거되고 있는 데에 주목해야 한다. 그것은 다소 호꾸리꾸도오(北陸道)·상인도오(山陰道)에 편중되어 있다고는 해도, 토오까이(東海)·토오산도오(東山道)도 포함하는 동국·서국을 망라하고 있다고 봐도 좋을 것이다. 아마도 쿠니또모는 66개 쿠니(國) 2도(島)의 이름을 알고 있었을 것이다.

그리고 카미(守)·스께(介)·스께(助) 등의 관직경력과 함께, '엣쮸우지로오(越中次郎)' '에찌고자부로오(越後三郎)'와 같이, 국명을 성(姓)으로 하는 경우가 있는 것도 알았고, 인명에 대해서도 가공이기는 하지만, 편휘(偏諱)·통자(通字)[143]에 관한 지식이 있었던 것은 명백하다.

더욱이 '타이라노쇼오'에서 사방으로 나 있는 길도, 실제의 지명을 카따까나로 쓰는 등 당시의 표현방법에 맞는 기재를 하고 있어, 쿠니또모가 문서에 대한 상당한 수준의 지식, 또 '일본국'의 실태에 대한 인식을 갖고 있었음이 분명하다.

또 같은 타라노쇼오(太良莊)의 묘오슈(名主)인 칸신(觀心)·마사또시(眞利)라는 두 명의 햐꾸쇼오(百姓)가 연서(連署)하여, 둘 중 한명의 글씨로 보이는 한자·히라가나 혼용의 서장(「東寺百合文書」 누함ぬ函, 8호)을 1270년(붕에이文永 7) 7월 16일, 아즈까리도꼬로(預所)[144]에 써보낸 적이 있는데, 이를 참조하면 적어도 묘오슈(名主)로서 연공(年貢)·공사(公事)를 청부받아 '처리'할 수 있을 정도로 햐꾸쇼오는 읽기

---

143 편휘는 천황이나 그밖에 권위있는 자의 이름에 들어가 있는 글자를 작명시에 피하는 것. 통자는 조상대대로 전해져 작명시 쓰이는 글자. 예를 들면 타이라노 타다모리(平忠盛), 키요모리(淸盛), 무네모리(宗盛)의 '모리(盛)'같은 것이다.

144 쇼오엔(莊園)에서 영주의 대리인이 되어 쇼오엔의 업무, 즉 장지(莊地)·장관(莊官)·장민(莊民)·연공 등을 관리하는 직.

와 쓰기·계산능력, 나아가 사회와 '일본국'에 대한 지식이 있었다고 볼 수 있다. 그 배경에는 당연히 사전(辭典)이나 왕래물(往來物)[145] 등의 보급을 상정할 수 있는데 이러한 지식이 문자를 통하여 사회에 침투한 점에 주의해야만 한다.

그렇다고 한다면 13~14세기 기청문에 '일본국중육십여주(日本國中六十餘州)'라고 써서 신에 맹세한 사람들이, 이미 쿠니또모와 같이 '일본국'의 실태에 대한 구체적인 지식을 갖고 있었다고 해도 결코 무리한 추정은 아닐 것이다. 그리고 그러한 인식을 배경으로 '일본 제일(日本第一)의……'라는 표현도 12세기 말에는 사용되기 시작했던 것이다.

'일본 제일의……'

아마도 이 무렵의 문서로 추정되는데, 우지까와(宇治川)에 통발을 설치하여 장어를 잡는 우지우나기우께(宇治鰻請)가, 카모샤(鴨社)에 속하여 우지까와에 망대(網代)를 치는 어로민인 무라기미(村君)와 다툴 때의 진정서[陳狀]에서 "우지까와는 일본 제일의 맑은 강이다(宇治河者日本第一淸河也)"라고 하고 있고(『永昌記紙背文書』), 1200년(쇼오지正治 2) 4월 18일 토오다이지삼강(東大寺三綱)이, 코오후꾸지(興福寺) 사자가 이가노꾸니(伊賀國) 쿠로다노쇼오(黑田莊)에 난입한 것을 "일본 제일의 난행[濫吹], 고금에 있을 수 없는 행패"라 비난했으며(『東大寺文書』), 야마또(大和)의 야꾸시지 중도(藥師寺衆徒)가 '일본 제일의 영험(靈驗)'이라고 한 외에도, 후

---

145 카마꾸라시대부터 메이지 초기까지 생활에 필요한 여러 지식을 편지체문장 속에 엮어넣은 책자의 총칭.

술하는 서장(書狀)에서 니찌렌(日蓮)도 '일본 제일의 지자(智者)' '일본 제일의 기인 〔僻人〕' '일본 제일의 여인' '일본 제일의 불가사의' 등과 같은 표현을 쓰고 있다.

더욱이 오우미(近江) 카쯔라가와(葛川)의 주민들도, 자주 '당사(當寺)'(明王院)가 '일본 제일의 영장(靈場)'임을 강조했고, 닛꼬오(日興, 1246~1333)[146]가 후지산(富士山)을 '일본 제일의 명산'이라고 하는 등, 이러한 용례는 문학작품까지 눈을 돌리면 더 많이 찾아볼 수 있을 것이다.

물론 이같이 발언한 사람들이 '일본국' 전체를 실제 알고 있었던 것은 아니겠지만, 다양한 방면에서 들어오는 정보를 통하여 그렇게 말할 수 있을 정도의 지식이 있었던 것은 틀림없다. 13세기가 되면, '일본' 전체에 대한 인식이 사회에 널리 침투하는 모습을 확인할 수 있다. 당초 다른 나라에 대해 국명으로 사용되던 '일본'이 이계·신불의 세계를 대하는 승려들이 자주 사용하고, 또 점차 사회에 침투하면서 이 시기에는 적어도 햐꾸쇼오(百姓) 상층의 남녀에까지 미친 것은 문자를 통한 지식의 보급이라는 점으로 봐도 주목할 만하다.

후에 상술하겠지만 12~13세기 일본사회는 유동성 없는 '자급자족경제에 기반한 농업사회'가 결코 아니었고, 이미 활발한 유통·교통을 통하여 정보가 널리 퍼져나가는 활기있는 사회였던 사실을 이 예들은 잘 증명한다고 할 수 있다.

이와같이 상당히 광범위한 사회에 인식된 '일본'은 공적인 외교문서의 세계에서 중국대륙의 당(唐)·송(宋)·몽골·원(元), 한반도의 신라·고려, 나아가 발해 등의

---

146 카마꾸라시대 니찌렌 문하의 육로승(六老僧) 중의 한 사람. 니찌렌이 유배갈 때에 동행하여 스루가·이즈에 포교했다. 니찌렌이 죽은 후 후지산에 홈몬지(本門寺)를 열었다.

국명에 대응하여 쓰이고 있을 뿐만 아니라 『콘쟈꾸모노가따리슈우〔今昔物語集〕』에서는 당·천축(天竺)·진단(震旦)[147] 등과 대조되고 있고, 후술하는 니찌렌(日蓮)도 월씨(月氏)·한토(漢土)·천축·진단과 '일본국'을 대응하고 있는 것처럼, 민간에서도 이러한 아시아 '여러 민족' 속에서 '일본'을 파악하게 되었던 점을 주목할 필요가 있다.

'일본'과 '야마또'

그리고 이국과 '일본'을 대조시킬 때 '일본'을 '화주(和州)' '화국(和國)'으로 표현하는 경우가 자주 보이는 것도 간과할 수 없다. 예를 들면 『아즈마까가미〔吾妻鏡〕』의 1195년(켕뀨우 6) 3월 13일조에는 송나라사람 진화경(陳和卿)이 "송조의 내객(來客)으로 화주(和州)의 수공업〔工匠〕에 종사한다"라고 되어 있고, 같은 책 1192년(켕뀨우 3) 10월 30일조에서도 무샤도꼬(武者所)로의 무네찌까(宗親)가 불타는 집에서 아쟁〔箏〕을 꺼내려다가 수염을 태운 일에 대하여 "당국대종(唐國大宗)의 수염은 사약(賜藥)의 인(仁)을 베풀었고, 화조 무네찌까(和朝宗親)의 수염은 석현(惜絃)[148]의 뜻을 나타낸다"고 하고 있어, 송조(宋朝)에 대해서는 '화주(和州)', 당국에 대해서는 '화조(和朝)'라는 호칭이 '일본'의 국명과 똑같이 쓰이고 있다.

이외에 1253년(켄쬬오建長 5) 8월 27일의 코오야산(高野山) 만지승원문(滿寺僧願文)에, 코오호오대사(弘法大師)가 '화국(和國)'을 향하여 금방망이〔金杵〕를 던졌다

---

147 천축은 인도, 진단은 중국을 뜻한다.
148 '불에 타버린 악기를 아쉬워한다.'

(「高野山文書」)는 등 코야산문서에서도 이런 용례를 조금 찾아볼 수 있고 '카라에(唐 繪)'에 대한 '야마또에(大和〔倭〕繪)' '카라우따(唐歌)'에 대한 '야마또우따(和歌)' 등 과 같이, 당·천축 등의 이국명에 대해서는 '와(和)' '야마또(大和)' '와(倭)'의 호칭이 사용되는 경우를 더 흔히 발견할 수 있다.

훨씬 뒤의 일이지만, 지금도 과거 류우뀨우(琉球)왕국하에 있던 오끼나와(沖繩) 사람들은 혼슈우(本州)·시꼬꾸(四國)·큐우슈우(九州)를 지배했던 '일본국'을 거의 '일본'이라 부르지 않고, '야마또(ヤマト)'라고 부른다. 또 자신들을 '우찌난쮸(ウチ ナンチュ)'라 부르고, 혼슈우·시꼬꾸·큐우슈우인을 '야마뜬쮸(ヤマトンチュ)'라고 부르는 것은 옛날부터 내려오는 이러한 '와(和)' '야마또(大和)'용법에 연원이 있는 것이 분명하다.

또 최근에도 아이누에 대하여 혼슈우·시꼬꾸·큐우슈우인들은 자신들을 '일본인' 이라고 하지 않고, 아마도 근대에 들어와 만들어진 것으로 보이는 '와진(和人)'이라 는 호칭을 쓰는 경우가 많은데, 이 역시 분명 '야마또' '와'와 통하는 말일 것으로 추 측된다.

'일본'이라는 국호가 혼슈우의 한 지역에 불과한 '야마또' 출신의 지배자들에 의해 결정되었다는 그 출발점의 존재양태는 '日本'을 제정 당초부터 '야마또'로 훈독하는 데서도 나타나 있지만, '야마또(大和)'와 '와(和)'가 '일본(日本)'이라는 공식적인 호 칭에 밀착하면서도 그 배후에서 살아남아, 엄밀히 말하자면 사적·일상적 세계를 중 심으로, 점차 사회 깊숙이 침투하고 있었던 것이다.

실제로 근대 이후에 이러한 상황을 배경으로 사용되기 시작해, 특히 전쟁중에 빈 번히 사용되었으나 패전 후에는 별로 사용하지 않게 된 '야마또민족(大和民族)'이라 는 용어에, '일본(日本)'과 '야마또(大和)'의 모호하고 불투명한 관계가 잘 나타나 있다. 이 호칭은 '대일본제국(大日本帝國)'하에서 식민지의 '일본국민'이 되었던 타이완·한반도·사할린 등지의 사람들은 물론이고, 메이지 이후 무력을 배경으로 '일본인'이 되었던 오끼나와인·아이누까지 배제한 차별적인 의미를 갖는다. 이것은 의심할 바 없이 '대일본제국'의 지배적인 입장에 서있는 '민족', 즉 에도(江戶)시대까지의 '일본인'을 가리키는 말이었다.

그뿐이 아니다. '야마또민족'이라는 말은 혼슈우·시꼬꾸·큐우슈우의 '일본국'의 중심이 '야마또'에 있다는 점을 명시함으로써, 칸또오(關東)·토오호꾸(東北)나 큐우슈우 등의 지역을 '동이(東夷)' '에미시(蝦夷)' '쿠마소(熊襲)' '하야또(隼人)' 등 '미개'한 '이종(異種)'이 사는 지역이라고 보는 입장에 서 있는 것인데 '야마또(大和)'와 중복되는 '일본'의 침투 자체가, 또한 이런 의식의 침투이기도 했다는 사실을 결코 간과해서는 안된다. 그리고 공공연하게 말할 수는 없게 되었다고는 하지만, 이러한 '야마또민족' 의식은 현재도 완전하게 불식되지 않은 채, 뿌리깊게 남아 있다. 전술한 "토오호꾸에는 쿠마소라는 미개인이 살고 있다"라는 칸사이(關西人) 사람의 발언이 이를 웅변하고 있다.

반대로 나의 경우는, 류우뀨우대학(琉球大學)에 집중강의를 하러 갔을 때, 학생들 앞에서 '일본'이라는 말을 할 때마다 긴장하고 신중하지 않을 수 없었다. 원래 에도시대까지 오끼나와는 '일본'이 아니었으며 '일본중세사' 따위는 류우뀨우 역사에 통용되지 않기 때문이다.

그러나 연회석에서 동석한 오끼나와 사람이 '야마또에서 오셨습니까'라고 질문했을 때, 나는 강한 이질감을 느껴 '야마또가 아니라 코오슈우(甲州)[149]에서 왔습니다'라는 농담 섞인 대답을 해서 서로 크게 웃었던 적이 있다. 실제 나는 '야마또인(大和人)'이라는 의식은 전혀 없고, 실제로도 칸또오인·토오호꾸인은 '와진(倭人)'이 아니었다.

'신국 일본'

어찌되었든, 이와같이 13세기까지 사회에 널리 인식된 '일본'이라는 국명이 '야마또'와 불가분의 관계에 있다는 의식을 동시에 침투시키고 있었던 점에 주의해둘 필요가 있다. 그것은 동시에 '일본'은 '신국(神國)'이며, 신들의 세계를 배경으로 '야마또'로 연결되는 '천황'의 나라라는 인식의 침투이기도 했다.

예를 들면 시모우사노꾸니(下總國) 소오마미꾸리야(相馬御廚)[150]를 이세신궁(伊勢神宮)에 기진한 1161년(에이랴꾸永曆 2) 정월의 미나모또노 요시무네(源義宗)의 기진장(「欅木文書」)에는 "대일본국은 전부 황태신궁(皇太神宮)·풍수궁(豊受宮)의 영토이기 때문이다. 아시하라쮸우고꾸(葦原中國)가 바로 이것이다"(원문은 일본식 한문)라 하고 있고, 1170년(카오오嘉應 2) 윤 4월일의 코오후꾸지(興福寺) 서금당만중등해(西金堂滿衆等解, 쯔쯔이 칸세이筒井寬聖 소장 「東大寺文書」)에는 "카스가다이묘오진(春日大明神)은 아마떼라스오오미까미(天照大神)가 천엄옥(天嚴屋)에 숨었을 때, 계략을 꾸며 태양〔日輪〕을 멈추게 했고, 짐무(神武)천황이 일본국으로 향했던 옛날에 영검(靈劍)을 주어 사물(邪物)을 주멸(誅滅)했다"고 키끼신화(記紀神話)의 세계를 기록하고 있다. 그리고 1202년(켄닌建仁 2) 6월의 오우미노꾸니(近江國)「히요시샤오오쯔좌우방신인등해」(日吉社大津左右方神人等解, 「江藤文書」)에는 "일본은 신국(神國)

---

149 카이(甲斐)의 별칭. 지금의 야마나시현으로 이 책의 저자 아미노 요시히꼬의 고향이다.

150 미꾸리야는 고대·중세에 황실의 공어(供御)나 신사의 신찬(神饌)의 재료를 헌납한 황실·신사 소속의 영지.

이다. 신이 싸워 나라를 지켜주기 때문이다"라고 명확히 '신국(神國)'임을 말하고
있다.

전술한 기청문의 신문에 "일본국주 아마떼라스오오미까미(日本國主天照大神)"
를 비롯해 우사하찌만(宇佐八幡)을 "일본을 지켜주는[日本鎭守] 영신(靈神)"이라
하고, "일본진수 하찌만 삼소대보살(日本鎭守八幡三所大菩薩)" 등 많은 신들이 열
거되어 있는 것도 동일한 인식을 배경으로 하고 있다.

그리고 앞서 논한 대로, '일본'과 '천황'의 대수(代數)와 '천황이름'이 문서에 짝을
이루며 많이 보이는 데서 알 수 있듯이 '일본'은 '천황'과 불가분의 관계를 유지하면
서 문서에 나타난다. 니찌렌(日蓮)도 "일본국 팔십일대(日本國八十一代)의 안또꾸
(安德)천황" "일본국인왕 제십사대 쮸우아이천황(日本國人王第十四代仲哀天皇)"처
럼 표현하고 있다. 이 시기 사회에 널리 인식된 '일본'이, 기본적으로 확립 당초의 '일
본국'이 편찬한 사서 『코지끼(古事記)』 『니혼쇼끼(日本書紀)』 등을 통해 형성된 이
해를 계승하고 있음은 분명하다. 이는 이러한 '일본' 인식이 문자세계를 통해 말하자
면 국가측에서 사회로 침투하고 있었음을 잘 보여준다.

니찌렌의 '일본' 인식

다만 카마꾸라(鎌倉)시대의 문서를 읽으면서 받은 강렬한 인상은 이미 이제까지
도 자주 언급해온 니찌렌(日蓮)의 수많은 서장(書狀) 속에서 '일본(日本)'이라는 단
어를 매우 자주 사용하고 있는 점이다. 『카마꾸라이분(鎌倉遺文)』에 따르면 '일본'이
라는 말을 사용하는 서장의 수는 실로 117통에 이르고, 1275년(켄지 1)부터 1279년
(코오안弘安 2)까지 5년까지 『카마꾸라이분』에 실린 총 2040통의 문서 가운데서 '일
본'이라는 말이 사용된 문서 91통 중 니찌렌의 서장은 78통에 이른다.

여기서 니찌렌의 사상에 대해서 논할 능력이 내게는 없다. 다만 '일본'이라는 국명의 용례에 대해 생각해보면, 당초 니찌렌도 '일본국은 신국(神國)이다'라는 신국사상의 틀 속에 있었지만(文永元年卯月十七日書狀), 1268년(붕에이 5)에는 "동쪽에서는 후슈우(浮囚, 아이누)가 일어나고, 서쪽에서는 몽골이 쳐들어온다"(建治元年六月二十二日書狀)라는 현실인식 속에서, 일본국을 구할 수 있는 것은 '일본 제일의 법화경『(法華經)』의 행자(行者)'인 니찌렌(日蓮) 자신뿐이라는 주장을 전면에 내세운다. 니찌렌이 서쪽 몽골의 움직임뿐 아니라, 앞서도 말했듯이 북방 아이누의 동향에도 눈을 돌리고 있는 점은 특히 주목할 필요가 있다. 니찌렌이『릿쇼오앙꼬꾸론(立正安國論)』에서 "타국침핍(他國侵逼)의 난(難)"(침략)과 "자계반역(自界叛逆)의 난"(내란)을 예언한 것 역시 다소라도 이러한 정보에 접하고 있었기 때문이라고 볼 수도 있다.

그리고 '타자'에 대한 이러한 강렬한 의식과 위기감 속에서, 니찌렌은 위기에 진실로 대응하려 하지 않는 '일본국'의 모습을 치열하게 비판한다. 그리고 그를 통하여, 자기 자신을 "아와노꾸니(安房國) 동조편해(東條片海) 석중(石中)의 천민 아들"(붕에이 7년) "일본국동이동조아와노꾸니(日本國東夷東條安房國) 해변의 센다라(旃陀羅)의 아들"(붕에이 8년 10월)이라고 설정하고, 고독하고 전투적인『법화경』의 행자로 스스로를 자리매김한다. 한편 니찌렌은 여전히 아와동조(安房東條)의 땅을 이세신궁의 미꾸리야(御廚)라고 하여 아마떼라스오오미까미와의 관계를 지적하고 있기는 하지만, 점차 "일본국 육십육개국·도이(日本國六十六箇國·嶋二)의 대지(大地)는 교주석존(教主釋尊)의 본령(本領)"이고 "일본국의 사십구억구만사천팔백이십팔인(四十九億九萬(四百九十九萬)四千八百二十八人)의 남녀(男女)"는 "교주석존(教主釋尊)의 자식"이며 "삼천여사(三千餘社)의 크고 작은 천지의 신들〔神祇〕도 석존(釋尊)의 자식이다"라고 단언하고, "월지(月支)·한토(漢土)·일본(日本)"을 넘어선『법화경』의 보편성을 강조하게 된다(붕에이 6년 9월).

강력한 몽골의 압력이 주는 치열한 긴장 속에서, 니찌렌은 '신국사상'을 명백히 넘어, '일본국'을 '석존령(釋尊領)'이라고 말하게 되었다. 일본국에 대해서는 쿠니노까미(國數)·인구·신사수(神社數)뿐 아니라, 1275년(붕에이 12) 2월로 기록된 서장에서 '일본국'의 국제와 신대(神代)에서 인왕(人王)에 이르는 '천황'의 역사와 불교의 역사까지 자세히 논하고, 1280년(코오안弘安 3) 정월 27일의 서장에서도 군(郡) 586, 고오(鄕) 3,729, 전대(田代) 885,567정(町), 인구 4,989,658명, 신사 3,132사(社), 절 11,037라고 상세한 숫자를 들고 쿠니의 수와 함께 오기칠조를 밝힌 후에 이 '일본국' 남녀 중 니찌렌 자신은 '제일 미움받는 자'라고 말하고 있다.

이와같이 강대한 적의 침공에 직면한 상황과 대결하면서, 니찌렌은 '일본국'의 실태·역사에 관련된 인식을 심화시키고 그 인식에 자신을 명확히 대응하기에 이르렀던 것이다. 니찌렌은 진리를 보려고 하지 않는 '일본'의 사람들은 벌을 받아, 몽골에 패배하고 유린당하여 도탄의 괴로움에 빠지고 나서야 비로소 눈을 뜰 것이라 주장하고, 몽골은 "하늘의 사절"이며(붕에이 11년 8월 6일) "몽골의 대왕"의 몸에 범천(梵天)·제석(帝釋)·일월(日月)·사천(四天)이 들어가서 "일본국"을 공격하여 "법화경의 행자"를 적시하는 사람들을 벌하려 한다고 말한다(켄지建治 원년 5월 8일). 니찌렌은 '일본국'의 '패전'을 통해 '일본'은 비로소 구원을 받을 수 있다는 것이다. 『니혼쇼끼(日本書紀)』를 기본으로 하는 상식적인 '일본국'의 파악방식을 크게 넘어설 가능성이 여기에 분명히 태동하고 있었다고 할 수 있을 것이다.

그러나 현실은 니찌렌이 예상한 방향으로 진행되지 않았다. 실로 다행인지 불행인지, 완전히 우연한 대폭풍우로 원군(元軍)은 궤멸당했고, '일본국'은 쯔시마(對馬)·이끼(壹岐)를 유린당하기는 했지만, 국토가 원군의 말발굽에 거의 짓밟히는 일

없이 위기를 넘겼던 것이다. '신국 일본국'을 지켜주는 '카미까제(神風)'라는 목소리
가 각지의 지샤(寺社)로부터 일제히 나오게 되었고, 니찌렌은 실의의 나락에 빠졌
다. '일본국'에 대한 인식을 전환시킬 최초의 기회는 우연의 천재(天災)로 사라져버
렸던 것이다.

물론 이 대폭풍우가 원군 침략의 희생이 되었을 뻔한 많은 '일본인'의 목숨을 구해
준 것은 분명하다. 그것은 분명히 우연이 가져다 준 '행운'이었다. 그러나 그 우연한
'행운'의 결과, '일본인'은 '일본은 신국'이라는 인식을 넘어서 현실을 직시할 절호의
기회를 잃고 말았고, 그로 인해 그후 '일본인'이 겪은 '불행'도 결코 작지는 않다.

세월의 흐름과 함께 '카미까제' '신주(神州)'라는 환상은 한층 증폭되고, 마침내 50
여년 전의 아시아·태평양전쟁까지 '일본인'의 의식을 계속해서 묶어두어, 무모한 전
쟁, 잔혹한 특공대투입으로 방대하고 무의미한 희생을 내게 되었던 것이다. 물론 그
때까지도 '일본'의 인식을 크게 바꿀 기회가 있었고, 니찌렌을 높이 평가하면서 일본
의 '승리'를 오히려 크게 우려했던 우찌무라 칸조오(內村鑑三, 1861~1930)[151]와 같은
사상가의 조류도 면면히 이어지고 있었다. 그리고 지난 패전은 다시 없을 절호의 기
회였다. 그럼에도 불구하고 지금까지 지적해왔고, 앞으로도 서술하겠지만, 우리 일
본인은 출발 당초의 '일본국'의 자기 인식, 키끼(記紀)에 기초한 '일본' 인식에서 지
금도 완전히 벗어나 있지 않다. 이 상황을 극복하기 위해서 우리들은 '일본국'과 정
면에서 싸운 니찌렌의 고독한 마음을 지금이야말로 다시 한번 헤아리면서, 현실에

---

151 근대일본의 종교가·평론가. 삿뽀로농학교 출신. 교회적인 기독교에 대하여 무교회주의를 주창하
고, 잡지 「성서지연구(聖書之硏究)」를 창간했다. 당시 조선의 김교신·함석헌 등에도 큰 영향을 주
었다.

대처할 필요가 있을 것이다.

'일본국'의 범위

'일본'에 대한 인식이 사회에 침투하기 시작한 헤이안(平安) 후기경부터 '일본국'의 범위를 나타내는 표현들이 나타나게 된다.

그 가장 이른 사례가 『엥기시끼(延喜式)』 제16권, 옴묘오료시끼(陰陽寮式)에, 매년 12월 그믐 음양사(陰陽師)가 읽는 제문으로 등장하는 문장에 "더러운 역귀(疫鬼)가 촌 곳곳에 숨어 있는데, 천리밖·사방의 경계, 즉 동쪽의 무쯔(陸奧), 서쪽의 오지까(遠値嘉), 남쪽의 토사(土佐), 북쪽의 사도(佐渡)보다 더 먼 곳"을 "역귀(疫鬼)가 사는 곳으로" 정한다는 기록이 있다. 실로 이것은 "일본국"의 "사방경계"를 나타내며 그 영역을 표시해 "더러운 것"을 그 밖으로 쫓아냈던 것이라고 할 수 있다(무라이 쇼오스께 1988). 그것은 또 '일본'을 '신국'이라 파악하면서, 그 사방경계의 밖은 '부정(不淨)한' 세계로 보는 열도 서부 즉 '서국'적인 견해로도 볼 수 있다. 이와같이 경계의 외부를 '이역(異域)'으로 보고 '부정한' 이인(異人)이나 귀신 같은 존재들이 사는 세계라고 보는 견해는 앞서 서술한 것 같은 '신국일본'의 의식과도 연결되어, 오랫동안 살아남았던 점은 부정하기 어렵다.

다만 무라이 쇼오스께(村井章介)도 지적한 것처럼, 13세기에 들어와 쿄오또(京都)와 별도로 동국 카마꾸라(鎌倉)에 또 하나의 중심이 확립되자, 예를 들면 수렵과 같은 살생을 짐승에 불과(佛果)를 얻게 해주기 위한 선행이라고 평가하는, 서국의 '케가레' 의식과는 대극적인 입장이 나타난다. 예를 들면 『스와다이묘오징에꼬또바(諏訪大明神繪詞)』는 '하이(蝦夷)', 즉 아이누를 일(日)의 본당(本黨)·카라꼬당(唐子黨)·와따리당(渡黨)의 세 종류로 분류하여 각각의 특징을 적확하게 파악하고 있

사료(史料)에 나타난 일본의 경계

사료	동	서	남	북	연대
① 엥기시끼(延喜式) 권16 옴묘오료오(陰陽寮)	무쯔(陸奧)	오지까(遠値嘉)	토사(土佐)	사도(佐渡)	927
② 신사루가꾸끼(新猿樂記)	후슈우노찌(俘囚の地)	키까이가시마(貴賀が嶋)			11세기 초
③ 콘쟈꾸모노가따리슈우(今昔物語集) 권19	무쯔(陸奧)	찐제이(鎭西)			
④ 호오겐모노가따리(保元物語) 중(中)	아꼬류우(阿古流)·쯔가루(津輕)·후슈우가찌시마(俘囚が千島)	키까이(鬼海)·고려(高麗)			죠오뀨우(承久) 무렵
⑤ 지꼬오지본·죠오뀨우끼(慈光寺本承久記) 권상(上)	아꾸로(アクロ)·쯔가루(ッカル)·에조가시마(夷が島)	구국(九國)·이도(二嶋)			카마꾸라(鎌倉) 중기
⑥ 니찌렝이분(日蓮遺文)	이노시마(イノ嶋)	쯔꾸시(筑紫)			1265
⑦ 이리끼몬죠(入來文書)	에소까시마(えそかしま)	유하오노시마[이오오노시마](ゆはをのしま)			1277
⑧ 하찌망구도오꾼(八幡愚童訓)	소또노하마(外の濱)	키까이시마(鬼界島)			카마꾸라 말?
⑨ 마나본(眞名本) 소가모노가따리(曾我物語) 권1	아꾸루(あくる)·쯔가루(津輕)·에소가시마(ゑソカ嶋)	키까이(鬼界)·고려(高麗)·이오오지마(硫黃嶋)	쿠마노고간(熊野御山)	사도가시마(佐渡嶋)	카마꾸라 말
⑩ 위의 책 권3	소또노하마(外の濱)	키까이시마(鬼界島)			위와 같음
⑪ 위의 책 권5	아꾸류우(安久留)·쯔가루(津輕)·소또노하마(外の濱)	이끼(壹岐)·쯔시마(對馬)	토사하떼(土佐波達)	사도끼따야마(佐渡北山)	위와 같음
⑫ 유우즈우넴부쯔엥기(融通念佛緣起)	에소(えそ)	이오오가시마(いはうか島)			시또꾸(至德)
⑬ 기께이끼(義經記) 권5	에조가찌시마(蝦夷が千島)	하까따쯔(博多津)		키따야마사도가시마(北山佐渡島)	무로마찌(室町)
⑭ 히메유리(ひめゆり)	에소까시마(ゑソか島)	키까이(きかい)·고려(かうらい)			무로마찌(室町)
⑮ 이마보리히에진쟈몬죠(今堀日吉神社文書)	히노모또(日下)	찐제이(鎭西)	쿠마노노지(熊野之道)	사또시마(佐土嶋)	무로마찌(室町)

무라이 쇼오스께(村井章介) 『아시아 속의 중세일본(アジアのなかの中世日本)』114면에 있는 표에 두 가지 사례를 추가해 작성함.

는데, 이는 경계 바깥의 세계를 한층 현실적으로 파악하는 시각이 나타났음을 보여준다. 니찌렌(日蓮)이 북방의 사정에 정통하고 있었던 것도 이런 맥락에서 생각할 수 있을 것이다.

한편 일찍이 『콘쟈꾸모노가따리슈우(今昔物語集)』 제19권 제28에, 야마또(大和) 안니찌지(安日寺)의 승(僧) 렝인(蓮圓)이 "악도(惡道)"에 빠진 어머니의 후생(後生)을 찾기 위해 "일본국 도처를 다니며" 성불(成佛)을 기원하고, "찐제이(鎭西)의 끝, 무쯔(陸奧)의 끝까지 온 천지를" 다녔다고 되어 있다. 또 『신사루가꾸끼(新猿樂記)』에 우위문위(右衛門尉)의 하찌로오 마후또(八郎眞人)로 묘사된 "상인의 주령(主領)"이 "동으로는 후슈우(俘囚)의 땅에 이르고, 서로는 키까이가시마(貴賀が嶋)에 건너갔다"라고 말하는 것처럼, 넓은 지역을 이동하는 사람들을 통해 '일본국'의 경계가 인식되기 시작했다. 또 11세기 무렵 동의 경계가 여전히 '무쯔(陸奧)' '후슈우의 땅'이었음은 전술한 것처럼 동북 최북부가 '일본국'의 영역에 들어와 있지 않은 실태를 잘 보여주고 있다.

그러나 카마꾸라시대에 들어오면, 13세기 전반인 죠오뀨우(承久) 무렵에 완결된 『호오겐모노가따리(保元物語)』(중中)에서, '악좌부(惡左府)' 후지와라노 요리나가(藤原賴長)의 죽음을 한탄하는 아비 타다자네(忠實)가 "서(西)로는 키까이(鬼海)·고려(高麗)"까지 배를 저어가고, "동(東)으로는 아꼬류우(阿古流)와 쯔가루(津輕), 후슈우의 찌시마(千嶋)라 할지라도" 말을 채찍질하여 좌부(左府)를 찾으려 했다는 문장이 있고, 『마나혼소가모노가따리(眞名本曾我物語)』 제3권에는 미나모또노 요리또모(源賴朝)가 왼발로는 "동국의 소또노하마(東國外の濱)"를, 오른발로는 서쪽의 "키까이(鬼界)지마"를 밟는 꿈을 후또꼬로지마(懷島)의 평권수경의(平權守景義)가 꾸었다는 이야기를 싣고 있는데, 여기서는 쯔가루·소또노하마가 동쪽 경계로 되어

있다. 또 같은 책 제5권에도 미나모또노 요리또모(源賴朝)의 지배는 "동으로는 아꾸
류우(安久留)·쯔가루(津輕)·소또노하마(外濱), 서쪽으로는 이끼(壹岐)·쯔시마(對
馬), 남쪽으로는 토사(土佐)의 하따(波达, 幡多), 북으로는 사도(佐渡)의 키따야마
(北山)"에 미친다고 하며, 제9권에는 "남으로는 쿠마노(熊野)의 어산(御山)까지, 북
으로는 사도지마(佐渡嶋)까지, 동으로는 아꾸루(兌褐)·쯔가루·에조(蝦夷)섬까지,
서로는 키까이(鬼界)·고려·이오오지마(硫黃嶋)까지"를 "카마꾸라도노(鎌倉殿)"[152]
의 손길이 미치는 범위로 묘사하고 있다.

  문학작품만이 아니다. 1277년(켄지建治 3) 10월 21일의 삽곡정광불문집안(澁谷定
佛置文集案, 『入來文書』)에는, 요이찌 시게까즈(與一重員)·시찌로오 요리시게(七郎
賴重)의 불효에 대하여, 있는 그대로를 위에 보고하면서 "이오오지마·에조섬에 유
배해야 한다"라고 말한다. 서쪽의 이오오지마, 동쪽의 에조섬을 '일본국' 경계로 하
는 의식은 이렇게 지또오(地頭)·고께닌(御家人)층의 사람들에게도 침투해 있었다.

'일본국 일원'

  무로마찌(室町)시대에 들어와서도 마찬가지로 『기께이끼(義經記)』 등 문학작품
에, 동(東)의 에조가찌시마(蝦夷ケ千島), 서(西)의 이오오지마·키까이·고려, 북
(北)의 사도(佐渡) 등이 보이는데(247면의 사료에 나타난 일본국의 경계를 참조), 15세기
에 들어설 무렵에는 '일본국 일원(日本國一圓)'이라는 파악법이 구체적인 실태에 기
반하여, 일반적으로 사용되게 되었다.

---

152 카마꾸라바꾸후의 쇼오군을 말한다.

예를 들면 쿠마노모오데(熊野詣)[153]를 하는 광범위한 사람들을 '단나(旦那)'[154]로 조직하고, 그 참배·기원의 중개를 하는 오시(御師)·센다쯔(先達)들은 자기가 단나로 삼은 사람들에 대한 권리·영역을 일종의 득분권(得分權)으로 삼아, 카마꾸라(鎌倉) 후기 이후 단나로 조직한 사람들에 대한 권리와 영역권을 활발히 매매·양여하게 된다. 쿠마노나찌따이샤(熊野那智大社)에 소장된 메라(米良)씨·시오자끼(潮崎)씨에 전래하는 문서 중에는, 방대한 단나매권(旦那賣券)이 남아 있다(『쿠마노나찌따이샤문서(熊野那智大社文書)』第一∼第四, 史料纂集古文書 編). 이 문서들을 보면, 처음에는 카이노꾸니(甲斐國) 타께다일문(武田一門), 또는 히따찌노꾸니 사따께일문(常陸國佐竹一門) 등이라고 표기되어 있는 단나가, 1395년(오오에이應永 2) 11월 12일의 차전장(借錢狀)에는 "에찌젠(越前)의 아사꾸라, 카이(甲斐)의 아사꾸라, 오와리(尾張)의 아사꾸라, 합하여 일본의 아사꾸라는 일원에……"라는 기록을 비롯해서, 같은 해 음력 섣달 3일의 도자매권(道者賣券)에, 무사시(武藏)의 에도(江戶)·오오따(太田) 양씨에 대하여 "그 두 성(姓)을 일본국 일원"에 지행(知行)한다고 기록하는 등, "일본국 일원"라는 표기가 눈에 띄기 시작하고, 그것은 근세까지 계속된다.

"카가와묘오지일본국일원(香川名字日本國一圓)"(1401년, 오오에이應永 8), "일본국천리일족일원(日本國淺里一族一圓)"(쬬오로꾸長祿 1〔1457〕), "오오쯔묘오지(大津名字)·도이묘오지일본국일원(土井名字日本國一圓)"(1484년, 붕에이文明 16) 더욱이 내려와서 "유아사묘오지일본국일원(湯淺名字日本國一圓)"(1511년, 에이쇼오永正 8)

---

153 쿠마노삼사(熊野三社)의 주제신(主祭神)인 쿠마노산쇼공겐(熊野三所權現)에 참배하는 것.
154 불가에서 재물을 시주하는 신자를 부르는 호칭.

"일본국지오오이묘오지일원(日本國之大井名字一圓)"(1523년, 타이에이大永 3), 근세에 들어와서 "아사노묘오지, 일본국일원(淺野之名字, 日本國一圓)"(1607년, 케이쬬오慶長 12), "미즈노묘오지일본국일원(水野名字日本國一圓)"(1622년, 겐나元和 8) 등 사례는 매우 많다.

이것은 편력하는 사람들의 범위가 '일본국 일원'에 미치고 있음과 동시에, 같은 성(姓)의 사람들 사이에 맺어진 일족관계의 끈도 역시 '일본국 일원'에 퍼져 있다는 사실을 배경으로 하고 있다고 봐도 틀림없을 것인데, 일본사회를 생각할 때 매우 중요한 문제를 여기서 볼 수 있다. 일본열도사회는 일면에서는 오시(御師)·센다쯔(先達) 같은 편력민(遍歷民)의 활동이 열도 전역에 미칠 정도로 활발한 사회였고, 다른 면에서는 특정한 성(姓)을 갖는 일족이 '일본국' 전역에 다양한 이유와 사정으로 퍼져서, 상호간에 지속적으로 유지되는 안정된 교류가 있었던 것이다. 어쨌든간에, 자급자족경제를 기반으로 자신들의 근거지인 '농민'을 지배하는 봉건영주로 구성되는 봉건사회라는, 이제까지의 '상식적'인 중세사회의 이미지가 완전히 잘못되었음을 이 사실은 잘 말해주고 있다. 그리고 일본사회에서 계보사료의 중요한 의미, 나아가 지금도 번성하고 있는 '나가하라회(永原會)' '우스다회(臼田會)' '후따가미회(二神會)' '마나베회(眞鍋會)' 등의 '동성회(同姓會)'와 '동족회(同族會)'의 뿌리깊은 생명력이 깊은 역사적 연원을 갖고 있는 사실도 알 수 있을 것이다.

어찌되었든 중세 후기의 '일본국 일원'의 범위를 알기 위해서는 1157년(호겐保元 2)이라는 연기(年紀)를 갖고 있으나 대략 16세기 후반에 작성되었다고 추정되며, 오우미노꾸니(近江國)의 호나이(保內)상인에 수여된 형태로 되어 있는 조작된 문서인 「고시라까와천황선지(後白河天皇宣旨)」(「今堀日吉神社文」)에 주목해야 한다. 여기서는 오우미(近江)상인들은 "동으로는 히노모또(日下), 남으로는 쿠마노(熊野)의 도

(道), 서로는 찐제이(鎭西), 북으로는 사도지마(佐土嶋)"의 범위를 자유로이 왕래할 수 있었다고 나와 있다. 아마도 이것이 중세 말기 '일본국' 사방경계의 '상식적'인 이해라고 볼 수 있을 것이다.

그리고 이렇게 편력하는 상인이나 오시·센다쯔 등을 통하여 '일본국'이 대체로 혼슈우(本州)·시꼬꾸(四國)·큐우슈우(九州)를 그 영역으로 하고 있다는 사실이 사회에 널리 침투하고 정착되었다고 생각한다.

이동하는 '히노모또'

주목할 것은 이 사방경계에 '동으로는 히노모또(日下)'라고 기록된 점이다. 이 '日下'는 '日本'이라고 표기되는 것이 보통이었는데, 이 경우의 '日下'='日本'은 틀림없이 토오호꾸(東北) 북부, 또는 홋까이도오(北海道) 남부를 가리키는 지명이다. 국명으로서 7세기 말에 정해진 '日本'은, 이와같이 특정지역의 지명이 되어 동쪽으로, 북쪽으로 움직이고 있었던 것이다.

이것은 '日本'이 '해가 뜨는 곳', 즉 동방을 의미하고 있으므로 자연스런 결과였다. 중국대륙의 동쪽을 의식한 이 국호는 지명으로서는 동쪽으로 동쪽으로 이동하지 않을 수 없었다고 할 수 있다. 이 문제에 대해서는 이미 오오이시 나오마사(大石直正), 이루마다 노부오(入間田宣夫), 엔도오 이와오(遠藤巖) 등에 의해 다양한 각도에서 논의되었으므로 여기서는 이들 연구에 의존하여 그 대강을 서술하는 데 그치기로 한다.

이루마다가 지적한 대로 '히노모또(日本)'는 카마꾸라(鎌倉) 말기까지 동국, 즉 칸또오(關東)에 '히노모또쇼오군(日本將軍)'이라는 타이라노 마사까도(平將門)의 전설적 호칭으로서 모습을 드러낸다. 찌바(千葉)씨·소오마(相馬)씨가 마사까도로

부터 이 호칭을 계승했다고 하고 있지만 『묘혼지본소가모노가따리(妙本寺本曾我物語)』 권4의 첫머리에는, 미나모또노 요리또모(源賴朝)가 "히노모또쇼오군(日本將軍)"의 선지를 받았다고 기록하고, 더욱이 『겜뻬이죠오스이끼(源平盛衰記)』에도 "좌전(佐殿)이야말로 일본의 대장군"이라고 말하고 있다. 또 『겜뻬이또오소오로꾸(源平鬪錚錄)』에도 "히노모또쇼오군이라고 칭하는 찌바노 스께쓰네따네(千葉介常胤)의 차남 소오마지로시죠오(相馬次郎師常)"라고 보인다. 이 칭호가 동국 왕권, 또는 그것에 연결된 인물에 관련된 점에 주목할 필요가 있고, 동국 자립의 동향과 깊이 연결된 움직임이라고 생각된다(이루마다 노부오 1996).

더욱이 14세기 남북조기(南北朝期)에 들어오면, 앞서 든 『스와다이묘오징에꼬또바(諏訪大明神繪詞)』에는 '에조가찌시마(蝦夷ヶ千島)'에 거주하는 '에조', 즉 아이누의 세 부류인 카라꼬(唐子)·히노모또(日の本)·와따리당(渡黨)의 하나로 '히노모또'가 등장한다. 이는 동국보다 더 동쪽, 즉 북방에 사는 아이누의 호칭이고, 와따리당(渡黨)이 활동하는 홋까이도오 남부보다도 더 북방의 땅을 가리킨다.

그리고 15세기 중엽, 와까사(若狹)의 우가지(羽賀寺)의 수조(修造)에 기여했던 쯔가루(津輕)의 안도오(安藤)씨, 아베노 야스스에(安倍康季)가 "오오슈우또사미나또 히노모또의장군(奧州十三溱日之本將軍)"이라고 칭하고 있고(『羽賀寺緣起』), 『셋꾜오부시(說經節)』의 '산세우(さんせう) 태부(太夫)'인 즈시오오(廚子王)의 아버지 이와기항간 타다시(岩城判官正)는 "오오슈우(奧州) 일(日)의 본(本)의 장군(將軍)"이라 불리고 있었던 것이다. 이로 볼 때 '日本'이 토오호꾸 최북부에서 홋까이도오에 걸친 지명임은 명백하며, 앞에서 오우미(近江) 호나이상인(保內商人)의 '동은 히노모또(日下)'는 실로 이 지역을 나타내고 있는 것이다(오오이시 나오마사 1988).

더욱 내려오면 16세기 말, 토요또미 히데요시(豊臣秀吉)는 1590년(텐쇼오天正 18)

5월 1일의 서장(「妙法院文書」)에서 "오다와라성(小田原城)의 공략은 칸또오(關東), 히노모또(日の本)에 대해 결정한 바에 따라 병량 차단으로 아사시킬 것을 명하는 바"라 했고, 또 1592년(텐쇼오 20) 3월 13일의 서장(「淺野家文書」)에서도 "칸또오(關東)·데와(出羽)·오오슈우(奧州)·히노모또(日の本)까지 제졸(諸卒)이 모두 진출했다"라고 기록하고 있다. 이를 볼 때 '히노모또'가 '오오슈우'보다 더 북쪽, 즉 최근에 주목받고 있는 '북의 내해세계'를 가리킨다고 볼 수도 있을 것이다.

이와같이 북방에 '일본국'과 다른 '히노모또(日本)'가 분명히 모습을 나타내고 있지만, 히데요시가 '일본'을 '신국'이라고 보는 입장에서 천황을 배경으로 '일본국'을 재통일하고, 과대망상이라고 할 수밖에 없는 아시아 정복을 목적으로 조선 침략을 개시하는 움직임 속에서, 북의 '히노모또(日本)'는 점차 그 모습이 사라져갔다.

마꾸라에 속의 '일본국'

이 이후 근세의 '일본'에 대한 인식의 변천, 나아가 메이지(明治) 이후의 상황에 대해 현재의 나로서는 도저히 정면에서 논할 능력이 없다. 이미 축적된 많은 사상사적 연구의 성과를 바탕으로 '일본국' '일본인'에 대한 사회 각층의 파악방식이 어떻게 변했으며, 또 변하지 않았는가를, 구체적이고도 정확히 밝히는 작업은 지금부터의 커다란 과제로 남는다.

특히 중세 후기가 되면, 에찌젠노꾸니(越前國) 에라우라(江良浦) 같은 해촌(海村)에서 자기 지역에는 글자를 아는 자가 적다고 하여, 여행중인 승(僧)을 절 암자에 모셔두고, 포(浦)에서 부양하여 글자를 가르치게 하고 있는데(「刀根春次郎家文書」), 이처럼 무라(村)나 쬬오(町)에서 '읽기·쓰기·셈하기' 교육이 행해졌다. 후술하는 상업·금융 활동 등을 통하여 그런 교육은 여성에게도 미치고 있다.

에도시대에 들어오면 이러한 교육은 사회의 밑바닥까지 미쳐, 무라(村)들에 남아 있는 습자본(習字本) 등을 보아도, 서민의 식자(識字)·셈능력은 카마꾸라·무로마찌 때보다도 훨씬 높은 수준에 달했다고 생각된다. 그중에서 '일본국'이 어떻게 인식되게 되었는가에 대해서는 이들 자료를 토대로 본격적으로 연구해야 할 문제인데, 우연히 보게 된 에도 후기의 춘화, 이른바 '마꾸라에(枕繪)'[155] 중에, '일본국'이 '에도시대 특유의 형용사'(하야시 요시까즈 1990)로 등장하는 사실은 이 문제의 실마리를 보여주는 것으로 주목해도 좋을 것이다.

예를 들면 그것은 남성의 "쾌미(快美)의 절정(絶頂)"에서, "일본국이 하나가 되어 몸이 녹아서, 엉겨붙은 응고물이 되는 것 같다"는 등의 표현으로 사용되고 있고, 춘화뿐 아니라 센류우(川柳)[156]에도 "일본이 한곳에 다가가는 희미(喜美)의 대(代)이다" 또는 "창끝에 일본이 다가서는 것 같다" 등의 표현이 있는데, 이것은 "일본국이 한 점에 수렴·응축하는 집중감"을 표현하고 있다고 볼 수 있을 것이다(야노 캉이찌 1999).

이러한 표현은 춘화나 센류우에 꽤 널리 보인다고 하는데, 이것은 '일본국'의 의식이 서민의 일상생활 중에 상당히 침투해 있음을 말해주는 것이고, 더욱이 그것이 곧잘 '하나로 된다' '한곳에 다가간다'고 말하는 것은 에도시대의 이른바 '막번체제(幕藩體制)', 즉 다이묘오(大名) 분립을 넘어선 상황을 표현하고 있는 점에도 주목해야

---

155 춘화. 마꾸라조오시(枕草子)라고도 한다.
156 17자의 단시. 에도중기부터 융성했다. 대부분 구어를 사용하여, 인정·풍속·인생의 약점, 세태의 결함 등을 표현했다. 간결·골계·풍자 등이 특색이며, 에도말기에 특히 저속하게 타락한 단시를 쿄오까(狂歌)라고 부른다.

한다.

　이 정도의 단편적인 사실로 사회전체 상황을 생각할 수 없음은 물론이지만, 본격적인 사상사적인 연구와 함께, 이러한 서민의 의식도 시야에 넣어둘 필요가 있을 것이다. 그리고 메이지 이후의 정부·지배층이 의도적으로 국민에게 각인시킨 '일본국'이라는 허상의 근저에서, 역시 문자세계를 통해 서민생활에 침투하여 그 속에 살아있는 '일본국' 의식의 존재를 확인함과 동시에, 이 양자가 어떻게 관련되어 있는지를 연구하는 것도 앞으로의 과제 중 하나일 것이다.

미즈호노꾸니 일본의 허상

제4장 '미즈호노꾸니 일본'의 허상

1. '일본은 농업사회'라는 상식

교과서와 연구자

'사계경작도(四季耕作圖)의 세계'를 자세히 해명한, 최근에 간행된 저서의 제목이 『미즈호노꾸니 일본』인 것처럼(레이제이 타메또·코오노 미찌아끼·이와자끼 타께히꼬 1996), '일본국'이 야요이시대에 열도로 들어온 수전도작(水田稻作)을 기초로 하는 도작민(稻作民)국가라는 주장은 이 국가 자신이 간여한 역사서 『코지끼(古事記)』『니혼쇼끼(日本書紀)』에 '토요아시하라노찌이호오끼노미즈호노꾸니(豊葦原千五百秋瑞穗國, 갈대가 풍부하고 벼가 잘되는 나라)' '미즈호노꾸니(水穗國, 벼이삭의 나라)'로 기록하고 있는 점으로 봐도 명백하다고 여겨왔다. 실제로 확립 당시 '일본국' 국제의 기초에 무논〔水田〕이 놓여 있었음은 전술한 대로이고, 이 책의 저자들인 중세사가·미술사가·민예품 연구자들 역시 이 견해에 동의하고 있기 때문에 이런 제목을 붙였을 것이다. 그리고 이런 관점은 현재 대체로 각 분야 연구자의 공통된 '상식'이라고 해도 결코 과언은 아닐 것이다.

당연히 중·고교에서 현재 사용되고 있는 일본사교과서의 서술도 기본적으로는 이 '상식'에 근거하고 있다. 우선 야요이문화와 함께 벼농사가 본격적으로 열도에 유입되자 사회는 무논 중심의 농경사회로 변모했고, 이를 전제로 한덴슈우쥬제(班田授受制)하에 무논을 부여받은 '반전농민(班田農民)'을 기초로 한 율령국가가 성립한다. 그리고 무논개발이 진행되면서 형성된 쇼오엔(莊園)은 유력농민이 경영하는 묘오(名)로 구성되고, 묘오슈(名主)는 연공미를 부담했다. 마침내 자치적 농촌이 발전하는데, 에도시대에 들어서면 '사농공상'의 신분제가 형성되어, 그중 전인구의 약 80%를 점하는 농민은 경지를 가지고 연공을 납부하는 홈뱌꾸쇼오(本百姓)와, 경지를 갖지 못한 가난한 미즈노미뱌꾸쇼오(水呑百姓)로 나뉘었고, 연공은 수확의 40~50%를 쌀로 납부했다고 기술하고 있다.

무로마찌시대의 상공업, 교통과 도시에 대한 기술은 그다지 많지 않다. 에도시대의 농민은 '자급자족생활'이었다고 하며 겨우 에도시대 후기가 되어야 농민의 상품작물 재배와 어업·광업·직물업 등에 관한 기술이 온다. 그리고 상품화폐경제의 농촌 침투에 수반하여 연공의 중압으로 곤궁에 빠진 농민들은 때때로 햐꾸쇼오잇끼(百姓一揆)[1]를 일으켰고, 한편으로 지주와 상공업자가 성장하면서 바꾸후의 지배는 점차 동요하기 시작해 개국과 바꾸후타도[倒幕]를 거쳐, 봉건적인 사회의 '일신(一

---

1 에도시대의 민중투쟁. 물가등귀, 가혹한 세금징수, 정신적인 압박 등에 항거하여 농민이 결속, 연공의 감면과 악덕역인의 추방 등을 요구했다. 잇끼에는 옷소(越訴)·고오소(强訴)·쬬오산(逃散)·우찌꼬와시(打ち壞し)·무장봉기 등 여러 형태가 있었다.

新)'을 목표로 메이지(明治)정부가 성립했다. 그리고 그 이후 일본은 급속히 공업국
으로 변신하여, 산업혁명을 달성했다고 서술하고 있는 것이다. 그러나 지주지배하의
농촌은 가난했고, 패전 후 농지개혁을 통해 비로소 농민은 자신의 토지를 갖게 되어
농업생산이 높아졌다고 말한다(예를 들면『사회과 중학생의 역사(社會科中學生の歷史)』帝
國書院 1998).

이에 비해 고교교과서는 새로운 연구성과까지 흡수하고 있어서 서술도 더욱 구체
적이며 단정적 표현은 가급적 피하고 있지만, 기본적인 이해의 틀은 중학교의 그것
과 다르지 않다.

실제로 이러한 관점은 앞서의『미즈호노꾸니 일본』의 저자들뿐 아니라, 현재 가
장 통설적이며 표준적인 연구자의 주장에도 깔려 있다. 예를 들면 중세사회론과 쇼
오엔연구를 오랫동안 이끌어온 나가하라 케이지(永原慶二)의 최근 저서『쇼오엔(莊
園)』(나가하라 케이지 1998)은 최신의 연구성과를 폭넓게 흡수한 뛰어난 쇼오엔개설서
이지만, '쇼오엔의 농업과 농민의 부담'이라는 절의 제목이 상징하는 것처럼, 기본적
으로 쇼오엔을 농업사회로 파악하고, 중세의 상품유통과 상공업의 전개를 '일방적으
로 강조하는 것이 역사적 인식으로서 얼마나 소박하며 정확하지 못한 것인가'라고
묻고 있다. 그리고 중세후기 '키나이(畿內) 주변의' '농촌'에서 보이는 '농민적 상품생
산'에 대해서 언급하면서도, 그것은 어디까지나 '최선진 지역'인 '키나이 주변'의 일
이었다고 말한다. 또 햐꾸쇼오(百姓) 중에 사이꾸(細工)나 쿠라모또(倉本),[2] 승려나
후에후끼(笛吹)[3]가 있었던 사실은 인정하지만, 그러한 비(非)농업적 생업의 비중은

---

2 사원이나 상인 중에 전당포를 운영하는 자.

극히 작았다고 하고, 이러한 햐꾸쇼오들의 소송을 곧바로 '농민투쟁'이라고 할 수는 없다는 나의 의견을 오류라고 단정하고 있다.

따라서 '햐꾸쇼오가 곧 농민은 아니다'라는 점을 나가하라(永原)도 일찌감치 인정하고는 있지만, 햐꾸쇼오 중에 농민의 비중이 압도적인 이상, 사태는 하나도 달라진 게 없다고 비판하는 사사끼 쥰노스께(佐佐木潤之介)의 의견을 공유하는 듯 보인다.

또 비또오 마사히데(尾藤正英)는 『에도시대란 무엇인가(江戶時代とはなにか)』(비또오 마사히데 1993)에서 14세기부터 15세기에 걸친 사회전환에 커다란 의의를 두고, 그 이전인 종래의 고대·중세를 '고대', 그 이후인 근세·근대를 '근대'로 보아야 한다는 매우 흥미롭고 중요한 문제를 제기했는데 나 역시 공감하는 바가 많은 저서이다. 그러나 비또오는 에도 말기와 메이지 초기에 '인구의 90%가 농민'이었고, '농촌조직이 사회조직의 대부분을 점했다'라고 서술함과 동시에(비또오 마사히데 1993, 13면), '병농분리'와 '농민과 상공업자의 분리'로 말미암아 "무사(侍)·농민(햐꾸쇼오)·상공업자〔町人〕라는 세 가지 기능적으로 분리·구성된 신분사회가 성립했고, 그것이 근세사회의 특색을 이루게 된다"(비또오 마사히데 1993, 34면)라고 하면서 '농민(햐꾸쇼오)'이라는 표현을 거듭 사용하고 있다(비또오 마사히데 1993, 66면). 지금은 어떤지 모르지만, 이 당시는 비또오가 '햐꾸쇼오를 농민'으로 여기고 있었음은 의심할 수 없다.

이러한 사례는 얼마든지 찾아낼 수 있지만, 여기에 든 것만으로도 종래의 연구자들이 전근대사회를 기본적으로 농업사회라고 간주하고, 햐꾸쇼오를 농민, 또는 그 대부분을 농민으로 간주하여 사회구성문제를 연구해온 것은 부정할 수 없는 사실이

---

3 피리부는 것을 업으로 하는 사람.

다. 그것은 오늘날의 역사교육에 이르기까지 결정적인 영향을 주어 '미즈호노꾸니 일본(瑞穗國日本)'이라는 이미지를 일본인에게 깊이 심어왔던 것이다.

임신호적의 직업별 인구통계

그리고 그 영향은 정부의 공식통계를 통해서도 뒷받침되고 있다. 일본농업사의 태두로 알려진 후루시마 토시오(古島敏雄)의 대저 『산업사(産業史) Ⅲ』(후루시마 토시오 1966)는 개항 이후부터 타이쇼오(大正) 전기까지 농업을 포함한 각 산업의 동향을 전반적이고 종합적으로 추적한 뛰어난 개설로 알려져 있다. 그런데 메이지(明治) 초기의 산업을 다룬 제3장의 제1절인 '산업구조의 개괄'에서 후루시마는 '농업인구의 지위'라는 항목을 설정해, 1872년(메이지 5)에 작성된 임신(壬申)호적에 기초한 통계를 최초의 전국통일적인 인구통계라고 하면서, 1872년(메이지 5)부터 1876년(메이지 9)까지 5개년 평균 직업별 인구통계 1천966만3천명을 대상으로 직업별 백분율을 제시하고 있다.

이 통계는 '농' 78%, '공' 4%, '상' 7%, '잡업' 9%, '피고용인[雇人]' 2%로 되어 있는데, 후루시마는 "어업은 오끼나와에만 기록되어 있고, 임업은 기록되어 있지 않으므로 내지부현(內地府縣)에서는 이것들은 '농(農)'으로 기록했다고 봐도 좋다"라고 정확하게 지적했다. 그러나 이 항목의 말미에서 "여기에 나타난 통계는 전체산업에서 점하는 농업의 압도적 지위를 보여준다"며 결론짓고 있다.

그리고 더욱이 '1874년(메이지 7) 부현물산표(府縣物産表)'에서 '총생산가액의 약 50%를 미맥잡곡(米麥雜穀)이 점하고 있다'라고 지적하면서, 앞서의 '농' 78%의 수치를 생산물에 기반한 근거로 제시한 다음 '농업지위가 높았음은 명백하다'라고 하는 것이다. 이 '물산표'에 대해서는 후루시마 스스로 임산물 가운데 신탄(薪炭)에 비

하여 목재(木材)는 1/3밖에 보이지 않는 점을 언급하면서 '(조사가) 불비(不備)하다'
며 사료를 엄밀히 비판할 필요가 있음에 주의하고 있으므로, 후루시마가 가벼이 논
의를 전개한 것은 아니다. 그러나 이 임신호적에 의거한 '농' 78%, '상' '공' 도합 11%
라는 수치는 한편에서 에도 말기 인구의 90%가 농민이라는, 앞서 비또오(尾藤)와
같은 인식의 근거가 되고, 다른 한편에서는 그 이후 메이지정부가 식산흥업정책 등
을 통해 일본을 급속히 공업화하여 근대화를 이루었다는 사실을 강조하는 배경이
되었던 것이다. 무엇보다 '공' 4%라는 '뒤떨어진' 농업국이 '열강'과 어깨를 나란히하
는 공업대국이 되었던 것이고, 그 평가는 별문제로 치더라도 '메이지유신' 후의 일본
근대화는 '기적적'이라고 평가될 정도로 눈부셨다는 것이 일반적인 '상식'이었음은
부정하기 어렵다. 그러나 이 임신호적의 직업별 인구통계의 수치를 하나의 근거로,
과연 이렇게 말할 수 있는 것일까.

에히메현 후따가미지마의 '농'의 실태

최근 나는 에히메현(愛媛縣) 온셍군(溫泉郡) 나까지마쬬오(中島町)의 후따가미
지마(二神島)를 몇차례 방문했다. 세또나이까이에 떠 있는 쿠쯔나제도(忽那諸島)
중 하나인 이 섬은 산이 많고 농지가 극히 드문 작은 섬(小島)이다. 섬 바다의 영주
후따가미씨(二神氏)의 거처[館]가 위치한 작은 골짜기와, 그들의 성(城)이 있었던
장소로 여겨지는 시로야마(城山) 사이의 해안에 인가가 밀집해 있는 전형적인 해촌
이라고 할 수 있다.

그후 후따가미씨에 전해오는 중세 이래의 문서는 여러 경위를 거친 끝에 카나가
와대학 일본상민문화연구소(神奈川大學日本常民文化研究所)에 기증되었고(아미노
요시히꼬 1999a, 제4장 참조), 이를 계기로 연구소는 문서뿐 아니라 섬의 민가를 비롯한

건축, 후따가미가의 중세 이래의 묘지에 대한 조사를 지금까지 펼치고 있다. 그 조사의 일환으로 카나가와대학에 재직중 이 섬에 방문했을 때의 일이다. 에도(江戶)시대 후기부터 생선장사를 하며, 널리 교역에 종사해온 무라까미 소오이찌로오(村上宗一郎)씨의 집에 찾아가 문서를 열람했다. 무라까미수군(村上水軍)[4]의 후예라는 이 집안의 훌륭한 가구와 집기를 둘러본 다음, 에히메대학의 우찌다 쿠스오(內田九州男) 연구실이 잘 정리해놓은 문서를 조사하고 있던 나는, 사업관련 장부와 결산서 가운데 '이시즈찌현관할 제십이대구구소구 호적초고(石鐵縣管轄第拾貳大區九小區戶籍(원문대로)草稿)'라는 표제의 1872년(메이지 5) 임신호적의 초고본을 발견했다. 에히메현은 이 무렵 이시즈찌산(石鎚山)이라는 명칭을 딴 이시즈찌현(石鐵縣, 마쯔야마현松山縣)과 카미야마현(神山縣, 우와지마현宇和島縣)으로 나뉘어 있었고, 그 이듬해에 두 현이 합병하여 에히메현이 되었다. 나는 흔하지 않은 현 이름을 발견한 것과, 젊은 시절 본 적이 있는 임신호적을 오랜만에 만난 것에 흥미가 생겨 그 자리에서 조사에 착수했다. 실제로 임신호적의 원본은 전국 각지에 아직 많이 남아 있지만, 직업 가운데 피차별신분의 호칭이 기재된 것이 있고, 이를 차별적으로 악용한 용서할 수 없는 일이 있었기 때문에, 현재는 법무성이 관할하고 열람을 일절 허용하지 않고 있다. 그러나 연구를 진전시키는 데에 이는 실로 우려할 만한 사태이고, 차별문제에 대한 사회전체의 인식이 심화·진전되어, 적어도 연구를 위한 열람은 허용되는 날이 하루라도 빨리 도래하기를 간절히 바랐기 때문에, 그런 의미에서 이 무라까미가(村上家)의

---

4 중세에 인노시마(因島) 등을 중심으로 세또나이까이에서 활약했던 무라까미 일족의 해상세력. 무로마찌시대에 바꾸후에게서도 해상경고(海上警固)의 특권을 인정받았으나, 셍고꾸시대에는 모오리씨(毛利氏)를 추종했다.

초고본은 매우 귀중하다고 나는 생각했던 것이다.

나는 장부를 열어 우선 무라까미가의 항목을 찾아냈는데, 거기에 '농(農)'이라고 기록되어 있는 것을 보았다. "댁에서는 농업을 하고 계셨습니까"라고 소오이찌로오(宗一郞)씨에게 물어봤더니, 그는 고개를 갸우뚱하면서 "밭을 조금은 갖고 있었던가요" 하고는 "저희 집안은 에도(江戶)시대부터 이런 생선장사를 해왔지요"라고 대답했다. 문득 생각이 나서, 다른 집안을 살펴보았더니 모두 '농(農)'으로 적혀 있었다.

나에게 이것은 중대한 '발견'이었는데, 마침 배가 출발할 시간이 다 되어서, 상세한 조사는 할 수 없었다. 그래서 다음해에 다시 무라까미가를 방문하여, 재차 이 초고본을 자세히 살펴보았다. 이때도 사진촬영 준비를 하지 못했기 때문에, 호수(戶數)를 세는 데 그쳤다. 후따가미지마(二神島)에는 129호의 가구와 앙요오지(安養寺)라는 사원, 부속섬인 유리지마(由利島)에 3호의 가구가 있었는데, 누락된 것으로 보이는 기재되지 않은 1호를 제외하면 모두 '농(農)'으로 기록되어 있었다.

요컨대 임신호적에 따르면, 후따가미지마는 100% 농민으로 구성된 섬인 것이다. 만약 이 장부를 아무런 예비지식 없이 연구실에서 본다면, 나 역시 후따가미지마는 농업이 매우 번성했던 섬이라고 생각했을 게 틀림없다. 그러나 가끔 조사차 섬을 방문했던 나는 이 호적부의 '직업'이 완전한 허구라는 사실을 금방 알아차릴 수 있었다.

이 섬에는 카마꾸라(鎌倉) 후기, 후따가미가(二神家)가 나가또노꾸니(長門國)에서 들어와 중세를 거쳐 '바다의 영주'로 광범한 지역에서 활동했고, 에도(江戶)시대에는 대대로 쇼오야(庄屋)⁵를 역임하여 현재에 이르고 있으며, 이 집안은 앙요오지

---

5 에도시대에 한 무라(村), 또는 여러 무라의 납세, 기타 사무를 통괄한 촌락의 장. 서국에서는 쇼오야,

를 포함한 중심포구를 장악하고 있다. 그 거처[館]에 접한 우사하찌망구우(宇佐八幡宮)와 시로야마(城山)라 부르는 후따가미씨의 경비소[警固所]사이의 해변에는 이쯔꾸시마샤(嚴島社)와 묘오껜샤(妙見社)를 모시는, 박(泊)과 포(浦)라는 호칭의 '햐꾸쇼오(百姓)' 집락이 밀집한 전형적인 해촌을 형성하고 있다. 이 섬의 햐꾸쇼오들이 바다에서의 어로, 해산물과 산(山)에서 나는 산물의 교역·상업·운수 등으로 생활하고 있었음은 후따가미가에 전하는 문서로도 명백하다. 실제로 '템뽀오향장(天保鄕帳)'(1834)에 의하면, 코꾸다까(石高)는 83.177석으로 앞서의 호수로 평균하면, 1호당 코꾸다까는 겨우 0.64석(1석=1반反이라고 하면 0.64반)에 불과하다.

또 1878년(메이지 11)에 편찬된 '이요노꾸니까자하야군지지(伊豫國風早郡地誌)'(『中島町誌史料集』)에 의하면, 후따가미지마는 논 6정(町)8반(反)9무(畝)22보(步), 밭 49정1무29보, 호수 평민 127호이고, 1호의 평균 논밭은 4반4무이다. 그리고 1백27호의 내역은 농 1백호, 어로 27호이다. 그러나 한편으로 이 섬에는 2백석 미만 50석 이상의 배 8척, 50석 이하의 상선 4척, 어선 96척, 합계 108척의 배가 있는 것으로 기록되어 있어, 약 80%가 농민인 섬이라고는 도저히 생각할 수 없다. 이 '지지(地誌)'의 직업별 호수에도 임신호적의 영향이 미치고 있음이 분명했다.

야마나시현은 '농업현'인가

이렇듯 임신호적의 직업별 통계가 얼마나 현실태에서 벗어나 있는가를 보여주는 사례를 하나 더 들어보겠다. 최근 나는 새로운 『야마나시현사(山梨縣史)』의 편찬사

동국에서는 나누시(名主)로 불렀다. 영주가 무라의 주민 중에서 명망있는 자를 임명했다.

임신호적(壬申戶籍)으로 본 직업별 인구비율

		농 (農)	공 (工)	상 (商)	잡 (雜)	피고용인 (雇人)
에히메(愛媛)	후따가미지마(二神島)	100	0	0	0	0
야마나시(山梨)	야마나시군(山梨郡)	77.2	4.6	9.3	3.9	5.0
	야쯔시로군(八代郡)	90.6	2.3	2.4	2.2	2.1
	코마군(巨摩郡)	92.6	2.8	1.7	1.0	2.5
	쯔루군(都留郡)	94.8	1.5	2.3	0.9	0.5
야마나시 평균		88.8	2.8	3.9	2.0	2.5
전국 평균		78.0	4.0	7.0	9.0	2.0

업에 관계하여, 그 작업을 위해 야마나시현립도서관의 도서를 열람하였다. 1960년에 간행된 『야마나시현사』 제3권을 보고 있었는데, '호구(戶口)'의 항목에 1874년(메이지 7) 12월 7일 야마나시현령 후지무라 시로오(藤村紫朗)가 내무경[6] 오오꾸보 토시미찌 (大久保利通)에게 관내호적에 기초한 총계와 조사장부 등을 상세히 기록하여 보고한 공식집계표를 발견했다.

거기에는 군별 호적총계와, 직업별 인구통계인 '직분(職分)총계', 인구이동수인 '도망총계'가 기재되어 있었는데, 그중 '직분총계'는 적은 수의 관원·신관·교도직·병대(兵隊)·종자(從者)·지나학(支那學, 유학)·황학(皇學, 국학)·양학·의술·산술·무술수행인 등의 관리와 학자, 직능민 등의 인원을 열거한 후, 농·공·상·잡업·피고용인의 인원수를 남녀별로 싣고 있다. 편의상 관리와 학자 등을 잡업에 넣어, 그 비율을 군별로 계산해보면 앞의 표와 같다.

---

6 1885년 관제개혁 이전의 내무성장관을 부르던 호칭.

템뽀오향장(天保鄕帳)으로 본 야마나시현(山梨縣)의 군별 코꾸다까(石高)

	총 코꾸다까(石)	쿠니내 비율 (%)	임신호적 헌수(軒)	현내 비율 (%)
야마나시군(山梨郡)	78475.944	26.4	15827	21.0
야쯔시로군(八代郡)	65754.846	22.1	14839	19.6
코마군(巨摩郡)	130874.705	44.0	31257	41.4
쯔루군(都留郡)	22227.345	7.5	13574	18.0
총계	297332.840	100.0	75497	100.0

이 인구통계가 임신호적을 기초로 작성된 것은 두 말할 필요도 없지만, 우선 이 표에서 놀라운 것은 야마나시현에서 '농(農)'이 차지하는 비율이 전국의 그것보다 높다는 점이다. 야마나시현은 전국적으로 보면 농업현이고, 농민이 90% 가까이 점하고 있다는 것이다. 분지와 산으로 이루어진 '산의 고장[山國]'으로 논밭이 적다고 자인하고 있는 야마나시현 출신으로서 이는 내 눈을 의심케 하는 숫자이다.

더욱이 군별통계를 보면, '군내(郡內)'에서 가장 논밭이 적고, 산과 개천이 많아 극히 적은 농경지밖에 없는 쯔루군(都留郡)의 '농'이 무려 95%에 가깝고, '쿠니중(國中)' 최고로 불리며, 야마나시현 가운데서는 가장 논밭이 많은 분지를 중심으로 하는 야마나시군이 '농' 비중이 가장 작은 77%, 야쯔시로군(八代郡)은 91%로 쯔루군을 밑돌고 있다. 야마나시현 사람이라면 이 숫자가 얼마나 실태에서 벗어나 있는지 금방 알아차릴 수 있지만, 다른 현의 사람이 이 숫자를 보면 야마나시현에서 농업비중이 가장 높고, 또 농민수가 가장 많은 곳이 쯔루군이라는 우스꽝스럽고도 잘못된 이미지를 그릴 위험성이 크다고 할 수 있다.

여기서 시험삼아 '템뽀오향장(天保鄕帳)'(1834)에 의해 군별의 코꾸다까를 총계하여 보면 앞의 표와 같다. 이로써 명확히 알 수 있듯이, 쯔루군은 카이노꾸니(甲斐國) 총 코꾸다까 중에서 겨우 7.5%밖에 차지하지 않는다. 그것을 바로 논밭의 면적이라 치환할 수는 없지만, 쯔루군의 논밭이 매우 적은 것은 틀림없다. 그럼에도 임신호적의 호수를 보면 쯔루군의 호수는 총호수의 18%를 점하고 있고, 게다가 그중에서 '농'이 94.8%에 이르고 있는 것이다. 이 '농'을 표기대로 농민이라고 생각하면, 쯔루군은 극도로 영세한 농가로 구성된 매우 가난한 군이라 해야할 것이다.

그러나 실상은 전혀 다르다. 쯔루군, 즉 '군내(郡內)'에는 현재의 중앙본선(中央本線)의 역인 우에노하라(上野原)·시오쯔(四方津)·토리사와(鳥澤)·사루하루(猿橋)·오쯔끼(大月) 등 카쯔라가와(桂川)를 따라 코오슈우도오(甲州道中)의 숙(宿)이 발달해 있고, 요시다(吉田)·카와구찌(河口) 등 후지산참예〔富士參詣〕에 관계하는 오시(御師, 기원을 중개하는 직능민)가 집주하는 도시가 형성되어, 중세후기부터 이미 농산물을 구입하는 도시적인 성격이 매우 강한 지역이었다. 일례로 1746년(엥꾜오 3)의 무라명세장(村明細帳)에 의하면, 카와구찌꼬(河口湖) 북안(北岸)의 오오이시무라(大石村)는, 논은 전혀 없고 보리·조·피 등의 밭만 있는 촌이었다. 농업에만 눈을 돌리면 이곳은 빈촌으로 보이지만, 이곳에서는 담배와 감을 재배하고, 남자는 후지산에 들어가 말안장에 쓰일 나무와 '장작'을 벌목하여 팔고, 여자는 마포(麻布)와 명주를 짜는 동시에 양잠을 많이 하여 풍년에는 1백냥[7]이나 되는 금을 수입으로 벌어들였다고 한다. 또 이곳은 중세까지 소급되는 역의 소재지로도 알려진 교통요충지로서, '농촌'이라기보다도 오히려 도시적 성격이 강한 집락이라고 봐야만 한다.

---

7 '냥'은 금화의 단위.

메이지정부의 '사농공상'의 '창출'

임신호적의 '농'의 비율이 실태와 매우 다르다는 사실은 이상 열거한 몇가지 예로 봐도 명백하다.

그렇다면 정부는 왜 이렇게 완전히 잘못된 직업별 인구통계를 공식적으로 작성하게 되었는가. 그 직접적인 이유는 너무도 간단하다.

니이미 요시하루(新見吉治)의 『임신호적성립에 관한 연구(壬申戶籍成立に關する研究)』(니이미 요시하루 1959)에 인용된 호적법의 추형(雛形)을 보면 관원·병대(兵隊)·화족·사족·사관(祠官)·승려에서 시작하여, 농·공·상에서 잡업에 이르는 야마나시현의 직분기준이 된 표가 나타나 있고, 이것은 니이미가 말한 것처럼 실로 '직업적 신분'으로서의 '사농공상'에 기초한 구분임이 명백하다.

이렇게 보면 메이지정부는 '사민(四民)' 즉 '사농공상'의 신분제도를 철폐·일신한다는 명목하에 이때까지의 쬬오닌(町人)이나 햐꾸쇼오(百姓)라는 신분용어를 부정하고, 이를 '평민'으로 바꾸는 한편, 햐꾸쇼오와 미즈노미 등을 모두 '농'으로 묶고 쬬오닌을 '공' '상'으로 구분하여, 오히려 실제와는 완전히 동떨어진 '허상'의 '사농공상'의 직업구분을 '창출'했다고 할 수 있다.

이리하여 우리는 '사농공상'이 에도(江戶)시대의 사회를 구성하는 기본적인 신분제도라는 견해와, 햐꾸쇼오는 농민, 쬬오닌은 상공업자라는 '상식'을 여기서 단단히 각인당했던 것이다. 아마도 그것은 메이지(明治)정부의 지도자, 위정자들 자신의 '상식'이었을 것이다. 그러나 이러한 견해나 '상식'은 그후 오랜 교육을 통하여, 지금도 각종 사전이나 교과서를 통해 일반사회에 깊숙이 뿌리내리고 있으며, 극소수의 근세사 연구자를 제외하면, 압도적으로 많은 역사연구자들 역시 기본적으로 이를 받아들이고 있다고 해도 결코 과언이 아니다.

그러나 이 직업별 구분에 따른 통계가 앞의 사례에서 본 것처럼, 현실사회의 실태에서 현저히 벗어나 있다고 한다면, 이러한 견해 '상식'이야말로 근본적으로 재검토해야 한다. '사농공상'은 과연 에도시대의 기본적인 신분제도인가. 현재 거의 아무도 의심하지 않는 '햐꾸쇼오가 농민'이라는 '상식'은 진실인가. '일본'사회의 실태를 있는 그대로 정확히 파악하기 위해서는 우선 이 의문에서 출발할 필요가 있다. 그리고 '일본은 농업사회'라는 상식이 진실인가를 철저하게 규명해야 한다.

2. '햐꾸쇼오는 곧 농민'이라는 착각

교육현장과 연구서

내가 고등학교 교단에 섰던 1950년 후반경부터 최근까지 가장 널리 사용되고 있는 일본사교과서인 야마까와(山川)출판사의 『상설일본사(詳說日本史)』(1991년판)는, '에도시대와 쇄국'이라는 절의 '농민의 통제' 항목 첫머리에 "봉건사회에서는 농업이 생산의 중심이고, 공식적으로 농민은 자급자족생활을 기본으로 하고 있었다"라고 서술하고 있다. 역시 매우 널리 사용되고 있는 토오꼬오쇼세끼(東京書籍)의 『신정일본사(新訂日本史)』(1991년판)도 '농민의 생활' 항목에서 "당시 농업은 무라(村)를 단위로 자급자족으로 생활을 영위하는 경우가 많았다"라고 기술하고 있다.

그리고 양자 모두 공통적으로 이러한 서술을 뒷받침하는 근거도표로, 세끼야마 나오따로오(關山直太郎)의 『근세일본의 인구구조(近世日本の人口構造)』(세끼야마 나오따로오 1958)에 의거하여, 1849년(카에이嘉永 2)의 아끼따번(秋田藩, 쿠보따번久保田藩) 신분별 인구구성을 다음과 같이 원그래프로 정리하여 싣고 있다.

이 그래프의 '농민' 76.4%, 쪼오닌(町人) 7.5% 등의 비율을 보면, 임신호적의 경우와 마찬가지로 아끼따번의 인구 중에서 농민의 비중이 압도적이고, 상공업자인 쪼오닌 비중은 작다. 따라서 교과서에 "농업이 생산의 중심이고 농민은 자급자족의 생활을 영위하고 있었다"라는 서술은 이 그래프로 훌륭히 증명되는 것처럼 보인다.

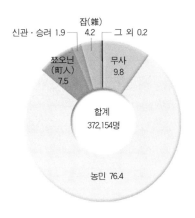

아끼따번의 신분별 인구구성
(『상설일본사』 170면의 원그래프)

그러나 실제로 교단에 서서 가르치면서 대학졸업 후 곧바로 어촌사료수집에 종사하고 있던 나는 이 원그래프 중에서 과연 어민은 어디에 속하는가 내심 의문을 품었다. 아끼따번 해변의 무라에 어촌이 없을 리가 없기 때문이다. 다만 그 의문을 궁구하지 못하고 허송세월하고 있었는데, 후술하는 오꾸노또(奧能登)의 조사를 통해 햐꾸쇼오를 지금처럼 농민으로 파악해서는 안된다는 사실을 깨달았다. 이 그래프의 '농민'은 햐꾸쇼오라고 써야만 하는 것이 아닐까.

그래서 곧장 세끼야마(關山)의 저서를 친구한테 빌려서 이 원그래프의 근거를 찾아보았더니, 예상대로 다음과 같은 표가 실려 있었다.

언뜻봐도 분명히 알 수 있는 것처럼, 그래프는 이 표의 '제사(諸士)'를 무사, '사인(社人)·사원(寺院)·슈겐(修驗)'을 신관·승려, '에따·히닌(非人)'을 기타로 처리한 것이고, 표의 0.1%를 0.2%로 수정하고 있긴 하지만 인구합계와 각각의 비율은 완전히 일치하고 있다. 이 표를 토대로 원그래프가 작성된 것은 의심할 바 없는데, 그래프 작성자는 당연한 듯이 '햐꾸쇼오(百姓)'를 '농민'으로 대체했던 것이다. 임신호적

세끼야마 나오따로오(關山直太郎)『근세일본의 인구구조
(近世日本の人口構造)』291면에 게재된 표

	인(人)	%
제사(諸士)	36,453	9.8
햐꾸쇼오(百姓)	284,384	76.4
쬬오닌(町人)	27,852	7.5
사인(社人)·사원(寺院)·슈겐(修驗)	7,256	1.9
잡(雜)	15,720	4.2
에따(エタ)·히닌(非人)	489	0.1(0.2)
총계	372,154	100.0 (원서 그대로)

을 작성한 메이지정부의 관리도 이렇게 한 것이 틀림없는데, 아마도 그 사람으로서는 이렇게 대체한 것이 지극히 당연하다고 생각했을 것이다.

그뿐 아니다. 토요또미 히데요시의 신분통제령에 따라 '병농분리(兵農分離)' '상농분리(商農分離)'가 진행되면서, 무사와 상공업자는 도시로 이주하고 농민은 농촌에 거주하게 되었기 때문에, 무라는 '홈뱌꾸쇼오(本百姓)로 불리는 중급 이상의 자영농민' '미즈노미뱌꾸쇼오(水呑百姓)로 불리는 빈농' '홈뱌꾸쇼오가에 예속된 게닌(下人)' 등으로 구성되었다고 교과서에 기술하고 있다(『신정일본사新訂日本史』).

이와같이 햐꾸쇼오는 곧 농민이라는 견해는 적어도 1990년까지는 의문의 여지가 없는 학설로 수용된 상태에서 교과서가 편찬되고 있었다. 다만 극히 최근에 햐꾸쇼오 중에는 어업이나 임업에 종사하는 자도 있다고 기술하고, 또 앞서의 원그래프를 제거하는 등 변화의 징후가 고교교과서의 일부에 나타나는 듯하지만, '햐꾸쇼오(百姓)는 곧 농민'이라는 전제가 규정해온 오랜 틀은 여전히 변하지 않고 있다.

교과서만이 아니다. 전술한 것처럼 비또오 마사히데(尾藤正英)가 '농민〔百姓〕'이라는 표현을 자주 사용하고 있는 것을 비롯해서, 뛰어난 근세사가로 잘 알려진 야마구찌 케이지(山口啓二)도 명저『쇄국과 개국(鎖國と開國)』(야마구찌 케이지 1993)에서

'햐꾸쇼오(平民), 즉 농민층'(64면), '햐꾸쇼오(百姓) 신분을 구성하는 농민'(126면), '햐꾸쇼오(百姓), 즉 봉건적 소농민'(131면) 등으로 기술하고 있어, 이 역시 '햐꾸쇼오(百姓)는 곧 농민(農民)'이라는 인식을 논지의 기초로 삼고 있다.

또 나가하라 케이지(永原慶二)는 앞서 언급한 대로 현재는 '햐꾸쇼오가 곧 농민은 아니라는 사실은 충분히 알고 있다'라고 하지만, 그 저서 『일본중세의 사회와 국가(日本中世の社會と國家)』(나가하라 케이지 1982)에서는 '햐꾸쇼오'는 율령제하에서는 '국가직속의 농민'이고, '쇼오엔(莊園)의 햐꾸쇼오(百姓)는 영주에 직속된 농민이었다'라고 명확히 말하고 있고(나가하라 케이지 1982, 91~92면), 중·근세사연구에 큰 영향을 끼치고 세상을 떠난 아라끼 모리아끼(安良城盛照)도 고대에는 '천황을 제외한 국민'이 百姓(햐꾸세이)신분이었지만, 그 해체·분해와 함께 중세의 제신분이 성립하면서 '百姓(햐꾸세이)는 해체되고 이로써 농민으로서의 百姓(햐꾸쇼오)가 성립했다'고 말한다(아라끼 모리아끼 1991).

패전 후의 전근대사연구에서 기초적 작업을 수행한 연구자들의 저서에서 '햐꾸쇼오(百姓)는 곧 농민(農民)'이라는 정식이 자명한 전제로서 논의의 근저에 자리하고 있음은 이로 볼 때 명백하다. 유일하게 고대의 百姓(햐꾸세이)를 일반인민이라고 본 아라끼(安良城)도 중세 이후의 百姓(햐꾸쇼오)는 농민이었다고 명언하고 있는 것이다.

그러나 '百姓'이란 한자에는 본래 '농(農)'의 의미가 포함되어 있지 않다. 어떤 한자사전을 찾아봐도 '햐꾸쇼오(百姓)'는 '많은 역인(役人)' '많은 민(民)' '서민' '인민'으로 설명되어 있으며, 이것을 '농'으로 보는 것은 일본의 해석이라고 한다. 실제 현재 이 문자를 사용하고 있는 아시아의 여러 나라 가운데 중국과 한국에서도 '百姓'은 일반인민이라는 의미이며, 내가 접촉한 양국의 유학생은 이 단어를 '농민'으로 해석하는 일본인의 파악법이 기이하다고 이구동성으로 말한다.

그리고 실제로 임신호적의 '농'의 실태가 '농민'이 아니었듯이, 에도시대까지 '햐꾸쇼오'는 결코 농민만이 아니었고, 매우 다양한 생업을 영위하는 사람들을 포함하고 있었다.

'햐꾸쇼오' 중에는 부유한 상인·해상운송인도 있었다

나 자신도 에도시대에 대해서 이 문제를 명확히 의식한 것은 기껏해야 십수년 전의 일이다. 20년 전에는 여전히 '근세의 햐꾸쇼오(百姓)는 농민'이라고 명언하고 있었으므로, 지금부터 말하는 것은 나의 오랜 오류에 대한 자기비판이라는 점을 우선 밝혀두고 싶다.

이 사실을 깨달았던 것은 카나가와대학(神奈川大學) 일본상민문화연구소에서 이 무렵 함께 토끼꾸니가(時國家)의 문서를 조사·정리하고 있던 젊은 친구들과, 과거 일본상민문화연구소가 간행한 『오꾸노또 토끼꾸니가문서(奧能登時國家文書)』(제1권, 1954)에 있는 문서를 한통 한통 공들여 읽어나가는 과정에서였다. 우선 우리들은 이제까지 중세적·후진적인 농노경영을 하는 호농의 전형으로 여겨온 햐꾸쇼오(百姓) 토끼꾸니가가, 이미 1618년(겐나 4)에 마쯔마에(松前)까지 가서 다시마를 매입하고 쿄오또(京都)·오오사까(大坂)로 운반하여 매각하는 해상교역을 펼치는 한편, 광대한 염전 경영과 여기서 생산된 소금을 노시로(能代) 등의 북방으로 운반·교역하고 있었던 사실을 문서를 통하여 알았다. 더욱이 같은 겐나(元和) 무렵, 이들이 [납이 매장된] 연산(鉛山)개발을 마에다가(前田家)*에 신청하고 있는 문서를 카미또끼꾸니가(上時國家)에서 새로이 발견했다. 이제까지의 '호농' 토끼꾸니가의 이미지는 여지없이 무너졌고, 새롭게 '일본해' 교역에 적극적으로 진출했던 다각적 기업가 토끼꾸니가의 모습이 떠올랐던 것이다.

게다가 본래의 토끼꾸니가는 현재의 상하 양가와 같이 산을 등지고 앞에 전지(田地)가 있는 집이 아니라, 마찌노가와(町野川) 연변에 중세후기 이래 270평방간(平方間),⁹ 가옥 전면(前面)의 폭이 약 50m 정도인 거대한 가옥과 많은 창고를 소유하고, 마찌노가와의 수운과 그 하구의 호수를 통하여 '일본해' 교역과 깊이 관련된 사실이 밝혀졌다.

더욱이 같은 시기에 이처럼 거대한 토끼꾸니가가 진 부채 1백냥의 반환을 원조할 정도의 재력과 시바꾸사야(柴草屋)라는 상호로, 항구에 근거지를 둔 해상운송상인이 놀랍게도 '아따마후리(頭振)' 즉 마에다령(前田領)에 속한 무고민(無高民, '미즈노미')이라는 사실을 문서로 확인했을 때, 우리는 말 그대로 눈이 휘둥그레질 정도로 경악했다. 이즈미 마사히로(泉雅博)는 이에 이어서 1659년(만지萬治 2)의 문서에 이름이 열거된 '아따마후리(頭振)'들 가운데, 역시 쿄오야야고베에(京屋彌五兵衛)와 키찌베에(吉兵衛)라는 해상운송인의 존재를 밝히고 있어(이즈미 마사히로 1990), 우리는 '아따마후리' '미즈노미'는 결코 그 전부가 가난한 농민이 아니고, 그중에는 논밭을 전혀 소유할 필요가 없는 매우 부유한 상인·직인·해상운송인도 적지 않게 있었던 사실을, 이때 처음으로 명확히 알았던 것이다.

그리고 그때 연구소의 문서강독을 통하여, 우리는 '하꾸쇼오(百姓)' 중에는 결코 농민만 있었던 것이 아니라, 토끼꾸니가를 비롯해 그 근처 마찌노가와(町野川)하구

---

8 에도시대 최대번인 카가번(加賀藩)의 영주.

9 간(間)은 토지나 건물의 길이를 재는 단위. 1간은 보통 1.818m.

의 해변과 호수의 소소기(曾曾木)·미나또(湊)에 사는 '햐꾸쇼오'들처럼 해상운송·상업·염전경영 등 다양한 생업에 종사하는 사람들의 존재를 확인했는데, 카미또끼꾸니가(上時國家) 문서조사를 진행하는 사이, 우리는 '햐꾸쇼오엔지로오탄원서(百姓圓次郎歎願書)'라고 불러도 좋을 흥미로운 문서를 발견했다. 이것은 이 집안이 소중히 보존하고 있던 후스마시따바리 문서 속에서 발견된 '옹아즈까리도꼬로옹야꾸쇼(御預所御役所)'에 보낸 에도(江戶) 말기의 한장짜리 문서이다. 이 엔지로오의 부친 엔지로오(圓次郎)는 배를 타고 장사를 했는데, '배로 하는 돈벌이〔船稼〕'를 위해 자기 배로 선원들과 함께 마쯔마에(松前)까지 교역하러 갔다. 그런데 난파당했는지 돌아오지 않았다. 이것은 부친이 진 빚 때문에 고민하던 자식 엔지로오가 그 빚의 상환을 50년부로 해주십사고 간청한 탄원서이다.

그런데 그 채권자가 데와 쇼오나이(出羽庄內)의 에찌고야 죠오지로오(越後屋長次郎), 와까사 코하마(若狹小濱)의 카미야 죠오자에몬(紙屋長左衛門), 노또와지마(能登輪島)의 이따야 죠오베에(板屋長兵衛), 스즈군(珠洲郡)의 헤이시로오(平四郎) 등, 동부 '일본해' 연해지역에 널리 퍼져 있는 점으로 미루어, 엔지로오의 부친은 이런 각지의 도매업자와 거래하면서 마쯔마에까지 교역선을 운항한 해상운송상인이었음이 분명했다. 또 엔지로오와 같은 토끼꾸니무라(時國村) 소소기(曾曾木)의 쿠미가시라(組頭)의 한사람인 '햐꾸쇼오' 사부로오베에(三郎兵衛)가 제일 매몰차게 부친 엔지로오의 빚상환을 독촉하고 있는데, 이 사람도 지역문인으로 널리 이름이 알려진 간소오(岩窓)의 부친이 아닐까 추측된다. 이 사람 역시 마쯔마에 쪽의 해상운송교역·양조업·금융 등 다각적인 경영을 한 부유한 사람이었다.

이렇게 소소기의 '햐꾸쇼오(百姓)'와 '아따마후리(頭振)'는 모두 해상운송상인이거나 양조업자 등으로 농민이라고는 도저히 말하기 힘든 사람들이었고, '무라(村)'

취급을 받고는 있어도, 소소기(曾曾木)의 실태는 의심할 여지없는 소도시였다고 볼 수 있다. 더욱이 주목해야 하는 것은 이 엔지로오와 사부로오베에의 해상운송활동이 홋까이도오에서 나가또(長門)에 이르는 '일본해' 일대까지 확인된다는 점이다. 『신수나나오시사(新修七尾市史)』(해운편海運編)는 여러 쿠니의 항구마을에 남아 있는 '객선장(客船帳)'을 수집하여, 거기서 보이는 노또(能登)를 왕래하는 배의 움직임을 자세히 추적·표시하고 있다. 이 귀중한 사료집을 통해 우리는 에도(江戸)시대 후기 노또 등 각 포구의 회선이 '일본해'의 여러 항은 물론이고, 세또나이까이(瀬戸内海)와 태평양 쪽까지 활발하게 활동하고 있었던 사실을 알 수 있다. 그중에서 마쯔야 엔지로오(松屋圓次郎), 마쯔야 엥우에몬(松屋圓右衛門), 사까야 사부로오베에(酒屋三郎兵衛) 등 소소기 해상운송의 모습도 발견할 수 있다. 예를 들면 사부로오베에의 배는 홋까이도오의 에사시(江差)에도 들어와 있는데, 마쯔야 엔지로오의 배 쬬또꾸호(長德丸)는 사까야 사부로베에의 라또꾸호(羅德丸)와 함께, 1832년(템뽀오3) 쯔루오까(鶴岡)의 쇼오나이(庄内)로 추측되는 곳에 입항[入船]하고 있다. 막말(幕末)에 가까워지면 에찌고(越後)의 사박(寺泊)에도 마쯔야 엥우에몬과 마쯔야 엔지로오, 사까야 사부로오베에의 배가 들어오고, 올라가면 1740년(엥쿄오延享 3)에 와지마(輪島)에도 이 배들이 드나들고 있다. 더욱이 1803년(쿄오와享和 3) 이와미(石見)의 온센쯔(溫泉津)에 엥우에몬의 쬬오또꾸호(長德丸), 1805년(붕까文化 2) 엔지로오의 쬬오엔호(長圓丸), 1806년(붕까 3)에 쬬오에이호(長榮丸)이 입선했고, 나가또노꾸니(長門國)의 타마가와(田萬川)에도 1843년(템뽀오 14) 마쯔야 엔지로오의 배의 모습을 발견할 수가 있다.

이와같이 앞서의 탄원서를 낸 엔지로오는 아마도 '오모야(主屋)'와 '아제찌(庵室, 은거隱居)[10]'의 관계[11]에 있는 일족 엥우에몬과 함께 마쯔야(松屋)라는 옥호를 칭하며, 적어도 배를 2척 이상을 가지고 사까야(酒屋)[12] 사부로오베에와 함께 '일본해'의 북에서 서쪽까지 광범위하게 활동하고 있었다. 난파당한 엔지로오 아버지의 빚에 대한 독촉이 쇼오나이(庄内)에서 코하마(小濱)까지 미치고 있었던 점도, 이것으로 잘 이해할 수 있다. 또 가장 가혹하게 부채를 채근했던 사부로오베에는 엔지로오와 엥우에몬의 맹우임과 동시에 경쟁상대였을지도 모른다(사부로오베에에 대해서는 킷까와 토시따다 1994를 참고).

'햐꾸쇼오'의 만만치 않은 계산과 과장

앞의 탄원서에서 엔지로오는 부친의 사후, 어머니와 어린 형제를 돌보며 고난의 생활을 보낸다. 그리고 겨우 빚을 내어 기름(油)·납촉(蠟燭)장사를 시작하여, 그럭저럭 생계를 꾸릴 수 있게 되었다고 말하고 있을 무렵에 그의 배가 각지의 항구에 출입하고 있었다고도 생각할 수 있다. 이렇듯 '빈고(貧苦)'로 고생하는 '햐꾸쇼오(百姓)'처럼 보이는 탄원서는 어쩌면 충분히 계산된 호소였을지도 모른다. 빚 상환을 '50년부'로 해달라는 호소 자체가 상대를 무시한 요구라고 볼 수 없는 것도 아니다.

이를 보더라도 햐꾸쇼오의 고소장이나 탄원서를, 거기에 표현된 말을 곧이곧대로 받아들이는 것은 신중하지 않으면 안된다. 거기서 읽어낼 수 있는 사실과, 호소를 유효하게 만들기 위한 햐꾸쇼오들의 계산과 과장을 구별해낼 필요가 있는 것이다. 게

---

10 은거란 원래 일을 그만두고 은퇴하는 행위, 또는 그런 사람을 말하는데, 여기서는 은거한 뒤 분가해 나간 집을 '아제찌'라고 부르는 듯하다.

11 본가와 분가 정도의 관계.

12 양조(醸造)업자.

다가 햐꾸쇼오들은 그러한 생활력을 어릴 때부터 교육받았다.

같은 오꾸노또 와지마시의 카미까지가(上梶家)문서의 사진촬영을 돕고 있던 내 눈에 문득 '아사(餓死)'라는 문자가 들어왔다. 1700년(겐로꾸 13)이라는 연도의 그 장면(帳面)의 한 장에는 "요 3, 4년 계속해서 인민이 아사를 하는 등 어려움을 겪고 있습니다"라는 글귀가 있었던 것이다. 그러나 그것은 이 해에 실제 일어났던 사건이 아니라, 습자용 교재의 문장이었다. 카미까지가에는 이 책처럼 무라의 키모이리(肝煎り)[13]라면 반드시 익혀두어야 하는 예문(文例)과 지명·인명을 습자용 교재의 형태로 정리하여, 아이들을 교육하고 있었다고 보인다. 이같은 범례에 기초하여 햐꾸쇼오들의 고소장을 작성하던 사실을 우리는 충분히 계산에 넣고 문서를 읽어야만 한다(이 습자용 교재에 대해서는 킷까와 토시따다 1995를 참조).

또 앞서의 '햐꾸쇼오(百姓)', 엔지로오의 가까운 친척(혹은 '아제찌' 은거隱居)으로 보이는 엥우에몬은 1681년(엠보오延寶 9) '굶어죽게 생겼다'며 구휼미를 요청한 소소기의 '아따마후리' 네명 중에도 보이므로 아마도 에도 후기에도 '아따마후리'였다고 봐도 무방할 것이다. 그러나 이때 '굶어죽는다'고 말한 '아따마후리'들은 결코 '가난한 농민'들이 아니었다.

배를 타고 널리 '일본해'에서 활동했던 마쯔야 엥우에몬을 비롯한 이들은 식량을 구입하여 생활하는 상인·해상운송인 등의 도시민이었기 때문에, 직접적으로 흉작의 영향을 받아 '굶었던' 것이다. 모든 '아따마후리'가 그랬다고는 말할 수 없지만, 이 소소기의 '아따마후리'들이 앞에 나온 시바꾸사야(柴草屋)와 마찬가지로 논밭을 가질

---

13 나누시(名主)나 쇼오야(庄屋)의 별칭으로 한 촌락, 또는 몇 개 촌락의 사무를 관장.

필요가 없는 무고민이었던 것은 틀림없다.

그러나 이처럼 선박을 갖고 오로지 장사만 하는 '햐꾸쇼오' 즉 부유한 해상운송인의 '아따마후리'(미즈노미)의 실상을 널리 이해시키는 것은 매우 어려운 일이고, 앞으로 기나긴 시간이 걸릴 것으로 예상된다. 엔지로오의 탄원서를 발견했던 1991년 여름, 찾아온 각 신문사의 기자들에게 이것을 이해시키는 데 1시간 이상의 시간이 필요했다. 왜 '농민'이 마쯔마에 배로 교역하러 갔는가라는 질문이 이어지고, 결국 도중에 돌아간 기자는 급기야 오꾸노또의 빈농이 굶어죽게 생겨 마쯔마에까지 돈벌러 갔다는 기사를 써내고 말았다. 또 내용을 충분히 이해하고 작성된 신문기사 타이틀도 '농민도 선박을 이용한 교역에 진출' '노또의 오햐꾸쇼오(お百姓), '일본해'에서 활약' '에도시대의 오꾸노또의 농가, 해운업에도 관여'로 되어 있었던 것이다. '햐꾸쇼오(百姓) 농민'이라는 편견이 얼마나 뿌리깊은지 알게 되었고, 동시에 '햐꾸쇼오'라는 말 자체가 일종의 차별어로 취급되어 매스미디어에서는 사용하지 않는다는 중대한 사실을 이때 비로소 깨달았던 것이다.

사할린까지 간 '게닌' 선두

그 문제는 일단 접어두고, 앞서 『신수나나오시사(新修七尾市史)』의 객선장(客船帳)에는 카미또끼꾸니가(上時國家)의 토끼꾸니 사몬(時國左門)의 배가 이즈모자끼(出雲崎)와 하마다(濱田)의 소또우라(外浦) 등에 나타나는데, 카미또끼꾸니가에서의 문서조사를 진행하면서, 그 '후스마시따바리문서'의 정리를 시작한 이즈미 마사히로는 단편적인 문서의 해독과 분석을 통하여 이 사실을 이미 밝히고 있다. 에도시대 말기에 거의 이르렀을 무렵, 카미또끼꾸니가는 연 5척의 배를 갖고 있었고, 그중 4척은 '셍고꾸부네(千石船)'라 불리며, 이른바 '키따마에부네(北前船)'교역[14]에 종사하여 마쯔마에·노시로에서 '일본해'와 세또나이까이(瀬戸内海)에 이르는 광역적인 활동을 펼치며, 한번 항해로 2백냥 전후의 순수익을 올리고 있었던 것이다(이즈미 마사히로 1990). 그리고 와지마시(輪島市) 마찌노쬬오 금장(町野町金藏)의 이이께 미쯔오(井池光夫)가에 보관된 '후스마시따바리문서'에 의해, 이 배가 사할린 남부까지 갔던 사실이 밝혀졌다.

이와같이 막말의 카미또끼꾸니가는 '호농(豪農)'이기는커녕 오히려 '호상(豪商)'이라고 해야 할 모습이었다. 이즈미씨는 또한 이 가문이 널리 금융업을 하고 있었던 사실도 지적하고 있다. 주의할 필요가 있는 것은 그러한 사실이 주로 '후스마시따바리문서', 즉 본래는 폐기되었어야 할 것이 후스마 밑에 붙어 있었기 때문에 우연히 남겨진 문서로 밝혀졌다는 점이다. 양 토끼꾸니가는 모두 방대한 문서를 창고(藏)에 보존하고 있는데, 이처럼 의식적으로 보존·전래된 문서에는 논밭관계의 문서가 압도적으로 많아 그것만 보아서는 카미또끼꾸니가가 행한 해상운송·교역활동의 실태를 파악하기는 매우 어렵다. 시모또끼꾸니가(下時國家)도 후스마시따바리 문서를 다수 보존하고 있는데, 이 문서의 조사·분석도 종래의 이미지와는 크게 다른 측면을 명확히 밝힐 수 있는 가능성을 충분히 내포하고 있다.

또 이즈미는 후스마시따바리 문서를 통해, 카미또끼꾸니가의 '키따마에부네'의 선두(船頭)로서, 천냥에 이르는 교역과 거래를 일임받은 나까따니 토모노스께(中谷友之助)의 활동을 밝히고 있다. 토모노스께는 카미또끼꾸니가의 '후다이게닌(譜代下

---

14 에도시대 전기에 '일본해' 해운에 이용된 북국선(北國船)을 카미까따(上方)에서는 '키따마에부네'라고 칭했다. 근세중기 이후, 이 선박을 이용하여 멀리 홋까이도로오에서 '일본해' 연안을 따라 활발한 교역을 했다.

人)'이고, 창고[藏]에 보존되어 있는 대복장(大福帳)에서는 카미또끼꾸니가에게서 논밭을 빌려, 소작료 10석을 부담하고 있는 '소작농민'의 모습을 드러내고 있다. 이제까지의 '통설'은 '게닌(下人)'을 노예나 농노로 파악하여, 농업노동에 동원된 예속민으로 보아왔으나, 그중 상당부분은 왜곡된 사료를 통해 만들어져온 '허상'이고, 동시에 후스마시따바리 문서의 세계는 완전히 누락되어왔다고 할 수 있다.

실제, 토끼꾸니가 게닌의 존재양태에 대해 상세히 연구한 세끼구찌 하꾸꼬(關口博巨)는 이제까지의 '통설'과는 달리, 게닌의 대부분은 선두(船頭)·선원에서부터 제염·우마사육·석공·목수·대장장이[鍛冶]·오께유이(桶結)[15] 등 다양한 직능을 가진 사람들이며, '다각적인 기업가'인 토끼꾸니가의 경영을 위해 '고용'된 사람들이었음을 밝히고 있다(세끼구찌 하꾸꼬 1993; 1994) 이 사실은 후술할 데와(出羽) 오오이시다(大石田)에서 '나고(名子)'[16]로 취급되는 도시민의 존재와 더불어, 고교교과서에서 '홈뱌꾸쇼오가(本百姓家)에 예속된 게닌' '사적인 예속농민' 등으로 파악해온 게닌·나고·히깐(被官)에 대해서도 근본적인 재검토가 필요하다는 사실을 말해준다.

'아따마후리' 중에 존재하는 부유한 도시민

이러한 오꾸노또와 토끼꾸니가에 대한 연구의 진전 중에서 이즈미(泉)는 '아따마후리(頭振)'의 실태를 자세히 추적한 논문 「근세 호꾸리꾸에서 무고민의 존재형태: 아따마후리에 대하여(近世北陸における無高民の存在形態: 頭振について)」(이즈미 마

---

15 통(桶)의 제작과 수선을 업으로 하는 사람.

16 일반농민보다 지위가 낮고 주가(主家)에 예속되어 부역을 바치는 신분의 사람들인데, 도시민들까지 '나고'로 불렀다.

사히로 1992)에서, 1735년(쿄오호오享保 20) 9월의 '오양어군고면촌부입장(奧兩御郡高免村附込帳)'이라는, 마에다령(前田領) 후게시(鳳至)와 스즈(珠洲) 양군(兩郡) 무라(村)들의 햐꾸쇼오·아따마후리 등의 호수, 무라다까(村高), 연공률, 다양한 역(役) 부담을 기록한 장부를 분석하여, 다음과 같은 표를 작성하고 있다. 이 표를 보면 '아따마후리'가 30% 이상인 무라(村)들은 모두 해변에 있고, 특히 카와이쬬오후게시쬬오무라(河井町鳳至町村, 와지마輪島)에서는 '아따마후리'가 71%, 우시쯔(宇出津)에서는 76%에 달하고 있다. 또 이 무라(村)들의 배는 실로 약속이라도 한 듯이, 앞서든 『신수나나오시사(新修七尾市史)』(9 해운편)에 실린 북에서 서에 이르는 '일본해' 연안 항구의 객선장(客船帳)에서 발견할 수가 있다. 앞서의 소소기(曾曾木)가 그러했듯이, 이 무라들은 행정적으로는 '무라'로 취급되었지만, 결코 농촌이 아니라 모두 소도시라고 봐야 하고, '아따마후리'의 대부분은 토지를 가질 필요가 없는 풍족한 도시민이었다고 봐도 큰 잘못은 없을 것이다. 이 가운데 호수 1백호 이상의 16개 무라가 바다·천(川)·산(山)·상공업과 관련된 다양한 역을 부담하고 있고, 거기에는 번(藩)의 창고가 있으며, 연공정면율(年貢定免率, 세율)이 와지마는 88%, 우시쯔무라는 83%, 즉 이른바 구공일민(九公一民)·팔공이민(八公二民)[17]의 고율임을 이즈미는 지적하고 있는데, 실로 이들 무라가 비농업적인 생산에 종사하는 사람들이 집주하는 도시이고, 높은 세율은 이를 부담할 정도의 경제력이 있었음을 증명하는 것으로 봐도 좋을 것이다.

이 가운데 카와이쬬오무라와 후게시쬬오무라로 이루어진 와지마(輪島)가 오꾸노

[17] 국가가 수확의 90%, 인민이 10%, 또는 국가가 80%, 인민이 20%를 가져가는 가혹하게 높은 세율.

노또노꾸니(能登國) 후게시(鳳至)·스즈(珠洲) 양군(兩郡), 마에다령(前田領)에서 아따마후리(頭振)의 비율이 30% 이상인 무라(村)의 코꾸다까(石高)·세율 가별(家別) 평균 보유 코꾸다까가 적은 무라일수록 세율(定免率)이 높은 것에 주목할 필요가 있다.

무라명 (村名)	총가수 (惣家數)	백성 (百姓)	아따마 후리	아따마 후리 비율	무라의 코꾸다까	세율 (定免)	무라의 코꾸다까/총가수
	621軒 他59無名目	軒	軒	%	石	%	石
카와이마찌 후게시마찌무라 (河井町鳳至町村)	183	438	71	823	88	1.210	
우시쯔무라(宇出津村)	433	104	329	76	540	83	1.247
미나즈끼무라(皆月村)	263	144	119	45	141	81	0.536
이이다무라(飯田村)	223	157	66	30	383	70	1.717
나까이무라(中居村)	190	110	80	42	342	79	1.800
마쯔와무라(松波村)	184	120	64	35	901	58	4.897
나까이미나미무라(中居南村)	174	90	84	48	255	70	1.466
오기무라(小木村)	157	106	51	32	142	74	0.904
쯔루기지무라(劍地村)	138	67	71	51	122	80	0.884
우시쯔야마와께무라 (宇出津山分村)	124	82	42	34	400	46	3.226
토오게무라(道下村)	121	70	51	42	382	65	3.157
우까이무라(鵜飼村)	117	76	41	35	460	55	3.932
코오무라(甲村)	114	36	78	68	552	50	4.842
나후네무라(名舟村)	108	57	51	47	222	70	2.056
하나미무라(波並村)	108	33	75	69	280	65	2.593
카이소무라(鹿磯村)	105	38	67	64	31	72	0.295

이즈미 마사히로(泉雅博)「근세 후꾸리꾸에서 무고민의 존재형태: 아따마후리에 대하여(近世北陸における 無高民の存在形態: 頭振について)」9 제4표·제5표를 합쳐 만들었음.

또(奧能登) 최대의 도시였음은 말할 필요도 없다. 쿄오호오 무렵에 이미 621호가 있었고, 인구도 아마 4, 5천명은 있었을 것으로 추정된다. 그러나 '무라'를 '농촌'으로 보는 시각에 서면, 이 '무라'는 1호 평균 4반(反)정도의 햐꾸쇼오 29%, 무고(無高)의 아따마후리(미즈노미) 71%라는 극히 '가난한 무라'가 되고 만다. '5반 햐꾸쇼오 이하는 몰락 햐꾸쇼오'라는 종래의 상식으로 볼 때, 이 '무라'에는 빈농과 몰락 직전의 햐꾸쇼오만 있게 된다. 이보다 더 실태에서 벗어난 설명은 없을 것이다.

실제 이즈미가 소개한 와지마의 일부인 후게시쬬오무라의 1843년(템뽀오天保 14)년의 호수는 550호, 그 가운데 아따마후리는 465호로 85%에 이르고 있다. 그리고 그것으로 알 수 있는 햐꾸쇼오와 아따마후리의 생업은 다음 표와 같다.

이 표에서 알 수 있듯이 템뽀오 무렵의 와지마는 호수 1천이 넘는 햐꾸쇼오와 아따마후리가 생활하는 도시로 성장하고 있었는데, 후게시쬬오무라를 살펴보면 칠기와 소면의 동네답게 햐꾸쇼오와 아따마후리 중 이 업종에 관계하는 직인·상인이 많고 부유한 선박업자도 보이며, 그 외에 도시를 구성하는 여러 상인이 인구의 대부분을 점하고 있다. 일일고용인(日雇), 〔피고용인인〕 봉공인(奉公人) 등 빈민으로 보이는 사람들은 아따마후리 중 26% 정도에 불과하다. 아따마후리 중에는 앞서 든 예와 같이 부유한 상인과 선박업자가 보이고, '농인(農人)'은 전무하다. 와지마는 의심할 바 없이 번영한 도시였다고 할 수 있다.

이리하여 조사를 시작하기 전에 우리가 상상하던, 적은 논밭과 많은 '아따마후리(미즈노미)', 그 고장에서 '노또(能登)거지'로 불릴 정도의 가난함, 변두리에 후진지역이기 때문에 중세의 전통을 고스란히 간직하고 있는 오꾸노또의 이미지는 완전히 사라져버렸다. 그에 대신하여 어업·염업·신탄업·임업·광산업·칠기·식품생산을 비롯한 수공업 등의 다양한 생업을 영위하면서 '일본해'의 광역적인 해상교통, 즉 해

하꾸쇼오(百姓)의 직업

직업	호수	겸업호수	겸업 업종	직업	호수	겸업호수	겸업 업종
塗師	19			御廻鹽船問屋	1		
木地商賣	2	1	素麵	船肝煎	1	1	塗師
沈金商賣	1			指物職人	1		
漆小買	1	1	綿	古手商賣	8	7	塗物，四十物，小間物，織草，古かね，草履，わらじ
塗物商內	1						
素麵	15	13	油，米粃賣，蠟燭，綿，味噌，室，賃餅搗屋，油しめ，桶師，指物師，木地，船問屋，他國出口錢改	反物	1	1	小間物店賣
				紺屋	1		
				綿	1	1	豆腐
				鍋店賣	2	1	板，たる木
				質物預り	5	4	漆仲買，米粃賣，素麵，油小賣, 2人乘海船1艘，4人乘海船1艘
鍛冶	4	1	素麵				
米粃賣	2	1	小間物				
小菓子	1	1	煎餅				
豆腐商賣	2	1	漆小商內				
煎餅商賣	2	1	紙類				
酢商賣	1			博勞	1	1	小間物
四十物商內	2	2	小間物, 古手	藥種	1		
味噌商賣	1	1	素麵，紙類，油小賣	風呂屋	1		
				醫業	1		
饅頭商賣	1			御給人藏宿	1	1	酒造，質物預り
酒造	1	1	醬油，綿，蠟燭小賣室，素麵	日雇	1		
御鹽問屋	1	1		無記載	1		
				계	85	42	

「노또와지마스미요시진쟈문서(能登輪島住吉神社文書)」템뽀오(天保) 14년 9월, 각 점포와 가내 인원수 조사보고서에서.

아따마후리(頭振)의 직업

직업	호수	겸업호수	겸업 업종	직업	호수	겸업호수	겸업 업종
塗師	84	1	豆腐	木挽	11		
塗師弟子	1	2		板·たる木	2	2	炭商内, 漆小賣
木地商賣	20	1	日傭·風呂屋	疊指	2		
木地綱引	5			石切	6	3	織草, 素麵, 2人乘獵船1艘
木地形はつり	12		ぞうり, わらじ 近在せり賣	桶師	9		
地之粉挴	1			桶師弟子	1	1	古手
蒔繪師	2			指物師	17		
沈金商賣	1			曲物師	1		
漆商内	4			挑灯張替	2	1	煎餅·船問屋
塗物商内	1			鍋鑄懸師	1		
素麵	6	4	醬油, 米秕賣, 塗師, 餅搗屋, ぞうり, わらじ, 蠟燭	反物	3	1	蠟燭
				賃絲	25		
賃麥挽	10			古手商賣	3	2	塗物, 四十物, 2人乘獵船1艘
鍛冶	20			洗濯	2		
鍛冶弟子	1			織草商賣	3		
米秕賣	1	1	船問屋	紺屋	1		
くだもの商内	1			髪結	5		
蕎麥商賣	1			獵師	1		
饐商賣	2			鹽師	2		
團子商賣	1			醫業	3		
室商賣	1	1	塗師	座頭	1		
菜·大根等青草商内	2			他村稼	5		
豆腐商賣	2	2	塗師	奉公	11		
餅搗屋	1	1	くだもの	日雇	72	10	近在せり賣, 素麵, 手舟稼
旅人宿	2						
飛脚	2	1	塗師	幼少, 實家住	5		
船問屋	1			跡	37		
船方稼	2			無記載	11		
船大工	3						
家大工	33	2	日傭·風呂屋	계	465	36	

이즈미 마사히로(泉雅博) 「새로운 역사해석의 시각을 찾아서(新しい 歴史解釋の視座を求めて)」, 『역사해석의 시각(歷史解釋の視座)』, 카나가와대학(神奈川大學) 평론총서 2, 오짜노미즈쇼보오(御茶の水書房) 1993에서 인용.

상운송·교역에 종사하는 상인과 해상운송인이 종횡으로 활약하고, 해변·강변에 번성한 많은 도시, 도시적 집락이 형성되어 있는 풍족한 오꾸노또의 상(像), 그리고 그러한 풍족함을 배경으로 타나다(棚田)·야또다(谷田) 등 오래된 무논을 소중히 유지해온 오꾸노또의 존재양태가 떠올랐던 것이다.

임신호적에서는 '농'이 대략 90%에 가까웠던 오꾸노또가 이와같은 실태였다는 사실은 이제까지의 에도(江戶)시대상, 근세사회상 자체에 대한 근본적인 재검토를 촉구하는 것이라고 생각한다.

'미즈노미'가 많은 항구도시

그러나 이러한 우리의 제언에 대해 많은 연구자들의 반응은 앞에서도 말한 것처럼 '햐꾸쇼오가 곧 농민을 의미하지 않는다는 것쯤은 옛날부터 알고 있다. 그러나 햐꾸쇼오 중에는 농민이 압도적으로 많으므로 사태에는 아무런 변화도 없다'거나 '오꾸노또는 예외'라는 반응이 대부분이고, '햐꾸쇼오가 곧 농민이라는 가정은 오류'라고 말하는 것 자체가 조롱의 대상인 듯한 인상을 나는 받았다. 그리고 그것은 지금도 여전히 계속되고 있다.

그러나 노또반도처럼 바다로 둘러싸이고, 산투성이에 평야가 적은 지형은 키이(紀伊)반도를 비롯한 일본열도의 많은 반도와, 후따가미지마(二神島)와 같이 세또나이까이를 비롯한 많은 섬들과 통해 있으므로, 결단코 '오꾸노또를 예외'로 치부할 수는 없다. 또 개펄이나 바다의 매립·개발이 진척된 에도(江戶) 후기 이후라면 몰라도, 그 이전의 열도사회가 바다는 물론이거니와 크고 작은 호수·개펄·하천, 그리고 60%를 점하는 산지에 의존하고 있었음은 명백하여, 이것을 '농업사회'로 보는 것은 그 자체가 매우 부자연스럽다고 말하지 않을 수 없다. 실제로 앞서의 오꾸노또와 마찬가지로 해변·강변 또는 산중의 집락 중에서 '무라'로 취급당하던 이제까지의 '농촌', 즉 적은 논밭에 쌀도 먹을 수 없는 한촌으로 여겨져온 '무라(村)'가 실은 활발한 유통을 벌이면서, 부유한 상인·직인·해상운송인·금융업자가 집주하는 도시였던 사례를 근세사에 문외한인 나도 적지 않게 발견할 수 있었다. 다른 책에서 이미 상술했으므로(아미노 요시히꼬 1994b) 여기서는 깊게 들어가지 않지만, 예를 들면 중세말에는 도시임을 명백하게 확인할 수 있는 이즈미(和泉)의 사노무라(佐野村)도 근세에는 '무라'로 되어 있다. 그러나 쿠스노끼(楠木)씨[18]의 자손이라는 햐꾸쇼오 메시노(食野)씨는 이즈미야(和泉屋), 타찌바나야(橘屋)라고 칭하면서, 아끼따(秋田)까지 진출하는 해상운송업을 하는 대호상이었고, 이하라 사이까꾸(井原西鶴)의 『니홍에이따이구라(日本永代藏)』의 맨처음에 나오는 '풍랑 고요하게 진쯔우호(神通丸)'로 북국바다를 자유자재로 다니면서 번영한, 이즈미의 '카라까네야(唐かね屋)'도 이 메시노씨 일족이었다. 마쯔마에의 아쯔사부(厚澤部)에서 민둥산이 될 정도로 벌목을 하여 거대한 이익을 취한 이 '카라까네야'뿐 아니라, 사노우라(佐野浦)의 해민은 고또오(五島), 쯔시마, 칸또오의 보오소오(房總)까지 진출하여, 다양한 어로를 비롯하여 해상운송교역과 상업에 종사했다. 앞서의 와지마·우시쯔 등과 마찬가지로, 사노무라(佐野村)를 비롯한 주변의 오오기(大木)·쯔찌마루(土丸)·나까노쇼오(中庄)·히네노(日根野) 같은 무라들의 연공률이 80~90%의 고율이었던 것을 보아도, 사노 주변이 도시적인 특질을 강하게 띠고 있었음은 분명하다.

또 쿠즈류우가와(九頭龍川)의 하구에 위치하면서, 중세 이래 에찌젠의 중요한 항

---

18 나라시대의 정신(廷臣). 가인(歌人)인 타찌바나노 모로에(橘諸兄)의 후예라고 칭하는 성씨. 남북조시대 남조의 충신인 쿠스노끼 마사시게(楠木正成)가 유명하다.

구도시로 알려져 있는 미꾸니항구(三國湊)도 '무라'로 취급되어왔다. 1699년(겐로꾸 元祿 12) 미꾸니의 총 호수 739호 중에서 '타까모찌(高持)'(하꾸쇼오)는 332호, '조오께 (雜家)'(미즈노미)는 407호로 전체의 55%이고, 더욱이 카미신죠오(上新町) 244호, 키바죠오(木場町) 34호, 욧까이찌죠오(四日市町) 22호, 합계 3백호 중에서 '타까모찌'는 겨우 38호, '죠오께'는 87%를 점하고 있다. 미꾸니항구의 전체 총호수 1천39호 중에서 '조오께'는 64.3%에 달한다. 미꾸니항도 와지마와 똑같이 '조오께'로 불리는 '미즈노미(水呑)'가 매우 많은 '무라(村)'로 되어 있지만, 이 '타까모찌' '조오께' 중에는 상호[屋號]가 있는 선박업자와 다양한 상인이 있었던 것이 틀림없다. 그리고 이 '무라'는 '북국대선(北國大船)' 5척을 비롯해 '해상선' 14척과 '천선(川船)' 35척을 가지고 있었고, '입선수 대소 2천2백척여(入船數 大小 貳千貳百隻餘)'가 대략 반년마다 입항하는 커다란 항구도시였다. 실제로 미꾸니항에는 이 시기 번영의 자취를 전해주는 창녀촌의 유적이 남아 있다.

주목할 것은 무고민의 호칭이 앞서 언급한 피차별민의 호칭과 마찬가지로, 지역에 따라 다르다는 사실이다. 바꾸후의 지배하에 있는 천령(天領)에서는 주지하는 대로 '미즈노미'로 불리며 일반적인 명칭이 되었지만, 앞서든 것처럼 카가·노또·엣쮸우의 마에다령에서는 '아따마후리', 에찌젠에서는 '조오께', 또 후술하는 하기번령(萩藩領)에서는 '모오또(門男)'(亡土), 또한 이즈에서는 '무덴(無田)'이라고 불렀다. 또 오끼(隱岐)에서는 '마와끼(間脇)'라고도 불렀는데, '모오또(間人)'는 중세에는 새로이 이주해온 자를 가리키는 말이었고, '와끼(脇)'는 '본(本)'에 대해 하위의 존재이며, '잡(雜)'도 마찬가지로 소극적인 의미를 띠고 있다. '무덴'은 무고를 직접적으로 표현하고 있고, '미즈노미'와 '아따마후리'의 의미는 현재로서는 분명하지 않다. 이들 용어에 대해서는 앞으로 각 지역에서 더 수집하여 의미를 생각해볼 필요가 있다. 어쨌든 이 용어들이 부정적인 의미를 내포하고 있음은 분명하며, 거기에 에도(江戶)시대의 코꾸다까(石高)중심의 제도인 '농본주의'가 작용하고 있는 것은 명백하다.

그러나 지금까지 서술해온 대로 그 실태는 결코 '빈농'은 아니었고, 오끼(隱岐)의 경우를 봐도 '마와끼'의 비율이 높은 집락은 도시적인 성격이 농후한 곳이라고 볼 수 있다. 1688년(겐로꾸 1)의 『조오호온슈우끼(增補隱州記)』에 따르면, 도오고(島後)의 사이고오항(西鄕港)의 야오무라(八尾村)는 햐꾸쇼오 31호, 마와끼 74호로 70.5%가 마와끼였고, 메누끼무라(目貫村)에서는 마와끼가 88.3%에 달했다. 또 니시노시마쬬오(西ノ島町)에서도 미따무라(美田村)는 햐꾸쇼오 52호, 마와끼 141호로 마와끼의 비율은 73.8%이고, 우라노사또무라(浦之鄕村)도 42.6%가 마와끼였다. 물론이 마와끼 중에 부유한 신주와 상인이 다수 포함되어 있는 것은 의심의 여지가 없다. 에도시대의 오끼는 고립되고 가난한 섬이기는커녕, 해상교통의 요충으로서 많은 배가 드나드는 활기찬 지역이었던 것이다.

'미즈노미'만이 아니다. 이제까지의 고교교과서에는 중세가 남긴 유산으로, 햐꾸쇼오에 예속하는 신분인 '게닌(下人)' '나고(名子)' '히깐(被官)' 등을 들고 있는데, 분명 '게닌'이 되는 계기에는 일견 '인신매매'로 보이는 절차가 있었다고는 하지만, 앞에서 토끼꾸니가의 게닌에 대해서 언급한 것처럼, 그 실태는 토끼꾸니가의 다각적인 경영을 위해 고용된 직능민적인 측면이 있었다. 이 각도에서 이들에 대하여 앞으로 더욱 연구할 필요가 있다. 여전히 연구의 여지가 남아 있긴 하지만, 흥미로운 사례를 들어보면, 데와의 오오이사따(大石田)는 모가미가와(最上川) 주운(舟運)의 종점으로서 번영한 집락으로 잘 알려져 있다. 개천을 따라 나란히 달리는 몇개의 길 양측으로 단책(短冊)형으로 땅을 구분하는 집들이 늘어선 전형적인 도시적 집락인데, 에도 말기에는 몇몇 햐꾸쇼오, 미즈노미와 많은 '나고'들이 살고 있었던 것으로 보고

되고 있다. 아마도 논밭은 물론, 집도 갖지 않은 처지였기 때문에 '나고'라고 불렸겠지만, 그들은 예속민이기는커녕 의심할 바 없는 상인·직인·도시민이었다고 보인다.

또한 '미즈노미'가 전 주민의 80%를 넘는다고 하여, 후루시마 토시오(古島敏雄)가 '상공업촌락'이라고 한 셋쯔노꾸니(攝津國) 히라노고오(平野鄕), 빗쮸우노꾸니(備中國) 쿠라시끼무라(倉敷村), 또 이즈미 마사히로가 '미즈노미' 비율이 51%인 것에 주목한 카이노꾸니(甲斐國)의 시부무라(市部村), 그리고 마찬가지로 '미즈노미' 비율이 높고, 중세후기에는 식량을 구입하는 자치도시였음이 분명한 카미요시다무라(上吉田村) 등도 에도(江戸)시대에 '무라(村)'로 취급된 도시라고 봐도 틀림없다.

농업의 사회적 비중과 그 실상

이러한 사례는 일일이 열거할 수 없을 정도로 많지만, 여기서 든 몇가지 사례만 살펴보더라도 '햐꾸쇼오'가 총인구의 80~90%를 차지하는 근세는 '자급자족의 농촌'을 기본으로 하는 '농업사회'였다는 견해가 완전히 잘못되었으며, 고도의 상공업이 발달한 도시적 성격이 짙은 사회였다는 사실은 의심할 수 없다. 그렇다면 그런 실태에 기반해 보았을 때, 이 시기 농업비중은 어느 정도였을까.

1842년(템뽀오 13), 나가또노꾸니(長門國) 하기번(萩藩)의 모오리가(毛利家)가 편찬한 지지(地誌)『보오쬬오후우도쮸우싱안(防長風土注進案)』은 스오오(周防), 나가또(長門)의 무라에 대하여, 그 역사와 지지(地誌)를 비롯해서 햐꾸쇼오, 모오또(亡土＝門男, 이 지역에서 말하는 미즈노미), 잡호(雜戸)의 호수, 그리고 우마(牛馬)와 배의 수, 나아가 여러 생업을 상세히 적고 있다.

예를 들면 중세의 카마도노세끼(竈戸關)로 잘 알려진 카미노세끼(上關)는 내지

쪽[地方]과 포구 쪽[浦方]으로 나누어진 무라였는데, 먼저 '햐꾸쇼오'에 대해서 보면, 내지 쪽의 36호 중 농인은 19호에 불과하고, 그 외에 상인 10호, 해상운송업자 5호, 대장장이(鍛冶)·어부 각 1호였고, 포구쪽에서는 88호 중에서 농인은 겨우 12호(13.6%)이고 나머지는 상인 54호(61.3%), 선주 3호, 선원(船手稼) 4호, 그리고 나머지는 선박수리공·어부·코오야(紺屋)[19]·찻집·객옥(客屋)·두부장수였다.

또 미즈노미에 해당된다고 보이는 '모오또'(門男, 亡土)의 경우, 지방 135호 중에 농인이 98호나 되지만, 상인 20호를 비롯해, 선박수리공·소공(小工)·오께야(桶屋)·사깐(左官)[20]·이시구미(石組)·석공·어부·이발사 등이 포함되어 있었다. 한편 포구 쪽 1백78호 중에서 농인은 전무하고, 상인 68호(38.2%)와 선주 18호 외에 집수리공·선박수리공·어부·대장장이·쬬오쩡바리(挑燈張)[21]·장물소세공(張物小細工)·오께야·코오야·타따미사시[22]·찻집·이발사·이시구미(石組)[23] 등 매우 다양한 생업에 종사하는 사람들이 있었다.

카미노세끼(上關) 전체의 437호 가운데 농인은 129호로 29.5%이지만, 그중 '모오또(門男)'인 '농인'이 과연 어느 정도 농업에 종사하고 있었던가는 검토의 여지가 있다. 이에 비하여 상인과 선주는 41.6%에 이르러, 전체적으로 도시민이라고 해야 할 사람들이 압도적이었다. 세또나이까이 해변의 항구도시에 대하여 도시모습의 실

---

19 남(藍)염색을 업으로 하는 사람인데, 후에는 염색업자를 가리키는 일반호칭이 된다.
20 벽을 칠하는 직인. 니공(泥工).
21 제등을 만드는 사람.
22 일본식 방에 까는 타따미를 만드는 사람.
23 정원의 돌을 조합·배치하는 사람.

면 생산과 출하. 직물 생산 중 특히 목면의 생산은 주요한 수입원인 경우가 많았던 것으로 보인다(하나부사 잇쪼오英一蝶『숏께이즈보오부(織耕圖屛風)』에서, 후지따藤田미술관 소장).

태를 밝힌 타니자와 아끼라(谷澤明)의 『세또나이까이의 도시거리(瀨戶內海の町並み)』(타니자와 아끼라 1991)를 봐도 카미노세끼는 해변을 따라 뻗은 길에, 단책형으로 구분된 집들이 밀집해 늘어서 있어 두말할 것도 없이 도시의 경관을 나타내고 있다. 타니자와가 주목한 비젠(備前)의 시모쯔이(下津井)와 아끼(安藝)의 타께하라(竹原)도, 카미노세끼와 마찬가지로 무라(村)로 취급되어온 도시이고, 앞서의 빗쮸우(備中)의 쿠라시끼(倉敷)를 포함하여 세또나이까이 연해지역에는 이처럼 중세 이래 '무라'로 간주되어온 도시가 다수 분포하고 있다. 이 사실에 비추어보더라도, '햐꾸쇼오'에는 농민만 있었던 것은 아니며, '모오또'(미즈노미)도 빈농이기는커녕 유족한 상인을 다수 포함하고 있었다. 이러한 상황은 열도해변의 곳곳에서 찾아볼 수 있으며, 따라서 오꾸노또 등의 사례가 결코 '예외'가 아니라는 점을 분명히 알 수 있다.

그리고 『보오쬬오후우도쮸우싱안(防長風土注進案)』이 '햐꾸쇼오' '모오또' 각각에 농인을 비롯해 다양한 생업의 사람들을 기록하고 있는 것은, 에도시대의 제도가 '햐꾸쇼오=농민' '미즈노미=빈농'이 아니었음을 명확히 보여주고 있다. 그럼 '햐꾸쇼오' 중에서 '농인'이었던 사람들은 어느 정도였으며, 또 농업비중의 실태는 어느 정도였던 것일까.

이것을 정량적(定量的)으로 확정하는 것은 현재로서는 매우 곤란한 일이지만, 『보오쬬오후우도쮸우싱안』이 좋은 단서가 될 수 있다. 작은 시도로서 스오오노꾸니(周防國) 오오시마군(大島郡)에 대한 기재사항을 정리해 보면, 30개 무라로 이루어진 이 군의 '햐꾸쇼오' 4161호 중 '농인'은 3483호로 83.7%, '모오또'의 호수 6949호 중에서 '농인'은 5029호로 72.4%이며 따라서 전체적으로 76.6%가 '농인'이다.

이에 대해 상인은 햐꾸쇼오의 5.3%, 모오또의 3.7%, 어부는 햐꾸쇼오의 2.9%, 모오또의 12.2%, 선원·해상운송업·선주는 햐꾸쇼오의 3.0%, 모오또의 5.5%, 그 외에 목수·선박수리공·코오야·오께야·대장장이·기와가게·석공·술집·코비끼(木挽)[24]·사간(左官)·지붕수리공·와따우찌(綿打)[25]·타따미야·고오야꾸뗀(合藥店)[26] 등이 있고, 이와는 별도로 샤께(社家)와 의사, 야마부시(山伏)와 피차별민인 '에따' '짜센(茶筅)'이 극소수 기재되어 있다.

다만 쿠까(久賀)포구에서는 햐꾸쇼오와 모오또 양쪽 모두 농인은 전무하고, 상인

---

24 목재를 큰톱〔大鋸〕으로 켜는 일을 업으로 하는 사람.
25 면을 때려 부드럽게 만드는 일을 업으로 하는 직인.
26 몇가지 종류의 약을 조제해주는 가게.

과 어부, 선원〔船手稼〕이 압도적이어서, 앞서의 카미노세끼 등과 마찬가지로 도시라고 생각할 수 있다. 모오또 가운데 농인이 전혀 없는 아게노쇼오(安下庄)포구도 어부와 상인이 집주하는 도시적 집락이었다. 또 미야모또 쯔네이찌(宮本常一)가 『잊혀진 일본인(忘れられた日本人)』(미야모또 쯔네이찌 1984)에서 서술하고 있듯이, 이 지역에는 목수가 많아 햐꾸쇼오의 1.2%, 모오또의 2.1%를 점하고 있는 것도 특징적이다.

그리고 이 수치를 일견하면 햐꾸쇼오와 모오또가 비록 매우 다양한 생업의 사람들을 포함하고 있다고는 해도, 역시 '농인' 비중이 높다고 할 수 있다. 그러나 모든 인구 중에서, 사무라이(侍, 무사)·쬬오닌(町人)·승려·신관·의사, 더욱이 피차별민을 제외하고, 햐꾸쇼오, 모오또의 비율이 앞서의 아끼따번(秋田藩)의 사례를 참조하여 약 80%라고 가정한다면, '농인'의 비율은 전인구의 약 60%가 되므로, 결코 압도적인 비중을 점하고 있다고는 할 수 없게 된다. 또 앞에서도 언급한 모오또 중 농인의 농업이 어떤 실태였던가도 검토하지 않으면 안된다.

그 다음에 주목해야 할 것은 각 무라들의 '산업'으로서 호목면(縞木綿)·백목면(白木綿)·포 등의 직물생산이 이 지역에서는 매우 번성했고, 그 외에 뜸·새끼줄·멍석〔筵〕 등 이른바 농산가공물과 또한 건해삼·말린 정어리(干鰯), 카이리꼬(鰯いりこ)·소금 등의 해산물, 나아가 기와나 주류가 생산되고 있었던 점이다.

이들 중에서 해산물·기와·술은 앞서 말한 생업과 연결되지만, 직물이나 농산가공은 생업과는 관계가 없이, '농인'의 이른바 '농한기 수입'으로 널리 행해졌던 것이 확실하고, 특히 목면생산은 아마 '부업'의 수준을 넘어, 오히려 주요 수입원인 경우도 꽤 있었다고 볼 수 있다. '농인'의 생업 중에서 협의의 농업, 즉 논밭에서 곡물을 생산하는 것과는 이질적인 이러한 생업의 비중을 가령 20% 정도라고 본다면, 실제의 농업비중은 '농인' 60%의 8할이 되어, 50%에도 못 미치는 40%대로 떨어지는 것이다.

실제로 여러 쿠니들의 무라명세장(村明細帳) 등을 보면 '농한기 수입'이 차지하는 생업의 비중은 결코 작지 않다. 예를 들면 전술한 카이노꾸니 쯔루군(都留郡)의 오오이시무라(大石村)는 양잠으로 금 7, 80냥에서 백냥을 벌어들이고 있어, 농가 부업 수준을 넘고 있다. 남성의 신탄(薪炭) 채취 등도 산에서 활발히 행해지고 있어, '햐꾸쇼오(百姓)' 생활 중에서 '부업수입'이 상당한 비중을 점하고 있다. '농한기 수입'이라 하여 마치 농업의 부업 같은 취급을 받고 있지만, 담배·포도·배 등의 재배가 주업이고, 곡물을 생산하는 협의의 농업이 오히려 부업인 경우도 적지 않았다.

이렇게 생각할 때 에도(江戸)시대 '농인'의 생활에서 '부업수입' 부분을 제외하면, 협의의 농업비중은 틀림없이 40%대가 된다. 같은 카이노꾸니의 무라명세장을 보면, 1760년(호오레끼寶曆 10), 야마나시군 카쯔누마무라(勝沼村)에서는 배와 감의 세금을 영4관3백문(永4貫3百文) 납부하고 있을 뿐 아니라, 포도를 연 70~80냥, 청배(青梨)를 연 30~40냥 에도(江戸)로 출하하고, 남자는 산에서의 여러 활동을 통해, 여자는 명주·목면·등세사(登世絲) 등을 통해 부업을 하고 있다. 또 1855년(안세이安政 2)의 같은 군 우에하기하라무라(上萩原村)에서는 담배를 슨슈우(駿州)와 엔슈우(遠州)에 보내, 연간 3백냥 정도의 수입을 얻었다고 한다. 이외에 카이(甲斐)의 무라들에서는 농한기 벌이인 여성의 양잠·목면 등이 위의 수입액을 상회한다고 보아야 한다. 그리고 이것은 중세, 고대로 올라가도 마찬가지라고 생각된다.

고대·중세의 햐꾸쇼오와 그 생업

여러 차례 지적한 대로, 고대의 '햐꾸쇼오(百姓)'를 '반전농민(班田農民)'이라고 섣불리 표현하는 것은 제도를 현실에 곧바로 투영한 오류이고, 이미 기술한 바와 같이 '일본국' 성립시에 율령제도에 입각하여 전인민에 무논을 부여하기 위해서는 무논이 턱없이 부족했다. 그리고 조·용의 다양한 품목으로 추측되듯 제염을 주요 생업으로 하는 '햐꾸쇼오'를 비롯해 농업 이외의 생업을 영위하는 사람들, 예를 들면 해민이나 산민, 수목과 관련된 업을 갖는 사람들, 그리고 상인·공인 등 다양한 사람들이 열도에서 생활하고 있었던 것은 말할 필요도 없다.

실제로 율령제도에서 '햐꾸쇼오'란 말은 왕신(王臣)·관인·군지(郡司) 또는 낭인 등과 구별되어, 말뜻 그대로 사용되고 있다. 이와는 별도로 '농인' '농부' 등의 쓰임이 많이 발견되며, '농민'의 용례는 적다. 한편 시중의 '햐꾸쇼오'인 '시전햐꾸쇼오(市廛百姓)', 즉 몰래 잡다한 기물들[雜器]을 만들어 판매하는 '햐꾸쇼오'도 나타나고 있었다. 그리고 902년(엥기延喜 2) 3월12일의 미꾸리야(御廚) 정리령(整理令)에서 '산하지소(山河池沼)'를 '금제(禁制)'당해 '생산의 편(便)을 잃었다'라고 말하는 '햐꾸쇼오'는 결코 '농인'이 아니고, 해민과 산민 등이었던 것이다.

전술한 것처럼 율령제도는 '농본주의'로 일관하고 있고, 그 때문에 이러한 '햐꾸쇼오'까지 모두 '농민'으로 간주하려는 강한 지향이 있었던 것은 사실이지만, 그것을 실태라고 생각하고 의심없이 받아들인 것은 지금까지 많은 역사연구자들의 명백한 오류였다. 이야나가 테이죠오(彌永貞三)는 이전에 이 점을 정확하게 지적하면서 시마노꾸니(志摩國)에는 농지가 적었기 때문에 햐꾸쇼오는 이세(伊勢)와 오와리(尾張) 두 쿠니의 농지를 반급(班給)받고 있었고, '농업생산력의 대소를 기준으로 보면 시마노꾸니는 전국에서 가장 빈곤한 쿠니'로 보이지만, 사실 이 쿠니는 원래 전복을 비롯한 해산물을 조(調)와 니에(贄)로서 공납했던 점에서 알 수 있듯이, 문자 그대로 해민의 쿠니라고 분명히 밝히고 있다(이야나가 테이죠오 1980). 또 앞에서도 말한 것처럼 나라시대 이전부터 이미 '탐라'(제주도)와 교류가 있었다는 점도 지적한다.

그러므로 시마노꾸니는 '어업의 쿠니'일 뿐 아니라 해상교통을 통한 광역적인 교역에 바탕을 둔, 도시적인 성격이 짙은 유족한 해민의 쿠니였다고 생각해야만 한다. 이와같이 고대에 대해서도, 앞서 근세의 노또 등에 대해 언급한 것처럼, 논밭이 없는 지역과 집락을 처음부터 '가난하다'고 단정해버리는 뿌리깊은 선입견이 당시 사회상을 크게 왜곡시켜왔던 것이다. 앞으로도 그 점을 충분히 고려해둘 필요가 있다. 곡물을 생산하는 농업비중은 고대사회 역시 '농업사회'라고는 도저히 말하기 어려운 수준이었다고 추정해도 틀림없을 것이다. '미즈호노꾸니 일본(瑞穗國日本)'은 야마또 지배자들의 강한 원망(願望)을 표현한 '이상'이었다고는 할 수 있으나, 실태는 그와 거리가 먼 상황이었다.

물론 이런 상황은 중세에 들어서도, 기본적으로는 마찬가지였다. 앞서 고대에서는 '천황을 제외한 국민'이 '햐꾸세이(百姓)' 신분이었지만, 그 해체·분해와 함께 중세의 여러 신분이 성립한다는, 다시 말해 '햐꾸세이는 해체되고 여기에 농민으로서의 햐꾸쇼오가 성립'한다고 한 아라끼 모리아끼(安良城盛昭)의 주장도 있지만, '햐꾸세이'에서 '햐꾸쇼오'로의 '변화'에 큰 의미를 부여하면서 '햐꾸쇼오는 농민'이라고 주장하는 역사연구자는 의외로 많다.

그러나 '햐꾸세이'는 百姓의 한음(漢音)이고 '햐꾸쇼오'는 오음(吳音)이다.[27] 따라서 양자 사이에 시대에 따른 의미변화를 찾으려고 하는 것은 아무런 근거도 없는 잘못된 '속설'이고, 아마 고대부터 율령을 취급하는 명법가(明法家)는 '햐꾸쇼오'라고 부르고 있었다고 생각된다. 그것이 중세의 시작 무렵에 널리 표면에 나타난 것에 불과하고, 물론 거기에 오음과 한음에 관련된 문제가 있는 것은 틀림없지만, 어의의 '변화'까지 찾으려는 태도는 '햐꾸쇼오(百姓)는 곧 농민'이라는 선입견에서 비롯된, 참으로 이해하기 어려운 합리화라고밖에 보이지 않는다.

오히려 흥미로운 것은 11세기부터 13세기 초까지 해변집락에 대해, 호꾸리꾸 지역에서는 '해인(海人)', 비와꼬(琵琶湖)·오오사까만·세또나이까이에서는 해민을 명시하는 '아미우도(網人)'라는 단어가 나타나는 점이다. 예를 들면 1090년(칸지寬治 4)에 오우미노꾸니(近江國)의 '견전어주망인등해장(堅田御廚網人等解狀)'이 증거서류[具書]로 첨부되어 제출되고, 1231년(캉기寬喜 3)에 와까사노꾸니(若狹國) 타오우라도내직보임장(多烏浦刀內職補任狀)이 '타오우라해인등소(多烏浦海人等所)'를 수신지로 하고 있듯이, 공적인 문서에도 널리 쓰이고 있는 점이다. 그러나 대략 13세기 중반까지 이 말들은 '햐꾸쇼오(百姓)'로 대체된다. 물론 여기서 해민이 농민으로 되는 것은 있을 수 없는 일이고, '평민햐꾸쇼오(平民百姓)'라는 말이 광범하게 쓰이고 있는 것처럼, 사무라이(侍)나 게닌과 구별된 신분으로서 '햐꾸쇼오'라는 말이 일반적으로 쓰이게 되었던 것이다. 11, 12세기에 많이 쓰이던 농업경영자를 의미하는 '타또(田堵)'라는 말이, 이 무렵 사라지고 있는 것 역시 같은 동향으로 이해할 수 있을 것이다.

---

27 한음은 중국의 당대에 장안(長安)에서 사용되던 표준적인 발음을 본뜬 것. 견당사(遣唐使)·유학생·음박사(音博士) 등이 나라시대·헤이안시대 초기에 수입했다. 行을 '코오', 日을 '지쯔'라고 읽는 것이 한음이다. 오음은 고대에 중국 남방계의 음이 전래된 것이다. 行을 '교오'라고 읽는 것이 그 예이다. 헤이안시대에는 뒤늦게 전래된 한음을 정음(正音)이라고 한 것에 대해, 오음을 화음(和音)이라고도 불렀다. 관이나 학자는 한음을, 불가(佛家)는 오음을 사용하는 경우가 많다.

이와같이 '햐꾸쇼오'로 불렸기 때문에 '百姓'을 '농민'이라 보는 것은 '망상'이라고 할 수밖에 없다. 그것은 14세기경부터 사용된 '지뱌꾸쇼오(地百姓)'라는 말을 보아도 명백하다. 너무나도 '흙 냄새나는 농민'같이 보이는 '지뱌꾸쇼오(地百姓)'는 사실 도시민이었다. '地'라는 말은 도시, 도시적인 공간을 가리키는 말이고, 따라서 '地'의 '百姓'은 술집·카따나자(刀座)[28] 등, 쿄오또 '지역[地]'에 사는 상공업자였다(아미노 요시히꼬 1996c).

중세의 '百姓' 또한 그 의미 그대로 사용되고 있고, 결코 '농민'을 의미하는 말은 아니었다. 생업의 실태가 고대나 근세와 마찬가지로 다양했던 것은, 전술했듯이 햐꾸쇼오가 부담한 쇼오엔(莊園)의 연공품목이 다양한 것을 봐도 알 수 있다(3장의 제국쇼오엔연공표諸國莊園年貢表 참조). 물론 앞에서도 언급한 대로, 이 직물·종이·광산물·소금·기름·우마(牛馬)·신탄·재목 등 연공은 기본적으로 논(예외적으로 밭)에 부과되어 있다.

따라서 직물과 양잠을 주요 생업으로 삼고 있는 사람들도, 제철민·제염민, 또는 숯굽기[炭燒]나 임업에 종사하는 햐꾸쇼오도, 모두 어느 정도 논밭을 경작하고 있었다. 그러나 역으로 쌀을 연공으로 하고 있는 햐꾸쇼오라고 해서 결코 무논만을 경작하고 있었던 것은 아니다. 예를 들면 와까사노꾸니(若狹國) 타라노쇼오(太良莊)는 쌀을 연공으로 하는 쇼오엔이지만, 실[絲]·면·포·깔개[薦]·메밀잣밤나무[椎] 등을 잡물로 부담하였고, 논밭의 경작과 이러한 각종 생업을 함께하여 생활하였던 것이다.

---

28 칼을 만드는 상업조합.

그렇다면 앞서 든 여러 쿠니의 장원연공 중에서 쌀 연공 38%라는 수치는, 당시 곡물을 생산하는 농업 비중을 생각할 경우, 충분히 참고할 만하다고 생각된다. 특히 쌀 연공을 납부하는 쇼오엔이 거의 없는 동국의 무논 비중은, 전술한 대로 매우 낮았다고 보지 않을 수 없다.

실제로 동국뿐 아니라, 중세의 무논은 야또다(谷田), 타나따(棚田) 등이 주요 형태였던 것이 확실하고, 어딜 보아도 무논이 펼쳐져 있고 벼이삭이 결실을 맺고 있는 풍경은 아직 이 시기에는 볼 수 없었다고 해도 틀리지 않을 것이다. '미즈호노꾸니 일본(瑞穗國日本)'은 여기서도 환상일 뿐, 현실은 아니었던 것이다.

'농본주의'의 입장에 선 국가

이와같이 고대·중세·근세를 통하여, 적어도 공적인 제도에서 '햐꾸쇼오(百姓)'는 문자 그대로 '보통사람'이었다. 실제로 햐꾸쇼오는 다양한 생업을 영위하는 사람들을 많이 포함했고, 농업비중이 압도적이지도 않았다. 그럼에도 불구하고, 왜 현재 일본에서는 햐꾸쇼오를 농민이라고 해석하는 것이 '상식'으로 통용되고 있는가. 현대 일본인은 그것이 당연하다고 생각하고 의심하려고도 들지 않지만, 이 말의 발상지인 중국대륙이나 또 한자를 사용하는 한반도에서도, 이 말은 원의 그대로 쓰이고 있다. 앞에 말한 대로, 이것을 곧바로 '농민'이라고 생각하는 일본인의 이해는, 현대의 중국인·한국인·북한인에게는 '괴상'하고 '이상'하게 보이는 것이다. 실제로 한자〔漢和〕사전에서 '百姓'을 찾으면, 원의를 적고 어떤 사전은 '國〔國〕',[29] 또다른 사전은 '우

---

29 일본의 한자사전에 나오는 표기로, '일본의 용법으로는'이라는 뜻이다.

리나라[일본]에서만'이라고 주를 단 후에 '농민'이라는 의미를 적고 있다.

그러나 이 '오해'의 근원을 완전히 불식시키는 것은 쉬운 일이 아니다. 아마도 그 출발점은 '일본국'의 성립 그 자체로 거슬러 올라갈 것이다. 이미 여러 차례 논한 것처럼, '미즈호노꾸니(瑞穗國)'를 이상으로 하는 '농본주의' 입장에 선 이 국가는, 무논을 6세 이상의 모든 인민에 부여하고, 모든 사람을 조세를 부담하는 '농민'으로 만들려는 강력한 국가의지를 관철하고자 했다.

이 제도는 열도사회의 실태와는 너무도 유리되어 있었기 때문에, 채 1백년도 되지 않아 그 무모함이 드러나면서 이완·변질됐다. 그렇지만 무논을 과세기준으로 하는 체제는 유지되었고, 마침내 중세의 쇼오엥꼬오료오제(莊園公領制)에까지 계승되었던 것이다. 그 때문에 고대만큼 강렬하지는 않다고 해도, 쇼오엔(莊園)·코오료오(公領)의 지배자에게도 '百姓'을 '농민'으로 취급하려는 '농본주의'적인 지향이 있었음이 분명하다. 자연스레 농업 이외의 생업에 종사하는 사람들, 산야하해(山野河海)를 생활의 주요무대로 삼는 해민과 산민, 상업·유통·금융에 종사하는 사람들, 또 조세부담자가 아닌 여성·노인·어린이·승려 등은 공적인 제도밖에 놓이게 되었다.

그러나 고대에서도 영제(令制) 밖의 제도이기는 하나, 해민과 산민이 천황에 니에(贄)와 기호품[菓子]을 바치고 있었고, 이러한 사람들을 사회적으로 배제하고 소외시키는 일은 전혀 없었다.

또 중세에도 헤이안 말기, 1127년(다이지大治 2)경 카가노꾸니(加賀國)의 코꾸시(國司)가 관장하는 여러 사항을 살펴보면, 논·농료도(農料稻)·권농(勸農) 등 논밭 관련 항목이 맨처음에 나오고 있긴 하지만, '포포해인사(浦浦海人事)'와 그 '소출물(所出物)' '선소사(船所事)' '국미취사(國梶取事)' '진진사부해인(津津事付海人)' '국내선원사(國內船員事)' '규어하사(鮭漁河事)' 등, 어로·해상·교통 등의 해민관계 사항이 즐비하다. 더욱이 '국령상사(國領桑事)' '능직사(綾織事)' '납·천등사(藍·茜等事)' '홍화사(紅花事)'를 비롯해, 면·실·팔장견(八丈絹)·명주·상대(桑代) 등 양잠·직물관계 항목에 이어 '국령칠사(國領漆事)' '국내목사마·우(國內牧事馬·牛)' '국령취서사(國領鷲栖事)' 같은 각종 생업·신민(神民·神人)·센다쯔(先達)·여기(女騎)·'국내부인사(國內富人事)'·'국내관사(國內關事)'와 같은 상업과 유통에 관계하는 사람들, 게다가 '쌍륙별당(雙六別堂)' '무녀별당(巫女別堂)'까지 매우 다채로운 항목이 나열되어 있다. 이로 볼 때 당시의 코꾸가(國衙)는 햐꾸쇼오(百姓)가 영위하는 다양한 생업, 나아가 지닌(神人)·센다쯔(先達)나 쌍륙타(雙六打, 도박사), 무녀와 같은 직능민을 망라하여 장악하고 있었던 사실을 잘 알 수 있다. 당시의 코꾸시(國司)는 '百姓'을 결코 농민으로만 보지 않았던 것이다.

논밭을 소유하지 않은 자, '재가인'과 그 평가

다만 13세기에 들어오면 '단보(段步)'의 논밭도 보유하지 않은 것이, 다소 부정적인 의미를 띠는 경우가 나타난다. 이 무렵 논밭을 소유하지 않고, '재가(在家)' 즉 집만을 소유한 햐꾸쇼오(百姓)를 '재가인'이라고 불렀는데, 1270년(분에이文永 7), 와까사노꾸니(若狹國) 타라노쇼오(太良莊)의 스에따께묘오(末武名)[30]를 둘러싼 분쟁에서 고께닌(御家人) 나까하라노 우지노뇨(中原氏女)는 논적(論敵) 후지와라노 우지노뇨(藤原氏女)에 대하여 '재가인'은 묘오슈(名主)가 될 수 없다고 주장하여 자신의 우위를 강조하고 있다. 또 1300년(쇼오안正安 2) 빙고노꾸니(備後國) 오오따노쇼오

---

30 '묘오'는 쇼오엔 내에 있는 하위 토지 단위.

오오따가따(大田莊大田方)의 쇼오깐(莊官), 햐꾸쇼오들은 아즈까리도꼬로(預所)[31]
가 된 이즈미호오겐(和泉法眼) 엔신(淵信)은 '재가인'이므로 아즈까리도꼬로의 자격
이 없다고 주장하며, 본소(本所) 코오야산(高野山)에 호소했는데, 여기서도 나까하
라와 마찬가지로, '논밭을 소유하지 않은 자'를 부정적으로 평가하는 의식이 흐르고
있음을 볼 수 있을 것이다.

확실히 엔신(淵信)은 '재가인'이었다. 그는 오오따노쇼오(大田莊)의 쿠라시끼(倉
敷)[32]인 도시 오노미찌(尾道)의 사람이었기 때문에 논밭은 갖지 않고, 재가만을 보
유하고 있었던 것이다. '재가인'으로 연신은, 자손을 위해 여러 쿠니의 장원을 청부
받아 '카시아게(借上)' 즉 금융업을 하여 부를 쌓고, 재보(財寶)로 창고를 가득 채웠
다고 일컬어진다. 그가 오노미찌에 출입할 때에는 가마와 수레가 5, 6대 동원되었고,
'여기(女騎)' 즉 기마여성 수십기와 가자(家子)·낭당(郎黨)[33] 백여기를 따르게 했으
며, 왕래하는 자가 접근하면 두들겨패고 짓밟았다. 그의 행차는 일국의 슈고(守護)
조차 어깨를 나란히 할 수 없을 정도로 호사스러웠다고 햐꾸쇼오들은 비난하고 있
다. 도시민인 '재가인'이 얼마나 돈을 축적하고 부유했는가, 또 '논밭'을 고집하는 햐
꾸쇼오들이 그에 대해 얼마나 비판과 선망의 눈길을 보냈는가를 이 사례는 잘 보여
준다.

게다가 이렇게 비난을 받아도 '재가인'은 전혀 위축되지 않았다. 엔신은 오노미찌
의 정토종 건립에 크게 공헌하여 한편에서는 높은 사회적 평가를 얻고 있었다. 또 오

---

31 쇼오엔에서 영주를 대신해서 장지(莊地)·쇼오깐(莊官)·장민(莊民)·연공 등 업무를 관리하는 직.
32 쇼오엔에서 연공 등을 수송할 때 일시적으로 연공을 보관하는 장소.
33 측근 수행원.

노미찌의 강 건너편에 위치한 빙고노꾸니(備後國) 우따시마(歌島, 현재의 무까이시마 向島)의 '재가인'들은 1306년(카겐 4) 묘월(卯月) 료오께(領家)로부터 술을 30여관이 나 징발당했는데, 그 댓가로 가을에 쌀 15석밖에 받지 못한 것이 부당하다고 호소하 고 있다. 그 소장에서 '재가인'들은, 자신들은 '단보의 논밭도 경작'하지 않고 금융으 로 이자를 받아 생활하고 있는데다가, 양조업 등을 하고 있는 곳은 4, 5집에 불과하 다며 술의 징수가 과다하다고 강조하고 있는데, 이 주장 자체가 이들이 양조업과 금 융업 등을 하는 부유한 도시민임을 보여주고 있다.

또 야마시로노꾸니(山城國) 요도노우오이찌(淀魚市)를 둘러싼 잣쇼오(雜掌)[34]와 하사(下司)[35] 토요따(豊田)씨와의 분쟁에 대해, 1319년(겡오오元應 1) 7월7일에 카마 꾸라바꾸후가 내린 판결인 관동하지장(關東下知狀)에 의하면, 이 다툼의 대상으로 되어 있는 것은 '요도까하에 있는 동서시장 재가인들(淀河東西市場在家人等)'이고, 이들은 재가 외에 논은 없다고 말한다. 그러나 선조가 강가에 '재가인'을 거주시켜 시장을 연 것이 이 시장의 시작이고, 이는 '개발'과 마찬가지이므로 자신들은 '개발영 주'라는 토요따 쪽의 주장에 대해, 잣쇼오측은 논이 없는데 '개발'이라 주장하는 것은 말도 안된다고 반론하여 자신들의 주장을 인정받았다.

확실히 토요따는 '해적'과도 관련이 있는 하해(河海)의 영주로, 논밭의 영주와는 다른 일족이고, 이 사례를 보더라도 요도노우오이찌의 도시민인 '재가인'을 지배하

---

34 고대·중세에 코꾸가·쇼오엔·코오료오·바꾸후 등에 속하여 각종의 잡사를 취급하던 역인. 특히 소 송에 종사하던 자를 사따잣쇼오(沙汰雜掌)라고 한다.

35 헤이안 말기부터 중세에 걸쳐 쇼오엔 현지에서 사무를 관장하던 쇼오깐(莊官). 수도에 있는 상사(上 司)에 대응한 호칭.

고 있는 것은 분명하다. 그렇지만 토요따씨는 논의 '개발영주'가 아니라는 이유로 패소했는데, 여기서도 논밭의 논리와 재가인의 논리, 말하자면 농업중심의 '농본주의'와 시장이나 도시에서 상업과 금융을 업으로 하는 '중상주의' 간의 대립을 엿볼 수 있다.

또 『유교오쇼오닝엥기에(遊行上人緣起繪)』에 따르면, 타아신교(他阿眞教)[36]가 카이노꾸니(甲斐國) 오가사와라(小笠原)에 도장을 열자, 일련종(日蓮宗)의 중도(衆徒)가 그 포교를 방해했는데, '재가인'들이 포교방해를 막았다고 한다. 이 지역 역시 후에 '하라시찌고오(原七鄕)'로 불리는 상인의 집주지역이고, 이 '재가인'들은 도시민으로 볼 수 있다.

더욱이 노또노꾸니(能登國) 스즈군(珠洲郡)의 호오쮸우지(法住寺)는 1252년(켄쬬오建長 4)에 '무연소(無緣所)'라고 하여 논밭을 거의 갖지 않은 사원이었지만, 1328년(카랴꾸嘉曆 3), 원주(院主)에 사방 경계내의 검단(檢斷)과 '재가인' 고용을, 료오께(領家)인 히노가(日野家)로부터 인정받고 있다. 논밭을 갖고 있지 않은 '무연(無緣)'의 절은 가난하다고, 아라끼 모리아끼(安良城盛昭)는 일찍이 강조했으나, 이 절은 호에기잔(吼木山)이라고 불리는, 광대한 경내가 있는 진언종(眞言宗)의 대사원이었고, 경내에 적어도 3기의 스즈(珠洲) 도자기를 굽던 시설의 흔적[窯跡]이 있다고 알려져 있다. 소령이 거의 없는 이 사원의 경영은, 아마도 스즈 도자기의 생산과 교역에 관계하는 '재가인'들의 도시민적인 활동을 통해 유지되었던 것은 아닐까. 절의 문

---

36 잇뻰(一遍)을 추종하던 타아는 잇뻰이 죽은 뒤에도 전국을 돌아다녔고, 그의 교화사업을 계승하여 많은 사원을 건립했다.

전(門前)은 틀림없이 사람들이 모여들어 물건을 사고파는 행위가 활발히 펼쳐지던 도시적 공간이었을 것이다.

이렇듯 논밭을 보유하지 않았다는 이유로 사회적 불이익을 받은 것은 사실이지만, '단보의 논밭'도 경작하지 않는 것이 결코 가난을 의미하는 것은 아니었고, 상업과 금융 등 유통에 관한 도시적인 생업으로 오히려 매우 유복한 경우가 널리 보인다. 예를 들면 1316년(쇼오와正和 5)경, 논밭이 거의 없는 해촌 와까사노꾸니(若狹國) 쯔네가미우라(常神浦)의 토네(刀禰), 즉 최유력 햐꾸쇼오(百姓)는 자신의 딸 을왕녀(乙王女)에게 쌀 150석과 전(錢) 77관문(貫文), 다섯칸짜리 집 한 채와 산 한 자락, 목재와 네리누끼(練貫) 등의 비단, 코소데(小袖) 6벌과 남녀 하인 5명에 '후꾸마사리'라는 대선(大船) 한 척을 양도했다. 이 무렵, 같은 와까사(若狹)의 내륙부 무논지대인 타라노쇼오(太良莊)의 '쿠라모또(倉本)' 햐꾸쇼오가 쌀 7석, 전분 10섬(籾俵十俵), 전(錢) 5관문(貫文)밖에 갖고 있지 않은 것에 비하여, 논밭이 없는 해변의 햐꾸쇼오는 대선으로 해상운송업을 하여 그같은 부를 수중에 넣었던 것이다. 그 때문에 '재가인'이라는 호칭에도 근세의 '미즈노미' 등과 같은 부정적 평가는 전혀 없고, '재가인'도 논밭을 갖지 않기 때문에 그것을 보유한 햐꾸쇼오와는 다르다는 점을 적극적으로 주장할 수 있었던 것이다.

실제로 14세기에 들어서면 '재가인'이 집주하는 도시적인 공간, 또는 도시 그 자체가 열도 각지에 급속히 형성되어, 그 검주(檢注)의 사례도 등장하게 된다. 예를 들면 빗쮸우노꾸니(備中國) 니이미노쇼오 지또오까따(新見莊地頭方)의 시장은 14세기 전반까지 검주되었는데, 31간의 재가, 즉 31개의 균등한 집과 후지(後地)의 밭이 검주 결과 확정됨과 동시에, 쿄오또·카마꾸라와 마찬가지로 '호오(保)'라는 도시적인 행정단위가 설정되었다. 또 시마노꾸니(志摩國)의 포구나 강에서도 1306년(카겐 4)

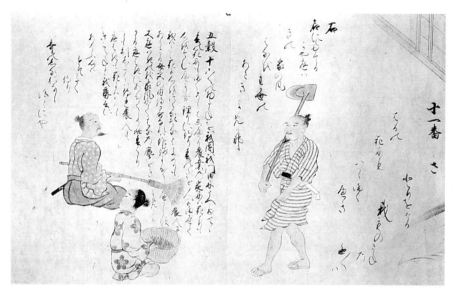

'니와하끼(庭掃)'와 '농인(農人)'. 일부에서는 '농인'들을 멸시하고 꺼리는 풍조까지 일어났다(『산쥬우니방쇼꾸닝우따아와세에마끼(三十二番職人歌合繪卷)』에서, 산또리미술관 소장).

과 1310년(엥꾜오延慶 3)에 각 건물의 간수(間數)를 계산하는 도시형의 재가검주가 실시되어, 전자에서 107우(宇), 후자에서 135우, 도합 242우의 재가가 확정되었다. 해변의 작은 포구에 이렇게 가옥이 밀집된 도시가 생겨났던 것이고, 이러한 도시는 곳곳의 해변이나 하천의 요충지에서 볼 수 있다고 해도 과언은 아니다.

'재가인' 즉 도시민의 강경한 자세는 이러한 현실을 배경으로 하고 있었다. 예를 들면 1392년(메이또꾸明德 3) 5월 와까사노꾸니 타라노쇼오 지또오까따(太良莊地頭方)의 '재가햐꾸쇼오(在家百姓) 등'의 '재가인'들은 '야시끼분(屋敷分)'으로서 작은 면전(免畠)을 보증받고 있을 뿐인데도, 보통의 논밭을 소유한 햐꾸쇼오(百姓)인 '지하평민(地下平民)'들과 같은 양의 부역(夫役)이 부과되고 있는 것은 부당하다고, 목소동사공승(木所東寺供僧)에 호소했다. 이 '재가햐꾸쇼오'들은, 아마도 쇼오엔(莊園) 내의 '시쯔따까묘오(尻高名)'로 불리는 논밭이 거의 없고 주물사(鑄物師)가 묘오슈(名主)로 있던 곳에 살고 있었다고 생각되지만, 이러한 사례는 '재가인' 측의 적극적인 주장이라고 봐도 좋을 것이다.

언제부터 '하꾸쇼오'를 '농민'으로 여기게 되었는가

이와같이 14~15세기에는 논밭을 갖지 않고 도시적인 생업을 영위하는 사람들의 입장에서 '중상주의'적이라고도 할 만한 주장이 나왔다. 이것은 강력한 사회적 기반을 배경으로 하여 사회에 커다란 영향을 끼치고 있었고, 때때로 '농본주의'를 압도하여, '농인'을 천시하고 '농사'를 싫어하는 풍조로도 나타났다.

15세기 중반경에 제작된 것으로 추정되는 『산쥬우니방쇼꾸닝우따아와세(三十二番職人歌合)』는 전체적으로 이 시기에 천시되기 시작한 직능민을 묘사하고 있지만, 그 가운데 '키요메(淸目)'와 관계가 있다고 보이는 '니와하끼(庭掃)'[37]와 한 조가 된 '농인'이 등장한다. 이는 흙과 관계가 있기 때문에 한 조로 편성했으리라 추정되며, 여기에 멸시감이 잠재되어 있음도 충분히 감지할 수 있다.

또 16세기 전반에 오우미노꾸니(近江國) 카따다(堅田) 홈뿌꾸지(本福寺)의 묘오세이(明誓)가 기록한 『홈뿌꾸지세끼쇼(本福寺跡書)』에는 '농사보다 더 힘든 일은 없다'고 하는 한편, 대장장이·오께시(桶師)·토기야(研屋)·목수, 더욱이 곡물·과일 등 식물을 파는 상인은 흉년에도 아사하지 않는다고 하여, 상인과 직능민에 대해 묘오세이(明誓)가 긍정적인 평가를 내리고 있는 것은 전체적으로 봐서 틀림없다.

---

37 정원 청소.

이와같은 상황 속에서는 '햐꾸쇼오(百姓)'를 곧바로 '농민'으로 생각하는 견해가 사회에 정착할 수는 없었을 것이다.

그러한 상황에 변화가 일어났음을 보여준다고 알려진 것이, 17세기 초에 출판된 『닛뽀지쇼(日葡辭書)』[38]의 일본어 번역본에 '百姓'의 뜻이 '농부'로 되어 있는 기록이었다. 이를 근거로, 16세기 말에는 '百姓＝농민'이라는 상식이 일본사회에 뿌리 내리게 되었다고 주장해왔던 것이다. 나도 한때 그렇게 생각했지만, 문득 생각이 나서 『닛뽀지쇼』의 원문에서 이 단어를 확인해보았더니, '百姓'은 'Lavrador'[39]라고만 되어 있었다. 또 '農人'의 뜻은 '물건 만드는 사람'으로서 'Lavrador, que laura, ou cultiva os campos'[40]로 되어 있었던 것이다. 지금도 'Lavrador'는 '농민'으로 번역하는 것을 당연시하고 있고, 이 사전의 일본어 역자 역시 그렇게 번역하고 있으나, 본래는 'laborer'와 마찬가지로 '노동하는 사람'이 원의였음이 명백하다. 그것이 언제부터 '농민'이라고 번역되게 되었는지가 문제일 것이다. '경지에서 일하고 경작한다'는 16세기 말의 '농인(農人)'에 대한 설명을 보고, 'Lavrador'를 곧바로 '농부(農夫)'로 번역해도 되는지에는 의문의 여지가 있다. 그러나 적어도 나는 이 사례를 가지고 당시 일본사회가 '百姓＝농민'을 상식으로 생각하고 있었다는 사실의 근거로 삼는 것은 불가능하다고 생각한다.

---

38 일본예수회가 나가사끼가꾸린(長崎學林)에서 1603년에 간행한 일본어-포르투갈어사전. 다음해에 누락사항을 보충하여 간행되었다. 일본어를 아는 몇몇 선교사들의 협력으로 만들어졌는데, 포르투갈식 로마자로 일본어 단어를 표기한 후 이에 대해 포르투갈어 설명이 달려 있다. 후에 스페인어·프랑스어의 번역본이 각각 마닐라와 빠리에서 간행되었다.
39 노동하는 사람이라는 뜻.
40 노동하는 사람. 논밭에서 일하고 경작한다는 뜻.

VOCABVLARIO
DA LINGOA DE IAPAM
com adclaração em Portugues, feito por
ALGVNS PADRES E IR-
MÃES DA COMPANHIA
DE IESV.

COM LICENÇA DO ORDINARIO,
& Superiores em Nangasaqui no Collegio de Ia-
PAM DA COMPANHIA DE IESVS.
ANNO M.D.CIII.

『닛뽀지쇼』 일본어를 포르투갈어로 설명해놓은 책으로 17세기 초에 발간됐다.

그러나 1588년(텐쇼오天正 16)에 발령된 토요또미 히데요시(豊臣秀吉)의 유명한 '카따나가리레이(刀狩令)'[41]에는 "百姓은 농구(農具)만을 갖고, 오로지 경작만을 한다면, 자자손손까지 장구할 것이다"라고 명언되어 있어, '百姓'을 농민으로 간주하려는 국가의지가, 다시 한번 노골적으로 나타나 있다. 더욱이 에도바꾸후의 법령인 후레가끼(觸書), 예를 들면 잘 알려진 이른바 「케이안오후레가끼(慶安御觸書)」(후에 케이안慶安의 문서가 아닌 것으로 판명되었다)도 적어도 남성 햐꾸쇼오는 논밭경작에 전념하고, 여성은 베틀 앞에서 일해야 할 것을 강조하여, 햐꾸쇼오는 농업에 힘써야 한다고 규정하고 있다.

특히 이 시대의 토지·조세제도가, 쌀을 화폐의 가치기준으로 하는 과세방식인 '코꾸다까제(石高制)'를 기본적으로 채용하여, 적어도 표면적으로는 '농본주의(農本主義)'를 관철하고 있다. 전술한 타까모찌(高持)의 햐꾸쇼오(百姓)와 무고(無高)인 미즈노미 등의 구별은 거기서 비롯하지만, 앞에서도 언급한 것처럼 제도로서는 바꾸후와 다이묘오(大名) 모두 '햐꾸쇼오'를 거의 어의대로 사용하고 있지, 결코 농민과

---

41 무사 이외의 사람들이 소유한 무기를 모두 몰수하는 법령. 토요또미 히데요시는 1588년 이를 전국적으로 공포했다.

같은 뜻으로는 보지 않았다.

그러나 이렇게 표면상 내세운 '농본주의'는 유학자(儒學者) 등의 언설을 통하여 사회에 침투했고, 햐꾸쇼오와 농민이 동일하다는 견해가 통속적인 '상식'으로서 널리 퍼져갔다. 예를 들면 이또오 진사이(伊藤仁齋)의 장남인 토오가이(東涯)는 『소오꼬지께쓰(操觚字訣)』(9권)에서 '농(農)은 햐꾸쇼오를 말한다'라고 했고, 『메이부쯔로꾸죠오(名物六帖)』에서도 '운부(耘夫)' '농부(農夫)' '세호(稅戶)' '양호(糧戶)' '조호(租戶)'에 전부 '히야꾸세우' '히야꾸시야우'라는 훈을 달았

'농인' (『와깐산사이즈에(和漢三才圖會)』에서)

으며, '호농(豪農)'도 '오호히야꾸시야우'라고 했던 것이다(이상은 카지 노부유끼加地伸行의 가르침에 따른 것이다).

또 테라지마 료오안(寺島良安)은 『와깐산사이즈에(和漢三才圖會)』의 인륜부(人倫部) '농인(農人)' 항목에서 먼저 '속칭 햐꾸쇼오라고 한다'라고 하면서, 이 무렵 세속에서는 '농인'을 '햐꾸쇼오'라고 하는 것이 보통이라고 지적한다. 물론 그는 햐꾸쇼오(百姓)는 '사민(四民)' 즉 일반인민의 통칭이며, '농(農)'을 햐꾸쇼오라고 하는 것은 잘못이다'라고 명언하면서 앞서 언급한 대로, 농인뿐 아니라 상인·선주(船主)·대장장이·목수 등 다양한 사람들을 포함한 것이 '햐꾸쇼오(百姓)'의 실태였음을 정확히 지적하고 있지만, '햐꾸쇼오(百姓)는 농민' '농민은 햐꾸쇼오(百姓)'라는 세속의 '상식'은 막기 힘들 정도로 사회에 깊이 뿌리를 내렸다.

그리고 유학(儒學)의 영향을 받은 관료가 많았던 메이지(明治)정부에서, '이나까

모노(田舍者)’〔즉 촌놈이〕라는 ‘차별’의 어감을 띠던 ‘햐꾸쇼오’라는 말의 제도적인 사용을 중지하고 ‘평민’으로 바꾸는 한편, ‘햐꾸쇼오’ ‘미즈노미’ 등을 모두 ‘농(農)’에 넣어, ‘사농공상’으로써 호적의 직업구분을 삼는 제도가 실시되기에 이르렀다. ‘햐꾸쇼오=농민’은 여기서 제도화되었다. 따라서 실태를 살펴보면 공식통계의 ‘농’은 ‘농민’과 동일하지 않다는, 냉정히 보면 정말 놀랄 만큼 우스꽝스런 사태가 생겨났던 것이다.

조금만 주의하여 살펴보면 금방 명확해질 이 사태에 대하여, 일반 일본인이 완전히 잘못된 편견에 빠져버렸고, 더욱이 이제까지의 역사학·경제학을 비롯한 다양한 분야의 연구자 스스로 이 오류를 자각적으로 인식하지 않은 채 논의를 전개해왔던 이유를 면밀하고도 신중하게 또 철저하게 검토되어야 한다. 그 배경으로 근대 이전의 유학의 영향에 더해, 맑스주의를 포함한 근대 서구사상, 나아가 서구 근대사학, 그리고 그 흐름을 계승한 맑스주의 역사학의 강력한 작용이 있었음은 부정하기 어렵다. 예를 들면 20세기에 들어서, 사회주의사상의 영향으로 활발해진 사회운동은, 실로 노동자·‘농민’운동을 중심으로 전개되어, 여기에 어민·임업민 등의 독자적인 운동이 끼어들 여지는 매우 좁았다.

더욱이 적어도 일본어로 번역된 서구 역사학 문헌은, 최근 브로델(F. Braudel) 등 아날학파의 연구를 별도로 한다면, 어업사·수산사의 분야는 거의 없었다고 해도 좋을 것이다. 그에 반해 농업에 관한 연구는 매우 많이 소개되어 있다.

물론 그것은 서구사회 자체의 농업비중이 컸기 때문이라면 달리 무어라 얘기할 수 없겠지만, 맑스주의 사학을 포함한 근대사학이 생산력 발전이야말로 사회진보의 원동력이라는 관점에 서 있었기 때문에, 자연히 전근대사회에 대해서는 오로지 농업에만 초점이 맞춰지게 되었고, 따라서 농업의 발전실태만을 생각하게 된 것은 분명하다. 게다가, 예를 들면 'Village'를 '농촌'으로 번역하는 것처럼, 모든 것을 '농민' '농촌'으로 옮긴 서구어 번역도 어쩌면 작용했을지도 모른다.

이러한 긴 역사와 복합적인 이유를 배경으로, 인구의 80~90%를 점한다고 여겨진 '햐꾸쇼오가 곧 농민'이라는 생각은 일본인의 '상식'처럼 퍼져나갔고, 역사연구자의 연구도 거기에 매몰되어, 실제로는 '햐꾸쇼오' 가운데 약 40% 정도를 점하고 있는 농업 이외의 다양한 생업 종사자들에 대한 연구는 거의 공백으로 남겨둔 채, 예를 들면 '미즈호노꾸니 일본(瑞穗國日本)'과 같은 편향된 일본사회상이 '실상'인 양 전면에 내세워졌던 것이다. 그 편향을 수정하여 '허상'의 실태를 명확히함으로써, 되도록 정확히 일본열도의 사회상을 그리기 위해서는 미개척인 채로 남은 이 40%의 분야에 손을 대어, 가능한 범위에서 실태를 명확히 인식한 후 새롭게 곡물생산 농업의 위치를 확인할 필요가 있다. 물론 이 책에서 이 커다란 과제를 달성하는 것은 불가능하겠지만, 지금부터는 이제까지 그다지 생각하지 않았던 수목(樹木)의 문제를 중심으로, 두세 가지 언급하고자 한다.

3. 산야와 수목의 문화

산나이마루야마 유적의 충격

최근의 아오모리현(青森縣) 산나이마루야마(三內丸山) 유적의 발굴만큼, 사회와 학계에 큰 충격을 준 고고학적 성과는 별로 없을 것이다. 이 유적의 존재는 죠오몬시대 사회에 대한 종래의 상식적 이해를 근저부터 뒤집었을 뿐만 아니라, 열도사회의 역사, 나아가 인류사회 자체에 대한 이해에도 전반적인 재검토를 촉구한다고 해도 과언은 아니다.

이 유적이 시사하는 여러가지 문제에 대해서는 뒤에서 다시 논하겠지만, 우선 일정한 간격으로 늘어서 있는 거대한 밤나무기둥과 멋있게 만들어진 칠기, 나무껍질로 섬세하게 짠 이른바 '죠오몬 가방(pochette)' 등의 유적은 죠오몬사회가 수목(樹木)문화에 기초하고 있었던 모습을 여실히 보여주고 있다.

더욱이 이에 이어 토야마현(富山縣)의 사꾸라마찌(櫻町) 유적에서는 후에 호오류우지(法隆寺) 건축에도 이용되었다는, 목재를 정밀하게 가공·조합하는 고도의 기법이 존재했음을 증명하는 밤나무의 건축자재가 발굴되어, 우리의 생활이 이제까지 얼마나 크게 수목에 의존해왔는가를 재인식시켜주었다.

그리고 이런 혁혁한 발굴성과는 논밭에서 곡물을 생산하는 농업 이외의 다양한 생업의 중요성을 생각하고 연구하도록 다시없이 자극과 용기를 주었다.

그때까지 나는 바다와 강에 대해서는 앞에서 서술한 것처럼 사료를 읽을 때 가능한 한 주의를 기울여왔지만, 산야(山野)와 수목에 관한 관심은 부족했다. 그래서 이 점을 깊이 반성하면서, 『헤이안이분(平安遺文)』『카마꾸라이분(鎌倉遺文)』 등 헤이안(平安)·카마꾸라(鎌倉)시대 고문서의 대부분을 활자화한 타께우찌 리조오(竹內理三)의 노작을 통해 새삼 사료를 다시 읽으면서 지금까지 내가 얼마나 부주의했던가를 통감했다. 실제로 관심을 갖고 살펴보았더니, 신기할 정도로 많은 사료가 수집되어 있었던 것이다. 곧잘 사료가 적다는 것을 구실로 그 주제를 연구하지 않는 자신을 합리화하는 연구자가 있지만, 그런 경우는 대부분 관심이 없거나 그 문제의 중요성을 인식하고 있지 않기 때문이라고 할 수 있을 것이다. 요컨대 연구자가 게으른 탓으로 볼 수밖에 없다.

물론 이 정도의 관심만으로는 여전히 부족한 점이 많겠지만, 일단 떠오른 몇가지

문제에 대해 논하고자 한다.

밤재배와 밤숲의 조림

산나이마루야마(三內丸山) 유적의 발굴로 얻은 최대발견의 하나는 밤나무가 재배되고 있던 사실이 명백하게 밝혀진 점이다. 사또오 요오이찌로오(佐藤洋一郎)는 DNA분석을 통해, 이 유적에서 발견된 밤의 DNA가 매우 일률적이라는 사실을 밝혀내고 이로 미루어 인위적인 밤재배가 이루어졌을 것이라고 추측했다(사또오 요이찌로오 1999). 이 발언에 자극받아 문헌을 찾아봤더니 고대·중세에도 일관되게 밤나무의 조림(造林)이 행해지고 있던 사실을 알 수 있었다(아미노 요시히꼬 1997b).

'밤숲(栗林)'은 이미 『니혼쇼끼(日本書紀)』에도 보이는데, 거기에는 '쿠루스'라는 훈이 달려 있다. '쿠루스'는 '율서(栗栖)'로도 표기되는데, 헤이안(平安) 전기의 문서와 기록에는 이렇게 표기된 예를 많이 볼 수 있다. 특히 천황가는 옛날부터 야마시로노꾸니(山城國) 타와라어율서(田原御栗栖), 탐바노꾸니(丹波國) 어율서(御栗栖)와 같은 직속 '율서(栗栖, 쿠루스)'를 설치하고, 그곳 사람들에게 밤을 바치게 하였다. 어율서사(御栗栖司, 미꾸르스노쯔까사)의 통할하에 있던 쿠루스의 '요리우도(寄人)'들은, 헤이안(平安) 후기가 되면 천황의 직속 가정(家政)기관인 쿠로오도도꼬로(藏人所) 하에서 감률어원쿠고닌(甘栗御園供御人), 율작어원쿠고닌(栗作御園供御人)이 되어, 밤을 파는 상인으로서 쿄오또를 중심으로 활동하고 있었다. 그리고 쿠루스에서 생활하는 사람들이 하야또(隼人)와 겹치는 부분이 있고, 숯장이(炭燒)나 땔감(薪)을 취급하는 산민 같은 사람들이었다는 사실에 대해서는 오래 전부터 나도 알고 있었다(아미노 요시히꼬 1984).

그러나 그때는 '쿠루스(栗栖)'를 자연스럽게 밤나무가 밀집한 곳이라고 생각해

죠오몬시대 이래의 수목문화. 산나이마루야마유적에서 출토된 죠오몬시대의 가방(pochette)과 사꾸라마찌(櫻町)유적
의 건축부재(建築部材). (아오모리현靑森縣 교육청 문화과 산나이마루야마 유적대책실 · 오노베시小野部市 교육위원회
제공)

서, 요리우도(寄人)들이 쿠고닌(供御人)이 될 때에 의식적인 조림·육성을 시작했
을 것이라 막연히 생각하고 있었는데, 산나이마루야마의 상황으로 미루어보면, 아
마도 이는 잘못일 것이다. 쿠루스 중에는 물론 자연림도 있겠지만, 헤이안 전기 문
서에 보이는 쿠루스는 '기조신진공률서(紀朝臣眞公栗栖)'와 같이 개인과 연결된
경우가 많고, 천황직속의 쿠루스도 확실히 재배·관리된 밤숲이라고 생각해야 할
것이다.

　그리고 헤이안 후기부터 카마꾸라(鎌倉)에 걸쳐, '밤숲〔栗林〕'이 문서에 자주 등
장한다. 지역적으로는 야마시로(山城)·카와찌(河內)·이즈미(和泉)·이가(伊賀)·이
세(伊勢)·에찌젠(越前)·탐바(丹波)·이즈모(出雲)·하리마(播磨)·빙고(備後)·아끼
(安藝)·키이(紀伊)·찌꾸젠(筑前) 등 서국의 쿠니들에서 널리 발견되지만, 이것은
문서의 잔존 여부에 따른 것으로, 당연히 동국에도 비슷하게 분포하고 있었음이 틀
림없다. 특히 주목할 것은 쇼오엔(莊園)·코오료오(公領)의 공식적인 검주(檢注)가

밤숲을 대상으로 하고, 이것을 논밭의 단위인 정단보(町段步)의 면적으로 파악하고
있는 점이다.

예를 들면 1273년(붕에이文永 10) 6월4일의 키이노꾸니(紀伊國) 아떼가와까미노쇼
오(阿弖河上莊)의 검주목록에는, 재가역(在家役)을 부담해야 하는 햐꾸쇼오(百姓)
의 집 97우(宇), 밭 21정8단30보, 거기에 뽕나무 1890그루, 감나무 598그루, 옻나무
37그루 외에, 밤숲 31정70보가 기재되어 있다. 논에 대해서는 별도의 목록이 있고,
정전(定田) 11정3단60보에 대해서 연공 비단〔年貢絹〕16필5장8척5촌을 부과하고 있
다. 이와같이 논밭·재가뿐 아니라 다양한 수목이 공식적으로 검주되고 있음에도 불
구하고, 이제까지 거의 간과된 채 연구대상에 오르지 못했던 것이다. 그리고 이 검주
에서 특히 주의해야만 하는 것은 뽕·옻·감을 그루수로 계산하고 있는 데에 비하여,
밤숲만이 논밭과 마찬가지로 면적으로 검주받고 있다는 사실이다.

이것은 1166년(에이만永萬 2) 2월의 빙고노꾸니(備後國) 오오따쇼오(大田莊)의 입
권문(立券文)에 논밭·재가·뽕과 함께 '율림2정8단(栗林貳町捌段)'이 언급되어 있
고, 1274년(붕에이 11), 아끼노꾸니(安藝國) 이리에노호오(入江保)의 본전전연공산용
장(本田畠貢散用狀)에 '율림7정3반반(栗林七丁三反半)'에 대한 '분지자(分地子)'의
산용(散用)이 행해지고 있는 것처럼, 쇼오엥꼬오료오제(莊園公領制)하에서 밤숲에
대한 전국적으로 공통된 검주방식이었다고 생각된다.

그리고 1345년(죠오와貞和 1) 12월 8일의 하리마노꾸니(播磨國) 야노노쇼오서방율
림검주취장(矢野莊西方栗林檢注取帳, 「東寺百合文書」 로함6호ㅁ函六號)에 보이는 대
로, 햐꾸쇼오 이름마다 한 필지씩 장량(丈量)·검주(檢注)하는 취장(取帳)을 작성한
다음, 이듬해 4월의 검주목록(矢野莊西方栗林檢注取帳, 마함3호ᄀ函三號〈2〉)에 '율림
삼정일단사십대(栗林三町壹段四十代)'라고 집계·기록하는 등, 논밭과 완전히 같은

방식으로 밤숲을 검주했던 것이다. 아직 확인되지 않았지만, 아마도 코구가(國衙)에는 대전문(大田文)·전문(畠文)·재가장(在家帳)과 함께, 쿠니의 밤숲을 종합적으로 파악한 '율림장(栗林帳)'과 같은 장부가 있었다고 봐도 좋을 것이다.

이것은 똑같이 재배되고 있던 뽕·칠·감 등이 한곳에 모아서 관리되지 않고, 적당하게 심어져 있었던 것에 비하면, 밤나무의 경우 특정 원지(園地)에 '숲'으로 재배, 조성되어 관리되고 있었음은 분명하다. 실제로 806년(다이도오大同 1) 8월 25일의 다이죠오깐 장부[太政官符]에도, '집 옆에 밤을 심어 숲으로 만든다'고 기록하고 있어, 이러한 밤숲의 조성은 고대에까지 거슬러 올라가는 것이 분명하며, 결국 이것은 죠오몬시대 이래의 전통이라고 할 수 있다.

그리고 밤숲에 대한 공적 세금은 고대 이래 그 열매인 밤이었다. 『엥기시끼(延喜式)』 주계식(主計式)에 보이는 여러 쿠니들의 쥬우난사꾸모쯔(中男作物) 가운데 탐바(丹波)와 이나바(因幡)가 평률자(平栗子)를, 탐바·타지마(但馬)·미마사까(美作)·빗쮸우(備中)가 도율자(搗栗子)를 바치고 있고, 궁내성식(宮內省式)과 대선식(大膳式)의 '예공어지(例貢御贄)'에서도 탐바가 평률자를, 타지마·하리마·미마사까·이나바가 도율자를 공진(貢進)하고 있다.

그것은 중세에 들어서도 마찬가지로, 면적으로 장량되는 밤숲에 대해서는, 쇼오엔·코오료오에서 '임지자(林地子)'의 형식으로 일정량의 밤을 반별(反別)로 부과했다. 예를 들면 1241년(닌지仁治 2)의 탐바노꾸니 오오야마노쇼오(大山莊)에서는 '임지자'로 '도율1석(搗栗一石)', '제물(濟物)'로 '감률4승 생율5두(甘栗四升 生栗伍斗)'를 납부했고, 1193년(켕뀨우建久 4)의 키이노꾸니 아떼가와까미노쇼오에서는 '율림20정(栗林貳拾町)'에 대하여 반별1승(反別一升)의 '율2곡(栗貳斛)'을 부과했다. 또 아끼노꾸니 이리에노호오(入江保)에서는 '정림4정9반반(定林四丁九反半)'에 대하여,

반별6승, 즉 '분지자2석9두7승(分地子二石九斗七升)'의 밤이 부과되었다.

이러한 광범한 밤숲을 배경으로, 앞서 탐바나 야마시로의 감률어원쿠고닌(甘栗御園供御人)과 같은 율작(栗作)·율매(栗賣)의 직능민이 나타나, 쿄오또(京都)를 중심으로 밤을 판매했던 것이다. 밤은 상품으로 널리 유통되었고, 13세기 후반 이후가 되면 율림에 대한 부과전(賦課錢)를 거두어들였다. 이렇듯 밤은 아주 오랜 옛날부터 식품으로서 열도사회 주민들의 생활에 깊이 침투하여, 삶을 지탱해주는 중요한 역할을 수행해왔다.

그러나 앞서도 언급한 것처럼, 율림은 결코 밤 채취만을 위해 재배·조림되었던 것은 아니고, 죠오몬시대 이래로 건축자재를 공급하기 위한 것이기도 했다. 예를 들면 『니혼산다이지쯔로꾸(日本三代實錄)』 866년(죠오간貞觀 8) 정월20일조에 따르면, 히따찌노꾸니의 카시마대신궁총육개원(鹿島大神宮惣六箇院)은 20년에 한번씩 수조(修造)하는데, 그때마다 5만여 그루의 재목이 소요되는 등 막대한 노동력과 비용이 투입되었다. 그런데 조영(造營)의 재목[41]을 벌채하는 산이 궁(宮)에서 2백여리 떨어진 나까군(那珂郡)에 있어서, 운반하기가 대단히 번거로웠다. 그래서 그때까지 궁을 만드는 재목으로 자주 쓰여왔던, 심기 편하고 성장도 빠른 밤나무를 궁 근처의 노는 땅에 5천7백 그루, 삼나무를 34만(또는 4만) 그루 심고 싶다며 징구우지(神宮司)가 다이죠오깐(太政官)에 신청하여, 재가를 얻고 있다. 9세기 중엽에 이미 밤나무와 삼나무의 본격적인 조림이 행해지고 있던 사실을 이로써 명확히 확인할 수 있는데, 이것은 사회 각 분야에서 광범위하게 행해지고 있었음이 틀림없다. 앞에서도 말한,

---

41 신궁 건립에 쓰이는 재목.

하리마노꾸니 야노노쇼오(矢野莊)의 햐꾸쇼오묘오(百姓名)마다 한 필지씩 검주되었던 밤숲은 햐꾸쇼오(百姓) 자신의 재가, 즉 주택의 건축용재로 쓰였다고 봐도 틀리지 않을 것이다. 그렇지만 이제까지의 연구는 햐꾸쇼오 집의 건축에 대해서는 거의 아무것도 밝혀내지 못한 실정이다.

햐꾸쇼오 건축의 주거

그러나 최근 죠오몬시대의 유적발굴 성과는 이에 대해서도 중요한 문제를 제기했다. 앞서도 언급했듯이 사꾸라이(櫻井)유적에서 이 시대 사람들이 이제까지 예상도 못했던 고도의 건축기법을 습득했다는 사실을 보여주는 유물이 발견된다. 이는 보통사람들이 주거건축을 일상적으로 행하고 있었음을 시사하고 있다.

실제로 중세에 재목이나 부(榑), 칠팔촌목(七八寸木), 노송나무 껍질(檜皮) 등을 연공으로 바치는 쇼오엔과 코오료오가 적지 않았다. 이 표에서 알 수 있는 것처럼 그것은 서국, 특히 세또나이까이 연해지역 쿠니들의 산에 가까운 장원에서 많이 보이는데, 이들 재목·부·노송나무 껍질 등을 부담하고 있는 햐꾸쇼오는 약간의 논밭이나 화전경작에 종사하고 있다고는 하지만 농민이라기보다는, 오히려 벌목은 주로 하는 산민인 벌목꾼(杣人)으로 보아야한다.

이러한 광범한 햐꾸쇼오(百姓)적 벌목꾼을 기반으로, 산공(杣工)·목공(木工)이라고 불리며 재목과 부(榑)를 생산하는 직능민 집단이 형성되었고, 특히 히다(飛驒), 키소(木曾) 등지에는 그러한 직능민이 활발히 활동하고 있었다고 볼 수 있다.

이와같이 재목과 부(榑)를 연공으로 하는 햐꾸쇼오들이 건축기법을 습득하고 있었던 것도 분명하지만, 보통의 햐꾸쇼오들 역시 모두 자신들의 가옥을 건축할 수 있을 정도의 기술은 갖고 있었다고 추정할 수 있다.

예를 들면 1236년(카쩨이嘉禎 4) 탐바노꾸니 쟈꾸부쇼오(雀部莊)의 료오께(領家) 마쯔오샤(松尾社)의 잣쇼오(雜掌)와 지또오(地頭) 니이다(飯田) 간의 소송에 대한 로꾸하라딴다이(六波羅探題)의 판결에 의하면, "지또오의 주택을 햐꾸쇼오에게 짓게 하는 일"은 선례가 없는 지또오의 "새로운 법[新儀]"라고 하여, 지또오의 주장을 기각하고 있다. 주목할 것은 햐꾸쇼오들이 지또오의 '초옥(草屋)'을 만든 것은 선례가 있다고 되어 있고, '오간삼면(五間三面)'의 훌륭한 '식옥(式屋)'의 건축을 햐꾸쇼오에게 억지로 강요하는 것은 지또의 '새로운 법'이라고 보는 점이다. 이로 볼 때 햐꾸쇼오들에게는 적어도 '초옥'을 건축할 역량이 있었음을 분명히 확인할 수 있다. 또 쌍방의 흥정 속에서, 햐꾸쇼오들이 현물을 내어 집을 사들이고, 그것을 건축자재로 하여 '대목욕탕'을 만든 사실도 밝혀져, 이러한 꽤 큰 가옥도 햐꾸쇼오들이 만들고 있었음을 알 수 있다.

이같은 사례는 무로마찌시대인 1463년(칸쇼오寬正 4) 빗쮸우노꾸니 니이미노쇼오(新見莊)에서도 확인할 수 있다. 이 해 토오지(東寺)를 지원하는 료오께(領家)측의 다이깐(代官)이 쇼오꼬꾸지(相國寺) 소속의 지또오가 관할하는 측의 햐꾸쇼오들에게 살해당한 것에 대한 보복으로 지또오측의 만도꼬로(政所)[42]를 불태워버린 료오께측의 햐꾸쇼오(百姓)들은, 바꾸후와 연결된 쇼오꼬꾸지(相國寺)의 강한 압력으로 마침내 만도꼬로의 건물을 세우지 않을 수 없게 되었다. 하는 수 없이 료오께측의 쇼오깐(莊官)들과 함께 햐꾸쇼오 등은 '기둥을 세우고[柱立]' '옛 건물(古屋)'을 해체하여, 일부는 새롭게 수축하면서 만도꼬로를 건축하고, 전원이 지붕의 '후끼오로시'[43]를 완성한 것이다. 거기에는 지또오측 목수[番匠]도 관여하고 있음을 확인할 수 있

---

42 소령(所領) 쇼오엔의 사무를 관장하는 기관.

재목(材木)이나 부(榑)를 연공으로 바친 쇼오엔

		회피 (檜[比皮])	부(榑)	칠팔촌목 (七八村木)	재목
셋쯔(攝津)	야마모또노쇼오(山本莊)	200井			
오우미(近江)	首頭莊		3000寸		
	오다까미노쇼오(小田上莊)		2000寸		
	쿠쯔끼노쇼오(朽木莊)			30000寸	
	大與度莊		100		
	安孫子莊	100			
	카와까미노쇼오(河上莊)		100		
탐바(丹波)	유게노쇼오(弓削莊)		2000榗	2000支	
하리마(播磨)	쿠로다노쇼오(黑田莊)		1000檜	100	
	이시즈꾸리노쇼오(石作莊)		310榗		
비젠(備前)	裳懸莊	50			
이즈모(出雲)	우가노쇼오(宇賀莊)	100			
빗쮸우(備中)	이하라노쇼오(井原莊)	100			
	하시모또노쇼오(橋本莊)		100		
스오오(周防)	쿠가노쇼오(玖珂莊)				1000物
	타마노야샤(玉祖社)		300		
	이시꾸니노쇼오(石國莊)				
키이(紀伊)	이시가끼노쇼오(石垣莊)		1000檜		
아와(阿波)	나까야마노쇼오(那賀山莊)		10000		1000
	나히가시노쇼오(名東莊)		350		
이요(伊豫)	미시마샤(三島社)		10000		

는데, 실제의 건축작업은 분명 햐꾸쇼오들이 진행했을 것이다.

목수[番匠], 대장장이[鍛冶], 미장이[壁塗] 등 건축직능민은 지샤(寺社)의 건물을 축조할 때에는 반드시 중심적인 역할을 맡고 있고, 만도꼬로와 같은 공적인 건축물에도 관계하고 있기는 하지만, 건축 그 자체는 햐꾸쇼오들의 노동으로 이루어졌다. 이것은 햐꾸쇼오들 자신이 스스로의 가옥건축을 비롯해, 목조건축을 어느 정도까지 추진할 수 있을 만큼의 기술적 역량이 있었음을 말해준다. 동시에 그것은 죠오몬시대까지 거슬러 올라가는 깊은 전통을 갖고 있었던 것이다. 현재에도 '일요목수(日曜大工)'⁴⁴가 일반인의 생활 속에 널리 보급되어 있고, 또 최근까지 초등학교부터 고등학교까지의 교과에 목공과목이 포함돼 있던 데에서 볼 수 있는 것처럼, 목공·건축의 전통은 지금도 여전히 일본사회 속에 살아있는 것이다. 신의 솜씨라고 일컬어지는 일본 건축직인의 기술은, 이처럼 햐꾸쇼오(百姓)적인 건축기술이라는 넓은 기반이 뒷받침되어 개화했던 것으로 생각된다.

연료로서의 장작·목탄

물론 수목은 이와같이 건축용재로서만 큰 역할을 담당했던 것은 아니다. 나무껍질도 편물(編物) 등 여러가지 형태로 가공되어, 죠오몬시대 이래 사람들의 생활 속에서 커다란 역할을 수행해왔던 것이다. 특히 회물(檜物)⁴⁵ 등 고도의 예술적 수피문화(樹皮文化)가 다양한 목기(木器)의 세공 형태로 현재까지 살아있는 것은 잘 알려져 있고, 목재로 만든 오께(桶)⁴⁶나 타루(樽)⁴⁷의 역할에 대해서도, 최근 연구가 활발

---

43 주건물의 지붕처마를 연장하여, 주건물에 부속한 건물의 지붕으로 삼는 것.
44 직장인이 휴일을 이용하여 취미로 공사·수리 등을 하는 것.
45 노송나무 껍질[檜皮]로 만든 공예물.
46 가늘고 긴 판을 세로로 나열하여 세워서 만든 둥근 통. 보통 물을 넣거나 절임 반찬[漬物]을 넣는 데

히 추진되고 있다(코이즈미 카즈꼬 2000).

더욱이 수목은 장작〔薪〕·탄(炭)의 형태로, 열도사회의 생활에서 빼놓을 수 없는 연료로 사용돼왔다. 그중에서도 목탄은 최근 고도성장이 가져온 극심한 생활의 변화가 있기 전까지, 촌락과 도시에서 난방·조리 등 생활의 다양한 분야에서 필수품으로 사용되었다. 그뿐만이 아니다. 일상의 생활도구로 꼭 필요한 도자기, 절대로 없어서는 안될 식품인 소금의 생산, 그리고 광범위하게 이루어지는 금속의 정련, 특히 철의 생산과 가공을 위해서는 대량의 장작과 탄이 필요했다. 이렇듯 장작과 탄은 열도에 사는 사람들의 생활을 지탱하는 데 없어서는 안될 기둥이었다.

탄(炭)에 대한 연구는 히구찌 키요유끼(樋口淸之)가 전력을 기울여 저술한 『일본목탄사(日本木炭史)』(히구찌 키요유끼 1993a)와 『목탄(木炭)』(히구찌 키요유끼 1993b)에서, 고대와 근세 이후 부분은 자세히 연구됐다고 할 수 있다. 그러나 중세에 대해서는 거의 공백상태이고, 근세 이후에 대해서도 하세 스스무(長谷進)가 노또(能登)를 대상으로 연구성과를 내고 있으나, 아직 해명해야 할 여지는 매우 많다고 하겠다.

지금 여기서 이 큰 문제에 깊이 들어갈 여유는 없지만, 중세에 대하여 두세 가지 생각나는 것을 말해둔다면, 장작과 탄을 연공으로 바치는 쇼오엔(莊園)은 표에서 보는 바와 같이 서국 쿠니들 중에서 몇군데 발견할 수 있다. 그러나 이는 문자 그대로 빙산의 일각에 지나지 않는다. 최근 각지에서 진행되는 발굴성과를 살펴보면, 숯가마〔炭釜〕는 도처에 널려 있다고 할 만큼 광범하게 발견된다. 예를 들면 일본의 버블

사용한다.
47 술·간장 등을 넣는 목제용기.

경제기에 오꾸노또(奧能登)의
산지에 골프장을 조성하려고
할 즈음, 긴급발굴을 담당한
하마노 노부오(濱野伸雄)는
이곳에서 너무나 많은 숯가마
가 발견된 것에 그저 경탄할
따름이었다. 이 무렵에는 연대
측정이 제대로 되지 않았지만,
하마노 등의 노력으로 최근 진
척중에 있다고 한다(호꾸리꾸중
세토기연구회편 1997). 이에 비하
면 문헌에 기초한 연구는 크게
뒤떨어져 있는 실정이라고 하
겠다.

탄·장작을 연공으로 바친 쇼오엔

쿠니명(國名)	쇼오엔명	장작	땔감
이즈미(和泉)	젱꼬오지(禪興寺)	50籠	
	탄노와노쇼오(淡輪莊)		100束
빙고(備後)	카호꾸노쇼오(河北莊)	60	
	인노시마노쇼오(因島莊)	100	100
	키비쯔구우 (吉備津宮)	50	
키이(紀伊)	이시가끼노쇼오(石垣莊)	16	4000
아와지(淡路)	스가와라노쇼오(菅原莊)	100	
	이찌노미야(一宮)	50	50
	니노미야(二宮)	50	100
	이와야샤(石屋社)		100
아와(阿波)	타이마샤(大廠社)	50	50
	호오린샤(法林社)	60	

　흥미로운 점은 전국각지에서 발굴되는 방대한 수의 도자기 가마[窯]가 고대·중
세의 문서에는 전혀 모습을 드러내지 않고 있는 데에 비하여, 숯가마는 문서에 자
주 등장한다는 사실이다. 이것은 도자기 가마의 내구연수(耐久年數)가 짧고 따라
서 재산으로 생각하지 않고 있음에 비하여, 숯가마는 상당히 오랜 기간에 걸쳐 같
은 장소에 조성되고, 분쟁이나 양여의 대상이 되었기 때문이라고 해도 틀리지 않을
것이다.

　예를 들면 오우미(近江)의 아도가와(安曇川)의 상류에 묘오오오인(明王院)이 소
재하는 카쯔라가와(葛川)에 대해서는, 중세의 산민 같은 사람들의 생활을 잘 알려주

는 문서가 묘오오오인에 다수 전래되고 있다. 문서에 따르면, 카쯔라가와의 상주승 (常住僧)들과 자주 분쟁을 벌인 이까다찌노쇼오(伊香立莊)의 햐꾸쇼오(百姓)들은, 카쯔가와산(葛河山)의 나무를 벌목하여 숯을 구워, 쇼오렝인(靑蓮院)에 번탄(番 炭)·화탄(花炭)·명전탄(名田炭)·동목탄(冬木炭)·오곡탄(五穀炭)·어기일탄(御忌 日炭) 등 다양한 명목으로 공사(公事)로서 숯을 납부하고 있었다. 또 숯가마에 대해 서는 〔가마세(稅)인〕'부지자(釜地子)'로서 '숯가마 10기〔十口〕'에 대해 60바구니의 숯을 납부했다. 그러나 카쯔라가와의 상주승들에 따르면, 이까다찌노쇼오측은 1258 년(켐뽀오建保 6)에는 숯가마를 70여개나 갖추고, 더욱이 1258년(켄쪼오建長 7)에는 숯 가마를 3백여개나 설치하여 맹렬한 기세로 숯을 구워댔기 때문에 수목이 모두 잘려 나갈 상황이었다고 한다.

이에 대하여 1269년(붕에이文永 6) 이까다찌노쇼오측의 호소에 따르면, 카쯔라가 와의 상주승은 본래, '재가는 다섯집(在家五宇)'이라고 제한되어 있음에도 불구하고, '제국에 유랑하는 아꾸또오(惡黨)[48] 등'이 수십 채 재가(在家)를 늘어놓고 물고기·새 를 잡거나 소와 말을 멋대로 기르며, 또 재목을 대량 벌목하여 수백척의 어선을 건조 하고, 나무들이 잘려나간 그 터를 화전으로 하여 감회(紺灰)를 만드는 등의 '악행'을 저질렀다고 한다. 또 이까다지노쇼오 측의 숯가마를 파괴하고 숯가마터를 불태웠으 며, 길가에 숯을 흩뿌리는 등의 행패를 자행했다고 하고 있다. 깊은 산속의 재목을 벌채하여 어선을 만들고, 이 배가 아도가와를 거쳐 주로 비와꼬(琵琶湖) 등지에 활 동하고 있었다는 점 등 주목해야 할 사실이 이로써 판명되었는데, 이와같이 숯가마

---

48 쇼오엔 내의 반(反)영주적인 장민(莊民)집단.

는 격렬한 분쟁의 대상이었던 것이다.

서국만이 아니다. 동국의 무사시노꾸니(武藏國) 타마가와(多摩川) 상류에서도, 숯굽기는 활발히 펼쳐지고 있었다. 이 지역에는 소마노호오(杣保)라는 단위가 설정되어, 벌목꾼(杣人)들이 활동하고 있었던 것이 알려져 있지만, 그 근처의 선목전장 유리본향(船木田莊由利本鄕)을 둘러싼 지또오 아마노(天野)씨 일족간의 분쟁대상에 '한개의 숯가마[炭釜一口]'가 문제로 떠올라, 1317년(붐보오文保 1) 카마꾸라(鎌倉)바꾸후의 판결에 따라, 그 '삼분의 일' '육분의 일'이 당사자에 분할되었다. 이와같이 숯굽기는 이 지역의 중요한 생업이었고, '숯가마'는 '구(口)'를 단위로 그 소유지분이 분할되어, 논밭·재가(在家)와 함께 소령(所領)의 한 요소로 취급되는 점에 주목할 필요가 있다.

이러한 상황은 전국의 산간지역에 광범하게 보이는데, 그중에서도 사료가 풍부한 키나이(畿內), 특히 쿄오또 북쪽교외의 경우가 그러하다. 셋깐가의 도령(渡領)[49]인 호오죠오지령(法成寺領) 가운데 보이는 '연공탄 4천8백바구니(年貢炭四千八百籠)'을 부담하는 '오하라의 요리우도 50명(大原寄人五十人)'은 섭관가에 직속된 숯을 굽는 직능민집단이고, 쿄오또 등지에서 땔감과 숯을 파는 '오하라메(大原女)'는 이 집단의 여성이었다. 더 북쪽의 야세(八瀨)에는 쇼렝인(靑蓮院) 소속으로, 후에 '야세동자(八瀨童子)'라고 불렸고 최근 천황장례식의 운구행렬 때 상여꾼으로 잘 알려진 숯장이집단이 있었다.

---

49 가(家) 또는 시끼(職)에 부속되어 세습되는 소령(所領). 천황·상황(上皇)의 후원령(後院領), 후지와라(藤原)씨의 장자(長子)가 대대로 세습한 쇼오엔 등이 그것이다.

'오하라메(大原女)' (『나나쥬우이찌방쇼꾸닝우따아와세(七十一番職人歌合)』에서, 토오꾜오東京 국립박물관 소장)

그리고 서북의 오노야마(小野山)에는 주전료(主殿寮)[50] 넹요또모(年預伴)씨가 관할하던 천황가 직속의 숯장이들이 활동하고 있었다. 주목할 것은 이 집단이 '백탄장이〔白炭作手〕'라고 하여, 고열에서 단단하게 구운 현재의 '비장탄(備長炭)[51]'에 해당하는 고급탄을 굽는 직능민, 즉 '직인(職人)'적인 숯장이었다는 점이다. 단단한 '백탄'은 이런 '직인'적 숯장이가 생산하는 것이 일반적이지 않았을까하고 생각한다. 1254년(켄쬬오建長 6) 카와찌노꾸니(河內國) 콩고오지(金剛寺)의 소령임이 공식적으로 인정된 '세금을 면제받은 다섯 마을의 백탄(白炭免田五町)'은 실로 이러한 '직인'의 숯굽기가 보장된 면전이었다.

그러나 다른 한편, 오노야마의 숯장이와 벌목꾼(杣人)들은 오하라메(大原女)와 마찬가지로 쿄오또를 중심으로 땔감과 숯, 재목 등을 파는 상인이요 천황가의 직속관청인 주전료(主田寮) 소속의 오노야마쿠고닌

---

50 율령제에서 궁내성에 속하여 천황행차시의 가마나 궁중의 유장(帷帳), 궁전내의 청소, 등촉(燈燭)의 배급 등을 담당하던 관청.

51 키슈 미나베가와무라(紀州南部川村)에서 독특한 기법으로 토요(土窯)에서 구운 목탄. 세계적으로도 희귀한 경질탄(硬質炭)이며 고급탄으로 이름이 높다.

(小野山供御人)으로서, 넹요또모(年預伴)씨의 통할하에 있으면서 어딜가나 교통세를 부과받지 않는 등 특권을 보장받아 자유로이 활동하고 있었던 것이다.

오노야마 근처에는 닌나지(仁和寺)나 카모샤(賀茂社)에 속하는 숯장이와 벌목꾼 등 산민집단도 활동하면서 서로 영역을 둘러싸고 분쟁하는 사태도 종종 보이는데, 쿠고닌(供御人)집단 내부에서도 숯가마를 둘러싸고 분쟁이 벌어졌다.

예를 들면 1366년(죠오지貞治 5), 백옥아고녀(白屋阿古女)와 택전천송녀(澤田千松女)가 숯가마 문제로 다투었고, 이듬해에는 오오니시 토모노부(大西友延)과 시미즈 노부사다(淸水延貞) 사이에 숯가마 분쟁이 일어났다. 숯가마는 앞서의 오오미나 무사시와 마찬가지로, 여기서도 논밭과 비견되는 소령으로서 이처럼 소송의 대상이 되고 있다. 특히 주목할 것은 여성이 그 권리를 보유하여 소송의 당사자로 나섰다는 점이다. 앞서 오하라요리우도(大原寄人)와 오하라메(大原女)와 마찬가지로, 오노산 쿠고닌(供御人)의 상인으로서의 활동도 여성이 중심이었다고 충분히 생각할 수 있다. 게다가 그것은 남성이 생산한 숯을 매매할 뿐 아니라, 여성 자신의 소령인 숯가마를 배경으로 한 활동이었던 점에 눈을 돌릴 필요가 있다.

쿄오또 주변의 이러한 '직인'적 숯장이와 땔감과 숯을 파는 상인에 대해서는, 중세의 문헌사료가 풍부하여 앞으로 더욱 연구를 심화시킬 여지가 많다. 근세에 들어오면, 햐꾸쇼오(百姓)들의 숯굽기는 더욱더 광범위하게 펼쳐지고, 근처에 산림이 있으면 어디에서나 숯을 구웠다고 해도 좋을 정도로 일반적인 일이 되었다. 동시에 히구찌 키요유끼(樋口淸之)가 자세히 밝힌 대로, 숯의 종류도 다양해지고 지역명을 붙인 숯이 각지에 유통되었다. 또 어느 곳의 산목을 벌채해도 좋다는 특권이 보장된 노또의 숯장이 같은 '직인'적 숯장이도 활동하고 있었다. 그리고 목탄은 열도사회의 일반인들의 생활에 깊이 침투하여 불가결한 존재로 변해갔다.

내가 청년이던 1950년대까지는 분명히 이러한 상황이 계속되고 있었다. 숯과 그에 수반한 도구인 화로〔火鉢〕·화저(火箸)[52]·히후끼다께(火吹竹)[53] 그리고 삼발이〔五德〕[54]·풍로〔七輪〕[55]·부삽〔十能〕[56] 등은 친숙한 존재였다. 지금이야 '비장탄(備長炭)' 등을 제외하면 일본사회에서 숯문화는 모습을 감추고 있는 중이라 해야할 것이다. 그런 이유 탓인지, 전술한 대로 숯과 그 역사에 대한 연구는 그것이 수행해온 역할에 비해 너무도 빈곤하게만 보인다.

이밖에 농업이외의 여러 생업에도 이러한 연구공백은 많이 남아 있지만, 수목의 경우 재목의 수송로인 하천과 바다의 역할에 대한 연구부족도 그런 공백이라 할 수 있겠다.

재목의 수송로, 하천

산에서 벌채해온 재목을 하천이나 바다를 통하여 원격지로 운반하는 것은, 아주 오랜 옛날부터 해온 일이다. '일본국' 성립 무렵 절을 만들고 수도를 조영하는 데 쓰인 재목을 비롯해, 예를 들면 앞서 언급한 866년(조오간貞觀 8) 이전의 카시마샤(鹿島社)를 조영할 때, 나까군(那珂郡)에서 운반했다는 방대한 목재는 나까가와(那珂川)

---

52 탄불 등을 집는 데 사용하는 금속제의 젓가락.

53 불을 피울 때 입으로 부는 대나무통.

54 탄불 위에 두어, 철제병 등을 걸치는 삼각 또는 사각 윤형(輪形)의 기구. 철제와 도기제(陶器製)가 있다.

55 '七厘'라고도 쓴다. 무언가를 끓이는 데에는 7리(七厘) 정도의 탄이면 충분하다는 뜻에서 생긴 말로 화로의 한 종류.

56 탄불을 담아 옮기는 금속제 도구.

를 타고 바다를 통하여 수송되었다고 봐도 틀리지 않을 것이다.

그리고 12세기 무렵이면, 재목을 뗏목에 묶어 하천에 띄우는 방식이 일상적으로 행해지게 되고, 그 일에 종사하는 벌사(筏師)[57]·목수(木守) 등의 직능민집단이 형성된다. 그리고 그 근거지로서 목재창고〔木屋〕 등의 시설이 설치되는 한편, 진료(津料)·솔분(率分)·하수(河手)[58] 등의 명목으로, 하천을 통과하는 재목으로부터 고정된 '관료(關料)'를 징수하는 것도 일상적인 일이 되었다.

예를 들면 1132년(죠오쇼오長承 1) 9월23일의 관선지(官宣旨, 「廣田神社舊記」)를 보면, 셋쯔노꾸니(攝津國) 히로따샤(廣田社)가 그 신령(神領)인 산으로부터 '산수(山手)'[59]의 명목으로 노송나무 껍질〔檜皮〕을 징수하고, 무꼬가와(武庫川)를 따라 운반되는 재목 열개당 한개, 즉 10분의 1의 솔분을 수취하여 수리료(修理料)[60]로 충당하던 관례가 새삼 인정되고 있다. 또 1171년(카오오嘉應 3) 4월 17일의 관선지에서는 이세신궁(伊勢神宮)이나 하찌만궁(八幡宮)과 마찬가지로, 무코가와에서 히로따샤의 솔분징수권리가 재확인되고 있다. 또 뵤오도오인령 오우미노꾸니 쿠쯔기소마(平等院領近江國朽木杣)에서도, 마찬가지로 '산수(山手)'로서 재목을 징수함과 동시에, 아도가와에서 운반되는 재목에도 '진료(津料)'라 부르며 '솔분'을 징수하고 있다. 지샤(寺社)가 이러한 산수와 솔분을 이른바 신불에 대한 '죠오분(上分)' '하쯔오(初尾)'로서 수취하여 수리료에 충당하는 관습은 아마 오래 전부터 일반적으로 비쳤던

57 재목을 묶어 하천에 띄우는 것을 업으로 하는 사람.
58 모두 하상운송할 때 부과하는 세금.
59 산에서 이루어지는 경제활동에 부과하는 세금.
60 신사 등을 재건축하거나 수리할 때 드는 비용.

호리까와(堀川) 주변. (『잇뻰히지리에(一遍聖繪)』에서, 토오꾜오東京국립박물관 소장)

것이다.

그러나 12세기에 들어설 무렵에는, 이러한 관행을 무시하고 재목을 벌채하여 하천으로 떠내려 보내는 사람들의 움직임이 현저하게 나타나 분쟁이 일어나고 있다. 벌사(筏師)·목수·벌목꾼[杣人] 등 직능민집단이 본격적으로 움직이기 시작했던 것이다. 이가노꾸니(伊賀國)의 나바리가와(名張川)·우다가와(宇陀川)에서는 이러한 직능민은 코오후꾸지 토오엔도오(東圓堂)의 요리우도(寄人)처럼 신불의 직속민이 되어 이즈미기진(泉木津) 등에서 진료와 솔분면제의 특권을 보장받고, 행사하려 하여 쯔사따닌(津沙汰人)[61]과 종종 충돌했다(쿠로다 히데오 1984).

그리고 카마꾸라기에 들어올 무렵 이 벌사(筏師)들은, 셋깐가의 요리우도가 된 호즈가와(保津川)의 탐바노꾸니(丹波國) 호즈 벌사(保津筏師)처럼, 지닌(神人)·요리우도(寄人)로서의 입장을 명확히 하고, 특권을 보장받게 되었다. 또 쿄오또를 남북으로 흐르는 인공하천인 동서의 호리까와(堀川) 가운데, 서호리까와(西堀川)는 일찍 사라지고 동호리까와는 카쯔라가와(桂川)에서 흘러드는 재목의 수송로, 또는 목재저장소로서의 기능을 오래 유지했는데, 거기서 벌사로 활동하면서 동시에 재목교역을 했던 직능민집단은 천황가의 직속관청인 케비이시쬬오(檢非違使廳)[62]의 관할하에 놓인 한편 기온샤(祇園社)의 지닌이 되었다. 그리고 이들은 호리까와지닌(堀川神人), 호리까와 재목상인이라 불리며 중세 내내 활동하였다. 이같이 신불의 직속민으로서 재목수송에 종사한 직능민은 서국 각지에 분포하고 있었을 것이다.

다만 간과해서는 안되는 것은 1183년(쥬에이壽永 2) 11월, 키소 요시나까(木曾義仲)가 고시라까와(後白河)법황이 머물던 호오쥬우지전(法住寺殿)을 습격했을 때, 이에 대항하여 법황측이 모은 관병을 가리켜 『겜뻬이죠오스이끼(源平盛衰記)』가 '호리까와상인(堀河商人), 돌멩이 싸움하는 젊은애들, 걸식승'이었다고 묘사하고 있는 점이다. 호리까와상인이 천황직속군으로서 동원되었던 것은 호리까와를 포함하는 부두의 재목을 케비이시쬬오가 관할하고 있었기 때문이지만(키요따 젠쥬 1976), 호리까와상인, '거지' '히닌(非人)' '돌멩이 싸움꾼(印地輩)'을 나란히 언급하고 있는 점은 주목할 필요가 있다.

16세기로 내려오면 케비이시 세다(勢多)의 소령 중에 '시죠오까와라모노목옥국분(四條河原者木屋拘分)'이 보이는데, 시죠오까와라에 목수〔番匠〕·동량(棟梁)과 관계된 '목옥(木屋)', 즉 목재창고가 존재했음을 알 수 있고 동시에, 그 목재창고를 보

---

61 나루터에서 활동하는 사따닌.

62 케비이시(檢非違使)는 헤이안 초기에 설치되어, 쿄오또의 위법사항과 비위 등을 단속하여, 체포·소송·형집행 등을 담당한 직책. 지금의 재판관과 경찰관을 겸하고 있어서 권한은 막강했다.

유하고 있는 것이 '카와라모노(河原者)'였던 사실을 확인할 수 있다. 이 역시 같은 문제를 보여주고 있다고 생각된다.

이와같이 쿄오또의 벌사(筏師)와 목재상인은 '코지끼히닌(乞食非人)' '카와라모노'와 깊은 관계가 있고, 중세후기에는 천시되었을 개연성이 충분하다. 왜 그런가, 또 이러한 현상이 어떤 범위의 지역에서 나타나는가에 대해서는 좀더 연구할 필요가 있다. 어쩌면 수목을 취급하는 조원가(造園家)적 성격의 카와라모노(河原者)와 목재상인이 관계되는 일일지도 모른다. 그러나 이것은 쿄오또 주변의 상황이며, 적어도 전국적인 현상은 아니었다고 할 수 있다.

실제로 하천을 통한 재목수송 문제에 대해서는 중세 이후라면 많은 사실을 발견할 수 있지만, 현재 내가 아는 좁은 범위에서는 그러한 사실을 확인할 수 없다. 예를 들면 12세기 말, 권진상인(勸進上人)[63]으로서 타이라(平)씨가 불태운 토오다이지(東大寺)의 재건·조영을 추진했던 슌죠오보오쬬오겐(俊乘房重源)은 요시노야마(吉野山)나 이세신궁의 소마(杣) 등, 하천을 이용하기 편한 곳에서 재목을 벌채하고 있고, 특히 토오다이지 조영료국(造營料國)이 된 스오오노꾸니(周防國)에서는, 1186년(분지文治 2), 목수(番匠)·벌목꾼(杣人) 등을 이끌고 산에 들어갔다. 그리고 햐꾸쇼오(百姓)들의 협력을 얻어 산을 개발하고 있는데, 도르래를 사용하여 사바가와(佐波川)의 물을 막아 저장한 후 재목을 집적하고 제방을 터서 떠내려보내는 기술을 구사했다. 재목들은 세또나이까이(瀨戶內海)를 통하여 키즈가와(木津川)를 따라 운반하고, 대력차(大力車)나 여러마리 소의 힘을 빌려 토오다이지까지 실어갔다. 후에 '세

---

63 지샤(寺社)나 불상의 건립·수리 등을 위해 금품을 모집하는 사람.

끼다시' '철포(鐵砲)'[64] 등으로 불린 이러한 기술도(쿠로다 히데오 1984) 상당히 오랜 옛날까지 소급되지 않을까 생각하지만, 이 죠오겐의 막대한 재목의 벌채·수송은 놀랄 만한 사업이라고 하지 않을 수 없다.

또 1266년(붕에이文永 3), 아끼노꾸니(安藝國)의 고바야까와(小早川)일족 사이에서는 누따가와(沼田川)에서 수송한 '비증(比曾)'(檜楚, 가느다란 角材) 3천 자루를 두고 분쟁이 일어났는데, 한쪽 당사자는 이것을 '카리아게닌(借上人)'[65]에게 주었다고 비난받음을 볼 때, 재목의 벌채·수송이 금융업자에게서 청부받은 일이었음을 알 수 있다. 재목은 이같이 상인이나 금융업자가 취급할 정도로 활발한 교역대상이었고, 재목의 쇼오엔이라 불러도 과언이 아닌 키이노꾸니 아떼가와까미쇼오(阿弖河莊)의 쇼오간(莊官)과 햐꾸쇼오(百姓)들은, 쿄오또에 보내라고 명령받은 재목을 '용도(用途)' 수십관문(貫文)에 사서, 아리다가와(有田川)를 거쳐 대선에 싣고 바다로 운반하여, 셋쯔(攝津)의 미나세쯔(水無瀨津)에 갖다 놓았다. 그리고 이러한 일에 햐꾸쇼오들이 '산작부(杣作夫)' '예부(曳夫)'[66] 등으로 동원되었는데, 거기서 직능민이 발견되지 않는 것을 보면, 이처럼 재목을 실어나르는 기술은 쇼오엔(莊園)의 햐꾸쇼오가 익히고 있었다고 생각된다.

한편, 동국의 카마꾸라 지샤(寺社)의 건축물을 살펴보면, 예를 들어 엥가꾸지(圓覺寺)는 카마꾸라 해변가에 '목옥지(木屋地)', 목재창고를 보유하여, 거기에 재목을 집적하고 있고, 1322년(겡꼬오元亨 2)부터 이듬해에 걸쳐 완성된 엥가꾸지 법당, 켄쬬

---

64 세끼다시와 철포가 같다기보다는 이런 재목을 끄는 기술을 세끼다시 또는 철포로 불렀다는 뜻이다.
65 여기서는 금융업자라는 뜻이다.
66 재목수송에 동원된 사람들을 가리키는 고유명사.

오지(建長寺) 화엄탑의 신축을 위한 목재는 이즈의 토이야마(土肥山), 사가미의 야까따야마(屋形山), 토리야야마(鳥屋山) 등지에서 벌채하여 바다를 건너 운반해왔다.

이와같이 카마꾸라 사사의 건축은 카즈사·무사시·사가미·이즈 등지에서 재목을 조달했지만, 1422년(오오에이應永 29)부터 1424년(오오에이 31)에 걸쳐 행해진 엥가꾸지 세이조꾸인(正續院) 조영에 쓰인 재목은 뗏목 1백척(筏百乘)을 엮어 키소가와(木曾川)로 수송했다. 그 일부가 홍수 때문에 오와리의 이누야마(犬山)로 흘러갔고, 이 재목은 이세만으로 나와 쿠와나(桑名)에 집적되었는데, 배로 운반되어 크고 작은 1776그루의 목재가 카마꾸라에 도착했다.

또 1447년(붕안文安 4)에서 1451년(호오또꾸寶德 3)까지 행해진 쿄오또 난젠지(南禪寺) 조영의 목재 역시 히다·키소의 산들과 미노오의 쯔께찌산(付知山) 등지에서 벌채하여 히다가와·끼소가와를 통해 운반했다. 그리고 이 경우는 어떤 지점에서 뭍으로 끌어올려 수레 1천량(輛), 말 8천 마리를 사용하여 비와꼬까지 운반하고 다시 450척의 배로 쿄오또까지 수송했던 것이다.

이와같이 15세기가 되면 키소·히다의 산은 동서(東西) 대사원 조영에 쓰이는 목재를 공급하는 목재의 대산지로 변모하는데, 14세기 이후 열도 각지에 도시가 잇달아 형성되자 가옥과 사사건축도 활발해지고 재목의 수요도 급증하여 하천을 통해 운반되는 목재도 눈에 띄게 증가했다.

자연히 목재에 대한 진(津)과 관(關)의 하수(河手), 진료(津料)의 부과·징수도 빈번히 이루어졌다. 앞서의 엥가꾸지·난젠지의 조영에 쓰이는 목재에 대해서는 바꾸후가 각 쿠니의 슈고에 관료(關料)면제를 명했지만, 예를 들면 역시 목재의 쇼오엔이라고 할 수 있는 와까사노꾸니 나따노쇼오(名田莊)에서 1327년(카레끼嘉曆 2) 미나미가와(南川)를 통과하는 재목에 대하여 60관문이라는 거액의 하수용도(河手用途

를 와따다무라(和多田村)에서 징수한 것처럼 솔분·진료·하수의 부과·징수는 큰 수입을 약속하는 일면도 있었다.

그러나 이러한 장애를 뛰어넘어 도시발달과 함께 각지의 산에서 임업이 거대산업으로서 발달하고 있었던 것은 틀림없다. 그리고 재목의 수송로인 하천을 매개로 산들은 바다와 불가분의 연결을 맺으며 넓은 세계를 향해 열려 있었다. 실제로 재목은 열도에서 대륙으로 헤이안시대 후기부터 활발히 수출되었다.

그 때문에 논밭이 거의 없는 해변집락이 놀랄 정도로 풍부한 부를 보유하는 경우가 많이 보이듯이, 경지가 빈약한 산중의 집락이 재목·신탄생산에 기반하여 매우 부유한 경우도 자주 보인다. '가난한 산의 고장(山國)'으로 여겨져 온 카이(甲斐)에도 세끼구찌 하꾸꾜(關口博巨)가 밝힌 코마군(巨摩郡) 후꾸시무라(福士村)의 사노가(佐野家)처럼 에도의 건축붐에 편승해 거부를 축적한 가문을 비롯해(關口博巨, 1998), 시로우즈 사또시(白水智) 등이 중심이 된 산촌연구회(山村硏究會)가 조사를 진행하고 있는 하야까와무라(早川村) 등 '부유한 산촌'의 사례가 속속 보고되고 있다.

'가난한 어촌'이라는 종래의 통념이, 바다에서 이루어지는 다양한 생업의 풍성함을 무시하고 '미즈호노꾸니'에 높은 가치를 부여한 채 농업에만 주목해온 종래의 연구자세가 초래한 커다란 편견이었던 것과 마찬가지로, '궁벽한 산속 마을'이라고 여겨져온 산촌의 '상식'적인 이미지 역시 산에서 행해지는 생업의 놀랄 만큼 다채로운 실태와 수목문화의 풍부함을 과소평가한 지금까지의 연구가 만들어낸 중대한 편견이라고 하지 않을 수 없다.

감과 옻

실제로 열도사회의 생활에서, 수목이 담당한 역할은 극히 다채롭다.

앞서도 언급한 『엥기시끼(延喜式)』의 대선직(大膳職)[67]에 보이는 '제국공진과자(諸國貢進菓子)'에는 밤·메밀잣밤나무〔椎〕·귤·멀꿀〔郁〕·배·밀감〔柑〕·속나무〔楊梅〕 등이 열거되어 있고, 또 제철과실로서 밤·비파·오얏·복숭아·감 등이 공급되었던 것, 나아가 내선사식(內膳司式)에 쿄오호꾸엔(京北園)을 비롯한 쿄오또 부근의 원지(園地)에 배·복숭아·밀감·감·귤나무·조·멀꿀교목을 심었고, '딸기' 과수원이 있었음을 알 수 있다.

이를 통해 이미 고대에도 매우 다양한 과실을 재배하여 먹고 있었음을 알 수 있는데 헤이안 후기부터 중세에 걸친 문서에서는 전술한 밤숲〔栗林〕은 별도로 하고, 이들 과수를 거의 찾아볼 수 없다. 다만 복숭아에 대해 1101년(코오와康和 3) 야마시로꾸니 찡꼬오지(珍皇寺)경내에, 복숭아나무 5그루와 뽕나무 12그루 그리고 대두(大豆)·소두(小豆)·가지를 심었던 사실을 알려주는 문서만을 볼 수 있을 뿐, 다른 과수를 포함하여 그루수가 조사된 사례는 현재까지 확인되지 않고 있다.

다만 그 가운데서 감만이 유일한 예외이다. 논밭 등의 사방〔四至〕을 가리키는 이정표로 종종 '감나무(柿木)'가 보일 뿐 아니라, 예를 들면 1167년(닝안 2)의 문서(「이쯔꾸시마진쟈문서嚴島神社文書」)를 통해 아끼노꾸니 미따노고오(三田鄉)의 '공험(公驗)', 즉 가장 공적인 문서에 논밭·밤숲·뽕과 함께 감이 언급되고 있음을 볼 수 있다. 또 앞에서도 말한 키이노꾸니 아떼가와까미노쇼오의 1193년(켕뀨우 4) 9월의 검주목록

---

67 궁내성에 속하여 궁중의 회식의 요리를 담당하던 부서.

에 논·밭·재가 그리고 밤숲과 함께 감나무 598그루, 뽕나무 1890그루, 옻나무 37그루가 검주되었고, 아떼가와시모노쇼오에서는 감나무 700그루에 대해 감 70련(連)이 부과된 사실로 볼 때 감이 중세의 토지제도인 쇼오엥꼬오료오제(莊園公領制)의 공적인 검주대상이었고 그루수를 확정하여 독자적으로 부과하고 있었음을 확인할 수 있다.

물론 실물은 남아있지 않으나 각 쿠니의 코꾸가에는 대전문(大田文)·전문(畠文)·재가장(在家帳)과 함께 율림장, 상칠장(桑漆帳) 그리고 감나무의 그루수를 쿠니마다 정리한 시장(柿帳)도 있지 않았을까 한다.

그뿐만이 아니다. 쇼오엥꼬오료오제의 형성과정에서, 과수·수목의 원지(園地), 예를 들면 귤원(橘園, 야마시로·셋쯔·하리마)·향원(香園, 오우미)·춘원(椿園)·이원(梨園)·조원(棗園, 이세)·생률원(生栗園, 오와리)이 쇼오엔과 동질의 단위로 되어가는 것이 종종 보이는데, 시어원(柿御園)에 대해서는 미노오노꾸니에 천황가령, 오우미노꾸니에 셋깐가령, 오와리노꾸니에 이세신궁령 등과 같은 식으로 국가의 중추적 권문(權門)이 모두 확보·설정하고 있었던 것이다. 감이 지배자의 주목을 끌고 있었던 것은 틀림없다고 할 수 있다.

그렇다면 왜 감이 이토록 중시되었던가. 그것은 감이 서민생활 속에 깊이 뿌리내리고 있던 상황을 배경으로 하고 있었을 것이다. 실제로 가을의 투명한 하늘에 열린 감, 민가의 처마 끝에 주렁주렁 매달려 있는 곶감은 실로 '일본의 촌 풍경' 그 자체였고, 이는 아마도 야요이시대 이후 열도에 유입된 감이 급속히 사회에 보급되어 가장 친근한 과수의 하나로 변해온 기나긴 역사 때문이라고 할 수 있다. 그리고 앞서의 아떼가와까미노쇼오에서 감나무 10그루에 대하여 1련(連)이 징수되었던 감은 곶감이라고 추측되지만, 지배자가 감나무를 공적으로 장악하려 했던 이유 중 하나가 감의 수취였음은 의심할 나위가 없다.

그렇다고 해도 그것은 다른 과수도 마찬가지였을 것이므로, 감이 공적인 검주대상이 된 이유로서는 결코 충분하지는 않다. 다만 이만큼 서민생활에 깊이 연관된 수목임에도 불구하고, 감에 대한 문헌사학과 고고학분야의 연구나 전문적인 논문은 내가 아는 한 전무하다. 그것은 역시 오직 논밭의 농업에만 눈을 돌려왔던 종래의 연구가 만들어낸 중대한 맹점이라고 하지 않을 수 없다. 그중에서 아마도 거의 유일한 연구는 민속학 분야의 노작인 이마이 케이쥰(今井敬潤)의 저서 『감의 민속지: 감과 감즙(柿の民俗誌: 柿と柿澀)』(이마이 케이쥰 1990)뿐이라고 해도 좋을 것이다. 멋들어진 감색깔 표지로 장정된 이 저서에는 감에 관한 방대한 사실이 가득한데 이마이는 그후에도 감에 대한 연구를 계속하고 있다. 이마이가 이 책의 부제로 단 '감즙(柿澀)'이야말로, 지배자가 감나무 그루수를 공식적으로 검주·장악하려고 한 이유일 것이라고 생각된다.

이마이가 상세히 언급하고 있듯이, 감즙의 용도는 술·식초의 제조, 독(毒)으로 풀어 물고기를 잡는 일, 더욱이 어망·옷·종이·우산[傘]의 염색, 약용, 그리고 목기의 도색 등 다방면에 걸쳐 있고, 그러한 감즙의 이용은 아마도 옛날 야요이시대까지 소급될 것으로 추측된다. 이마이는 하시모또 테쯔오(橋本鐵男)의 지적을 인용하면서, 실제로 오우미노꾸니의 시어원(柿御園)이라고 추측되는 '어원보지내장(御園保之內莊)'의 감즙이 회물장(檜物莊)의 옷감을 염색하는 데 쓰여졌다고 근세의 오우미에 전해지고 있고, 옷감가게와 감[즙]은 불가분의 관계에 있었다고 언급하고 있다. 물론 이 전승 그대로는 아니라고 하더라도, 이것은 오랜 옛날부터 있었다고 봐도 무방하리라 생각한다.

또 감즙으로 물들인 '시의(柿衣)', 또는 감색깔의 옷이 적어도 중세이후 근세에 이르기까지, 때로는 '무연(無緣)'의 사람들[68]의 모습을 표시하고, 때로는 잇끼(一揆)의 의상으로도 쓰이는 등 특이한 의미에 대해서는 최근 관심이 늘어 논의의 대상이 되고 있지만(카쯔마따 시즈오 1982; 아미노 요시히꼬 1993), 주목해야 할 것은 이마이도 주목하고 있는 대로, 한국의 남부 제주도에서도 감이 식용이면서 동시에 감즙으로 물들인 의복이 사용되고 있는 점이다. 특히 제주도에서는 지금도 일상적으로 이 의복을 작업복으로 착용하고 있는데, 이마이는 더 나아가 태국 북부와 동북부에서도 감즙 염색이 이루어지는 것에 주목하고 있다.

물론 더 널리 자료를 수집할 필요는 있지만, 그렇다면 여기서 아시아대륙 남부로에서 한반도 남부를 거쳐 일본열도에 이르는 감과 감즙문화의 흐름을 상정해보는 것도 충분히 가능하다. 수목문화에 대해서는 이와같이 미개척분야가 아직도 널리 열려 있는데, 옻[漆]에 대해서도 마찬가지다.

앞서 밤숲에 대해 말하면서 산나이마루야마 유적의 발굴이 그후 사회의 역사를 생각할 때 매우 중요한 의미라고 했는데, 옻에 관해서도 이 유적의 발굴성과는 충격적인 의미가 있다.

지금까지 옻에 대한 상식적인 관점은, 영제(令制)로 조직된 고도의 기술을 지닌 칠 기술자가 중국대륙에서 도래한 옻과 그에 관련된 기술을 사용하여 제작한 쇼오소오인(正倉院)[69] 등의 고급스런 칠기·나전 등의 공예품에 초점이 맞춰져왔다. 그 때문에 옻이 뽕과 함께 영제에서 집집마다 일정한 근수(상호上戶 뽕 3백근과 옻 1근, 중

---

68 유랑표박(流浪漂迫)하는 예능민·직인 등의 사람들.

69 나라(奈良) 토오다이지 대불전의 서북쪽에 있는 목조의 대창고. 쇼오무(聖武)천황이 남긴 애장품, 토오다이지의 보물·문서 등 7~8세기 동아시아 문화의 정수를 보여주는 9천여 점이 소장되어 있다.

호中戶 뽕 2백근과 옻 70근, 하호下戶 뽕 1백근과 옻 40근)를 심어야만 한다고 규정되었다고 보았다. 또 각 쿠니에 공적인 장부로서 '상칠장(桑漆帳)'의 작성을 의무화한 사실에 대해서도, "중국의 뽕이나 느릅, 대추가 민간생활과도 깊이 연관되어 있었던 것에 비하여, 일본령(日本令)의 뽕이나 옻은 오로지 공상(貢上)에 중점을 두었다고 보인다"(『일본사상대계3 율령(日本思想大系3 律令)』 1977 보주補註, 전령田令, 상칠조桑漆條)라고 하여 정부에 바치는 공상을 위해 재배를 강요받았다고 평가하는 것이 통설이었다.

그러나 산나이마루야마 유적을 비롯한 각지의 죠오몬시대 유적발굴성과는 이 '상식'과 '통설'을 근저에서 뒤집었다. 거기서 발견된 칠기는 그 양이나 기술수준으로 볼 때 이미 옻을 재배하고 있었으리라 추정할 수 있을 정도이고, 옻과 칠기가 얼마나 이른 시기부터 보통 사람들의 생활 속에 넓고 깊게 뿌리내렸으며, 그것을 배경으로 뛰어난 기술이 생겨났는가가 명확해졌던 것이다. 앞서와 같은 영제의 규정은 이러한 사회 상황을 전제한 뒤에 비로소 성립할 수 있었던 것이다.

더욱이 사또오 요이찌로오(佐藤洋一郎)는 산나이마루야마 유적 옻의 DNA를 분석하여, 그것이 중국대륙의 품종과 다르다는 사실을 밝혔다(이이즈까 토시오 2000). 이것은 중국대륙에서 열도로 유입된 옻칠의 경로와는 또다른 경로의 존재를 추측케 하는데, 이때 앞서도 언급한 역작 『야채(野菜)』(아오바 타까시 1981)에서 아오바 타까시(青葉高)가 지적한, 열도동부의 무청(蕪菁)이 시베리아를 경유한 유럽계인 데에 비해 열도서부의 그것이 중국대륙계라는 사실을 참조하는 것도 가능하겠다. 죠오몬문화 전체에 대하여 그러한 점이 지적되듯이, 옻도 북방에서 유입될 가능성을 생각할 수 있다.

어쨌든 옻과 칠기는 아주 옛날부터 열도에 사는 보통사람들의 생활과 불가분한 관계에 있었고, 전술한 대로 '일본국' 성립 후에 모든 호(戶)에 그 재배의 의무를 부과했다고 해도 그다지 부자연스럽지는 않았던 것이다. 『엥기시끼』의 주계식(主計式)에서도, 쮸우난사꾸모쯔(中男作物)로서 옻을 공진하는 쿠니는 '일본해' 연해의 각 쿠니를 중심으로 14개 쿠니(美濃·上野·越前·能登·越中·越後·丹波·丹後·但馬·因幡·備中·備後·筑前·筑後)에 이르고, 예를 들면 헤이안 말기 이후의 쇼오엥꼬오료오제(莊園公領制) 내에서도 오끼노꾸니(隱岐) 무라쇼오(村莊), 에찌젠노꾸니 오오무시샤(大蟲社), 에찌고노꾸니 카미이꾸따샤(上生田社) 등과 같이 옻을 연공으로 바치는 쇼오엔을 찾아낼 수 있다.

또 영제의 규정을 계승하여, 각각의 쇼오엔(莊園)·코오료오(公領)에서도 앞서 든 아떼가와까미노쇼오처럼 감나무·뽕나무와 함께 옻나무의 그루수가 검주되고 있었다. 빗쮸우노꾸니 니이미쇼오(新見莊)의 '서방(西方)'인 료오께가따(領家方)에서는 1275년(켄지建治 1) 7월27일의 칠명기장(漆名寄帳, 「東寺百合文書」 쿠함6호ゥ函6號)이 전해지고 있는데, 옻나무는 햐꾸쇼오묘오(百姓名)마다 각각 그루수가 검주되고 있었다. 그리고 서방의 옻나무 3589그루에 대하여, 한그루에 대해 1석(夕)2재(才)5리(厘)의 옻이 부과하고, 전체적으로 4두4승8합6석2재5리의 옻을 징수했던 것이다.

이 쇼오엔의 경우 1325년(쇼오쮸우正中 2)의 '동방(東方)'인 지또오가따(地頭方)의 산리전실검취장(山里畠實檢取帳, 「東寺百合文書」 쿠함ゥ函)도 전해지는데, 거기서 밭과 함께 뽕나무·옻나무의 그루수가 한 필지마다 검주되고 있었다. 옻나무의 그루수는 4596그루에 달하고 니이미노쇼오 전체에서 8185그루라는 많은 옻나무가 재배되고 있었던 것이 판명되었다.

지역에 따라서는 '우루시까끼(漆搔)'라고 불리는 직능민이 있었던 것도 알려져 있는데, 니이미노쇼오를 포함하여 쇼오엔·코오료오에서 검주된 옻나무에서 햐꾸쇼오

자신들이 옻을 긁어내었다고 생각된다. 1334년(켐무建武 1)의 니이미노쇼오에서는 그 무렵 영가와 지또오를 겸하고 있던 토오지(東寺)에 햐꾸쇼오(百姓)들은 현물로 옻을 보내고 있었다. 다만 이 해에는 현지에서 이것을 수취했던 다이깐(代官)이 그 일부를 지역의 칠장이(塗師)와 녹로사(轆轤師)에 넘겨주어 고급스런 칠기를 제작하게 하고 있지만, 대부분은 16세기까지 배로 토오지(東寺)에 운반되어 쿄오또에서 소비되었다.

그렇다고는 해도 햐꾸쇼오 자신의 수중에도 남은 옻이 분명 있었을 터이고, 그 일부는 시장에서 매각되었을 것이다. 또는 햐꾸쇼오 스스로 그것을 이용하여 칠기를 생산했을 가능성도 충분히 생각할 수 있다. 실제로 앞서도 말한 것처럼, 1344년(코오에이康永 3)의 호오끼노꾸니(伯耆國) 미또꾸산령(美德山領)의 온곡별소(溫谷別所)에서는 논의 단별마다 50매의 목기의 덮개인 합자(合子)가 연공으로 징수되고 있어 햐꾸쇼오가 목기를 생산하고 있었음은 의심의 여지가 없다.

최근 각지의 중세 도시유적에서 방대한 양의 칠기가 발굴되었는데, 이러한 일상 잡기로서의 대량 칠기를 고도의 기술을 가진 몇몇 칠공이 공급한다는 것은 불가능한 일이다. 그 배경에 햐꾸쇼오들의 광범한 칠기생산이 전제되지 않고서는 이해하기 힘들 것이다.

어쨌든 옻의 재배와 채취, 칠기의 생산은 오랜 옛날부터 열도사회에서 널리 행해지고 있었고, 중국대륙의 기술을 계승한 직능민들의 뛰어난 공예품은 이러한 기반 위에서 비로소 꽃을 피웠다고 생각해야 한다. 신의 솜씨라고 일컬어지는 직인의 기술은 결코 고립된 것이 아니라 보통사람들의 광범위한 기술이 그 배경을 이루고 있었던 것이다.

또 토오호꾸를 중심으로 칸또오, 또는 홋까이도오의 아이누사회에 식기 등 일상

잡기로서 칠기가 널리 쓰어왔다는 점을 주목해야 할 것이다. 이는 도자기를 사용한 열도서부에 비하여 열도동부의 '후진성'을 보여주는 증거로 지금껏 생각해왔으나, 이 역시 명백한 오류이며 열도동부 사회의 특색 중 하나라고 생각할 수 있다. 그러나 서민생활에서 옻·칠기의 역할에 관한 연구는 너무도 미미한 실정이며, 이 분야에도 광대한 미개척분야가 남아 있다(아미노 요시히꼬 1997c 참조).

뽕과 양잠과 여성

수목문화를 생각할 경우 꼭 주의하지 않을 수 없는 것이 뽕이다. 다만 뽕과 양잠, 그것과 관계 깊은 여성문제에 대해서는 이미 상술한 바 있었으므로(아미노 요시히꼬 1997c; 1999b) 여기서는 개략만을 서술하고자 한다.

양잠을 위한 뽕재배의 개시는 현재로서는 야요이시대 이후로 추정되는데, 전술한 대로 옻과 함께 영제로 뽕의 근수(根數)가 파악되고 그 재배가 장려되었다. 그러나 이 경우도 종래의 '통설'은 앞서의 옻과 마찬가지로 비단[絹]은 서민과는 무관한 고급스런 직물이라는 인식에서 뽕재배 역시 중앙으로의 공상품(貢上品) 생산을 위해 강제된 것으로 보아 서민생활에는 뿌리내리지 않았다고 여겨왔다. 그러나 나는 이 견해도 옻의 경우와 마찬가지로 근본적으로 틀렸다고 생각한다.

확실히 목면 이전의 햐꾸쇼오(百姓)의 의료(衣料)가 모시[苧]나 마로 짠 포를 기본으로 했던 것은 사실이나, 비단과 면이 햐꾸쇼오 생활과 무관했다는 것은 전혀 증명되지 않았다. 무엇보다 지금까지 밝혀진 사실로만 봐도 고대 이래 햐꾸쇼오들이 재배한 뽕나무는 방대한 수에 달하고 있다. 817년(코오닌弘仁 8) 이세노꾸니 타끼군(多氣郡)의 뽕은 13만6533근 와따라이군(度會郡)은 5만8450근에 달하고 있는 것을 비롯해, 헤이안 후기 이후 대·중·소로 나눠 검주된 각각의 쇼오엔(莊園)·코오료오

(公領)의 뽕나무도 1135년(호오엔保延 1) 키이노꾸니(紀伊國) 아라까와노쇼오(荒川莊)의 2936그루, 앞서 든 아떼가와까미노쇼오의 1890그루, 1166년(에이만永萬 2) 빙고노꾸니(備後國) 오오따노쇼오(大田莊)의 235그루, 1244년(캉겐寬元 2) 히고노꾸니(肥後國) 히또요시노쇼오(人吉莊) 남방의 3755그루반(半) 등 2~3천그루를 헤아리는 것이 보통이었다. 그리고 현존하는 문서만으로 봐도 뽕은 거의 일본열도 전역에서 재배되고 있었다고 볼 수 있다.

또 이렇게 검주된 뽕에 대해서는 한 그루마다 '쿠와시로(桑代)'[70]가 부과되었다. 이것은 카마꾸라바꾸후법에도 규정된 쇼오엥꼬오료오제(莊園公領制)하의 공적인 부과였고 대부분은 비단·면·실(絲) 등 뽕 양잠에 기초한 생산물로 납부했지만, 이요노꾸니 유게시마노쇼오(弓削島莊)의 쿠와시로가 한 그루당 한 바구니(籠)의 소금, 또 아떼가와까미노쇼오에서는 한 그루당 '나무 한 자루(木一支)'였던 것처럼, 연공과 마찬가지로 그 지역의 특산물이 부과징수되는 경우도 있었다. 뽕에 대해 이러한 독자적인 세제가 정해져 있었다는 사실 자체가 뽕과 양잠이 햐꾸쇼오 생활과 '무관하다'는 '통설'이 성립하지 않는다는 사실을 명백히 말해준다.

더욱이 앞에서도 언급한 대로 오와리·미노 동쪽의 동국의 쇼오엔·코오료오의 연공은 비단·면·실·포 등의 섬유제품이 압도적이었다. 서국에서는 주요 연공으로 납부되었던 쌀이 햐꾸쇼오의 일상식료라기보다 특별한 때 먹는 식물(食物)이었고 주로 화폐기능을 갖고 있었던 것과 마찬가지로, 비단 역시 햐꾸쇼오의 일상적인 옷감은 아니었다고 해도 여성의 특별의상이었고 역시 교환수단이자 가치기준으로서 화

---

70 뽕밭에 부과된 세금.

기록에 나타나 있는 뽕나무(桑)의 사례와 비단·면·실 연공의 사례

쿠니명(國名)	뽕나무	비단	면	실	쿠니명	뽕나무	비단	면	실
야마시로(山城)	○				사도(佐渡)				
야마또(大和)	○	2			탐바(丹波)				
셋쯔(攝津)					탕고(丹後)	◎	4		4
카와찌(河內)		1			타지마(但馬)		4	1	
이즈미(和泉)	○	1	1		이나바(因幡)				
사가(佐賀)	◉				호오끼(伯耆)		1		
이세(伊勢)	◎	8			이즈모(出雲)				
시마(志摩)					이와미(石見)		1	1	
오와리(尾張)	◎	12		7	오끼(隱岐)				
미까와(三河)		1			하리마(播磨)	○			
토오또우미(遠江)		2	1	1	미마사까(美作)				
스루가(駿河)		1	1		비젠(備前)		1	1	
카이(甲斐)		1			빗쮸우(備中)	○			
이즈(伊豆)					빙고(備後)	◉	1		
사가미(相模)					아끼(安藝)	◉			
무사시(武藏)	○	2			스오오(周防)				
아와(安房)					나가또(長門)				
카즈사(上總)			3		키이(紀伊)	◉	3	1	
시모우사(下總)	○	1	1		아와지(淡路)	○			
히따찌(常陸)	○	5	2		아와(阿波)	○			
오우미(近江)					사누끼(讚岐)	○			
미노(美濃)	◉	24	3	5	이요(伊豫)	◎			
히다(飛驒)					토사(土佐)	○			
시나노(信濃)	○				찌꾸젠(筑前)	◉			
코오즈께(上野)		1			찌꾸고(筑後)	○	3		
시모쯔께(下野)		4			부젠(豐前)				
무쯔(陸奧)	○	1			붕고(豐後)	◉	2		
데와(出羽)		1			히젠(肥前)	◎			
와까사(若狹)	◎		1	1	히고(肥後)	◉	4	1	
에찌젠(越前)	◎	4	5		휴우가(日向)	○			
카가(加賀)		2	2		오오스미(大隅)		1		
노또(能登)		1	1	1	사쯔마(薩摩)	◉		1	
엣쮸우(越中)	○	1	2		이끼(壹岐)				
에찌고(越後)	○		5		쯔시마(對馬)				

○는 1~2곳, ◎는 3곳 이상, ◉는 5곳 이상의 문서에서 뽕나무를 기록하고 있음을 뜻하고, 나머지 숫자는 연공을 바쳤다는 기록이 있는 쇼오엔·코오료오의 수를 뜻한다. 『헤이안이분』 『카마꾸라이분』에 의거해 작성했다.

폐의 역할을 했던 것도 사실이다.

그리고 실제로 12세기 말에는 직능민인 무녀(巫女)가 비단 의상을 입었고, 14세기 초가 되면 햐꾸쇼오들의 재산목록에도 비단 코소데(小袖)를 많이 볼 수가 있다. 이것이 언제까지 소급되는지는 확언할 수 없지만, 상당히 이른 시기부터 햐꾸쇼오 생활에 비단이 깊숙이 관련되어 있었던 것은 확실하고, 특히 면이 오래 전부터 방한의료(防寒衣料)로 널리 사용되고 있었던 상황은 충분히 생각할 수 있다.

게다가 더 중요한 사실은 중세 이전의 양잠이 농업과 명확히 구별되어, 양잠은 여성, 농경은 남성이 하는 일로 분리되어 있는 점이다. 고대에서 "남자는 밭갈이[耕耘]에 힘쓰고, 여자는 베를 짜며……"(『쇼꾸니홍기(續日本紀)』 레이끼靈龜 원년 10월 7일조)라고 일컬어져 '농부'는 쟁기에 의한 경작, '잠부(蠶婦)'는 뽕·건사 작업과 연결되어 있고(尾張國郡司百姓等解), 중세에 들어서도 『카이도오끼(海道記)』에 '머리를 풀어헤친[蓬頭] 여자'가 '뽕나무 밑'의 '집[宅]'에서 '잠책(蠶簀)을 향해 잠양(蠶養)을 하고' 있는 것에 대하여 '들[園]'에서는 늙은[遼倒] 노인이 쟁기가 휠 정도로 농업에 힘쓴다'는 기록처럼 이 구별은 매우 명확했다.

그것은 쇼오엔·코오료오의 공적인 검주로 논밭과 뽕이 확실히 별개로 취급되었던 사실과도 조응하고 있고 '농상(農桑)' '농잠(農蠶)'이라는 말도 흔히 사용되었던 것이다.

그럼에도 불구하고, 최근까지 '양잠농가' '과수농가'라는 말이 사회에 널리 통용되어 '양잠'이나 '과수'는 모두 농업이고, '농가'의 부업에 불과하다는 견해가 '상식'처럼 되어 있는데 이런 편향된 시각의 직접적인 원류는 에도시대에 있다.

물론 이 시대에도 양잠을 비롯해 견직물, 나아가 면직물까지 기본적으로는 여성의 일이었다. 예를 들면 1724년(쿄오호오享保 9)의 카이노꾸니 야마나시군(山梨郡)

각 쿠니의 쿠와시로(桑代, 뽕나무세금)

비단	미노(美濃) 아까나베노쇼오(茜部莊) ('平' 6-2645)
	아끼(安藝) 쯔으따께하라노쇼오(都宇竹原莊) ('鎌' 5-3126)
	히고(肥後) 히또요시노쇼오(人吉莊) ('鎌' 9-664)
	사쯔마(薩摩) 시모무라군(下村郡) ('鎌' 19-14550)
	찌꾸젠(筑前) 우미구우(宇美宮) ('鎌' 23-18091)
	아끼(安藝) 미이리노쇼오(三入莊) ('鎌' 11-8129)
	미노(美濃) 오오이노쇼오(大井莊) ('鎌' 28-21349)
면	키이노꾸니(紀伊國) 아라까와노쇼오(荒川莊) ('平' 6-3036)
	미노노꾸니(美濃國) 아까나베노쇼오(茜部莊) ('鎌' 4-2108)
	에찌젠노꾸니(越前國) 쿠지쇼오노쇼오(久次莊) ('鎌' 4-2323)
	에찌젠노꾸니(越前國) 솜바노쇼오(曾萬布莊) ('平' 7-3296)
	히고노꾸니(肥後國) 히또요시노쇼오(人吉莊) ('鎌' 10-7418)
	미노노꾸니(美濃國) 시로다고오(城田鄉) ('鎌' 11-8129)
	카가노꾸니(加賀國) 카루미고오(輕海鄉) ('鎌' 39-30619)
실	오와리노꾸니(尾張國) 아지끼노쇼오(安食莊) ('平' 6-2517)
	히고노꾸니(肥後國) 히또요시노쇼오(人吉莊) ('鎌' 10-7418)
	오와리노꾸니(尾張國) 오찌아이고오(落合鄉) ('鎌' 11-8129)
	탕고노꾸니(丹後國) 오오우찌고오(大內鄉) ('鎌' 23-17790)
	이세노꾸니(伊勢國) 오오꾸니노쇼오(大國莊) ('鎌' 29-22966)
포	무사시노꾸니(武藏國) 이나게노쇼오(稻毛莊) ('平' 7-3289)
	빙고노꾸니(備後國) 오오따노쇼오(大田莊) ('鎌' 2-729)
	아끼노꾸니(安藝國) 이리에호(入江保) ('鎌' 15-11546)
소금	이요노꾸니(伊豫國) 유게시마노쇼오(弓削島莊) ('鎌' 1-387)
나무	키이노꾸니(紀伊國) 아떼가와노쇼오(弖河莊) ('鎌' 12-8582)

'平'은 『헤이안이분(平安遺文)』, '鎌'은 『카마꾸라이분(鎌倉遺文)』

카미이지리무라(上井尻村) 동쪽(東方)의 무라명세장(村明細帳)의 '이 마을 양잠[當村蠶]' 항에는 '양잠은 여자의 일이고 누에고치에서 실을 뽑아 비단을 만들고, 상인에 누에고치도 판다'고 기록되어 있다. 또한 '농업지간남녀가지사(農業之間男女稼之事)' 항에도 "남자는 농사짓는 틈틈이 산에서 채취한 것들과 밤·감·담배를 조금씩 에도(江戶)에 내다 판다. 여자는 마·목면·차, 여름에는 양잠을 조금씩 하여 생사와 비단을 판다"라고 기록되어 있다. 이는 카이노꾸니의 양잠지대의 명세장에 자주 보이는 표현이다. 분명히 여성이 양잠을 하여 누에고치와 비단실을 생산하고, 그것을 판매하는 일까지 자기손으로 하고 있었던 것이다. 주의해야 할 점은 여기서 '농업지간(農業之間)'의 '가(稼)' 즉 '농사짓는 틈틈이 하는 벌이[農間稼]'라는 점인데, 실로 이런 표현은 에도시대의 코꾸다까제(石高制)에 따른 시각이다. 양잠도 과수도 '농사짓다 일손이 남으면 하는 일'이라는 시각이 이 표현 자체에 분명히 나타나고 있다고 할 수 있다.

여성의 독자적인 생업과 사회적인 역할이, 남성중심적 농업의 그늘에 가려져 있음은 이로써 명백해지는데, 그것은 메이지(明治) 이후 더욱 노골적으로 변해간다.

새롭게 전개된 공장제 수공업 중에서, 제사업(製絲業)은 수출산업의 총아가 되어가는데 그것을 지탱했던 것은 2천년 이상의 양잠, 제사(製絲)의 전통을 이어온 여성들이었다. 이 일은 남성에게는 불가능한 것이었음에도 불구하고 제사노동자는 '여공'이라고 불리며 경시되었다. 그 열악한 노동조건이 사회문제로 거론된 적은 있지만, '근대화'를 저변에서 추진한 여성들의 진정한 역량은 지금까지 거의 제대로 평가받지 못했다.

또 내 어머니 세대가 활약한 고도성장기 이전까지, 양잠은 시종일관 햐꾸쇼오(百姓)인 평민여성의 생업이었고 그것은 '농가' 일의 일부로 여겨져 '양잠농가'라는 말

직물을 파는 여성들. (『잇뻥히지리에』「후꾸오까시장」에서, 쇼오죠오꼬오지(淸凉光寺)·캉끼꼬오지(歡喜光寺) 소장)

이 정착했던 것이다. 여기서도 모든 것을 농업중심·남성중심으로 생각해온 종래의 관점이 지닌 맹점을 여실히 드러내고 있고, 또 그것은 여성의 사회적 역량을 현저히 낮게 평가하는 결과를 낳았다.

앞서 든 카이(甲斐)의 무라명세장(村明細帳)에 여성이 '누에고치'나 '비단·실'을 '상인에 판다'고 기록되어 있는 것처럼 에도시대에도 여성은 자신이 생산한 누에고치·면·실·비단을 자신의 재량으로 상인에 팔았다. 이것은 중세 이전의 아주 오래된 시기부터 그러했다고 생각된다.

예를 들면 『콘쟈꾸모노가따리슈우(今昔物語集)』(제26권 제11)에 양잠을 하여 실[絲]을 만들고 있던 미까와노꾸니(三河國) 군지(郡司)의 본처가 키우던 누에가 모두 죽어서 그 집이 가난하게 되었다는 이야기처럼, 여성은 양잠으로 자신의 경제를 지탱했다. 또『잇뻥히지리에(一遍聖繪)』의 비젠노꾸니 후꾸오까시(福岡市)의 장면에서 직물을 파는 여성이 등장하고, 남북조기에 기온샤(祇園社)에 속한 면좌지닌(綿

座神人), 소수좌지닌(小袖座神人)과 『시찌쥬우이찌방쇼꾸닝우따아와세(七十一番職人歌合)』에서 방직공·코오가끼(紺搔)[71]·띠장수·봉물(縫物)장수·쿠미시(組師)[72]·백포(白布)장수·면장수 등 섬유제품에 관한 직인과 상인이 모두 여성이었듯이, 양잠의 산물, 나아가 마와 목면 등의 직물에 관한 한 생산뿐 아니라 그 판매까지 여성이 담당하고 있었다고 생각된다.

13세기 후반이 되면, 각지의 시장에서는 '와시(和市)' 즉 시세가 형성되고, 액면가 10관문짜리 환어음이 유통될 정도로, 화폐·상품유통이 발전하는데, 그중에서 여성 햐꾸쇼오도 시세의 고하를 판단할 정도의 계산능력을 갖추고 자신이 생산한 물품을 매매했던 것이다.

당연히 그러한 활동으로 획득한 화폐는 여성 스스로 자유로이 쓸 수 있는 재산이었고, 옛날부터 스이꼬(出擧), 즉 금융에 종사하던 여성들은 그 같은 화폐를 자본으로 삼아 한층 더 폭넓은 금융활동을 전개했다고 생각된다. 그리고 이렇게 생각하면, 루이스 프로이스(Lewis Preuss)가 "유럽에서는 재산을 부부가 공유한다. 일본에서는 각자가 자신의 몫을 소유하고 있다. 때로는 부인이 남편에게 고리로 대부해준다"(Lewis Preuss 1991)라고 한 것은 결코 과장이 아니고, 16세기의 사실이라고 인정하더라도 전혀 부자연스럽지는 않을 것이다. 에도시대에도 남성의 그늘에 가려 잘 보이지 않았다고는 해도, 이렇듯 여성의 화폐와 동산(動産)에 대한 재산권은 보장되었고, 상업·금융활동도 활발했음에 틀림없다.

나아가 이러한 사회적 활동을 통해 여성을 포함한 서민의 식자율(識字率)도, 적

---

71 염색업자.
72 엮어 짠 실[組絲]을 만드는 것을 업으로 하는 사람.

어도 히라가나에 대해서는 상당수준에 달했다고 보아야 할 것이다. 1874년(메이지明治 7)부터 이듬해에 걸쳐 일본에 체재했던 러시아인 메치니꼬프(Mechnikov)가 요꼬하마(橫濱)에서 인력거꾼이나 마부, 찻집에서 일하는 아가씨들까지도 틈만 있으면 품에서 소책자를 꺼내어 읽고 있는 광경을 보고, 높은 식자율에 경탄하고 있는데, 이 것은 실태를 제대로 파악한 관찰이라고 할 수 있을 것이다(Mechnikov 1987).

이와같이 남성을 중심으로 한 농업에만 초점을 맞추어 사회의 역사를 파악했기 때문에 여성의 사회적 활동의 실태를 현저히 과소평가해온 것은 비단 일본만이 아 닐 것이다. 중국대륙에서도 양잠은 여성의 일이었고 그 산물인 비단은 보통사람들 의 생활에 깊이 침투하고 있었다고들 말한다. 실제로 무슨 연유인지는 몰라도 일본 에는 전해지지 않은 경직도(耕織圖) 중의 직도(織圖)에는 여성이 그려져 있고『니혼 쇼끼(日本書紀)』의 유우랴꾸끼(雄略紀)와 케이따이끼(繼體紀) 등에 '제왕'은 농업을 권하고 '후비(后妃)'는 스스로 양잠을 한다고 기록한 것은 중국대륙 황후의 모습을 전하고 있다고 할 수 있겠다. 이는 사회에서 양잠과 직물, 여성이 불가분한 관계였음 을 잘 말해주고 있다. 그리고 이러한 여성과 실〔絲〕·직물과의 연결은 동남아시아와 인도를 포함한 아시아대륙, 나아가 남아메리카대륙에까지 미치고, 유럽에서도 직물 이 여성의 일이었던 사실은 한스 작스(Hans Sachs)의 『서양직인열전(西洋職人づく し)』(Hans Sachs 1970)을 봐도 명백하다.

물론 나 자신의 공부 부족 때문이겠지만, 이처럼 여성의 독자적인 사회적 활동에 본격적으로 주목한 연구는 아직 빈곤한 실정이다. 이러한 시각에 입각한 연구는 여전 히 미개척의 광대한 옥토로 남아 있다고 생각한다. 뽕과 양잠뿐 아니라 수목문화 전체 에 대해서도 같은 문제를 지적할 수 있을 것이다. 일본열도사회를 대상으로 한 연구는 열도에 그치지 않고, 인류사회 전체를 파악하는 데에도 큰 기여를 할 수 있을 것이다.

제 5 장

일본론의 전망

제5장 '일본론'의 전망

1. '진보사관'의 극복

'일본인론' '일본문화론'의 함정

이따금 '국적(國賊)작가'라고 자칭하는 '국제적 도박사' 모리스 히로시(森巢博)의 『무경계가족(無境界家族)』(모리스 히로시 2000)을 최근 단숨에 읽었는데, 모리스의 명쾌한 '일본인론' 비판에 동감하는 바가 많았다.

모리스는 "일본국적(日本國籍) 소유자라는 의미 이외에 일본인이란 없다"라고 주장한다(모리스 히로시 2000, 212면). 앞에서 서술한 바 있지만 나 역시 그렇다고 생각한다. 다만 전근대에 대해 '국적'이라는 개념을 사용할 수 있을지 의문이므로 그다지 명쾌하지는 않게 '일본국의 국제(國制)하에 놓인 사람'이라고 표현하였지만 말하려는 논지는 모리스와 기본적으로 같다.

이어서 모리스는 "그리고 만일 일본국적 소유자를 일본인이라고 한다면 '일본인론' '일본문화론' '일본문명론'은 성립하지 않는다"라고 단정한다. 여기서 모리스가 말하는 '일본인론'은 그가 격렬하게 비판하고 있는 '일본인 본연의 자기동일성'을 모색한 에또오 준(江藤淳)의 '일본인론'(모리스 히로시 2000, 152면 이하)을 비롯하여 '일본인의 아이덴티티'를 끊임없이 추구하는 '일본문화론'을 가리키는 것으로, 모리스는 그러한 논자에게 맹렬히 힐문하고 있다. 그들이 논의의 대상으로 삼고 있는 '일본인' 속에는 아이누와 윌타(Uilta)[1]와 니브히(Nivkhi)[2] 등의 '소수민(족)'이 포함되어 있는가. '오끼나와와 오가사와라(小笠原)의 사람들을 포함하고' 있는가. '나아가 원래는 재일조선·한국인이었으나 지금은 국적을 바꿔버린 20만을 넘는 귀화인들은 어떻게 되는가.'(모리스 히로시 2000, 153면, 213면) 모리스의 규탄에 나는 마음에서 우러나는 박수를 보낸다.

　모리스가 말한 그대로이다. 이 책에서도 상세히 서술한 것처럼, 아시아대륙의 남과 북을 잇는 다리인 이 일본열도에서 전개된 인류사회의 깊고도 오랜 역사를 배경으로, 일본열도에는 간단히 동일시할 수 없는 개성적인 사회집단과 지역사회가 형성되어왔다. 처음부터 추구(追究)가능한 아이덴티티를 가진 '일본인'을 상정하고, 그 문화·역사를 추구하며 그 특질을 논증하려는 시도는 '일본국' 즉 국가에 일방적으로 치우친 허구적 논의이며, 본질적으로 성립될 수 없다. 실제로 이러한 '일본인론' '일본문화론'은 다양한 사회집단과 지역사회를 무시하고 그 많은 특질들을 길러낸 왜곡

---

1 사할린에 거주하는 소수민족. 어로와 바다·삼림수렵 위주로 생활하고 있으며, 언어와 문화는 퉁구스계통에 가깝다.
2 헤이룽쟝(黑龍江)유역과 사할린 북부에 사는 민족. 고아시아언어계통의 언어를 쓰며, 어로와 바다동물 수렵에 종사한다.

된 것이거나, 앞에서 자세히 논한 것처럼 '고립된 섬나라' '미즈호노꾸니' '단일민족' 등 근거 없는 '허상'을 만들어내거나, 아니면 결국에는 사실추구를 포기하고 '신화'와 '설화'를 통해 아이덴티티를 날조한다. 어쨌거나 이런 시도는 모두 사실에 입각한 '일본론'으로서는 성립할 수 없는 논의들이다.

또한 앞에서 여러 차례 강조한 대로 '일본'은 야마또를 중심으로 성립한 국가의 국호(國號)이고 '천황'을 왕의 칭호로 정한 왕조명이며, 7세기 말 처음으로 일본열도에 그 모습을 드러낸 존재이다. 따라서 '일본인' '일본문화'를 논하는 것은 결국 야마또에 종속되어 야마또를 문화·역사의 최선진 지역으로 보는 시각에 빠지게 된다.

나아가 '일본'이 국명임을 의식하지 못하고, 처음부터 지명으로 취급하여 야요이인·죠오몬인은 말할 것도 없고 구석기시대인까지도 '일본'을 소급하여 '일본인' '일본문화'를 논하는 방식도 널리 퍼져 있다. 그러나 시작과 끝이 있는 역사적 존재로서, '일본'의 범위가 고정되어 있지 않다는 문제점을 의식 밖으로 밀어냄으로써 현대 일본인의 자기인식을 현저하게 왜곡시키고 애매모호하게 만들고 있다고 하겠다.

물론 이러한 갖가지 '일본인론' '일본문화론'이 고고학의 연구, 유교·불교의 수용과 침투에 관한 연구 등 한정된 주제와 몇몇 분야에서 뛰어난 성과를 올린 것은 사실이고 그 나름대로 학문발전에 기여해왔다고 할 수 있을 것이다. 실제로 패전 후, 전쟁중의 '황국사관'에 대한 철저한 비판을 통해 전개되어온 새로운 역사학, 나 자신도 젊은 시절 그 중심에서 살아온 이른바 '전후역사학' 자체가, 바로 '일본'을 모호하게 정의하고, 일본을 '단일'한 존재로 인식하는 '일본인론'의 틀 속에서 학문적 '성과'를 올려왔다.

그리고 패전 후 근대역사학의 '귀재(鬼才)' 히라이즈미 키요시(平泉澄)'의 '황국사관'에 대한 근본적 비판을 목표로 출발한 '전후역사학'은, 니시오 칸지(西尾幹二)의

『국민의 역사(國民の歷史)』(니시오 칸지 1999)⁴라는 새로운 '귀신'의 출현을 허락해버린 자신에 대해 근원적인 자기비판을 시도하려 하고 있다.

'전후역사학'의 '자기비판'

최근 역사학연구회와 일본사연구회라는 동서의 역사학회는 '전후역사학'의 '재고'와 '총괄'을 대회의 테마로 채택했다. 그중에서도 특히 큰 문제로 논의된 것은 '국민국가'였다. 예를 들면 니시까와 나가오(西川長夫)는 「전후역사학과 국민국가론(戰後歷史學と國民國家論)」(니시까와 나가오 1999)에서 '근대역사학은 국민국가의 산물'이며 그 '제도'이자 '일부'이기 때문에 오늘날 붕괴하고 있는 국민국가와 운명을 같이하여 역사학 자체도 붕괴중이라고 단정한다.

또한 카와끼따 미노루(川北稔)는 「역사학은 어디로 가는가: 21세기를 향하여(歷史學はどこへ行くのか: 21世紀にむかって)」(카와끼따 미노루 2000)라는 제목의 논고에서 '전후역사학'이 안고 있던 '역사인식의 방법' '역사를 바라보는 시각'의 '특징 또는 결함'으로 '일국(一國)사관, 진보사관(발전단계론), 유럽중심사관, 생산력 중심, 농촌주의'를 열거하고 있다. 그것은 '전후역사학'뿐 아니라 근대역사학 자체의 '특징 또

---

3 타이쇼오(大正)·쇼오와(昭和)시기의 역사학자. 후꾸이현(福井縣) 출신. 1923년 토오꾜오대학 강사를 거쳐 1935년 교수가 된다. 일본중세사를 강의하였고, 사회경제사학의 방법을 수용한 새로운 연구분야를 개척하였다. 1931년 유럽유학에서 귀국한 후 국수주의에 경도되어 황국사관의 주도자가 되고, 토오꾜오대학내에 우익사상단체인 '주홍회(朱紅會)'를 조직했다. 패전 후 토오꾜오대학 교수를 사직했으나, 그후에도 국수주의자의 중심에 있었다.

4 일본의 우익단체인 '새로운 역사를 만드는 모임'이 만든 일본역사 개설서로 독서계에 큰 반향을 불러일으켰다. 토요또미 히데요시의 조선침략, 대일본제국의 대외침략 등을 긍정적으로 묘사하고 있다.

는 결함'이라 해도 좋을 듯하다. 니노미야 히로유끼(二宮宏之)도 「전후역사학과 사회사(戰後歷史學と社會史)」(니노미야 히로유끼 2000)에서 "'전후역사학'은 모든 것을 국민국가·국민경제·국민문화, 요컨대 내셔널한 틀에 수렴해버리는 근대역사학의 역사의식을 탈피하기는커녕, 오히려 그것을 더욱더 강화시키는 결과를 낳았다"라고 지적하면서, "전후역사학은 '네이션(nation)의 설화'로서의 근대역사학의 정수였다"라고 말한다. 이처럼 '전후역사학'과 함께 '근대역사학' 자체가 그 근저에서부터 극복의 대상으로 변해가고 있음은 명백한 사실이며, 이 책에서 지금까지 서술해온 대로, 나는 이러한 니시까와·카와끼따·니노미야의 주장에 동감한다.

다만 카와끼따가 지적하는 '일국사관'에 대해서는, 일본의 경우 한낱 근대국민국가의 문제에 머물지 않고, 7세기 말에 정해진 '일본'이라는 국명이 1300여년이라는 장기간에 걸쳐 지속되어왔다는 사실이 문제의 소재를 파악하기 힘들게 하고 있다고 생각한다. 예를 들면 패전 후 천황에 대해서는 전쟁책임을 추궁했고, 나아가 '천황제 타도'의 주장도 공공연히 터져나왔다. 그런 상황 속에서 '황국사관'에 대한 비판이 진행되어 『코지끼(古事記)』『니혼쇼끼(日本書紀)』 신화의 사료비판을 통해 신화와 역사적 사실이 명확히 구별되었고, 천황의 실상이 밝혀졌다. 그러한 역사학의 학문적 영위가 일본인의 자기인식을 정확하게 만드는 데 커다란 영향을 끼쳤음은 의심의 여지가 없다. 그러나 천황과 불가분의 관계에 있으며, 그 왕조명이라 할 수 있는 '일본' 그 자체에 대해서는, 패전 후의 학문과 정치 모두 전혀 문제삼지 않았다. 참담한 패전과 국가의 붕괴라는 사태 속에서 마땅히 주장되어야 했을 국호 '일본'에 대한 의문과 그 변경을 촉구하는 문제제기는, '천황제'를 가장 전투적으로 비판했던 공산당조차 전혀 고려의 대상으로 삼지 않았으며, 사회당마저 스스로의 당명(黨名)에 '일본'을 붙이는 것에 어떤 부자연스러움도 느끼지 못한 채 오늘에 이르고 있다.

학문분야에서도 마찬가지였다. 본래 가장 민감했어야 할 '전후역사학'은 '일본' 자체에 대해 진정한 역사적 시각을 전혀 지니지 못하고, 지극히 오랜 옛날부터 하늘에서 내려온 것처럼 '일본'이 존재했다는 식으로 막연하게 인식하는 데에 머물렀다. 나아가 1950년대를 중심으로 '미제국주의'의 지배에 대해 '민족의 독립'을 주장하는 운동이 역사학에 영향을 끼쳐 '원(原)일본인' 이래의 '일본인'의 자립적·내적인 발전만을 강조하여, 그 속에서 '고립된 섬나라' '단일국가·단일민족' '벼농사중심의 사회'와 같은 '일본인상'의 틀을 형성하고 뿌리내리는 데에 '전후역사학'이 큰 역할을 수행했던 것은 틀림없는 사실이다.

그래서 '일본'이라는 국호를 언제, 누가, 어떠한 의미로 정한 것인가 하는 '일본사'에서 가장 중요하고 기본적인 사실에 대해 패전 후의 어떤 역사교육도 문제를 제기하지 않았고 또 가르치지도 않았다. 그 결과, 극소수의 예외를 제외하면 현대 일본인의 거의 대부분이 자신이 속한 국가의 명칭이 언제, 어떤 의미로 정해졌는지 전혀 모른다고 해도 과언이 아닌, 세계적으로 '보기 드문 진기한' 사태가 지금도 계속되고 있다.

'일본'에 대한 애매모호한 인식은 '천황'에 대한 철저한 인식을 방해했다. 그 결과 '패전'을 인정하지 않고 '국체(國體)'가 '보호·유지되었으므로' '종전(終戰)'[5]이라 주장하는 사람들에 의해 차례로 '건국기념일'과 '원호법안(元號法案)' 그리고 '국기(國旗)·국가(國歌)의 법제화' 등이 실현되어, 결국에는 "일본은 천황을 중심으로 하는

---

5 일본에서는 1945년의 미군의 일본 점령을 '패전'으로 보는 시각과, 천황을 핵으로 하는 국체(國體)가 유지·보호되었으므로 '종전(終戰)'에 불과하다고 보는 시각이 양립하고 있다. 우익 쪽이 주로 '종전'이라는 용어를 즐겨 사용한다.

신의 나라"라고 공언하는 수상"까지 나타나게 된 것이다. 이러한 사태가 발생할 여지를 남긴 점에 대해서는 그 일원에 속한 나도 '전후역사학'의 책임이 중대하다고 고백해야 할 것이다.

사실 니노미야가 지적한 대로, 지금까지 역사학은 "일본사회·일본민족·일본문화·일본인 등 항상 '일본'을 주어로 서술하면서, 그 내부의 다원성(多元性)과 외부와의 연결고리에 눈을 돌리는 일이 거의 없었다." 그러다가 최근에야 겨우 '일국사관'을 극복하려는 움직임이 본격화하였다.

이 책에서도 약간 언급했지만, 아시아대륙을 비롯한 세계의 여러 지역과의 관계 속에서 일본열도의 사회를 고찰하려는 연구동향은 이미 완전히 궤도에 올랐다고 해도 좋다. 그러한 열도 바깥의 여러 지역과의 교류 속에서, 간단히 동일시하기 어려운 깊고 긴 역사를 가진 개성적인 지역이 열도 내에 형성되어온 사실을 명확히 의식하면서 이에 대한 학문적 연구가 다시 시작되고 있다. 최근 각지에서 활발히 추진되고 있는 지역사 연구는, 과거와 같이 '중앙선진지역'의 동향을 '지방후진지역'에 덮어씌우는 것이 아니라, 각 지역의 독특한 개성을 해명하는 데 주력한다. 예를 들면, 후지모또 쓰요시(藤本强)가 지금까지의 '중(中)의 문화'에 대해 '북(北)의 문화' '남(南)의 문화'의 개성과 전통을 독자적으로 밝혀야 한다고 강조한 『그밖의 두 일본문화(もう二つの日本文化)』(후지모또 쓰요시 1988)를 간행하였고, 아까사까 노리오(赤坂憲雄)가 「여러개의 일본으로(いくつもの日本へ)」를 특집으로 실은 『동북학(東北學)

---

6 2000년 5월 15일 당시 일본수상 모리 요시로오(森喜朗)는 국회의원간담회 석상에서 "일본국은 천황을 중심으로 하는 신의 나라"라고 발언하여 큰 물의를 일으켰다.

1』(아까사까 노리오 1999)을 편집·창간하였으며, 또 모리 코이찌(森浩一)가 '관동학(關東學)'을 제창하는 등(모리 코이찌 2000), 적극적인 제언도 활발하게 나오기 시작했다. 이처럼 지금까지의 '일국사관'이나 '균질한 일본'을 처음부터 전제로 한 '일본인론' '일본문화론'을 근저에서 뒤집는 시도가 꾸준하게 진행되고 있다. 그것은 동시에 카와끼따가 '전후역사학'의 특징·결함의 하나로 거론한 '진보사관(발전단계론)'을 근본에서부터 무너뜨리는 작업이기도 하다.

'진보사관' '발전단계론'의 극복

'역사는 인간의 노력을 통해 진보한다'라는 생각, 또 '생산력의 발전이야말로 사회진보의 원동력'이라고 보는 시각은, 카와끼따가 지적하는 '유럽중심사관, 생산력 중심, 농촌주의'와 불가분한 관계를 맺고 있으며, '근대역사학의 정수'인 '전후역사학'의 가장 중요한 기둥임에 틀림없다. 그것이 지금, 와르르 무너지고 있는 것이다.

그 원동력의 하나로, 최근 고고학의 눈부신 발굴성과가 가져온 새로운 연구의 진전을 들 수 있다. 예를 들면 산나이마루야마(三內丸山) 유적을 비롯한 죠오몬시대의 발굴성과를 통해 이미 죠오몬시기에 광역적이고 일상적인 교역·교류를 배경으로 많은 인구로 구성된 대규모 집락이 안정된 정주생활을 영위하고 있었음이 밝혀졌다. 그 사실 자체가 표박(漂迫)에서 정착으로, 자급자족경제에서 잉여생산물의 판매를 통해 상품화폐경제로 이행한다는 기존 경제사의 상식적인 도식을 무너뜨린 것이다. 자급자족이란 연구자의 머릿속에서 만들어낸 산물이며, 교역·상업이 인류역사의 시작과 더불어 처음부터 공존하고 있었음이 사실로 증명된 것이다.

또한 종래 '일본사'의 교과서적인 상식에서는 중세전기의 '쇼오엔제(莊園制)' 역시 사회적 분업이 미분화된 자급자족경제이며, '병농분리(兵農分離)' '상농분리(商農分

離)'를 거친 에도시대의 '농촌'도 자급자족이라고 가르쳐왔는데, 그것은 전혀 사실과 다른 '망상'에 지나지 않는다고 이미 밝힌 바 있다. 원래 인간은 자신의 욕구를 충족시킨 다음, 남은 물자를 다른 사람에게 준다는 생각은 천박한 인간이해이며, 인간은 처음부터 사회를 의식하면서 생활하는 동물이라고 나는 생각한다.

또한 이동·편력(遍歷)과 정주·정착도 전자에서 후자로 이행하는 것만이 '진보'가 아니다. 본래 인간의 생활자체 속에 내재하는 불가결의 요소로 인식해야 한다. 그러므로 카마꾸라기의 '농촌'을 '자연경제＝자급경제의 사회'로 규정해두고, 그러한 "사회에서는 이론적으로 생각할 때 사람의 이동은 곤란하며, 사회적으로도 이동의 자유가 문제가 되는 일은 없었다"라는, 과거 아라끼 모리아끼(安良城盛昭)가 강조한 '이론'은 유감스럽게도 사실과는 전혀 다른 관념적인 '이론'에 지나지 않는다는 것이 나의 생각이다. 그런데 이 '관념적인 이론'은 지금도 많은 역사가의 '상식'으로 자리잡고 있는 듯하다.

그러나 죠오몬시대의 사회는 이미 사람들의 이동을 전제하지 않고는 성립될 수 없다는 것이 밝혀졌다. 카마꾸라 후기, 13세기 후반 이후의 사회는 액면가 십관문(十貫文)짜리 환어음이 활발히 유통될 정도로 전국적인 하천교통의 전개를 전제로 한 안정된 신용·유통경제가 궤도에 올라있었던 사실도 최근의 연구결과로 증명되었다. 더욱이 중세고고학의 눈부신 발전으로 지금까지 베일에 가려져 있던 미지의 도시와 도시적 공간이 발굴되어, 중세사회가 상상외로 현저한 도시적 발달양상을 보이고 있던 사실까지 해명되고 있다. 앞에서 서술한 대로 전근대의 사회가 유동성이 떨어지는 농업사회였다는 시각은 이미 '신화'로 변모하고 있다고 해도 과언이 아니다.

그러나 '진보사관'의 기둥을 무너뜨리고 있는 것은 이러한 새로운 연구의 진전만은 아니다. 이 책의 처음에서도 논한 것처럼, 인류가 스스로 자멸할 수 있는 힘을 소유해버린 그 엄숙한 사실 자체가, 끊임없는 자연개발과 생산력 제고만이 사회 '진보'의 원동력이라는 생각을 근본적으로 바꾸어놓았다. 역사학연구회대회의 『전후역사학재고』속에서 지금까지의 맑스주의 역사학이 제시해온 사회구성의 발전단계에 가까운, 새로운 '세계사의 제단계(諸段階)'를 제안한 이시이 칸지(石井寬治)가 '생산력'이 한편으로는 '파괴력'임을 명확히 인식하고 있는 점은 주목받아 마땅하다. 그것은 여기에 제시된 사회구성의 제단계가 그대로 눈부신 미래를 담보하는 '진보'가 아니라, 자연을 파괴하며 인류가 멸망을 향해 나아가는 제단계도 될 수 있다는 사실을 말하고 있기 때문이다.

그것은 공납제(아시아적·총체적 노예제)·노예제·봉건제·자본제·사회제(사회주의)라는 '세계사의 제단계'가 아무 효용이 없다고 단언할 수는 없지만, 더이상 과거의 의미 그대로는 통용되지 않음을 뜻한다. 더 극단적으로 말하면 그 주장 자체가 가까운 장래에 발생 가능한 인류의 멸망을 인정할 수도 있다는 의미이다. 그것은 이시이가 제안한 '제단계'가 농업·공업의 발전을 기축으로 하고 있는 것, 또 '세계사의 제단계'라는 이름을 달고 있기는 하지만 구체적으로는 '일본' 자체를 단일한 사회로 전제한 후 논의했다는 점에서, 카와끼따가 지적한 '일국사관' '생산력 중심, 농촌주의'의 약점이 분명히 나타나 있다. 그 점을 다시 한번 충분히 고려한 다음에 '제단계'를 재고하여야 한다. 지금까지 '일본사'의 '상식'으로 여겨진 시대구분의 근본적인 재검토를 통해 재고할 필요가 있다.

2. 시대구분을 둘러싸고

시대구분의 재검토

패전 후, '일본사'교과서에서 채택되어온 시대구분은 약간의 변천을 보이고 있다. 맑스주의 역사학의 영향이 강했던 시기에는 원시·고대·봉건·근대라는 구분이 채용되어 중세를 봉건전기, 근세를 봉건후기로 파악하는 시각도 주장되었다. 이는 1950년대의 시대구분을 둘러싼 학계의 논쟁과도 밀접한 관계가 있다. 율령제하의 사회를 노예제사회로 볼 것인가, 아시아적·총체적 노예제로 볼 것인가, 또는 봉건사회의 출발을 헤이안 후기, 카마꾸라기, 남북조동란기, 타이꼬오검지(太閤檢地)[7] 가운데 어디로 볼 것인가, 나아가 메이지(明治) 이후부터 패전까지를 봉건사회의 연속으로 보고 절대주의로 규정할 것인가, 봉건유제(封建遺制)를 종결지은 자본주의사회로 생각할 것인가 등 패전 이전의 논쟁까지 계승하면서 활발한 논의가 펼쳐져왔다.

이러한 논쟁을 거쳐 1960년대 이후, 원시·고대·중세·근세·근대·현대라는 구분이 몇차례 간행된 일본사관계의 강좌 씨리즈 등을 통해 거의 정착하여 현재에 이르고 있다고 해도 좋다. 그렇다고는 하나 이런 구분에 이시이(石井)가 제시한 '제단계'를 맞추려면 수많은 의견이 나올 것에 틀림없으며, 최근에 들어서는 그러한 시도 자체를 찾아볼 수 없게 되었다.

---

7 토요또미 히데요시(豐臣秀吉)가 행한 검지. 1582년부터 1598년에 걸쳐 전국적으로 시행했다. 통일된 기준으로 진행된 이 검지로 코꾸다까제(石高制)가 확립되고, 봉건영주의 토지소유와 소농민의 토지보유가 전국적으로 확정되었다.

　나는 이것이 세부적인 문제가 있기는 하지만 '일본국' 제도의 변천에 따른 시대구분으로는 사실에 기반한 것이며 유효한 구분이라고 판단한다. 그러나 그것은 어디까지나 '일본국'의 제도에 한해서이고, 류우뀨우왕국이나 아이누사회에는 물론 전혀 통용되지 않는다. 예를 들면 '일본국'의 중세후기는 '류우뀨우왕국'에서는 고대의 시작에 해당하는 시기이고 또 아이누사회에서는 전혀 다른 시기구분을 생각하지 않으면 안된다.

　더 심층적으로 생각하면 에도시대까지의 '일본국'의 동부와 서부, 즉 동국(東國)과 서국(西國) 간에는 제도적으로나 사회적인 면에서 별개로 구분하는 것이 사실과 더 부합한다고 할 수 있다. '키나이(畿內)'를 중심으로 한 서국(西國)에서는 7세기말 율령제 확립에서 9세기까지, 10세기부터 14세기의 남북조 동란까지, 그리고 오오닌(應仁)의 난(亂)까지로 구분할 수 있다. 이해 반해 동국(東國)에서는 타이라노 마사까도(平將門)의 국가 성립을 전후로 카마꾸라바꾸후 성립까지, 카마꾸라바꾸후 확립부터 쿄오또꾸(亨德)의 난(亂)*까지 시대를 구분할 수 있다. 에도시대에 '국민국가' 형성 과정에 들어서부터 현재에 이르기까지도 앞에서 말한 대로 동과 서의 차이는 계속되고 있다.

　그뿐만이 아니다. '동국' 중에서도 특히 토오호꾸(東北)를 비롯하여 칸또오(關東)·호꾸리꾸(北陸)·쮸우부(中部)·토오까이(東海) 지역과, 남큐우슈우(南九州)·큐우슈우(九州)·시꼬꾸(四國)·쮸우고꾸(中國)·상인(山陰)·키이(紀伊)반도 등 '서

---

8 1454년(쿄오또꾸 3) 카마꾸라 쿠보오(鎌倉公方) 아시까가 시게우지(足利成氏)가 칸레이(管領) 우에스기 노리따다(上杉憲忠)를 토벌한 사건에서 시작된 난이다. 이 난 이후 전란은 계속되어 칸또오(關東) 정치의 중심이던 카마꾸라는 폐허로 변하고 서서히 셍고꾸(戰國)시대로 접어들어간다.

국'지역은 각각 강한 개성을 갖고 있으며, 각 지역의 역사에 입각한 독자적 시기구분의 가능성까지 생각하면, 이를 더 심층적으로 연구할 필요가 있다. 앞에서 서술한 대로 최근 그러한 시도가 활발히 일어나고 있는데, 이처럼 시대구분에 대해서도 '일국사관'은 사실에 비추어볼 때 전혀 성립할 수 없는 것이다. 그것을 이시이가 제창하는 제단계 같은 논의와 결부시켜 무리하게 끼워 맞추려다 보면 '진보사관'과도 관련하여, 키나이를 '최선진지역', 토오호꾸·남큐우슈우를 가장 뒤떨어진 '최후진지역'으로 설정하고 그 사이에 각 지역의 위치를 부여하는 왜곡된 '허상'을 그려내어, 커다란 오류에 빠지게 된다. 실제로 이러한 시각에서는 전근대 '일본국'의 침략과 정복이라는 사실은 결정적으로 누락되고, 오끼나와나 아이누 역시 '야마또민족' 밖으로 떨어져 나가게 된다.

또한 지금까지 열거한 일본열도 각 지역의 사회모습은, '공납제·노예제·봉건제·자본제·사회제'라는 틀로는 도저히 수용할 수 없을 정도로 풍부한 다양성을 띠고 있다. 이같은 다양성은 생업·인간 관계 등 모든 면에서 나타나고 있어 농업·공업 생산의 발전을 기축으로 세워진 사회구성의 발전단계는 이미 근본적으로 성립할 수 없다 해도 과언이 아니다. 게다가 그 각각의 '사회구성' 자체가 사회의 실태에서 크게 벗어난 규정이라고 할 수 있다.

예를 들면 지금까지 누차 말해왔지만, 최근의 발굴로 밝혀진 죠오몬시대의 사회실태에 따르면, 죠오몬시대를 야요이시대까지 포함해서 '원시사회' 등으로 일괄하기란 불가능하다. 게다가 수목재배를 포함하여 고도의 기술을 소유한 죠오몬사회와, 벼농사를 기본으로 하는 야요이사회가 어느 쪽이 선진이고 어느 쪽이 후진 혹은 미개인지는 간단히 규정할 수는 없다. 오히려 구석기·신석기·금속기 등의 도구나 논밭농업에만 초점을 맞춘 종래의 시각을 벗어나, 각 사회의 다채로운 생업과 생활, 사람과 사람의 관계, 그 독자적인 구성에 눈을 돌리는 한편 지금까지의 시대구분에 얽매이지 않고, 사실에 입각한 새로운 사회 규정과 개념을 창출하여 시대를 구분하는 것이야말로 현재 가장 필요한 과제일 것이다.

또한 '노예'에 대해서도, 지금까지는 순전히 농업부문 내에서만 생각해왔으나 그 실태를 조사해보면, 전세계적으로 지극히 다양한 직능을 가진 '노예신분'의 존재가 많이 밝혀졌다. 예를 들면 '일본'의 경우, 서북큐우슈우의 '카이후(海夫)'와 같이 토지와는 전혀 관계가 없는 해민(海民)이 카마꾸라 시기의 영주 밑에 있으면서 '게닌(下人)'으로서 양여·매매의 대상이 되었고, 그외에도 갖가지 형태의 '게닌신분'의 직능민(職能民)을 발견할 수 있다. 게다가 형식적으로는 '게닌'이지만 사실상 고용노동자로 볼 수 있는 사람들의 존재도 보고되고 있다. 그렇다면 가볍게 '노예제'라는 개념을 사용하는 것은 일단 자제하는 것이 학문적이지 않을까. '봉건제'에 대해서도 마찬가지이다. 젊은 시절 나는 '봉건제도란 무엇인가'라는 '논문'을 발표한 적이 있다. 살아있는 동안에 현재 나의 생각을 정리하여 어리석기 짝이 없는 그 논문을 없애고 싶은 심정이지만, 여기서는 그 일단을 서술하는 데 그치겠다. 봉건영주는 '자급자족하는 농촌'을 기반으로, 경제외적인 강제를 통해 농민을 토지에 묶어두고 지대를 수취한다는 종래의 인식이, 그대로 성립할 수 없다는 사실은 이미 명백해졌다고 해도 좋을 것이다. '일본' 중세의 경우, '야까따(館)'를 근거지로 하고 그 주변의 직영지인 '카도따(門田)' '쇼오사꾸(正作)'에 직속된 '게닌(下人)·쇼쥬우(所從)'[9]와 '햐꾸쇼오(百姓)'에게 경작시켜 경영하면서 동시에 그 주변지역의 '햐꾸쇼오=농민'들을 무

---

9 중세의 예속민을 일컫는다.

력으로 지배하고 지대를 수취하는 '재지영주(在地領主)'의 상(像)이 정식화되어 있으나, 그 모든 것을 무효라 할 수는 없다 해도 이 정식 역시 그대로는 도저히 성립하기 어렵다. '자급자족의 농촌' 혹은 '햐꾸쇼오(百姓)＝농민'의 오류에 대해서는 이미 설명한 대로이지만, '재지영주'라고 인식되어온 카마꾸라바꾸후의 지또오(地頭)·고께닌(御家人)의 실태에 입각해 보아도, 위와같은 '영주상(領主像)'이 그 일면만을 포착하고 있는 것임은 명백하다.

예를 들면 시마즈(島津)씨는 사쯔마(薩摩)·오오스미(大隅)·휴우가(日向) 일대의 시마즈노쇼오(島津莊)의 지또오(地頭)로서, 남큐우슈우의 대영주로만 생각하기 쉬우나, 그 출신은 코노에(近衛)가의 가사(家司)로 생각되며 카마꾸라·쿄오또에 근거지를 소유하면서, 동시에 시나노노꾸니(信濃國)의 오오따노쇼오(大田莊), 에찌젠노꾸니(越前國)와 와까사노꾸니(若狹國)의 슈고(守護)로서 '일본해(日本海)'에 관련된 소령(所領)을 갖고 있었고, 또한 이즈미(和泉)·이가(伊賀)·이세(伊勢), 그리고 카이(甲斐)에도 소령을 보유하고 있었다. 그리고 이러한 전국적인 소령(所領)들을 시마즈일족 전체가 지배하고 있었던 것이다. 그것은 태평양·'일본해'의 광역적 해상교통을 전제로 해야 비로소 가능한 일이다.

또한 토오호꾸의 셍고꾸다이묘(戰國大名)로 저명한 남부(南部)씨의 성씨를 낳게 한 지역은 카이노꾸니 후지가와(富士川)유역의 남부고오(南部鄕)인데, 카마꾸라 후기에 호오죠오(北條)씨의 다이깐(代官)으로서 무쯔노꾸니(陸奧國) 누까노부군(糠部郡)을 수여받고부터는 역시 일족이 카이와 무쯔의 소령을 지배하고 있다. 이는 후지가와에서 태평양으로 진출하여, 토오호꾸(東北)의 해변을 북상하는 해상교통에 의존하지 않고서는 불가능하다고 할 수 있다. 실제로 이처럼 광범위한 지역에 소령(所領)을 갖는 것은 카마꾸라기 지또오·고께닌의 일반적인 양상이며, 이런 사례는 일일이 다 들 수 없을 만큼 많으나, 그중 한 예를 들어보겠다. 히따찌노꾸니(常陸國) 나까서군(那珂西郡)의 지또오(地頭)로 카마구라기의 유력 고께닌(御家人)이었던 나까(那珂)씨는 오오나까또미(大中臣)씨의 동족으로 같은 히따찌의 나까꼬오리노쇼오(中郡莊)에서 이즈모노꾸니(出雲國) 쿠노고오(久野鄕) 등으로 근거를 옮긴 나까꼬오리(中郡)씨, 에찌고노꾸니(越後國)의 산죠오(三條)·오오쯔끼(大槻) 등지에 뿌리를 내린 일족 등과 카마구라 후기까지 동족으로서 긴밀한 연결관계를 유지하는 동시에, 자신의 일족을 탐바(丹波)·아끼(安藝)·스오오(周防)·하리마(播磨)·시마(志摩) 등 서국 여러 쿠니들의 소령에 널리 배치하여, 전국적으로 분포된 소령을 일족 전체가 지배하였던 것이다.

지금까지 이러한 지또오·고께닌이 관할하는 소령은 바꾸후가 수여한 것으로만 생각해왔으나, 이시이 스스무(石井進)가 해상교통의 요충지에 분포하는 호오죠오씨 소령의 실태를 밝힌 바와 같이, 여기에는 지또오·고께닌이 자신의 소령배치에 대한 전략이 있었다고 보는 것이 자연스럽다. 실제로 카즈사노꾸니(上總國)의 고께닌 후까보리(深堀)씨는 바꾸후가 내린 셋쯔(攝津)의 소령에 불만을 품고, 히젠(肥前)의 해상교통의 요충지에 소령을 획득하였던 것이다.

그렇다면, 카마구라기의 '영주'는 결코 자신의 본령(本領)에서 '자급자족'의 세계 속에서만 살았던 것이 아니라, '일본국' 전체를 시야에 넣고, 각 쿠니의 상황과 교통의 실태를 파악하면서 소령을 배치·경영했다고 생각할 수밖에 없다. 이는 종래의 '봉건영주상'과는 전혀 들어맞지 않으며, 따라서 지금까지의 '봉건사회'의 인식을 근본적으로 재고할 필요가 있는 것이다. 다만 이것은 사또오 싱이찌(佐藤進一)가 '쇼오군(將軍)권력의 이원성'으로 훌륭히 정식화한 주종제 지배와 통치권적 지배, 또는 합의와 전제와도 중복되는 점이 있어, 사회의 실태에 입각해 어떻게 생각해야 할지는 향후의 과제가 될 것이다.

또한 이러한 '봉건영주상'은 '동국(東國)'사회를 배경으로 그려진 것으로, 카마꾸라기 이후의 소령안도(所領安堵),[10] 즉 은급(恩給)을 매개로 하는 주종관계가 서구의 봉건제와 비교할 수 있는 공통된 특징을 갖고 있다는 것도 명백하다. 그렇다면 '일본' 봉건사회상의 재고를 통해 '서구'의 봉건시대를 재검토하는 길도 열릴 것이며, 실제로 서구사 분야에서는 그러한 새로운 시도가 진행중인 것으로 보인다.

그러나 한편으로는 중세전기의 '일본'의 '서국'에 형성된 지닌(神人)·쿠고닌(供御人)제도, 즉 사람의 힘을 넘어선 성스러운 존재인 신불(神佛)과의 '주종관계'는 서구나 중국과 비교하기보다는 오히려 남미의 잉까제국이나 아프리카의 왕국 등과 비교할 필요가 있다. 이처럼 '일본국'을 단일한 통일체로 생각할 것이 아니라 '동국(東國)' '서국(西國)' 간의 차이를 명확히 밝힘으로써 인류사회의 다양한 존재양태와 비교할 수 있는 새로운 길이 열리는 것이다.

봉건사회론에 입각해서 보면, 근세사회인 에도시대에 대해서도 '병농·상농분리'에 기초하여 '자립 소농민'이 구성하는 '자급자족의 농촌'을 기반으로 한 '순수봉건제'로 보려는 시각이 과거의 '통설'이었고, 지금도 가장 유력한 학설이라 할 수 있다. 그러나 나는 이것은 메이지(明治) 이후의 지배층이 날조한 이 '허상'을 근대역사학과 전후역사학이 극복하지 못하고 답습해온 결과로 생겨난 중대한 잘못이라 생각한다. 확실히 근세에도 소령급여를 매개로 한 주종관계와 신분제가 존속되고 있는 것은 사실이지만, 그 사회의 실태는 지극히 유동적이고 도시적이어서, '고도의 경제사회'

---

10 주군이 가신에게 영지(領地)를 주는 행위.

라 해도 결코 과언은 아니다. 따라서 종래와 같은 봉건제의 시각만으로 이 사회를 정확하게 파악하기란 불가능하며, 오히려 자본주의나 관료제의 시각을 도입하여 새로이 전면적으로 파악하지 않으면 안된다. 그리고 이렇게 전근대의 '일본'이나 열도사회의 모습을 철저히 재검토하여, 메이지 이후의 근대, 나아가 패전 후 고도성장기 이후의 현대를 근본적으로 재고함으로써 지금 우리가 어디에 있으며 무엇을 해야 하는지를 명확히 확인할 필요가 있다. 이를 위해 해결해야 할 문제는 무수히 많으나, 우선 나의 시기구분 시안(試案)을 제시한 후 앞으로 풀어야 할 '일본론'의 과제를 검토하면서 이 책을 맺으려 한다.

열도사회의 시기구분

'일본국'이 만든 제도의 시대구분이 아닌 일본열도의 사회 전체를 시야에 넣은 시기구분을 생각한다면, 열도의 자연과 사회와의 관계, 열도 외의 지역과의 교류를 염두에 두고 생각할 필요가 있다. 그렇다면 긴 구석기시대에서 죠오몬시대로의 전환, 나아가 한반도·중국대륙에서의 벼농사를 포함한 복합적 문화의 담당자인 야요이인의 유입과, 이들이 죠오몬인과 병존·대립·교류하던 시대, 그리고 6세기에서 7, 8세기에 걸쳐 성립된 열도 최초의 본격적 국가인 '일본국'의 확립을 획기(劃期)로 생각해야 한다. '일본국'의 성립이 열도사회에 끼친 여러 영향에 대해서는 앞에서 서술했지만, 특히 여기서 주목하고 싶은 것은 문서주의를 채용한 '일본국'의 국제(國制)가 미친 각 지역으로 중국대륙의 문자인 한자가 파급됨으로써, 음성을 한자로 표현하는 시도가 성공하여, 마침내 9세기에서 10세기에 걸쳐 궁정여성의 세계에서 히라가나가, 사원승려의 세계에서 카따까나가 생겨났다는 사실이다. 본래 열도 각 지역의 언어는 결코 똑같지 않았다. 현재도 그렇듯이 ——가령 나는 아오모리(靑森)나 카고시마(鹿兒島)의 말을 전혀 모른다——서로 의사소통이 불가능할 정도로 다양했다고 생각되는데, 이 문자의 전파와 문어(文語)의 형성은 방언을 넘어서 의사소통을 가능하게 했던 것이다.

그리고 13세기 후반 이후 15세기까지, 열도사회는 전체적으로 커다란 전환기에 들어선다. 열도의 내외를 잇는 교통의 발달·안정을 배경으로 사람과 물자, 나아가 화폐(錢貨)의 유통은 사회의 양태를 크게 변화시켰다. 북방에서는 동북아시아와 열도의 교역 담당자로서 아이누가 '민족'적 정체성을 형성하기 시작했고, 남방에서는 동남아시아·중국·한반도·일본과의 교역활동을 기반으로 열도의 또 하나의 국가인 류우규우왕국이 모습을 드러냈다. 류우규우의 공적인 문자가 히라가나였다는 사실에도 세심하게 주의할 필요가 있다. 혼슈우·시꼬꾸·큐우슈우 등 '일본국' 아래에 있는 사회에도, 히라가나·카따까나를 포함한 문자와 계산능력이 여성에게까지 매우 광범위하게 침투해갔다.

정치적으로는 14세기부터 16세기에 걸쳐 '일본국'은 사분오열의 상황에 있었고, 열도 외의 각 지역, 즉 한반도·중국대륙·동북아시아·동남아시아 등과도 바다를 통해 긴밀히 연결되어 있었다. 그러나 16세기 말에서 17세기 초에 걸쳐 '일본국'이 재통일되어, 국민국가 형성의 배경이 된 '일본인의식'은 이러한 문자의 침투에 따라 확산되어갔다. 출판 서적의 보급이 현저해진 에도 중기 이후, 그것은 더욱더 자각적으로 변해갔다고 해도 좋을 것이다. 그렇다고는 하지만 지역에 따른 언어(말)의 다양성과 상호불통이라는 상황은 그다지 호전되지 않았고, 문자가 서체(書體)를 포함해 지배층, 즉 위에서부터 사회로 침투해갔음은 확실하다. 특히 메이지 이후, 국가의 학제 편성으로 말미암아 문자는 강제력마저 띠게 되었다(아미노 요시히꼬 1991b). 물론 그 바탕에는 '문명'화의 커다란 진전, 즉 자연개발의 비약적 발전과 신불(神佛)처럼 인간의 힘을 초월한 존재의 권위추락 등의 움직임이 있었음은 말할 것도 없지만, 여기서는 그 움직임이 동반한 문자의 보급과 계산능력의 향상을 강조해두고 싶다.

그리고 그에 이은 커다란 전환기는 20세기 후반의 고도성장기 이후에 시작되어, 현재도 바로 그 와중에 있다. 이 전환기는 여러번 언급해온 인류사회의 장년시대 돌입과 불가분한 관계에 있음은 두말할 필요도 없겠지만, 열도사회에 입각해서 보면 14, 15세기에 그 기초가 형성되어, 패전 후 잠시동안 유지되었던 촌락과 도시의 모습, 이를 지탱해온 생활형태 그 자체가 전체적으로 근저로부터 변하고 있는 것이다.

여기에 컴퓨터를 통한 정보전달의 대변화가 깊이 관여하고 있음도 분명하고, 사회가 앞으로 어떻게 변해갈 것인가는 이미 나의 상상을 넘어섰다. 그리고 이 새로운 움직임이 '국민국가'의 틀을 넘어선 것임은 틀림없으나, 매우 오랜 역사를 가진 열도사회와 각 지역의 개성을 완전히 지워버릴지는 나에게는 의문이다. 오히려 이처럼 불확실한 시대에 살고 있는 만큼 더한층 공정하게 사회와 역사를 파악하면서, 지금 우리가 어디에 있는지를 정확히 인식해 둘 필요가 있지 않을까 생각한다. 물론 이 과제가 책 한권으로 해결될 리는 없겠지만 "일본이란 무엇인가"는 그 의문을 풀기 위해 반드시 해결해야 할 문제인 것이다.

'일본론'의 전망

지금까지 거듭 강조해온 바와 같이, 일본열도의 사회는 열도 외의 각 지역과 연결된, 지극히 다양한 개성을 지닌 여러 지역으로 구성되어 있다. 그 때문에 '일본'을 등질적[齊一] 존재로 생각하고, '일본인'의 아이덴티티를 추구하려는 것은 처음부터 국가에 편중된 현실과 동떨어진 무리한 시도이다. 그것을 무리하게 실행하려 한다면 수많은 중요한 것들을 내던져버린 후 편중된 '허상'을 그려내게 될 터이고, 때로는 데마고기(demagogie)까지 동반하면서 현대 일본인의 자기인식을 그르치는 결과를 빚을 것이 분명하다.

그렇게 되지 않기 위해 앞으로의 '일본론'에 가장 절실한 작업은, 거꾸로 이 복잡한 열도의 자연과의 관계에서 형성된 각 지역사회의 다양한 생업과 개성적인 생활의 역사를 정확하게 인식하는 일이다. 이런 인식을 통해 비로소 우리는 서로 자타의 개성을 진정으로 존중하며, 이 사회에서 살아가는 길이 열릴 것이다. 또한 이러한 각 지역사회의 형성과정과 그 구성의 원형을 좀더 깊이 천착함으로써, 구체적인 교류의 실태와 사회구성의 공통성·차이의 비교를 통해 인류사회 전체와의 관계를 밝힐 필요가 있다. 그렇게 함으로써 인류사회 속에서 열도사회의 위치에 대한 명확한 인식이 비로소 가능해질 것이다.

천박한 '진보사관'과 '농촌중심주의'로 인해 지금까지 역사학연구가 거의 무시해 온 결과로 남겨진 공백은 너무도 광대하다. 예를 들면 여성·노인·아이들 나아가 사회 속에서 피차별민의 역할, 산과 들, 강과 바다에 관계되는 생업, 하천·해상교통의 실태, 유통, 정보전달의 문제 등을 들 수 있는데, 근년에 들어서 본격적인 연구 개척이 시작되었다고는 해도, 아직 해명을 기다리는 분야는 여전히 넓다. '진보'를 추진해온 사람들이 쟁취한 승리의 역사에서 배제된 사람들, '패자'의 실태, 그리고 '기본적인 생산관계'에서 멀리 떨어져 있다는 이유로 무시되어온 각종 생업과 그 담당자들에게 눈을 돌려 그곳에서 살아가는 인간의 예지를 남김없이 끌어담는 일은 진정한 의미에서 인간의 '진보'란 무엇인가를 생각하는 데에도 오늘날 무엇보다 중요하지 않을까 생각한다.

그리고 그 위에서, 다시 한번 열도사회와 '일본국'의 관계를 공정하게 인식하고, '일본'의 역사를 철저히 총괄해야 한다.

　이것은 단순히 '국민국가'를 극복해야 할 대상으로 삼는 데에 그치지 않는다. 앞서 서술한 대로, '일본'이란 국호를 가진 국가와, 이 국호와 불가분의 관계에 있는 '천황'을 그 칭호로 하는 왕조가 여러 변천을 거쳤다고는 하나, 어찌되었건 1300여년간 계속되어온 것은 분명하다. 이는 인류사회, 세계의 '모든 민족'의 역사 속에서도 그다지 유례가 없는 사례임에는 틀림없다. 그러나 그렇기에 더욱더 이 국가와 왕조의 역사를 진정으로 대상화하여 철저히 총괄할 수 있다면, 그것은 인류사회의 역사 전체 속에서 '국가'가 수행해온 역할, 또 '왕권'이 갖는 의미를 근본적으로 해명하고 그 극복을 포함하여 미래로 향하는 길을 해명하는 데 커다란 공헌을 할 수 있지 않을까?

　또한 '미시적'으로 보아도, 이 총괄을 완성하지 못한 상태에서 '일본'이라는 국명과 결부된 '히노마루'나 '천황'과 불가분의 '키미가요'를 법적으로 국기·국가로 규정한 최근의 사태를 근본적으로 뒤엎을 수 없다고 생각한다. 그러나 '거시적'으로 보면 이는 현대 일본인만이 좋든 싫든 떠맡은 커다란 과제로, 만일 훌륭하게 해결해낼 수 있다면 우리는 전 인류의 전진을 위해 크나큰 기여를 하게 될 것이다.

　물론 이것은 긴 시간을 필요로 하며 또한 수많은 어려움이 뒤따르는 길이기도 하다. 그러나 '일본'이라는 국호의 타당성 여부, '천황' 자체의 존폐까지도 충분히 시야에 넣고 용기를 가지고 착실히 전진할 수 있다면 '일본론'의 전망은 반드시 밝고 넓게 열린다고 나는 확신한다.

옮긴이의 말

한반도에서 어느 한쪽의 흡수통일이 아닌 남북한의 합의로 통일국가가 성립한다면, 국호는 무엇으로 해야 할까 하는 생각을 해본 적이 있다. 고려? 조선? 한국? 아니면 아예 새로운 국호?

모두 다 역사적으로 깊은 연원이 있고, 나름의 정당성도 있는 호칭인만큼 쉽사리 한쪽의 손을 들어줄 수는 없을 것이다. 우리는 이 문제를 진지하게 검토해본 적이 있는가. 정치사회적 굴곡 탓이겠으나, 아직까지 들어본 적이 없다. 우리는 과연 '한국이란 무엇인가'에 대해 자문해본 적이 있는가. 2002년 6월 전국민을 열광시켰던 '대한민국'과 '태극기'가 과연 우리에게 무엇인지 진지하게 검토하고 있는가.

우리보다 한발 앞서 일본의 한 원로 역사학자가 '일본이란 무엇인가'를 자문하고 답을 모색하였다. '일본(日本)'이라는 국호는 7세기 말에 정해졌고 그후 동아시아 국제사회에서 줄곧 사용되었다. 즉 1300여년 동안 일본열도에 존재하는 국가를 부르는 이름으로서 '일본'을 대체하거나 병존해온 국호는 없었다. 이는 중국대륙이나 한

반도에 존재했던 국가를 지칭할 때 그 왕조명을 사용하여 대명(大明)·대청(大淸)
또는 고려국·조선국이라고 불렀던 것과는 대조된다. 이 때문에 현대 일본인들은 일
본이라는 국호에 대해 자의식을 갖기 힘들었고, 따라서 이 국호의 변경 가능성에 대
해서도 거의 의식하지 못한 채 살아간다고 저자 아미노 요시히꼬(網野善彦)는 지적
한다. 이런 상황에 대한 문제제기가 이 책을 쓴 동기이다.

　패전 후 일본의 근대역사학(진보사관進步史觀)은 맑스주의의 헤게모니 아래서 일본
국가, 일본의 민족주의에 대해 치열하게 비판해왔다. 이러한 이른바 '진보사관'이 전
후역사학의 주류였고, 이에 대한 반발이 최근에 등장한 '자유주의사관(自由主義史
觀)'이라고 할 수 있다. 그러나 '진보사관' 역시 국민·국가라는 개념을 사고의 전제
로 삼고 일국사(一國史)의 틀에서 역사연구를 진행해왔다.

　그런데 최근 역사연구에서는 근대역사학에서 명백한 전제로 여겼던 개념들, 즉
국민·국가·민족을 상대화하는 작업이 이루어졌다. 다시 말하면 그것들은 초역사적
인 것이 아니라 역사적으로 형성된 것이며 따라서 역사의 전개과정에서 변용 또는
해체될 수도 있다는 주장이 활발히 일어났다(국민국가론國民國家論). 이런 연구시각은
일본처럼 '단일민족' '민족문화론' 등을 강조하면서, 일국사의 틀을 전제로 역사인식
을 해왔던 지적 경향에 큰 충격을 주었다. 이런 시각은 아직도 내셔널리즘에 대해 긍
정적 이미지를 많이 가지고 있는 한국에 비해, 일본에서 좀더 폭넓게 수용되었는데
이 책도 그런 흐름의 연장선상에 있다고 볼 수 있다.

　한 가지 흥미로운 것은 이런 흐름과는 반대로 최근 일본사회의 한쪽에서는 일본
국가·일본국민에 새삼 애정을 쏟으면서 역사를 재구성하려는 움직임이 세를 얻어
가고 있다는 점이다. 물론 이들이 모두 동일한 집단은 아니다. 이들 사이에도 상당한
차이가 존재한다. 지난번 교과서 파동으로 우리에게도 잘 알려진 '새로운 역사교과

서를 만드는 모임'처럼 학문적 룰을 포기하고 역사를 국민의식을 함양하는 데 필요
한 선전수단으로 여기는 집단이 있는가 하면, 이들과 적대적인 관계를 유지하면서
도 일본근대사에 대한 부정 일변도의 시각에 거부감을 보이고 일본국가·일본국민
의 내용을 재구성하려는 집단도 있다. 후자는 주로 『요미우리신문(讀賣新聞)』과 출
판사인 쥬우오오꼬오론샤(中央公論社)를 무대로 활약하고 있다 하여 일본 일각에서
는 '요미우리–쥬우꼬오(中公)그룹'이라고도 부른다. 여기에는 주요 대학 등에서 요
직을 장악한 수준급의 학자들도 포진하고 있어서 앞으로의 작업내용을 주목해야 한
다고 생각한다.

이 책의 저자 아미노 요시히꼬는 이런 흐름의 반대쪽에 있는 역사학자라고 할 수
있다. 그는 국민국가의 틀을 해체하려는 국민국가론의 성과를 흡수하면서, 국가·민
족의 틀을 다시 강화하려는 보수적인 흐름에도 반대하고, 한편으로는 일국사관·생
산중시·농촌주의의 틀을 유지한 채 일본의 역사를 비판적으로 검토해온 '진보사관'
에도 이의를 제기한다.

그는 공저를 포함하여 이미 1백권이 넘는 저서를 낸 역사학자로, 고고학·민속학·
문화인류학 등 인접학문의 방법론까지 흡수해 이제까지 '상식'으로 여긴 일본역사상
을 뒤집는 작업을 정열적으로 성취해왔다. 그가 써낸 『일본론의 시점(日本論の視
座)』『동과 서가 말하는 일본의 역사(東と西が語る日本の歷史)』『바다와 열도의 중
세(海と列島の中世)』『일본의 역사를 다시 읽는다(日本の歷史をよみなおす)』『일
본 중세의 민중상: 평민과 직인(日本中世の民衆像: 平民と職人)』『일본 중세의 비
농업민과 천황(日本中世の非農業民と天皇)』『무연·공계·락: 일본 중세의 자유와
평화(無緣·公界·樂: 日本中世の自由と平和)』등의 저서는 일본사의 통설(通說)에
의문을 제기하면서, 학계 나아가서는 일반인들에게도 커다란 충격을 주었다. 이 때

문에 일본학계의 주류라고 할 수 있는 '진보사학' 측에서 '이단'으로 취급받기도 하고 격렬한 논쟁이 벌어지기도 하지만, 학계뿐 아니라 일반인 사이에도 넓은 독자층을 확보하고 있다. 또 최근에는 아미노사관(網野史觀)에 기초한 역사소설도 등장할 만큼 강한 영향력을 가지고 있다. 이 책은 일본의 코오단샤(講談社)에서 펴낸 '일본의 역사(日本の歷史)' 씨리즈의 첫째권으로, 아미노 요시히꼬의 그간의 연구를 응축했으며 아미노사관을 일목요연하게 드러내는 책이라고 할 수 있다. 이 책이 담고 있는 독특한 관점은 대략 다음과 같다.

일본열도는 고립된 지역이 아니며, 일본의 역사는 열도 안에서만 이루어진 것이 아니다

그간 일본사는 근대국가 일본의 국경 내의 지역을 대상으로 서술되었다. 이런 시각에 서면 일본 북부인 토오호꾸(東北)와 남부인 큐우슈우(九州)의 문화적 동질성은 큐우슈우와 한반도 남부의 그것보다 강하다는 인식을 자연스레 전제하게 된다. 그러나 이는 실태와 다르다. 예컨대 저자도 지적한 바처럼 칸사이(關西)지역의 생활풍속이나 관습은 칸또오(關東)보다는 오히려 한반도 남부와 비슷한 경우가 많이 발견되는 것이다. 또 지금까지는 죠오몬(繩文)문화의 범위를 쯔시마(對馬島)에서 홋까이도오(北海道)까지 한정하고, 한반도 남부나 사할린 등을 제외했다. 그러나 죠오몬인에게 '일본'과 '한국'의 국경 따위가 있을 리 없었고, 당연히 이들의 활동범위는 그 '경계선'을 넘나들었던 것이다. 그리고 그후의 일본역사도 서로는 중국·한반도, 동으로는 태평양과 때로는 그 너머의 아메리카대륙, 북으로는 사할린·연해주와 때로는 그 너머의 오호쯔끄해와, 남으로는 난세이제도(南西諸島)와, 때로는 그 너머의 동남아시아와 교류하면서 형성·전개된 것이다.

이와 관련하여 이 책에 실려 있는 토야마현(富山縣)이 펴낸 지도(컬러화보 참조)를 보면 동해('일본해')는 한반도·연해주·꾸릴열도·일본열도로 둘러싸인 '내해'임이 드러나고, 일본열도는 결코 고립된 섬나라가 아니라, 동해·동중국해·오호쯔끄해 등 몇개의 바다를 통한 문명의 교류에 노출될 수밖에 없는 지역이었음을 깨닫게 된다. 나아가 옮긴이는 이 지도를 보면서 한반도의 위치에 주목했다. 이 지도의 한가운데에는 한반도가 위치하고 있는데, 이는 한반도가 중국 동부와 만주·연해주, 그리고 일본열도 사이에 이루어진 이 지역 문화교류의 가교역할을 하는 위치에 놓여 있음을 보여준다. 이런 시각에서 한국사를 새롭게 조명해보는 것도 흥미로운 작업이 될 것이라고 생각한다.

일본 내부에 단일한 일본역사·일본문화는 존재하지 않는다

단일민족은 균질한 언어·인종·문화를 전제로 한다. 메이지유신(明治維新) 이후의 일본과 해방 이후의 남북한은 이를 자명한 전제로 여겨왔다. 이른바 '단일민족의 신화'가 그것이다. 이를 전제로 수많은 '일본(한국)인론' '일본(한국)문화론'등이 씌어졌다. 그러나 일본열도에 존재하는 다양한 문화들을 '일본문화'로 묶는 것은 무리라는 것이 저자의 주장이다. 예를 들어 지금의 칸또오지역을 중심으로 한 동국(東國)과 칸사이지역을 중심으로 한 서국(西國) 사이에는 문화·관습·생활방식과 신앙의 대상은 물론 인종·언어까지도 달랐다는 것이다. 실제로 현재에도 큐우슈우의 남단인 카고시마(鹿兒島)와 토오호꾸지방 사이의 방언 차이는 포르투갈어와 이딸리아어의 차이보다도 크다는 것이 저자의 지적이다. 이것을 하나의 균질한 '일본문화'로 설정하여 논할 수 있겠는가. 여기에다가 근대 이후 일본의 영토로 편입된 오끼나와의 류우뀨우(琉球)문화와 홋까이도오의 아이누문화까지 고려한다면 도대체 '일본문화'라는 개념 그 자체가 과연 성립이나 할 수 있는 것인가 하는 의문이 생긴다. 그러므로 저자는 일본열도에 존재했던 문화를 남의 문화(오끼나와), 중의 문화(일본본토), 북의 문화(홋까이도오)로 나누고, 중의 문화를 다시 동의 문화와 서의 문화로 나누어 최소한 네 지역의 문화로 구분하여 논해야 마땅하다고 주장한다. 특히 이른바 일본 본토의 동과 서는 10세기에 타이라노 마사까도(平將門)가 '신황(新皇)'을 칭하면서 일본국에서 일시적으로 독립한 적도 있었던 것에서 볼 수 있는 것처럼, 동국-서국 의 병립체제라고 부를 수 있는 요소도 있었다.

일본은 농업사회였다는 인식은 잘못된 것이다

'전근대는 농업사회였다'라는 것은 많은 사람이 공유하는 상식이다. 그런데 저자 는 놀랍게도 이에 대한 반론을 제기하고 있다. 농업뿐 아니라 수로·해로를 이용한 해민(海民)과 카이후(海夫)의 활동이 전근대사회를 지탱하고 있었고, 또한 산민(山 民)들의 활동도 과소평가할 수 없다는 것이다. 대체로 에도(江戶)시대에 전체 생산 업 중 농업의 비율은 60%에 그쳤고, 논밭에서 이루어지는 협의의 농업은 40%대에 불과했다고 한다. 저자는 전근대사회는 농업을 위주로 한 자급자족의 정적인 사회 가 아니라, 다양한 생업이 혼재하는 가운데 이들을 연결하는 교역활동이 활발하게 이루어진 역동적인 사회였다고 강하게 주장한다. 이에 따라 농민 이외의 생업민, 즉 수렵민·직능민·해민·산민 등의 존재와 활동에 주목한다.

그러나 일본의 국가권력은 이런 사회실태를 부정하고 농업중심사회를 건설하려 고 했기 때문에 공식문서 등에는 농업을 위주로 한 기록만 남게 되었고, 그간의 역사 학은 이를 기초로 연구했기 때문에 많은 오류를 범했다는 것이다. 대표적인 것이 '햐 꾸쇼오(百姓)'에 대한 이해이다. 햐꾸쇼오는 문자 그대로 각종 생업을 갖고 있는 모 든 민중이라는 뜻인데, 일본사에서는 농민만을 의미하는 것으로 해석해왔다. 예를 들면 토지를 보유하지 않은 햐꾸쇼오인 미즈노미뱌꾸쇼오(水呑百姓)를 흔히 빈농으로 간주하지만, 실은 그들 중에는 부유한 상인·직인(職人)·선주(船主) 들이 있었다. 또 사료에 '무라(村)'로 나와 있는 곳도 실제로는 상업이 융성한 도시인 경우가 많았다. 또 '부랑도망(浮浪逃亡)'이라고 기록되어 있는 것도 오직 곤궁한 농민의 도주라고만 파악해왔으나, 그 가운데는 해민의 이동처럼 생업을 위해 적극적으로 이동·이주하는 경우도 많았다는 것이다.

여기서 한발 더 나아가 저자는 인류역사를 수렵·채집에서 농경으로, 표박(漂泊)·이동에서 정착·정주로, 자급자족경제에서 상품·화폐경제로 '진보'했다는 사관을 부정한다. 인류사회에는 정착·정주가 이루어진 후에도 표박·이동을 멈추지 않는 집단이 병존했고, 이들이 담당한 유통·교환은 태고부터 있었으며 따라서 자급자족사회의 존재가능성에 회의를 표시하는 것이다.

끝으로 독자들에게 몇가지 당부의 말을 전한다.

첫째, 비교적 상세한 일본지도를 옆에 놓고 읽는 것이 유익할 것이다. 물론 이 책에 나오는 지도만으로도 충분하지만 일본지리를 금세 확인해볼 수 있는 눈에 익숙한 지도가 옆에 있으면 글을 이해하는 데 좀더 도움이 될 것이다.

둘째, 책 제목은 매우 큰 주제를 담고 있으나, 저자가 '실증'을 생명으로 여기는 학자인만큼 자신의 주장을 입증하기 위해 사료를 수없이 인용하고, 어떤 곳에서는 지나치다 싶을 정도로 길게 나열하기도 한다. 따라서 낯선 일본 지명과 인명들이 한 면을 뒤덮는 경우도 있다. 역사학도가 아닌 일반독자일 경우 독서에 다소 방해가 될 텐데, 너무 거기에 연연해서 전체적인 맥락을 놓치는 일이 없었으면 한다.

셋째, 이 책은 원래 일본인 독자를 대상으로 한 글이다. 따라서 독자들이 어느 정도의 일본사 지식을 갖고 있다는 전제 위에서 쓴 글이다. 이 책은 일본사 중에서도 특히 고대·중세에 대한 언급이 많으므로, 좀더 깊이있게 이 책을 이해하고 싶은 분들은 독서 전에 최소한 일본의 고대사·중세사에 대한 기초지식을 갖추어두는 것이 좋겠다.

번역을 시작한 지 벌써 2년 가까이 되었다. 그간 많은 격려와 조언을 해주신 창작과비평사 출판부 여러분들께 감사드린다.

2003년 5월

박훈

참고문헌

Hans Sachs『서양직인열전(西洋職人づくし)』岩崎美術社 1970.

J. C. Hepburn『와에이고린슈우세이(和英語林集成)』講談社 1980.

Lewis Preuss『유럽문화와 일본문화(ヨーロッパ文化と日本文化)』岩波文庫 1991.

Mechnikov『회상의 메이지유신(回想の明治維新)』岩波文庫 1987.

국립역사민속박물관(國立歷史民俗博物館) 엮음『중세상인의 세계(中世商人の世界)』日本エ
    ディタースクール出版部 1998.

김영(金榮)·양증자(梁澄子)『바다를 건너온 조선인 해녀: 보오소오의 짜무수를 찾아서(海を渡
    った朝鮮人海女：房總のチャムスを訪ねて)』新宿書房 1988.

나가하라 케이지『일본중세의 사회와 국가(日本中世の社會と國家)』, 日本放送出版協會 1982.

나가하라 케이지(永原慶二)『쇼오엔(莊園)』吉川弘文館 1998.

나까시마 케이이찌(中島圭一)「서와 동의 영락전(西と東の永樂錢)」, 이시이 스스무(石井進)
    엮음,『중세의 촌과 유통(中世の村と流通)』吉川弘文館 1998.

──────「중세화폐의 보편성과 지역성(中世貨幣の普遍性と地域性)」, 테이꾜오대학 야마나

시문화연구소 씸포지엄 보고집(帝京大學山梨文化硏究所シンポジウム報告集),『중세 일본 열도의 지역성(中世日本列島の地域性)』名著出版 1997.

니노미야 히로유끼(二宮宏之)「전후역사학과 사회사(戰後歷史學と社會史)」『전후역사학재 고 (戰後歷史學再考)』靑木書店 2000.

니시까와 나가오(西川長夫)「전후역사학과 국민국가론(戰後歷史學と國民國家論)」{歷史學硏 究} 1999.

니시오 칸지(西尾幹二)『국민의 역사(國民の歷史)』扶桑社 1999.

니이다 이찌로오(新田一郎)「허언을 맞아들이는 신(虛言ヲ仰ラル神)」,『열도의 문화사(列島の 文化史)』6, 日本エディタースクール出版部 1989.

니이미 요시하루(新見吉治)『임신호적성립에 관한 연구(壬申戶籍成立に關する硏究)』日本學 術振興會 1959

레이제이 타메또(冷泉爲人)・코오노 미찌아끼(河野通明)・이와자끼 타께히꼬(岩崎竹彦)『미 즈호노꾸니 일본(瑞穗の國・日本)』淡文社 1996.

마에지마 노부쯔구(前嶋信次)『니찌지죠오닌의 대륙도항(日持上人の大陸渡航)』誠文堂新光 社 1983.

마쯔노부 야스따까(松延康隆)「전과 화폐의 개념: 카마꾸라기 화폐기능의 변화에 대하여(錢と 貨幣の槪念: 鎌倉期における貨幣機能の變化について)」,『열도의 문화사(列島の文化史)』 6, 日本エディタースクール出版部 1989.

모리 코이찌(森浩一) 아사히그래프 별책『관동학발견(關東學發見)』朝日新聞社 2000.

모리스 히로시(森巢博)『무경계가족(無境界家族)』集英社 2000.

무라이 쇼오스께(村井章介)「중세 일본열도의 지역공간과 국가(中世日本列島の地域空間と國 家)」,『아시아 속의 중세일본(アジアの中の中世日本)』校倉書房 1988.

————『바다에서 본 셍고꾸 일본(海から見た戰國日本)』筑摩書房 1997.

―――――『중세일본의 안과 밖(中世日本の內と外)』筑摩書房 1999.

미노시따 타까지(宮下貴治)「모쯔따이마쯔유적으로 본 중세의 남사쯔마에 대하여(持#松遺跡から見た中世の南薩摩について)」, 『카고시마중세사연구회보(鹿兒島中世史硏究會報)』52, 1997.

미야따 노보루(宮田登)·아라따니 쇼오끼(新谷尙紀) 엮음『왕생고(往生考)』小學館 2000.

미야모또 쯔네이찌(宮本常一)「해인이야기(海人物語)」, 『나까무라 요시노부 사진집 해녀(中村由信寫眞集海女)』해설, マーリン企劃 1978.

―――――『잊혀진 일본인(忘れられた日本人)』岩波文庫 1984.

미우라 스미오(三浦純夫)「노또의 무사시형 아미타삼존종자판비에 대하여(能登の武藏型阿彌陀三尊種子板碑について)」, 『카노오사료연구(加能史料硏究)』11號 1993.

비또오 마사히데(尾藤正英)『에도시대란 무엇인가(江戶時代とはなにか)』岩波書店 1993.

사까다 타까시(坂田隆)『일본의 국호(日本の國號)』靑弓社 1993.

사까모또 타로오(坂本太郎)『고대의 역과 도(古代の驛と道)』, 사까모또 타로오 저작집 제8권, 吉川弘文館 1989.

사또오 싱이찌(佐藤進一)『증정 카마꾸라바꾸후 슈고제도의 연구(增訂鎌倉幕府守護制度の硏究)』東京大學出版會 1988.

사또오 요오찌로오(佐藤洋一郎)『DNA고고학(DNA考古學)』東洋書店 1999.

사사끼 타까아끼(佐佐木高明)「밭농사와 벼농사문화(畑作文化と稻作文化)」, 『이와나미강좌 일본통사 제1권 일본열도와 인류사회(岩波講座日本通史第1卷日本列島と人類社會)』岩波書店 1993.

성심카톨릭문화연구소(聖心カトリック文化硏究所)·칠리스크(H. チーリスク) 엮음『북방탐험기: 겐나연간의 외국인의 에미시보고서(北方探險記: 元和年間の外國人の蝦夷報告書)』, 吉川弘文館 1962.

세끼구찌 하꾸꾜(關口博巨)「근세 오꾸노또에서 '게닌'의 직능과 생활(近世奧能登における '下人'の職能と生活)」『국사학(國史學)』150號 1993.

──────「근세전기 오꾸노또에서 '게닌'화의 제계기(近世前期奧能登における'下人'化の諸 契機」『오꾸노또와 토끼꾸니가 연구편 1(奧能登と時國家 研究編 1)』平凡社 1994.

──────「코오슈우산촌의 케호오와 그 '자립'(甲州山村の家抱とその'自立')」『야마나시현 사연구(山梨縣史研究)』5號 1998.

세끼야마 나오따로오(關山直太郞)『근세일본의 인구구조(近世日本の人口構造)』吉川弘文館 1958.

소오다 지로오(相田二郞)『몽골침략의 연구(蒙古來襲の研究)』吉川弘文館 1982.

스즈끼 테쯔오(鈴木哲雄)「마사까도의 난에서 카마꾸라무사로(將門の亂から鎌倉武士へ)」, 『중세의 풍경을 읽다 제2권 도시 카마꾸라와 반도오의 바다에 산다(中世の風景を讀む 第2 卷 都市鎌倉と坂東の海に暮らす)』新人物往來社 1994.

아까사까 노리오(赤坂憲雄)「특집 여러 개의 일본으로(特集 いくつもの日本へ)」『동북학(東 北學)1』作品社 1999.

아끼자와 시게루(秋澤繁),「타이꼬오검지(太閤檢地)」,『이와나미강좌 일본통사 제11권 근세 1(岩波講座 日本通史 第11卷 近世1)』岩波書店 1993.

아라끼 모리아끼(安良城盛昭)『신오끼나와사론(新沖繩史論)』沖繩タイム社 1980.

──────「중세의 신분체계와 쇼오엔(中世の身分體系と莊園)」『강좌 일본쇼오엔사 2: 쇼오 엔의 성립과 영유(講座日本莊園史2 莊園の成立と領有)』吉川弘文館 1991.

아미노 요시히꼬(網野善彥)『일본중세의 민중상(日本中世の民衆像)』岩波書店 1980.

──────『일본중세의 비농업민과 천황(日本中世の非農業民と天皇)』岩波書店 1984.

──────『일본중세 토지제도사의 연구(日本中世土地制度史の研究)』塙書房 1991a.

──────『일본의 역사를 다시 읽는다(日本の歷史を讀み直す)』筑摩書房 1991b.

──────『이형의 왕권(異形の王權)』平凡社 1993.

──────『중세의 히닌과 유녀(中世の非人と遊女)』明石書店 1994a.

──────『일본사회재고: 해민과 열도문화(日本社會再考: 海民と列島文化)』小學館 1994b.

──────『일본중세사료학의 과제: 계도·위문서·문서(日本中世史料學の課題: 系圖·僞文書·文書)』弘文堂 1996a.

──────『중세적 세계란 무엇인가(中世的世界とは何だろうか)』朝日新聞社 1996b.

──────『일본중세도시의 세계(日本中世都市の世界)』筑摩書房 1996c.

──────『일본사회의 역사(日本社會の歷史) 상(上)』岩波書店 1997a.

──────「고고학과 문헌사학: 밤과 옻을 둘러싸고(考古學と文獻史學: 栗と漆をめぐって-)」『테이꾜오대학 야마나시문화재연구소 연구보고(帝京大學山梨文化財研究所研究報告)』第8集 1997b.

──────「일본중세의 뽕과 양잠(日本中世の桑と養蠶)」『역사와 민속(歷史と民俗)14』平凡社 1997c.

──────『동과 서가 말하는 일본역사(東と西が 語る日本の歷史)』講談社學術文庫 1998a(초판은 そしえて 1982).

──────『일본중세의 햐꾸쇼오과 직능민(日本中世の百姓と職能民)』平凡社 1998b.

──────『고문서반각의 여행(古文書返却の旅)』中公新書 1999a.

──────『여성의 사회적 지위 재고(女性の社會的地位再考)』お茶の水書房 1999b.

──────『일본민속사진대계(日本民俗寫眞大系)』1~8, 바다의 길, 동으로 북으로·남으로 서로(海の道, 東へ北へ·南へ西へ), 日本圖書センター, 1999~2000.

아미노 요시히꼬(網野善彦) 외『바다와 열도문화 10: 바다에서 본 일본문화(海と列島文化10: 海から見た日本文化)』小學館 1992.

아미노 테쯔야(網野徹哉)「인디오 스페인인 '잉까'(インデイオ·スペイン人·'インカ')」, 역사학연구회(歷史學硏究會) 엮음『남북아메리카의 5백년 '타자'와의 조우(南北アメリカの五百年 '他者'との遭遇)』青木書店 1992.

아오바 다까시(青葉高)『야채(野菜)』法政大學出版局 1981.

야나기하라 토시아끼(柳原敏昭)「중세 전기 남큐우슈우의 항구와 송인 거류지에 관한 일시론(中世前期南九州の港口と宋人居留地に關する一試論)」,『일본사연구(日本史硏究)』448, 1999.

야노 캉이찌(矢野貫一)「음유사휘(淫喩辭彙)」,『붕가꾸 제10권 제3호 '표상으로서의 춘본'(文學第10卷 第3號 '表象としての春本')』1999. 7.

야마구찌 케이지(山口啓二)『쇄국과 개국(鎖國と開國)』岩波書店 1993.

야마모또 코오지(山本幸司)『케가레와 오오하라에(穢と大祓)』平凡社 1992.

야마무로 쿄오꼬(山室恭子)「셍고꾸의 지역성(戰國の地域性)」,『이와나미강좌 일본통사 제10권 중세 4(岩波講座 日本通史 第10卷, 中世4)』岩波書店 1994.

야마자또 즁이찌(山里純一)『고대일본과 남도의 교류(古代日本と南島の交流)』吉川弘文館 1999.

야스다 요시노리(安田喜憲)「열도의 자연환경(列島の自然環境)」『이와나미강좌 일본통사 제1권 일본열도와 인류사회(岩波講座日本通史第1卷日本列島と人類社會)』岩波書店 1993.

에모리 이쯔오(江守五夫)『혼인의 민속(婚姻の民俗)』吉川弘文館 1998.

역사학연구회 편(歷史學硏究會 編)『전후역사학재고: '國民史'를 넘어서(戰後歷史學再考: '國民史'を超えて)』青木書店 2000.

오까노 토모히꼬(岡野友彦)『이에야스는 왜 에도를 선택했는가(家康はなぜ江戶を選んだか)』教育出版 1999.

오다 유우조오(小田雄三)「카겐 4년 찌까마또끼이에 처분장에 대하여: 토꾸소오 토꾸소오히깐 난세이제도(嘉元四年千竃時家處分狀について−得宗 得宗被官 南島諸島)」『연보중세사연

구(年報中世史研究)』18號 1993.

오오노 스스무(大野晉)『일본어의 기원(日本語の起源)』, 岩波書店 1957.

오오노 스스무(大野晉)·미야모또 쯔네이찌(宮本常一) 외『동일본과 서일본(東日本と西日本)』日本エディタースクール出版部 1981.

오오이시 나오마사(大石直正)「동국·동북의 자립과 '일본국'(東國·東北の自立と'日本國')」, 『일본의 사회사 제1권 열도 내외의 교통과 국가(日本の社會史 第1卷 列島內外の交通と國家)』岩波書店 1987.

————「중세의 오우와 홋까이도오: '에조'와 '히노모또'(中世の奧羽と北海道: 'えぞ'と'日のもと')」, 홋까이도오·토오호꾸사연구회(北海道·東北史研究會) 엮음,『북으로부터의 일본사(北からの日本史)』三省堂 1988.

————「북쪽바다의 무사단 안도오씨(北の海の武士團 安藤氏)」『바다와 열도문화 1 '일본해'와 북국문화(海と列島文化 1 日本海と北國文化)』小學館 1990.

요시다 타까시(吉田孝)『일본의 탄생(日本の誕生)』, 岩波書店 1997.

우라나가 세이류우(浦長瀨隆)「16세기 후반 서일본의 화폐유통(16世紀後半西日本における貨幣流通)」,『히스또리아(ヒストリア)』1985.

이로까와 다이끼찌(色川大吉) 엮음『미나마따의 계시(水俁の啓示)』筑摩書房 1995.

이루마다 노부오(入間田宣夫)『중세무사단의 자기인식(中世武士團の自己認識)』三彌井書店 1996.

이루마다 노부오(入間田宣夫)·코바야시 마사또(小林眞人)·사이또오 토시오(齋藤利男) 엮음『북의 내해세계(北の內海世界)』山川出版社 1999.

이마이 케이쥰(今井敬潤)『감의 민속지: 감과 감즙(柿の民俗誌: 柿と柿澀)』現代創造社 1990.

이시이 스스무(石井進)「상인과 시를 둘러싼 전설과 실상(商人と市をめぐる傳說と實狀)」『중세의 촌과 유통(中世の村と流通)』吉川弘文館 1998.

이야나가 테이죠오(彌永貞三)『일본고대사회경제사연구(日本古代社會經濟史硏究)』岩波書店 1980.

이와바시 코야따(岩橋小彌太)『일본의 국호(日本の國號)』吉川弘文館 1970.

이이즈까 토시오(飯塚俊男) 엮음『죠오몬 칠의 세계(繩文うるしの世界)』靑木書店 2000.

이즈미 마사히로(泉雅博)「노또와 해상운송교역(能登と廻船交易)」『바다와 열도문화 1: '일본해'와 북국문화(海と列島文化1: 日本海と北國文化)』小學館 1990.

──────「근세 호꾸리꾸에서 무고민의 존재형태: 아따마후리에 대하여(近世北陸における 無高民の存在形態: 頭振について)」『사학잡지(史學雜誌)』101編 1號, 1992.

──────「노또와 키따마에부네 교역: 시따바리문서의 정리작업에서(能登と北前船交易: 下張文書の整理作業のなかから」『오꾸노또와 토끼꾸니가 연구편 1(奧能登と時國家 硏究編 1)』平凡社 1994.

쯔데 히로시(都出比呂志)『일본농경사회의 성립과정(日本農耕社會の成立過程)』岩波書店 1989.

카또오 마사끼(加藤雅毅) 엮음『해녀들의 사계(海女たちの四季)』新宿書房 1983.

카와끼따 미노루(川北稔)「역사학은 어디로 가는가―21세기를 향하여(歷史學はどこへ行くのか-21世紀にむかって-)」『역사과학(歷史科學)』160號, 2000.

카이호 타께오(海保嶺夫)『중세에조사료(中世蝦夷史料)』三一書房 1983.

카쯔끼 요오이찌로오(香月洋一郎)「섬의 사회전승: 해사집락을 통하여(島の社會傳承: 海士集落を通じて)」,『바다와 열도문화 4 동중국해와 서해문화(海と列島文化4 東支那海と西海文化)』小學館 1992.

카쯔마따 시즈오(勝俣鎭夫)『잇끼(一揆)』岩波新書 1982.

──────『전국시대론(戰國時代論)』岩波書店 1996.

코오노 미찌아끼(河野通明)「상민연본(常民硏本) '끼꼬오사꾸꼬도모유우기또겐'의 성립(「四季

耕作子供遊戲圖卷」の成立),『역사와 민속(歷史と民俗)』15, 平凡社 1999.

코이즈미 카즈꼬 편(小泉和子 編)『오께와 타루(桶と樽)』法政大學出版局 2000.

코지마 요시따까(小嶋芳孝)「고구려·발해와의 교류(高句麗·渤海との交流)」,『바다와 열도문화 1 '일본해'와 북국문화(海と列島文化1 日本海と北國文化)』小學館 1990.

쿠로다 히데오(黑田日出男)『일본중세개발사의 연구(日本中世開發史の研究)』제2부 제4장, 校倉書房 1984.

키노시따 료오(木下良)『도와 역(道と驛)』大朽社 1998.

키노시따 쮸우(木下忠)『우메가메:고대의 출산습속(埋甕: 古代の出産習俗)』雄山閣 1981.

키요따 젠쥬(淸田善樹)「케비이시의 지배지역과 재판관할(檢非違使の支配地域と裁判管轄)」『연보중세사연구(年報中世史研究)』창간호 1976.

킷까와 토시따다(橘川俊忠)「역사학 속의 민중상(歷史學の中の民衆像)」『오꾸노또와 토끼꾸니가 연구편1(奧能登と時國家 研究編1)』平凡社 1994.

─────「사료로서의 수습본(史料としての手習本)」『역사와 민속(歷史と民俗) 12』平凡社 1995.

타까라 쿠라요시(高良倉吉)『아시아 속의 류우뀨우왕국(アジアの中の琉球王國)』吉川弘文館 1998.

타까하시 키미아끼(高橋公明)「중세 동아시아 해역의 해민과 교류: 제주도를 중심으로(中世東アジア海域における海民と交流: 濟州道を中心として)」,『나고야대학 문학부연구논집(名古屋大學文學部研究論集)』史學 33, 1987.

타나까 타께오(田中健夫)「왜구와 동아시아 통교권(倭寇と東アジア通交圈)」,『일본의 사회사 제1권 열도 내외의 교통과 국가(日本の社會史 第1卷 列島內外の交通と國家)』岩波書店 1987.

타니자와 아끼라(谷澤明)『세또나이까이의 도시거리(瀬戸內海の町竝み)』未來社 1991.

토오꾜오공업대학제철사연구회(東京工業大學製鐵史研究會) 엮음 『고대일본의 철과 사회(古代日本の鐵と社會)』平凡社 1982.

토오꾜오쇼세끼(東京書籍)『신정일본사(新訂日本史)』(1991년판).

하니와라 카즈로오(埴原和郎)「일본인의 형성(日本人の形成)」,『이와나미강좌 일본통사 제1권 일본열도와 인류사회(岩波講座日本通史第1卷日本列島と人類社會)』岩波書店 1993.

하바라 유우끼찌(羽原又吉)「키이노꾸니 시오노미사끼 회합(紀伊國潮岬會合)」,『일본어업경제사(日本漁業經濟史)』중권 2 제2편 제18장, 岩波書店 1954.

────『표해민(漂海民)』岩波書店 1963.

하야시 요시까즈(林美一)『키따가와 우따마로(喜多川歌麿正)』河出書房新社 1990.

호꾸리꾸중세토기연구회 편(北陸中世土器研究會 編)『중・근세의 호꾸리꾸(中・近世の北陸)』桂書房 1997.

후꾸다 토시히꼬(福田豊彦)『타이라노 마사까도의 난(平將門の亂)』岩波書店 1981.

후루시마 토시오(古島敏雄)『산업사(産業史) Ⅲ』山川出版社 1966.

후지모또 쯔요시(藤本强)『그밖의 두 일본문화(もう二つの日本文化)』東京大學出版部 1988.

────「오호쯔끄해 연안의 문화(オホーック海沿岸の文化)」,『바다와 열도문화 1 '일본해' 북국문화(海と列島文化1 日本海と北國文化)』小學館 1990.

히가시노 하루유끼(東野治之)『견당사선(遣唐使船)』朝日新聞社 1999.

히구찌 키요유끼(樋口淸之)『일본목탄사(日本木炭史)』講談社學術文庫 1993a.

────『목탄(木炭)』法政大學出版局 1993b.

찾아보기

404

일본이란 무엇인가

초판 발행 / 2003년 5월 30일

지은이 / 아미노 요시히꼬(網野善彦)
옮긴이 / 박훈
펴낸이 / 고세현
편집 / 염종선·김종곤·김태희·서정은·김경태·남규형
펴낸곳 / (주)창작과비평사

등록 / 1986년 8월 5일 제10-145호
주소 / 서울시 마포구 용강동 50-1 우편번호 121-875
전화 / 영업 718-0541·0542, 701-7876 편집 718-0543·0544
　　　　기획 703-3843 독자사업 716-7876
팩시밀리 / 영업 713-2403 편집 703-9806
홈페이지 / www.changbi.com
전자우편 / changbi@changbi.com
지로번호 / 3002568

ISBN 89-364-8227-0　03910
＊ 책값은 뒤표지에 표시되어 있습니다.